HISTOIRE CONTEMPORAINE

LA
TROISIÈME RÉPUBLIQUE
FRANÇAISE

PAR

ADOLPHE MICHEL

TOME DEUXIÈME

(Année 1871)

DU BOMBARDEMENT DE PARIS A LA COMMUNE

Texte orné de Cartes et de Portraits

PARIS

DEGORCE-CADOT, ÉDITEUR, 70bis, RUE BONAPARTE

1874

HISTOIRE

DE LA

TROISIÈME RÉPUBLIQUE

FRANÇAISE

LIVRE PREMIER

SIÉGE DE PARIS.

DU, MILIEU DE DÉCEMBRE A LA BATAILLE DE MONTRETOUT-BUZENVAL (19 JANVIER).

Ainsi les projets de départ de M. Jules Favre avaient été déjoués par l'astuce de M. de Bismarck. Le personnage prussien se souciait médiocrement que le ministre français pût paraître à Londres, où il n'aurait pas manqué de ranimer peut-être les amitiés disparues ou hésitantes en retraçant le tableau de la France sous l'invasion. Les Prussiens n'avaient pas attendu le cœur de l'hiver, les souffrances de la mauvaise saison, les durs combats sur les bords de la Loire pour se livrer aux cruautés qui leur sont natu-

relles, aux rapines que leur pauvreté explique mieux peut-être
que leur haine. Dès qu'ils ont mis le pied sur le sol français, leur
barbarie éclate; des exécutions sauvages laissent une longue
trace de sang sur leur route. Le gouverneur Vogel de Falkenstein,
gouverneur des côtes de la Baltique, poussait les habitants de
ces contrées, quand il croyait que les Français allaient débarquer,
à leur courir sus : « Chaque Français sera votre proie, » disait-il à
ces rudes pêcheurs du nord. Ce fut le mot d'ordre des Allemands.
Ils se promirent de ne pas faire la guerre avec humanité, et ils
tinrent parole. A Gunstett, des paysans s'étaient réfugiés dans
leurs caves pendant la bataille de Wœrth. Les Allemands, après
leur victoire, pénètrent dans le village et tirent des coups de fusil
par les soupiraux sur ces hommes tremblants qui n'avaient pas
touché une arme. Ceux qui, fous de terreur, se sauvent dans la
rue, sont fusillés sur le seuil de leurs maisons. Scènes dignes de
la guerre de Trente-Ans, que les Prussiens ont essayé d'excuser
en accusant faussement le curé et les paysans de Gunstett d'avoir
mutilé quelques-uns de leurs soldats blessés. Des massacres plus
terribles encore ensanglantèrent les rues de Bazeilles dans cette
journée du 1er septembre qui vit la capitulation de Sedan. Les
correspondants des journaux étrangers en poussèrent un cri d'horreur; l'un d'eux a dit qu'autour de Bazeilles on sentait la chair
roussie [1]. De Werder incendie comme un Vandale les plus beaux
monuments de Strasbourg; les dames de Cologne et de Mayence,
les paysans de la Forêt-Noire prennent des trains de plaisir pour
contempler ce spectacle. Dans sa marche sur Dijon, le même de

---

[1] Lettre du duc de Fitz-James, insérée dans le *Times* du 15 septembre 1870.
  Le général von der Tann, qui commandait les Bavarois à Bazeilles, a essayé, la
guerre finie, de justifier les troupes allemandes des horreurs qui leur étaient reprochées.
S'appuyant sur un rapport rédigé par le maire de Bazeilles, il a prétendu : 1° que le
nombre total des morts, blessés ou disparus parmi les habitants de ce village n'était
que de 39; 2° que les incendies allumés dans Bazeilles ne l'avaient point été par les
Allemands rendus furieux par une résistance désespérée, mais uniquement par les obus.
  L'abbé Domenech, aumônier de la 2° ambulance du 12° corps français, a répondu en
ces termes au général de Tann :
  « Paris, 21 juillet 1871.
  « Le général von der Tann a publié dans l'*Allgemeine Zeitung* une lettre reproduite
par plusieurs journaux, et dont il est un devoir, dans l'intérêt de la vérité historique,
de relever l'inexactitude et même la mauvaise foi.
  « M. le commandant Lambert, chargé le 31 août au soir, par le général de Vassoigne,
d'occuper Bazeilles et de mettre ce village en état de défense, se prépare à réfuter la
lettre du général von der Tann, dans laquelle on lit le passage suivant :
  « La plus grande partie devint la proie des flammes, par suite de la canonnade
  « dirigée sur ce point des deux côtés pendant deux jours, et du meurtrier combat de

Werder fusille tout paysan qui défend son pays : « Ces détachements, dit le colonel Rustow, livrèrent plusieurs petits combats ; ils firent beaucoup de prisonniers dans la population des campagnes et *fusillèrent militairement une foule de gens qui défendaient leur pays.* » Quant aux francs-tireurs, nous les traitons, disait M. de Bismarck à M. Jules Favre dans l'entrevue de la Haute-Maison, nous les traitons « comme des assassins. » L'un

« rues et de maisons soutenu six heures durant contre le 12ᵉ corps français, notam-
« ment contre la division d'infanterie de marine, combat dans lequel mon corps perdit
« 2,000 hommes tués ou blessés. »

« Le matin, à quatre heures vingt, le commandant Lambert fut attaqué par l'ennemi qui, pendant toute la nuit, avait passé la Meuse sur deux ponts de bateaux.

« Après avoir défendu le village maison par maison, le commandant Lambert fut pris dans la dernière, quand il n'eut plus de cartouches pour prolonger la défense.

« M. von der Tann ne récusera pas le témoignage de ce commandant, qui lui fut amené, devant le prince royal de Saxe, le 1ᵉʳ septembre, à trois heures du soir, et dont il n'a certes oublié ni le souvenir, ni ce que lui avait coûté l'héroïsme de cet officier et de ses braves soldats.

« Le commandant Lambert, n'oubliant pas que nous avons encore bien des prisonniers en Allemagne qui sont plus que jamais maltraités, depuis qu'ils n'ont plus leurs officiers pour les défendre, attend leur délivrance pour publier un récit des atrocités commises à Bazeilles par les Bavarois, et pour dévoiler l'astuce et le mensonge qui règnent dans toute la lettre du général von der Tann.

« En attendant cette publication, et sans faire aucun cas des complaisances plus ou moins volontaires de M. Bellomet, maire de Bazeilles, comme des assertions du commissaire allemand, je me contenterai de prier M. von der Tann de parcourir l'*Illustrirte Kriegs-Chronick* (Chronique illustrée de la guerre), imprimée à Leipzig : il y trouvera, page 173, un dessin allemand représentant une vue de Bazeilles et quantité d'habitants attachés et fusillés dans les rues. Dans une autre livraison de ce journal, il verra des Bavarois poursuivant des femmes et des enfants, et les tuant comme des bêtes fauves. En outre, je le prierai d'aller à l'hôpital d'Ingolstadt ; il y trouvera un officier bavarois devenu fou à la suite des horreurs qu'il a vu commettre à Bazeilles par ses compagnons d'armes.

« Non-seulement je maintiens tout ce que je dis dans mon *Histoire de la campagne de 1870-1871*, relativement à l'incendie de Bazeilles et aux pertes énormes subies par les Bavarois dans ce village, mais je puis affirmer que le général von der Tann sait pertinemment que sa lettre est un chef-d'œuvre de duplicité. En effet, n'est-ce point lui, son état-major, la musique et un bataillon de la garde royale qui formaient le cortège des officiers que j'ai enterrés à Bazeilles ? N'ont-ils pas tous vu comme moi, en traversant les rues de ce village, les Bavarois mettre le feu, dans la matinée du 2 septembre, à la mairie, aux usines et aux maisons qui n'étaient point encore brûlées ? N'ont-ils pas tous vu comme moi, dans cette même matinée, les groupes d'hommes, de femmes et de soldats qu'on allait fusiller du côté de la Meuse et de Remilly ?

« Dans la quatrième édition que je prépare de mon livre, j'espère citer les noms des seize soldats de l'infanterie de marine qui ont été fusillés avec le lieutenant Vatrin et le sous-lieutenant Chevalier, qui s'étaient rendus après avoir épuisé leurs munitions et ne pouvant plus se battre.

« Je citerai bien d'autres assassinats de ce genre, et si le général tâche de se laver les mains de tout le sang répandu en dehors des lois de la guerre, je lui dirai :

« Général, mettez des gants, car le sang restera sur vos mains, comme il reste sur
« votre conscience, si vous en avez une.

« EMMANUEL DOMENECH,

« Aumônier de la 2ᵉ ambul., 12 corps d'armée. »

d'eux fut, en effet, en effet, brûlé vif par les Allemands dans les environs de Besançon. Le délégué des affaires étrangères à Tours, M. de Chaudordy, dénonçait à l'Europe indifférente ces atrocités d'un autre âge : « Alors, disait-il, alors que la nation entière est appelée aux armes, on a fusillé impitoyablement, non-seulement des paysans soulevés contre l'étranger, mais encore des soldats pourvus de commissions et revêtus d'uniformes légalisés [1]. On a

[1] Il est instructif de mettre en regard les ordonnances du roi de Prusse à son peuple en 1813, quand l'Allemage était envahie, et ses instructions en 1870 contre nos volontaires et nos francs-tireurs :

PROCLAMATIONS ET ORDONNANCES DU ROI DE PRUSSE (FÉVRIER-AVRIL 1813.)	PROCLAMATIONS ET RÈGLEMENTS DU ROI DE PRUSSE OU DE SES LIEUTENANTS (AOUT-SEPTEMBRE 1870.)

« — A l'approche de l'ennemi, les habitants des villages doivent quitter leurs maisons, après avoir détruit ce qu'ils ne pourront emporter. Le vin des tonneaux sera répandu, les moulins et les bateaux seront brûlés, les ponts coupés, les moissons incendiées. Dans les villes occupées par l'ennemi les fêtes et les mariages sont interdits.

« — Le combat auquel tu es appelé (c'est au peuple que l'on s'adresse) sanctifie tous les moyens. Les plus terribles sont les meilleurs. Non-seulement tu harcelleras l'ennemi sans trève, mais tu anéantiras les soldats isolés et les maraudeurs. »

« — Tout citoyen est tenu de combattre l'ennemi avec les armes dont il peut disposer, et de faire obstacle à l'exécution de ses ordres par tous les moyens.

« — Le landsturm a le devoir, en cas d'invasion, de livrer bataille à l'ennemi, s'il y a lieu, ou de ccuper ses communications.

« — Le landsturm se lève partout où pénètre l'ennemi.

« — Tout citoyen qui n'appartient pas à la landwehr fait partie du landsturm.

« — La défense du pays légitime tous les moyens, ceux qui servent le plus efficacement la cause sacrée sont les meilleurs.

« — Le landsturm a pour mission, en résumé, de couper les routes de l'ennemi, d'arrêter ses courriers, ses convois, ses renforts, de le fatiguer le jour et la nuit. L'Espagne et la Russie nous ont donné l'exemple. »

« — Sera punie de mort toute personne qui, sans appartenir à l'armée française, détruira les ponts, les canaux, rendra les chemins impraticables..... ou prendra les armes contre les armées allemandes.

« — Les communes où le crime aura été commis payeront une amende équivalente à leurs impôts annuels.

« — Les habitants devront pourvoir à l'entretien des troupes.

« — Sera punie de mort toute personne qui aura occasionné un incendie, une inondation ou tenté de vive force, avec des armes ou des instruments dangereux, une attaque contre le gouvernement général ou les délégués des autorités civiles ou militaires, ou leur aura opposé de la résistance.

« — Sont passibles de la peine de mort : les personnes, ne faisant pas partie de l'armée française, qui lui servent de guides, ou qui égarent les troupes allemandes; les personnes qui tuent, blessent ou volent des individus appartenant à l'armée allemande ou à sa suite.

« — Sont abrogées toutes les dispositions des lois du pays contraires à ce règlement. « Etc., etc. »

— Dans l'Eure, le colonel de Rosemberg écrit (23 novembre) : «Tout individu habillé en civil qui sera surpris armé, ne sera pas traité en soldat, mais en assassin, et puni de mort. »

condamné à mort ceux qui tentaient de franchir les lignes prussiennes, même pour leurs affaires privées. » Le bombardement
des villes ouvertes était devenu un moyen d'intimidation. Aucune
sommation, aucun avertissement : les obus éclataient sur les
maisons et les incendiaient. On traitait ensuite la ville comme si
elle s'était défendue et qu'on l'eût prise d'assaut. On vit les philosophes allemands arroser de pétrole les portes des maisons pour
en finir plus vite ; nous les retrouverons plus tard à Saint-Cloud.

Le pillage allait avec l'incendie, non pas ce pillage désordonné
qui, dans l'histoire des guerres, est le cortége accoutumé du sac
des villes, mais un pillage méthodique, organisé, faisant songer à
une vaste entreprise de déménagement. Argenterie, bijoux, linge,
pendules, pianos étaient entassés dans des chariots qui prenaient
les routes d'Allemagne, revenaient chargés de munitions de guerre
ou d'approvisionnements, pour retourner encore couverts de butin.
Les meubles qui n'étaient pas jugés dignes de faire le voyage
étaient jetés au feu ou salis d'ordures. Les caves lestement vidées
fournissaient aux orgies [1]. Les plus purs chefs-d'œuvre de la
langue française subirent des outrages innommés ; les compatriotes de Schiller et de Gœthe couvrirent d'excréments les
œuvres de La Fontaine et de Lamartine. Une haine jalouse des
gloires de la France accompagnait ces conquérants. « Partageons
cette terre impie, » s'écriait le prince Frédéric-Charles dans un
ordre du jour daté de Sens, 1er décembre ; la partager, ce n'était
pas assez ; on aurait voulu la bouleverser et en effacer jusqu'au
nom. Les contributions dont on frappait les pays envahis étaient
monstrueuses. On emmenait de Dijon, de Gray et de Vesoul quarante otages choisis parmi les notables, sous prétexte que nous
retenions captifs quarante capitaines de navires, faits prisonniers
selon les lois de la guerre. La Prusse alla plus loin encore : elle
força de malheureux paysans, sous peine de mort, à élever des
travaux de fortification contre les troupes françaises, à préparer
la ruine de leur propre pays [2].

Le drame lugubre qui se déroula dans un petit village des
Ardennes est le dernier mot de la barbarie allemande.

---

[1] « Ce n'est point une honte à leurs yeux de passer le jour et la nuit tout entière à
boire. » Tacite, *Mœurs des Germains*.

[2] Voir à la fin du livre la circulaire adressée aux agents diplomatiques de la France
par M. de Chaudordy, le 29 novembre 1870.

Une colonne de landwehr prussienne, commandée par le colonel de Kraunn, avait occupé le village de Vaux le 27 octobre. Le lendemain une fusillade s'engage avec les francs-tireurs, et un sous-officier allemand est tué. Le combat fini, l'ennemi prend quarante hommes dans le village sous prétexte que les habitants se sont joints aux francs-tireurs ; on les enferme dans l'église, en attendant qu'un conseil de guerre ait statué sur leur sort. Le conseil se réunit et mande le curé de Vaux. Ce respectable vieillard comparaît, on l'interroge ; il affirme sur sa tête qu'aucun de ses paroissiens n'a tiré sur les Allemands et que ce serait une criante injustice de rendre ces pauvres gens responsables d'une attaque qui a eu lieu à leur insu sur le territoire de leur commune. Le maire du village, appelé à son tour, réitère les assurances du curé ; le conseil lui demande de désigner deux des prisonniers pour qu'ils soient fusillés ; il faut à l'ennemi deux têtes. Le maire refuse, il proteste encore de l'innocence des habitants de la commune et, avant de sortir, il implore leur grâce.

Mais les Prussiens tenaient à leurs victimes [1].

Vers deux heures de l'après-midi un lieutenant-colonel se présenta au presbytère, un écrit à la main, et dit à M. le curé de Vaux, avec une certaine hésitation, qu'il était décrété « que trois des individus enfermés dans l'église seraient fusillés. » Ce dernier protesta de nouveau énergiquement de l'innocence de tous ses paroissiens.

Touché lui-même par l'émotion du curé de Vaux, le lieutenant-colonel s'écria : « Pensez-vous, monsieur le curé, que c'est avec plaisir que j'exécute cet ordre venu de haut? » Puis il requit son assistance à l'exécution qui allait se faire, pour administrer les secours de la religion aux trois personnes à fusiller. Il lui proposa ensuite « de désigner, s'il le voulait, les trois plus méchants qu'il connaîtrait dans sa paroisse, et qu'on s'en tiendrait à ceux-là. » Le curé reprit avec horreur : « que dans tout pays il y avait du bon, du médiocre et du mauvais, mais que dans la cause présente il n'y avait aucun coupable, et qu'il ne désignerait personne. »

---

[1] Nous empruntons ici textuellement les termes de l'instruction judiciaire commencée sur la demande de la veuve d'une des victimes du drame de Vaux, qui intenta une action en responsabilité contre ceux des prisonniers qui avaient désigné son mari comme devant être fusillé. Ce document a été publié par la *Gazette des Tribunaux* (janvier 1873).

De guerre lasse, le commandant ajouta : « Eh bien ! je ferai tirer les habitants au sort. » Il prépara plusieurs billets qu'il plaça dans sa main, et il partit pour l'église avec plusieurs chefs, quarante soldats et lé curé.

Là, que s'était-il passé ?

Voici le récit du sieur Petit lui-même, le plus compromis d'entre les assignés :

Ce jour-là, 29 octobre, vers dix heures et demie du matin, un commandant ennemi entra dans l'église et dit en français aux malheureux captifs, fatigués par l'insomnie et déchirés d'angoisses, auxquels la soldatesque avait fait toutes sortes de menaces de mort, jusqu'à leur montrer des bottes de paille au bout de leurs fusils, comme si l'on devait les brûler : « Levez-vous, je viens vous apprendre une triste nouvelle ; il faut qu'il y ait trois d'entre vous qui soient fusillés ; il faut que dans vingt minutes vous soyez prêts ; faites votre choix ! » Il paraît même que le commandant ajouta que leur choix devait être fait au temps marqué, sous peine d'être tous fusillés.

Après de grandes hésitations, on se dit : « Allons aux voix ! »

On nomma d'abord deux mobiles blessés, convalescents, en séjour dans le village depuis quarante-huit heures, qui se trouvaient aussi dans l'église et venaient de l'ambulance : Alexandre Thierry, de Châteauroux (Indre), et Arthur Lecointe, du département de la Meuse.

Sur la réclamation du chef du poste allemand, qui a fait observer que ces mobiles étaient militaires, et sur celle des mobiles eux-mêmes, qui se défendaient d'être compris dans cet impôt du sang personnel au village de Vaux, on les laissa tranquilles.

Alors la plupart des habitants, enfermés dans l'église, entrèrent dans la sacristie pour aller de nouveau aux voix. On décida par mains levées sur le sort des trois victimes, et toutes les mains se levèrent, hormis celle de la personne désignée.

Les victimes furent choisies dans l'ordre suivant : 1° Jean-Baptiste Depreuve, âgé de cinquante-sept ans, ancien berger à Vaux ; 2° Louis-Georges, âgé de soixante-trois ans, actuellement berger à Vaux ; 3° Charles-Georges, âgé de vingt-trois ans, non marié.

Ces trois infortunés criaient dans la sacristie : « Qu'ai-je fait ? qu'ai-je fait ? »

Cette élection funèbre dura dix minutes au plus. Puis on rentra dans l'église. Le commandant revint, et, s'adressant au sieur Petit, qu'il connaissait, parce que la veille il l'avait employé à annoncer dans le village la remise des armes de chasse, il lui dit : « Est-ce fini, est-ce rangé ? » A quoi Petit répondit : « Oui, mon commandant. » Ce dernier ajouta : « Comment avez-vous rangé cela ? » Petit reprit : « Comme vous nous l'avez ordonné, nous avons décidé à la majorité absolue des voix. »

Le chef allemand n'avait nullement imposé d'aller aux voix ; il n'avait proféré aucune menace si l'on ne suivait pas ce mode d'élection.

Comment le commandant a-t-il su quelles étaient les victimes désignées ? La déposition de Petit va nous l'apprendre :

« Lorsque le chef allemand est entré, dit-il, l'ancien berger Depreuve s'est levé. Charles-Georges se rentassait dans son banc, lorsque Morant lui dit : « Avance ! » Maireaux, voisin de Georges, qui était à genoux devant l'autel de la Vierge, dit : « Est-ce « moi ? » Morant répondit : « Non, c'est Charles ! » Maireaux dit : « Oh ! que c'est malheureux pour ce pauvre Charles! » Dogny répliqua : « Tais-toi, ne vaut-il pas mieux pour Charles que pour « toi ? » Louis-Georges pleurait et demandait grâce à tout le monde.

« Alors le commandant fit avancer ces malheureux dans le sanctuaire, où le curé les attendait pour les confesser. »

Le curé de Vaux raconte en ces termes le dénoûment de cette lugubre tragédie :

« Arrivé devant cette étrange prison (l'intérieur de l'église), j'allai me prosterner sur le pavé du sanctuaire et un, instant après, une voix lamentable se fit entendre, disant : « C'est donc moi ! « Oh ! mon Dieu, que va devenir ma pauvre femme ? Elle n'est pas « ici ; encore, si elle était ici nous nous ferions nos adieux. Mon « Dieu ! quel malheur ! » Un autre s'écriait : « On veut me faire « mourir ; mais qu'est-ce que j'ai fait ?» En entendant ces cris éplorés, je me redressai sur mes genoux et, tournant la tête un peu en arrière, je vis les trois innocentes victimes sortir des bancs et venir s'agenouiller sur la marche du sanctuaire. Je leur donnai tour à tour le sacrement de réconciliation et les encouragements que réclamait ce moment suprême. J'accompagnai mes chers patients jusqu'au lieu fatal. Là, je les embrassai successivement, et immédiatement je me rendis au pied d'un arbre où j'étais courbé,

tremblant et détournant mes regards de cet horrible spectacle.
Quelques minutes après, mes trois chères ouailles étaient fou-
droyées par les balles allemandes. Au moment de la détonation,
je me sentis saisi et soutenu par le lieutenant-colonel, qui, dans
la crainte que je ne m'affaissasse au bruit des armes, s'était ap-
proché de moi à mon insu. Les trois cadavres furent relevés et
transportés dans leurs maisons respectives. Leur inhumation se fit
dans un grand deuil. Le lendemain de l'enterrement, j'appris de
M. Georges Lefèvre, père du jeune homme fusillé, qui avait été
aussi enfermé dans l'église, que l'on n'avait pas tiré au sort, mais
que les victimes avaient été désignées par quelques-uns des captifs. »

Nous reprenons maintenant notre récit :

On se souvient que le comte de Moltke avait annoncé au gouvernement parisien la défaite de l'armée de la Loire et la perte
d'Orléans, en offrant au général Trochu de faire vérifier le fait par
les officiers qu'il voudrait bien désigner. Le gouverneur de Paris
repoussa l'offre du général prussien et répondit avec dignité à ses
avances impertinentes. Toutefois, la nouvelle parut malheureusement trop vraisemblable, et les inquiétudes qu'elle fit naître se
reflétèrent dans les délibérations de l'Hôtel-de-Ville. Une rapide
analyse de la séance du 6 décembre révèlera les pensées qui s'agitaient au sein du gouvernement peu de jours après la fâcheuse issue
de la bataille de Champigny. M. Garnier-Pagès croit deviner dans
les termes de la lettre du comte de Moltke qu'une partie seulement
de l'armée de la Loire a été défaite. Le général Trochu ne partage pas cette opinion, mais il espère que l'armée de la Loire aura
pu se refaire derrière le fleuve. M. Jules Favre pense qu'il faudrait profiter de l'offre du général prussien pour savoir exactement
ce qui se passe à l'extérieur. Les grands froids et les brouillards
arrêtaient alors les pigeons voyageurs et Paris se trouvait depuis
un temps qui paraissait fort long sans nouvelles des départements.
L'avis de M. Jules Favre ayant été rejeté, l'examen de la situation
continue. M. Picard estime, qu'après les derniers événements
militaires, la capitulation de Paris est inévitable. Telle est aussi
l'opinion de M. Jules Favre, pour qui la chute de la capitale n'est
plus qu'une question de temps. Si l'on ne veut pas, dit-il, envoyer
un officier au quartier général prussien pour s'assurer de l'exac-

titude des renseignements communiqués par M. de Moltke, il faut y dépêcher un représentant avec mission de proposer un armistice à la Prusse ; à la faveur de l'armistice, il serait procédé à la convocation d'une Assemblée nationale, qui déciderait ou la conclusion de la paix ou la continuation de la guerre. MM. Simon, Garnier-Pagès, Le Flô opinent, au contraire, pour une action militaire énergique. M. Picard, moins résolu, ayant alors exprimé la crainte que le peuple de Paris ne vînt demander la paix dans la rue, le général Trochu répond : « La rue demandera la guerre ; c'est dans quelques salons que l'on demande la paix. » Le général est, néanmoins, comme ses collègues, obsédé par le fantôme de la capitulation ; il ne croit pas qu'on puisse y échapper, mais, en attendant, il faut laisser l'opinion publique à ses agitations. Quand on lui a demandé une action militaire immédiate, il a résisté et prononcé ces mots, qui ont fait fortune : « La défense de Paris sans armées de secours est une héroïque folie. » Il n'a pas prêté l'oreille aux suggestions impatientes de l'opinion publique, mais il a créé une armée ; il faut aujourd'hui, comme au début du siége, laisser dire la population et adopter la tactique raisonnable, qui consiste à frapper l'ennemi tantôt sur un point tantôt sur un autre et à le harceler sans cesse. Le gouverneur de Paris ne dissimule pas, d'ailleurs, ses inquiétudes sur l'esprit des officiers supérieurs de l'armée, qui est bien plus mauvais que celui des troupes [1].

La nouvelle officielle des événements accomplis en province arriva quelques jours après à Paris. M. Gambetta annonçait qu'une partie de l'armée de la Loire, commandée par Chanzy, l'homme de guerre de la campagne, avait opéré une admirable retraite de Beaugency à Vendôme et qu'elle s'était mise à l'abri dans le Perche ; que Chanzy donnait à ses troupes quelques jours de repos bien mérités avant de reprendre l'offensive ; que Bourbaki, à la tête de l'autre fraction de l'armée de la Loire, allait quitter Bourges et se jeter dans l'est ; que, dans le nord, Faidherbe était en mouvement ; que rien, enfin, n'était désespéré, malgré la perte d'Orléans et les rigueurs de la saison. « Les Prussiens, ajoutait-il, paraissent las de la guerre. Si nous pouvons durer, et nous le pouvons si nous le voulons énergiquement, nous

---

[1] Voir les procès-verbaux des séances du gouvernement publiés par la commission d'enquête de l'Assemblée nationale.

triompherons d'eux. Ils ont déjà éprouvé des pertes énormes, suivant des rapports certains qui m'ont été faits ; ils se ravitaillent
difficilement. Mais il faut se résigner aux suprêmes sacrifices, ne
pas se lamenter et lutter jusqu'à la mort. »

Le gouvernement de Paris ne partageait point cette confiance.
M. Gambetta affirmait la nécessité d'une résistance désespérée,
et déjà le fantôme de la capitulation planait sur les délibérations
de l'Hôtel-de-Ville. Le général Trochu disait bien que la « tactique
raisonnable » consistait dorénavant à frapper sur l'assiégeant des
coups répétés, tantôt sur un point de la ligne d'investissement, tantôt sur un autre ; mais il n'agissait pas. Cependant la cité consom-
mait ses approvisionnements et la famine approchait à grands pas.
La question des subsistances était devenue pour le gouvernement
la question capitale, celle qui obsédait toutes ses pensées et remplissait toutes ses délibérations. Il ne fallait ni parler trop tôt de
capitulation, de peur de pousser Paris à un acte de désespoir, car,
malgré ses souffrances croissantes, le peuple de Paris s'exagérait
la durée probable des approvisionnements renfermés dans les
murs de la ville ; ni en parler trop tard, car si l'on attendait d'en
être au dernier morceau de pain pour déposer les armes, on
exposait deux millions d'hommes à mourir de faim, vu la lenteur
des transports provenant du mauvais état des routes. On calculait
qu'il ne faudrait pas moins de quinze jours pour faire affluer les
denrées dans la grande ville. Ainsi, entamer prématurément des
négociations avec l'ennemi, c'était provoquer peut-être une émeute,
peut-être aussi se priver de la chance d'être secouru à temps par
l'une des armées de province ; et attendre pour traiter avec
l'ennemi d'avoir épuisé tous les vivres, c'était menacer Paris
des horreurs de la famine. Il y avait donc un intérêt suprême
à connaître avec exactitude la quantité de vivres qui restaient
dans Paris. A cet égard, le gouvernement ne paraît jamais avoir
été bien fixé. On se souvient des dépêches que M. Jules Favre avait
adressées à la délégation de Tours : il annonçait que Paris tiendrait
jusqu'au milieu de décembre, et l'insistance qu'il avait mise à
poser cette date comme la limite extrême de la résistance avait
obligé les armées de province à des mouvements précipités, qui
restent l'une des causes les moins contestables de nos désastres.

Dans la séance du 13 décembre, M. Magnin, ministre du commerce, fournit des détails sur les approvisionnements restants.

Une panique d'un caractère alarmant venait de se produire au sein de la population. Le bruit avait couru dans différents quartiers que le pain allait manquer : aussitôt la foule se précipite dans les boulangeries, qu'elle met au pillage. On emportait chez soi le plus qu'on pouvait ; une folle terreur s'était répandue de proche en proche, sans que personne pût s'en rendre compte : on se croyait tout à coup menacé de mourir de faim ; on avait la fièvre. Quelqu'un avait dit : « Le gouvernemement va rationner le pain comme il a rationné la viande, » et le peuple en avait conclu qu'il n'y avait plus dans Paris ni blé ni farine. Le gouvernement s'empressa de rassurer la population : « On craint, disait-il, le rationnement du pain. La consommation du pain ne sera pas rationnée. Le gouvernement a le devoir de veiller à la subsistance de la population ; c'est un devoir qu'il remplit avec la plus grande vigilance. Nous sommes encore fort éloignés du terme où les approvisionnements deviendraient insuffisants. La plupart des siéges ont été troublés par des paniques. La population de Paris est trop intelligente pour que ce fléau ne nous soit pas épargné... Il est clair, disait encore le gouvernement, que s'il y a quatre pains pour quatre consommateurs et que l'un d'eux en achète trois, il condamne tous les autres à se contenter d'un tiers de ration. Voilà les effets de la peur. Certes, s'il fallait se résigner à de nouvelles privations, plus grandes que celles qu'on s'est imposées jusqu'à ce jour, il n'est pas douteux que Paris y consentît. Mais les approvisionnements existants dispensent de recourir à cette nécessité cruelle. La quantité de pain vendue quotidiennement n'a pas varié depuis le commencement du siége et rien ne fait prévoir qu'elle doive être diminuée. Il n'y aura de différence que pour la qualité. »

On avait eu recours, en effet, pour gagner quelques jours de vivres, à des mélanges de riz et d'avoine avec la farine. Le peuple de Paris mangea ce pain gluant et noir sans se plaindre. Les recherches faites dans les caves et les greniers secrets des marchands n'avaient amené que des résultats sans importance. Des ressources assez abondantes restaient dans les magasins de l'Etat. Dans la séance du 13 décembre, le ministre du commerce présente à ses collègues un relevé des approvisionnements qui peut conduire Paris jusqu'à la fin de décembre ; mais on avait encore pour trente-sept jours de viande. Le problème consistait à équilibrer la consommation du pain avec celle de la viande ; il fut résolu ; mais le pain des derniers jours du siége, noir mélange de paille et de riz, est resté fameux dans le souvenir des Parisiens. Avec ce pain, les assiégés obtenaient 30 grammes de viande de cheval par tête (90 grammes tous les trois jours). Souvent la viande était remplacée par du poisson salé ou des légumes secs. Le 16 décembre, le gouvernement avait mis en réquisition tous les chevaux, ânes et mulets et s'était réservé leur abatage.

Toujours harcelé par l'opinion publique, le général Trochu préparait une attaque contre l'armée assiégeante par la plaine Saint-Denis. Son objectif cette fois était le Bourget, ce village pris aux Prussiens, repris par eux le 30 octobre, et dont la perte, on s'en souvient, avait eu sur Paris un si fâcheux contre-coup. « Le Bourget n'entre pas dans notre système de défense » avait dit alors le général Trochu pour calmer l'émotion populaire. Il va cependant essayer de le prendre. Mais il ne se propose point de percer les lignes ennemies et de rejoindre Faidherbe en mouvement dans le Nord ; son ambition n'est point si haute. Son but est d'attirer l'infanterie allemande en plaine et de se mesurer avec elle. Les Allemands ne sont jamais sortis de leurs retranchements. Trochu va leur offrir une bataille sur le vaste espace qui s'étend entre Saint-Denis et la forêt de Bondy. Le Bourget, dans cette opération, est la première étape. Ce point enlevé, on marchera contre les ouvrages établis par l'ennemi au delà de la Morée. Pendant ce temps, à droite, sous la protection des batteries d'Avron, le général Vinoy, avançant par Ville-Évrard, Gournay et Chelles, est chargé de couper les communications de l'ennemi et de le rejeter hors de ses retranchements ; à gauche, une diversion sera opérée contre Montretout, Buzenval et la Malmaison.

Les troupes et la garde nationale sortent de Paris dans la nuit du 20 au 21 décembre pour prendre, de grand matin, leurs postes de combat ; elles se rangent en silence sur les pentes de Romainville et dans la plaine en avant d'Aubervilliers, Bobigny et Bondy. Un brouillard intense et glacial couvrait la plaine. Les bataillons de marche de la garde nationale sortent incessamment de Paris et viennent prendre position dans la plaine en arrière des troupes ; d'autres, suivant les hauteurs de Romainville et de Nogent, se dirigent sur les bords de la Marne. On marche avec entrain sous un ciel sombre et froid. Au jour naissant, des éclairs déchirent la brume épaisse : les forts de l'Est, de Romainville et de Noisy lancent une pluie d'obus sur le Bourget. Des wagons blindés qui se sont avancés sur la voie ferrée mêlent leurs feux à celui des forts. Pendant ce temps, les marins approchent, venant de Saint-Denis. Le Bourget est attaqué de plusieurs côtés à la fois ; à l'ouest, le capitaine de frégate Lamothe-Tenet enlève les jardins et les maisons avec ses intrépides marins qui se précipitent sur l'ennemi, le fusil en bandoulière et la hache à la main. Du côté du sud, l'attaque, conduite par le général Lavoignet, rencontre une résistance plus sérieuse. Les troupes ont enlevé les premières maisons et déjà elles pénètrent dans le village, lorsqu'elles se heurtent dans la grande rue à une barricade vaillamment défendue par les Prussiens. Les murs crénelés abritent des tirailleurs dont le feu cause dans nos rangs de sérieux ravages. Le général Lavoignet recule hors du village ; de là, les troupes, mettant à profit les plis du terrain, continuent à tirer sur la barricade qu'elles n'ont pu forcer. Cependant les marins du capitaine Lamothe-Tenet, qui sont restés dans le village, voient arriver des renforts allemands et se trouvent dans une position très-critique. Une batterie d'artillerie amenée à Pont-Iblon couvre d'obus les maisons qu'ils occupent ; ils tiennent quand même, en attendant des secours. Sur ces entrefaites, le général Trochu accouru du fort d'Aubervilliers fait ouvrir le feu d'une batterie d'artillerie contre les murs crénelés du parc, qui couvrent le village du côté du sud ; ces obus vont tomber, pour la plupart, au milieu des intrépides marins aux prises avec des forces supérieures. Canonnés des deux côtés et ne voyant arriver personne à leur aide, ils se retirent en bon ordre et vont se masser dans un pli de terrain vers la Courneuve. Ils avaient tenu trois heures. Les masses ennemies arrivent dans le Bourget ; on ne peut plus songer à y rentrer. Alors les forts et les batteries reçoivent l'ordre de couvrir le village de leurs obus. A trois heures de l'après-midi, les troupes avaient repris leurs cantonnements. Les marins avaient essuyé des pertes sensibles. Une compagnie entière avait été détruite : il n'en resta que six hommes. Son chef, le lieutenant Peltereau, était tué. Nous avions, en outre, deux cent cinquante-quatre hommes hors de combat. Les lieutenants de vaisseau Morand, Laborde, les enseignes Duquesne, Wyts, étaient tués. Les lieutenants de vaisseau Bouisset et Patin, grièvement blessés, devaient, le lendemain, mourir des suites de leurs blessures. Les francs-tireurs de la Presse, qui s'étaient bien battus, avaient perdu environ quarante hommes. A droite, le général Ducrot s'était borné à engager un combat d'artillerie contre les batteries allemandes de Blanc-Ménil et Pont-Iblon ; il s'était avancé jusqu'à Groslay et Drancy.

Du côté de la Marne, les généraux Malroy et Blaise, sous les ordres du général Vinoy, avaient occupé presque sans coup férir Neuilly-sur-Marne, Ville-Évrard et la Maison-Blanche. Mais la fin de la journée fut marquée par un douloureux incident. Des Prussiens étaient restés dans les caves de Ville-Évrard. Ils en sortent à la nuit, pendant que nos troupes sans défiance veillent autour des grands feux qu'elles viennent d'allumer. Surpris par cette attaque inattendue, nos soldats se troublent, courent au hasard. Le général Blaise s'élance pour les rallier ; il est tué presque à bout portant.

Ce nouveau combat du Bourget n'était donc pas plus heureux que le premier, quoiqu'on s'y fût préparé. Le général Trochu avait fait sortir de Paris des forces considérables : il ne s'en servit pas. Le petit corps commandé par l'amiral La Roncière le Noury supporta seul le choc de l'ennemi. Pendant que les marins se faisaient tuer dans le village en attendant des renforts, le général Ducrot laissait ses troupes au repos et se contentait d'un inutile combat d'artillerie ; les forts de l'Est et d'Aubervilliers jetaient des obus sur le village occupé par nos marins : le désordre du commandement avait été complet. Le général Trochu a écrit depuis que « le village du Bourget, que la marine avec son impétuosité ordinaire avait enlevé en partie, dut être évacué par elle, *parce qu'elle ne fut pas suffisamment soutenue* [1]. » Mais qui donc avait charge de la soutenir, sinon le commandant en chef, sinon le général Trochu en personne? Qui doit-il accuser, si ce n'est lui-même? Le rapport officiel rejeta aussi l'insuccès sur les contrariétés amenées par l'état de l'atmosphère ; justification dérisoire. Le général Trochu semble avoir voulu se borner à une démonstration militaire : il attendait l'infanterie ennemie dans la plaine Saint-Denis ; elle ne jugea pas à propos de sortir de ses retranchements, et le gouverneur de Paris s'est trouvé tout désorienté par suite de ce mauvais vouloir. Avec cent mille hommes en ligne, il laisse écraser dans le Bourget les braves marins de Saint-

---

[1] *Page d'histoire*, page 122.

Denis; avec la puissante artillerie que lui a donnée M. Dorian, il ne détruit pas les ouvrages allemands qui arrêtent l'essor de nos troupes. Il avait annoncé que l'attaque du Bourget n'était que le commencement d'une série d'opérations militaires; les troupes furent ramenées dans leurs cantonnements. Un froid intense s'était déclaré dans la nuit du 22 décembre ; la terre durcie se refusait aux travaux de la pioche. Un grand nombre d'hommes couchés sur le sol avaient eu les pieds gelés. Le moral des troupes était d'ailleurs profondément atteint par ces sorties sans objet. L'extrême rigueur de la température vint en aide au découragement du gouverneur de Paris. Les troupes rentrèrent, les opérations militaires furent abandonnées. Le *Journal officiel* expliquait aux Parisiens le motif de l'inaction à laquelle on le condamnait. Après avoir exposé le but du combat livré le 21 et constaté l'insuccès de l'opération, le général Trochu ajoutait qu'à partir de ce moment la santé des troupes devait être considérée comme sérieusement atteinte, que les cas de congélation contre lesquels l'activité des travaux entrepris était impuissante s'étaient multipliés dans une proportion menaçante et que les travaux eux-mêmes avaient dû être abandonnés par suite de la dureté du sol.

« Assurément, disait-il, prévoyant bien les objections, l'ennemi, dans ses positions, est assujetti aux mêmes sévices. Mais ses soldats sont des hommes du nord ; les nôtres, originaires de contrées dont le climat est chaud ou tempéré, en éprouvent des effets plus caractérisés, et leur santé, dans une campagne de plein hiver, réclame des ménagements particuliers. Dans cette situation, et quelque douloureuse que pût être la suspension temporaire des opérations, le devoir de les continuer était primé par le devoir de donner aux troupes un repos et des soins devenus indispensables. »

Les travaux de cheminement entrepris dans la plaine d'Aubervilliers pour atteindre le Bourget furent donc abandonnés, et les troupes rentrèrent dans Paris. L'irritation contre le général Trochu était au comble : le peuple l'accusait d'incapacité; l'armée elle-même n'avait plus pour lui le respect qu'on doit à un commandant en chef. L'irrésolution du gouverneur, l'absence de suite dans ses projets, ses tâtonnements perpétuels étaient devenus le thème ordinaire des officiers. Dans le sein du gouvernement, on agitait la question de son remplacement et de la convocation d'un conseil militaire. Dans la séance du 26 décembre,

MM. Garnier-Pagès, Picard et Simon demandent que l'action militaire soit soumise à un contrôle sérieux. Le ministre de la guerre n'est-il pas le supérieur militaire du gouverneur ? La question ajournée est reprise à la séance suivante ; le général Trochu venait de publier la note dont on a donné le résumé, annonçant que, vu les grands froids survenus, les travaux entrepris dans la plaine Saint-Denis devaient être abandonnés. M. Jules Favre estime que si la gelée empêche aujourd'hui de se battre, ce sera demain un autre motif. Restera-t-on dans l'inaction jusqu'au printemps ? M. Arago partage le sentiment de M. Jules Favre. Exprimer publiquement des opinions comme celles du général Trochu, c'est réduire Paris à une capitulation dont il ne veut, lui, à aucun prix ; il préfère quitter le gouvernement. On aura, dit-il, triplé la honte de Bazaine en capitulant avec trois fois plus de troupes que lui.

Voilà pourquoi, dit M. Jules Favre, il faut à Paris une autre direction militaire. Certes il reconnaît le « grand cœur » du général Trochu, mais il n'est pas aussi sûr de ses facultés militaires. Il critique la dernière opération du Bourget, il demande que le gouvernement intervienne et que le gouverneur soit appelé à une réunion où siégeront tous les généraux de l'armée.

Le général Leflô combat cette proposition. M. Garnier-Pagès l'approuve, au contraire, et se déclare partisan d'une conférence qui couvrira la responsabilité du général lui-même. Ce n'est pas un conseil de guerre que souhaite M. Ferry, mais une conférence militaire ; non pas que les généraux de l'armée de Paris lui inspirent une grande confiance : à part MM. Ducrot et Trochu, M. Ferry tient tous les généraux en complète méfiance. Les généraux Leflô et Schmitz, présents à la séance, protestent avec vivacité ; établir un conseil de tutelle, c'est, suivant eux, provoquer la dissolution de l'armée. M. Picard fait observer que le général Trochu a exercé pendant trois mois une dictature absolue, et cependant rien n'a marché. Que faire ? Enlever à M. Trochu la direction des affaires militaires et la confier à un autre sous le contrôle du gouvernement.

Le conseil décide que le général Trochu sera convoqué le lendemain et invité à exposer ses vues.

Cette séance offre un intérêt historique.

Le général Trochu se déclare prêt à se retirer, si l'on croit que sa retraite puisse prolonger la durée de la résistance. Si on espère le succès avec un autre chef, il ne faut pas hésiter. Quant à lui, il a craint souvent un grand désastre, qu'il a su éviter jusqu'ici ; cela, il est vrai, ne suffit pas à la foule qui demande des victoires, mais il estime qu'on ne percera pas les lignes ennemies ; il faut s'y résigner. Il engage le conseil à consulter les généraux, en ayant soin de le prévenir que les « plus ambitieux ne sont pas toujours les meilleurs. »

Le général Leflô est d'avis de continuer la lutte jusqu'au dernier moment ; c'est un devoir, car il n'est pas certain qu'après la chute de Paris la France puisse résister encore. Au dernier moment, il faudra former trois groupes pour essayer de forcer les lignes prussiennes ; il n'admet pas que 300,000 hommes armés, disposant de 300 pièces de canon attelés, puissent déposer leurs armes. Peut-on destituer le gouverneur ? Il ne le pense pas, mais le gouvernement doit prendre part à l'action militaire.

Mis en cause par ses collègues, le général Trochu se défend : il rappelle l'état militaire de Paris au moment de l'investissement : il n'y avait sous ses murs aucune force organisée. Il a créé une armée. L'échec du Bourget vient, dit-il, de ce qu'un régiment s'est débandé [1]. On l'accuse d'avoir manqué d'audace ; mais il a toujours procédé par coups d'audace. L'armée est découragée ; elle se plaint de fournir à la population des représentations militaires. Quant à lui, il s'est usé à la tâche, il le reconnaît, et il est d'avis d'inviter les généraux à désigner un nouveau commandant militaire. Le système de défense à adopter est, suivant lui, celui-ci : tenir tant qu'une armée en province sera debout, et tant que Paris aura du pain, prendre une attitude expectante. On serait disposé à risquer toute l'armée d'un seul coup ; il s'y oppose de toutes ses forces, il ne veut plus de ces représentations sanglantes dans un but politique. L'armée n'en veut pas davantage. Si l'on persiste, il se retirera.

Le conseil conclut à l'unanimité qu'il n'y a pas lieu d'ôter le commandement militaire au gouverneur, et que celui-ci n'a pas le droit de se retirer sans y être autorisé. Mais il croit qu'il sera utile d'entendre d'autres généraux pour se former une opinion. Les

[1] On sait ce qu'il faut penser de cette assertion.

généraux Ducrot, Vinoy et l'amiral La Roncière le Noury seront
entendus [1].

M. Jules Favre, à cette date, jette le cri d'alarme ; il écrit à
M. Gambetta qu'après la journée du 21 le gouverneur a voulu
faire des cheminements pour arriver au Bourget ; que, le 23, le froid
a commencé à sévir avec une violence inouïe, que les troupes
ont beaucoup souffert de l'abaissement de température et qu'il a
fallu les cantonner. Puis jetant un regard sur Paris :

« Paris, écrit-il, malgré son enthousiasme et sa confiance,
comprend mal ces retards ; nous nous en affligeons et nous pressons
le général Trochu qui répond que son armée est fort ébranlée par
tant de causes réunies de douloureuses épreuves. Avant hier
cependant, il avait consenti à réunir un conseil de guerre. Mais
voici qu'hier matin l'ennemi a ouvert un feu très-vif entre les
forts de Rosny, de Noisy, de Nogent et contre le plateau d'Avron...
Vous comprenez que cet incident a empêché la réunion du conseil.
Cependant on crie de tous côtés qu'il faut agir. L'exaltation de
Paris augmente avec sa souffrance, et il s'exaspère d'autant plus
qu'il pressent que le moment n'est pas loin où la résistance
deviendra impossible. Or, il veut qu'elle soit possible, et il est
résolu dans ce but à se porter aux dernières extrémités. Dans cet
état violent, nul ne peut prévoir quelle sera la solution. Les clubs
s'agitent, prêchent la guerre civile et l'assassinat. Des bandes
dévastent les chantiers et les clôtures, pillent les jardins pour en
scier les arbres. Nous avons ordonné des répressions sévères :
la garde nationale a beaucoup de peine à dominer ce mouvement. »
La dépêche se terminait par ces mots : « Si les gens de la Commune
n'amènent pas une sédition, nous tiendrons trois semaines encore.
D'ici là vous devez nous arriver d'un côté ou de l'autre. »

L'abandon précipité du plateau d'Avron fut pour les Parisiens
un nouveau sujet d'exaspération. Ce plateau, situé à l'est de
Paris, commande le cours de la Marne ; il était resté jusque dans
les premiers jours de décembre un terrain neutre. Les Allemands
ne pouvant s'y établir solidement à cause du voisinage du fort de
Rosny, s'étaient contentés d'y placer des postes. Quelques jours
avant la bataille de Champigny, on avait résolu d'en faire un camp
retranché et de le garnir de batteries de marine qui balayeraient

---

[1] Procès-verbaux du gouvernement de la défense nationale, publiés par l'Assemblée
de Versailles. Rapport Chaper.

d'un côté le Raincy, occupé par les Prussiens, et de l'autre les hauteurs qui couronnent la rive gauche de la Marne, de Bry à Gournay, et de Chelles à Gagny, sur la rive droite. On commença par établir quatre batteries sur le versant sud, en face de Neuilly-sur-Marne, puis deux batteries de gros calibre sur le côté oriental en face de Chelles ; une batterie menaçant Gagny, et à l'extrémité gauche du parc de Beau-Séjour, une batterie destinée à battre les bois de Raincy. Toutes ces batteries furent reliées par des ouvrages. Une vaste tranchée qui descendait jusqu'au cimetière de Rosny était destinée à protéger la retraite, si jamais l'on était chassé du plateau. Tous ces travaux furent accomplis sans plan d'ensemble, et comme au hasard. Les abris blindés faisaient entièrement défaut et les tranchées étaient insuffisantes dans la prévision d'un bombardement à feux croisés du Raincy d'une part, et de Chelles et Gournay d'autre part. Voulait-on garder le plateau, le défendre à ontrance? Il fallait y creuser des abris sûrs où le soldat pût défier les obus. Se proposait-on, au contraire, de l'abandonner à la première attaque? Alors, à quoi bon y placer plus de soixante-dix pièces d'artillerie et exposer à un feu meurtrier les troupes qui les gardaient? L'indécision et le décousu furent, ici comme ailleurs, le caractère propre du général Trochu : il ne sut pas ce qu'il voulait faire. Quand l'ennemi commença le bombardement du plateau, le gouverneur comprit l'énormité de sa faute; mais il était trop tard pour la réparer.

Commencé le 27 décembre de grand matin, le bombardement prit dès le début un caractère alarmant. Les Prussiens tiraient sur le plateau de trois endroits à la fois ; trois batteries à Gagny, trois à Noisy-le-Grand, trois au pont de Gournay, croisant leurs feux avec les batteries du Raincy, sillonnaient Avron dans tous les sens : les troupes s'étaient réfugiées dans les tranchées et dans les plis de terrain ; les batteries répondaient, mais elles étaient pour la plupart d'un trop faible calibre pour lutter avec avantage contre les canons Krupp. Plusieurs pièces prises en écharpe furent démontées, leurs servants tués. Dans la première journée, soixante hommes furent mis hors de combat. Quelques bataillons s'étaient débandés et avaient cherché un refuge dans les localités voisines : la démoralisation était alarmante. Le général Trochu accourut sur le plateau à la nouvelle du bombardement et, jugeant la position intenable, il donna l'ordre de battre en retraite dans la nuit. Les pièces d'artillerie purent, au prix des plus grands efforts, être ramenées en arrière des forts, qui étaient eux-mêmes bombardés avec une fureur indiquant chez l'ennemi l'impatience d'en finir avec une résistance trop longue. Les forts de Nogent, Rosny et Noisy reçurent dans les journées du 30 décembre au 2 janvier une grêle de projectiles [1]. Les marins réparaient pendant la nuit les dégâts faits dans le jour aux ouvrages des forts ; les blindages des poudrières étaient insuffisants contre l'artillerie nouvelle ; ils les consolidaient en les couvrant de sacs à terre. Dans les forts de Rosny, l'artillerie de la garde nationale partageait courageusement ces pénibles travaux et s'exposait sans peur à la mort pour servir les pièces et répondre à l'ennemi.

La nouvelle de l'abandon du plateau d'Avron occasionna dans la ville un grand tumulte. C'était un échec, et rien n'irrite comme un échec que l'on aurait pu s'épargner par de la décision et de la prévoyance. Le général Trochu fut accusé hautement d'incapacité ; quelques-uns murmuraient le mot de trahison. De telles aventures n'étaient pas faites, en effet, pour fermer la bouche aux hommes qui avaient tenté de renverser le gouvernement dans la nuit du 31 octobre. Le peuple patient et patriote qui se résignait sans murmure à toutes les privations commençait à prendre ombrage contre le général en chef qui ne montrait d'énergie que dans ses proclamations. « Qu'il cède, disait-on, sa place à un autre. Nous ne voulons pas être livrés sans combattre ; nous nous soumettons au pain noir, aux rigueurs de l'hiver, aux épidémies, qui moissonnent nos vieillards et nos enfants ; nous faisons ces sacrifices à la patrie et à l'honneur : c'est bien le moins

---

[1] Dans son *Mémoire sur la défense de Paris,* M. E. Viollet-le-Duc, ex-lieutenant-colonel de la légion auxiliaire du génie, a calculé le nombre d'obus lancés sur les forts de l'Est : « Du 30 décembre au 2 janvier, dit il, 5,100 obus atteignirent les deux forts de Rosny et de Noisy, leurs avancées, les deux redoutes et couvrirent le plateau entre ces deux ouvrages. Le feu ne discontinua pas jusqu'à la signature de l'armistice, excepté pendant les jours de brouillard intense et les nuits, où il cessait presque complétement. Ce nombre de projectiles ne causa pas cependant aux deux forts des dommages qui fussent de nature à diminuer la valeur de leurs défenses. On peut supputer que 1,000 coups ont été tirés en moyenne par vingt-quatre heures ; en déduisant les journées de brouillard intense, du 30 décembre au jour de la signature de l'armistice, on compte vingt-trois jours ; ce sont donc 23,000 obus envoyés. Chacun d'eux tiré représente une valeur argent de 75 francs. Ce tir, rien que pour la valeur des projectiles et charges, atteint donc en argent le chiffre de 1,725,000 francs. »

L'auteur du *Mémoire* conclut que le résultat n'est pas évidemment en rapport avec la dépense, et que l'on peut admettre, au point de vue militaire, que les Prussiens abusent du bombardement.

qu'en retour le commandement militaire remplisse son devoir. »
Les femmes se montraient encore plus ardentes que les hommes,
parce que les souffrances du siége les touchaient davantage. Des
groupes se formaient dans les rues et sur les boulevards, l'animation était très-grande, et le général Trochu ne rencontrait plus
un seul défenseur. Il essaya de calmer les esprits par une proclamation :

« Citoyens, soldats,

« De grands efforts se font pour rompre le faisceau des sentiments d'union et de confiance réciproques auxquels nous devons
de voir Paris, après plus de cent jours de siége, debout et résistant. L'ennemi, désespérant de livrer Paris à l'Allemagne pour la
Noel, comme il l'a solennellement annoncé, ajoute le bombardement de nos avancées et de nos forts aux procédés si divers d'intimidation par lesquels il a cherché à énerver la défense. On exploite
devant l'opinion publique les mécomptes dont un hiver extraordinaire, des fatigues et des souffrances infinies ont été la cause
pour nous. Enfin, on dit que les membres du gouvernement sont
divisés dans leurs vues sur les grands intérêts dont la direction
leur est confiée.

« L'armée a subi de grandes épreuves, en effet, et elle avait
besoin d'un court repos que l'ennemi lui dispute par le bombardement le plus violent qu'aucune troupe ait jamais éprouvé. Elle
se prépare à l'action avec le concours de la garde nationale de
Paris, et, tous ensemble, nous ferons notre devoir.

« Enfin, je déclare ici qu'aucun dissentiment ne s'est produit
dans les conseils du gouvernement, et que nous sommes tous
étroitement unis en face des angoisses et des périls du pays, dans
la pensée et dans l'espoir de sa délivrance.

« *Le gouverneur de Paris,*
« Général Trochu. »

Ces phrases vides et froides n'exerçaient plus aucune influence
ni sur le peuple ni sur l'armée. On était las de ces assurances et
de ces promesses toujours démenties par les événements. Le général Trochu n'était, d'ailleurs, pas sincère en rejetant sur de pré-

tendus agitateurs la responsabilité du mécontentement qui éclatait de toutes parts avec une intensité croissante. Si la confiance avait fait place au doute et à la défiance, la faute n'en était pas aux ennemis du gouvernement, mais à ses propres maladresses, à l'incertitude qui régnait dans ses opérations, au décousu de ses desseins, à ses fautes répétées. Le général Trochu était-il plus sincère en niant l'existence des ressentiments survenus entre lui et ses collègues? On sait ce qu'il en faut penser, quand on a vu ce qui s'était passé dans la séance tenue quelques jours auparavant.

L'émotion était à son comble, quand se réunit le conseil de guerre convoqué par le gouvernement pour savoir ce que les officiers généraux pensaient de la situation. Étaient présents les amiraux La Roncière et Pothuau, les généraux Ducrot, Vinoy, Tripier (du génie), Frébault, de Chabaud La Tour, Guiod (artillerie), Noel, de Bellemare, Clément Thomas (garde nationale), et les membres du gouvernement. Le général Trochu, qui préside la séance, expose le motif de la réunion : il a convoqué tous les officiers présents, ses collaborateurs, afin que le gouvernement puisse interroger directement les hommes qui vivent avec l'armée, qui la connaissent, et qui savent ce qu'on peut attendre d'elle.

M. Jules Favre, prenant la parole, retrace l'œuvre accomplie depuis le jour où Paris fut investi : on était sans armée et sans artillerie, on a fondu des canons et levé des soldats. L'ennemi n'a pas attaqué : on est allé à lui, on lui a livré des combats partiels qui n'ont pas été couronnés de succès. Cependant Paris demande la lutte à outrance ; il presse le gouverneur et les commandants militaires de tenter une grande sortie afin d'aller rejoindre les armées de province. Le gouvernement est bien obligé de tenir compte d'une volonté si nettement exprimée, sous peine d'être emporté dans une tempête. Les officiers présents croient-ils que des opérations militaires soient encore possibles et qu'on puisse combiner les efforts de l'armée avec ceux de la garde nationale? Telle est la question sur laquelle le gouvernement appelle la réponse des officiers de l'armée de Paris.

Le général Ducrot, qui prend le premier la parole, répond qu'il n'a jamais cherché à bercer les autres d'illusions qu'il n'a pas. Il ne compte ni sur l'armée de la Loire, ni sur l'armée de Paris ; elles sont l'une et l'autre incapables de percer les lignes prussiennes. Les efforts qu'il a lui-même tentés à Châtillon et à la Malmaison ne lui ont laissé aucun espoir de succès. La sortie en masse que réclame la population lui paraît une folie; les premiers obus qui tomberaient dans cette multitude inexpérimentée amèneraient une débandade honteuse. C'est tout au plus si l'on pourrait essayer de faire sauver une partie de l'armée en lançant sur la ligne d'investissement des hommes choisis, mais c'est un moyen extrême auquel il faut également renoncer, à cause de la fatigue et du découragement des troupes.

Le général Vinoy constate à son tour la démoralisation de l'armée; il estime toutefois qu'il ne serait peut-être pas impossible de faire une tentative suprême pour se frayer un passage. Les généraux Noël, Schmitz, de Bellemare, Tripier, Frébault, les amiraux Pothuau et La Roncière expriment tour à tour une opinion analogue : la trouée est impossible, mais, d'un autre côté, on ne peut pas faire déposer les armes à trois cent mille hommes sans combattre; l'honneur exige donc qu'avant de succomber on livre une dernière bataille.

La garde nationale sera-t-elle engagée dans ce combat suprême comme elle le demande énergiquement? Le général Ducrot se prononce pour la négative; on doit donner à la garde nationale le service des tranchées, mais elle n'est ni assez instruite ni assez disciplinée pour combattre en rase campagne. Le général Clément Thomas est d'un avis contraire. On juge la garde nationale, ou plutôt on la condamne avant de l'avoir vue à l'œuvre. Pour savoir ce que vaut son courage, il faut commencer par le mettre à l'épreuve; c'est ce qu'on n'a pas fait jusqu'à présent, malgré des instances réitérées. Qui sait, d'ailleurs, si la présence de la garde nationale ne stimulera pas l'amour-propre de l'armée et réciproquement? Cette opinion, combattue par le général Vinoy, est appuyée par le général de Bellemare.

Le conseil de guerre se sépare sans avoir pris aucune résolution importante; le gouvernement doit décider en dernier ressort. Mais quelle que soit sa décision, toute tentative militaire ne sera plus désormais qu'une sanglante parade; les chefs militaires sont entrés dans la période du désespoir; aucun d'eux n'a prononcé le mot de capitulation; mais le mot était présent à tous les esprits pendant les débats dont l'on vient de lire l'analyse. Il ne restait plus qu'à choisir le jour et le lieu du sacrifice.

Avant de se séparer, le conseil avait approuvé la note suivante qui parut dans le *Journal officiel* du 1er janvier :

« Au moment où l'ennemi menace Paris d'un bombardement, le gouvernement, résolu à lui opposer la plus énergique résistance, a réuni en conseil de guerre, sous la présidence du gouverneur, les généraux commandant les trois armées, les amiraux commandant les forts, les généraux des armes de l'artillerie et du génie. Le conseil a été unanime dans l'adoption des mesures qui associent la garde nationale, la garde mobile et l'armée à la défense la plus active.

« Ces mesures exigent le concours de la population tout entière. Le gouvernement sait qu'il peut compter sur son courage et sur sa volonté inflexible de combattre jusqu'à la délivrance. Il rappelle à tous les citoyens que dans les moments décisifs que nous allons traverser l'ordre est plus nécessaire que jamais. Il a le devoir de le maintenir avec énergie ; on peut compter qu'il n'y faillira pas. »

La grande cité bouillonnait : l'instinct populaire, avec sa merveilleuse clairvoyance, avait deviné le découragement des chefs de l'armée ; on se sentait rouler sur la pente fatale d'une grande catastrophe. Comme on voyait la garde nationale pleine d'ardeur et prête à tous les sacrifices, on croyait l'armée et la garde mobile animées des mêmes sentiments et le succès paraissait encore possible. Toutefois des indices peu équivoques du découragement des troupes étaient journellement recueillis. Les soldats de la ligne et les mobiles appelaient ironiquement les gardes nationaux les « à outrance » et ne leur épargnaient pas les quolibets, quand ils les voyaient passer. Ils traitaient volontiers leur belle ardeur patriotique comme une flamme éphémère destinée à s'évanouir au premier aspect de l'ennemi. La garde nationale essuyait sans humeur ces plaisanteries inoffensives, bien convaincue que ceux qui la raillaient si volontiers marcheraient avec elle aussitôt que le signal serait donné. Mais qui le donnerait, ce signal? Est-ce le commandement militaire qui, depuis cent jours de siége, avait montré tant de défaillances? Une grande partie de la population ne l'espérait plus. Le général Trochu était hautement accusé d'impéritie. Ce n'étaient plus seulement les clubs qui demandaient son remplacement par un chef plus énergique; c'était la presse presque tout entière; c'étaient les autorités municipales elles-mêmes. Le gouvernement, en voyant approcher la crise finale, avait pris le parti d'associer plus directement les maires de Paris à la gestion des affaires publiques. Tous les huit jours, ces magistrats, réunis sous la présidence du ministre de l'intérieur, exposaient les besoins, les demandes, les plaintes de leurs administrés. Ils apportèrent bientôt l'expression de l'irritation publique contre le général Trochu. Dans la séance du 5 janvier, M. Delescluze, maire du 19ᵉ arrondissement et rédacteur en chef du *Réveil*, donna lecture d'une adresse ou plutôt d'un acte d'accusation concluant à l'adoption immédiate des mesures suivantes :

« Démission des généraux Trochu, Clément Thomas et Le Flô ;

« Renouvellement des comités de la guerre et rajeunissement des états-majors ;

« Renvoi au conseil de guerre des généraux et officiers de tout grade qui prêchent le découragement dans l'armée ;

« Mobilisation successive de la garde nationale parisienne ;

« Institution d'un conseil suprême de défense où l'élément civil ne soit plus subalternisé à l'élément militaire ;

« Intervention directe et permanente de Paris dans la question de ses propres affaires si intimement liées aux intérêts de la défense ;

« Enfin, adoption *de toute mesure de salut public,* soit pour assurer l'alimentation de Paris, soit pour adoucir les cruelles souffrances imposées à la population de Paris par l'état de siége, et aussi par la regrettable incurie du pouvoir. »

Le ministre de l'intérieur s'étant opposé à la mise en discussion du programme de M. Delescluze, celui-ci se retira et envoya au gouvernement sa démission de maire. Ses deux adjoints, MM. Quentin et Oudet, suivirent son exemple. La mairie du 19ᵉ arrondissement fut administrée par une commission municipale.

Un autre avertissement, bien plus redoutable, était donné au gouvernement par les meneurs qui avaient tenté de le renverser au 31 octobre et qui épiaient toujours l'occasion de prendre leur revanche. Une grande affiche rouge fut placardée sur les murs de

Paris, dans la nuit du 5 au 6 janvier, comme un appel à la guerre civile immédiate :

AU PEUPLE DE PARIS,

Les délégués des vingt arrondissements de Paris.

« Le gouvernement qui, le 4 septembre, s'est chargé de la défense nationale a-t-il rempli sa mission ? — Non !

« Nous sommes 500,000 combattants, et 200,000 Prussiens nous étreignent ! A qui la responsabilité, sinon à ceux qui nous gouvernent ? Ils n'ont pensé qu'à négocier, au lieu de fondre des canons et de fabriquer des armes.

« Ils se sont refusés à la levée en masse.

« Ils ont laissé en place les bonapartistes et mis en prison les républicains.

« Ils ne se sont décidés à agir enfin contre les Prussiens qu'après deux mois, au lendemain du 31 octobre.

« Par leur lenteur, leur indécision, leur inertie, ils nous ont conduits jusqu'au bord de l'abîme : ils n'ont su ni administrer, ni combattre, alors qu'ils avaient sous la main toutes les ressources, les denrées et les hommes.

« Ils n'ont pas su comprendre que, dans une ville assiégée, tout ce qui soutient la lutte pour sauver la patrie possède un droit égal à recevoir d'elle la subsistance ; ils n'ont su rien prévoir : là où pouvait exister l'abondance, ils ont fait la misère ; on meurt de froid, déjà presque de faim : les femmes souffrent ; les enfants languissent et succombent.

« La direction militaire est plus déplorable encore : sorties sans but ; luttes meurtrières sans résultats ; insuccès répétés, qui pouvaient décourager les plus braves ; Paris bombardé. — Le gouvernement a donné sa mesure ; il nous tue. — Le salut de Paris exige une décision rapide. -- Le gouvernement ne répond que par la menace aux reproches de l'opinion. Il déclare qu'il maintiendra l'ORDRE, — comme Bonaparte avant Sedan.

« Si les hommes de l'Hôtel-de-Ville ont encore quelque patriotisme, leur devoir est de se retirer, de laisser le peuple de Paris prendre lui-même le soin de sa délivrance.

« La municipalité ou la Commune, de quelque nom qu'on l'appelle, est l'unique salut du peuple, son seul recours contre la mort.

« Toute adjonction ou immixtion au pouvoir actuel ne serait rien qu'un replâtrage perpétuant les mêmes errements, les mêmes désastres. Or, la perpétuation de ce régime, c'est la capitulation, et Metz et Rouen nous apprennent que la capitulation n'est pas seulement encore et toujours la famine, mais la ruine de tous, la ruine et la honte ! — C'est l'armée et la garde nationale transportées prisonnières en Allemagne, et défilant dans les villes sous les insultes de l'étranger ; le commerce détruit, l'industrie morte, les contributions de guerre écrasant Paris : voilà ce que nous prépare l'impéritie ou la trahison.

« Le grand peuple de 89, qui détruit les Bastilles et renverse les trônes, attendra-t-il, dans un désespoir inerte, que le froid et la famine aient glacé dans son cœur, dont l'ennemi compte les battements, sa dernière goutte de sang ? — Non !

« La population de Paris ne voudra jamais accepter ces misères et cette honte. Elle sait qu'il en est temps encore, que des mesures décisives permettront aux travailleurs de vivre, à tous de combattre.

« Réquisitionnement général. — Rationnement gratuit. — Attaque en masse.

« La politique, la stratégie, l'administration du 4 septembre, continuées de l'Empire, sont jugées. *Place au peuple! Place à la Commune!*

« *Les délégués des vingt arrondissements de Paris,*

«Adoué, Ansel, Antoine Arnaud, J.-F. Arnaud, Edm. Aubert, Babick, Baillet père, A. Baillet, Bedouch, Ch. Beslay, J.-M. Boitard, Bonnard, Casimir Bouis, Léon Bourdon, Abel Bousquet, V. Boyer, Brandely, Gabriel Brideau, L. Caria, Caullet, Chalvet, Champy, Chapitel, Charbonneau, Chardon, Chartini, Eugène Chatelain, A. Chaudet, J.-B. Chautard, Chauvière, Clamousse, A. Claris, Clavier, Clémence, Lucien Combatz, Julien Conduché, Delage, Delarue, Demay, P. Denis, Dereux, Durins, Dupas, Duval, Duvivier, R. Estieu, Fabre, F. Felix, Jules Ferré, Th. Ferret, Flotte, Fruneau, C.-J. Garnier, L. Garnier, M. Garreau, Gentilini, Ch. Gérardin, Eug. Gérardin, L. Genton, Gillet, P. Girard, Giroud-Trouillier, J. Gobert, Albert Goullé, Grandjean, Grot, Henry, Fortuné Henry, Hourtoul, Alph. Humbert, Jamet, Johannard, Michel Joly, Jousset, Jouvard, Lacord, Lafargue, Laffitte, A. Lallement, Lambert, Lange, J. Larmier, Lavorel, Leballeur, F. Lemaître, E. Leverdays, Armand Lévy, Lucipia, Ambroise Lyaz, Pierre Mallet, Malon, Louis Marchand, Marlier, J. Martelet, Constant Martin, Maullion, Léo Melliet, X. Missol, docteur Tony Moilin, Molleveaux, Montelle, J. Montels, Mouton, Myard, Napias-Piquet, Émile Oudet, Parisel, H. Piednoir, Pérève, docteur Pillot, Pindy, Martial Portalier, Puget, D.-Th. Régère, Retterer aîné, Aristide Rey, J. Richard, Roselli-Mollet, Édouard Roullier, Benjamin Sachs, Sainson, Th. Sapia, Sallée, Salvador Daniel, Schneider, Scray, Sicard, Stordeur, Tardif, Treillard, Tessereau, Thaller, Theisz, Thiollier, Tridon, Urbain, Viard, Ed. Vaillant, Jules Vallès, Viellet [1]. »

C'était la réponse des partisans de la Commune à la note gouvernementale annonçant aux meneurs que l'ordre serait maintenu avec énergie. Cet appel de gens sans mandat n'exerça d'ailleurs aucune influence sur la population parisienne, dont on essayait perfidement d'exploiter les douleurs. Ces inconnus aspirant à remplacer le gouvernement inspiraient une répulsion profonde : leurs affiches furent lacérées avec plus de dégoût que de colère ; eux-

---

[1] La plupart de ces noms, obscurs alors, reparaîtront plus tard, quand nous arriverons à l'histoire de la Commune. Il nous a paru utile de les citer dès maintenant pour établir la filiation des événements.

mêmes, pour la plupart, furent arrêtés et traduits devant les conseils de guerre [1].

Ces agitateurs avaient cru saisir un moment opportun pour soulever Paris contre le gouvernement de l'Hôtel-de-Ville. La surexcitation et la fièvre avaient atteint leur apogée : les Prussiens foudroyaient de leurs obus la grande cité qui ne leur ouvrait pas ses portes. Cent dix jours de siége semblaient avoir épuisé leur patience. Dans la nuit du 5 janvier, l'état-major allemand commence le bombardement des forts du sud ; l'horizon s'allume, Vanves et Issy sont, comme les forts de l'est, couverts de mitraille ; bïentôt un sillon de feu plus allongé traverse le ciel : un obus tombe dans le quartier Saint-Jacques. Les quartiers d'Auteuil, de Montrouge, Saint-Germain et Montparnasse voient tout à coup la sinistre lueur des projectiles qui s'abattent sur les maisons, tuant dans leurs lits les enfants endormis, les vieillards, les malades. Les monuments surmontés de la croix de Genève sont des premiers atteints. Le massacre des malades et des blessés dans les hôpitaux en rendant le bombardement plus horrible doit, — ainsi pensent les Prussiens, — produire sur l'opinion une terreur plus grande et hâter la reddition de la ville. L'hôpital du Val-de-Grâce, objectif des artilleurs allemands, est plusieurs fois atteint. Dans la nuit du 9 janvier, deux soldats blessés sont tués dans leur lits. Une femme est tuée dans l'hospice de la Pitié. Pendant qu'on descend les malades dans les caves, plus de trente obus éclatent coup sur coup sur l'asile. Le 12 janvier, on compte cinq victimes dans l'institution des Jeunes-Aveugles ; dans les hospices de l'Enfant-Jésus et de la Maternité, cinq élèves sages-femmes sont blessées ; un obus éclate dans la salle des malades de l'ambulance établie à l'école normale ; l'hôpital de Lourcine, l'ambulance de Sainte-Périne, l'hôpital

---

[1] Le général Trochu publia en réponse à l'affiche rouge cette proclamation trop fameuse :

« Aux citoyens de Paris.

« Au moment où l'ennemi redouble ses efforts d'intimidation, on cherche à égarer les citoyens de Paris par la tromperie et la calomnie... On exploite contre la défense nos souffrances et nos sacrifices.

« Rien ne fera tomber les armes de nos mains! Courage, confiance, patriotisme!

« LE GOUVERNEUR DE PARIS NE CAPITULERA PAS !

« 6 janvier 1871. »

Necker, la prison de Sainte-Pélagie, l'Hôtel des Invalides, tous les établissements hospitaliers, en un mot, servent d'objectifs aux soldats du pieux et mystique roi Guillaume. Un seul projectile éclatant dans le dortoir d'une école située rue Vaugirard tue quatre enfants et en blesse cinq autres. Le musée du Luxembourg, qui renferme les chefs-d'œuvre de l'art moderne, ne pouvait pas échapper à la basse jalousie des Teutons : plus de vingt obus y éclatent en quelques heures. Les fameuses serres du muséum, qui n'avaient pas de rivales dans le monde, furent visées par les savants d'outre-Rhin et détruites. L'académie des sciences adopta, dans sa séance du 5 janvier, une inscription destinée à transmettre aux générations futures le souvenir du vandalisme allemand; elle est ainsi conçue :

« Le Jardin des plantes médicinales, fondé à Paris par édit du roi Louis XIII, à la date du 3 janvier 1636, devenu le Muséum d'histoire naturelle le 23 mai 1794, fut bombardé sous le règne de Guillaume Ier, roi de Prusse, comte de Bismarck chancelier, par l'armée prussienne, dans la nuit du 8 au 9 janvier. Jusque-là il avait été respecté de tous les partis et de tous les pouvoirs nationaux et étrangers. »

Le Panthéon, la Sorbonne, l'école normale, l'école polytechnique, tout ce qui représente ou la gloire de la France, ou la science ou l'art, tout ce qui porte ombrage à la pédantesque et grossière Allemagne est visé par des soudards qui sont la honte de la civilisation. Il y avait dans les hôpitaux menacés un certain nombre de soldats allemands prisonniers et blessés; on les enferme généreusement dans des abris casematés pour les sauver des obus de l'Allemagne [1].

---

[1] Le 11 janvier, le décret suivant parut dans le *Journal officiel :*

« Le gouvernement de la Défense nationale,

« Considérant que les devoirs de la République sont les mêmes à l'égard des victimes du bombardement de Paris qu'à l'égard de ceux qui succombent les armes à la main pour la défense de la patrie,

« Décrète :

« Tout Français atteint par les bombes prussiennes est assimilé au soldat frappé par l'ennemi.

« Les veuves de ceux qui auront péri par l'effet du bombardement de Paris, les orphelins de pères ou de mères qui auront péri de même, sont assimilés aux veuves et aux orphelins des soldats tués à l'ennemi. »

Les Prussiens ouvraient leur feu à six heures du soir et ces-
saient à cinq heures du matin. Ils calculaient que le bombardement
est plus horrible pendant la nuit et le fracas des obus plus saisissant : l'artilleur qui allume un incendie peut au moins en contempler le spectacle. A Paris, comme à Strasbourg, comme à
Toul, on espère frapper les esprits, provoquer les défaillances,
exciter les discordes civiles, et voir enfin les portes s'ouvrir.
C'est ce que M. de Bismarck appelle, dans sa langue savante,
le « moment psychologique. » Pour arriver plus vite à ses fins,
l'état-major allemand avait commencé le bombardement sans
avertissement préalable, sans sommation, à la façon d'un peuple
sauvage affamé de destruction. Le roi de Prusse, les princes
allemands, les philosophes éprouvaient une volupté singulière à
voir jaillir les gerbes enflammées des monuments consacrés
aux arts et aux sciences. Ils battaient des mains quand un projectile éclatait sur un établissement hospitalier plein de blessés et
de malades : ils croyaient répandre la terreur, ils n'éveillaient
dans les cœurs qu'une sourde colère.

Les habitants des quartiers bombardés fuyaient ou se réfugiaient dans les caves. On voyait, dans le jour, le défilé lamentable de ces émigrants emportant leur mobilier, leur linge, leurs
matelas sur les épaules ; on les voyait arracher du milieu des décombres le berceau de l'enfant, les objets précieux de la famille, les
souvenirs aimés. Les femmes, admirables de courage et de fermeté,
ne pâlissaient pas plus devant les obus qu'elles n'avaient tremblé
devant la perspective de la famine. Le morceau de viande de
cheval gagné par de longues heures d'attente dans la neige n'avait
point abattu leur constance ; elles avaient encore de la persévé-
rance en réserve. Inaccessibles à l'intimidation prussienne, on
les vit « faire la queue » sous les obus, exciter les bataillons
qui allaient aux remparts. Un grand nombre de familles avaient
refusé de quitter leurs demeures : on vit des vieillards affronter la
mort plutôt que de s'éloigner des murs où leur existence s'était paisiblement écoulée. La nuit, on descendait des matelas dans les
caves. On s'était fait à cette existence souterraine, entrecoupée
d'émotions poignantes. Quelques-uns, sous cet ouragan de fer,
dormaient ; d'autres, écoutant venir le sifflement des obus,
anxieux, se tenaient prêts à éteindre les incendies dont les rouges
lueurs arrivaient par les soupiraux. On avait disposé sur le

palier de chaque maison, à chacun des étages, des récipients pleins d'eau. Des veilleurs placés dans des endroits élevés signalaient aux pompiers les· commencements d'incendie. Au signal convenu, tous accouraient, malgré les bombes. La noble émulation du dévouement animait toutes les classes de la société.

Loin d'abattre le courage de Paris, comme les Prussiens l'avaient espéré, le bombardement ne fit qu'exalter son patriotisme. Le *Journal officiel* publiait chaque matin le chiffre des victimes de la nuit. Voici quelques-uns de ces chiffres :

Nuit du 8 au 9 janvier, 59 victimes]: 22 morts 'et 37 blessés ; nuit du 9 au 10 : 48 victimes, 12 morts et 36 blessés ; nuit du 10 au 11 : les quartiers atteints sont ceux des Invalides, de Saint-Sulpice, de la Sorbonne, du Panthéon, du Jardin-des-Plantes : 8 incendies se déclarent, 50 propriétés particulières sont dégradées ; dans la nuit du 11 au 12, les édifices atteints sont l'École normale, l'église Saint-Nicolas, l'Institution des jeunes aveugles où l'on compte cinq victimes, les hospices de l'Enfant-Jésus et de la Maternité. Nuit du 13 au 14 janvier : 2 enfants tués, 2 blessés ; 1 femme tuée, 7 blessées ; 6 hommes tués, 15 blessés ; 103 immeubles particuliers dégradés par les obus. Nuit du 14 au 15 : 4 enfants tués, 2 blessés ; 1 femme tuée, 6 blessées ; 9 hommes tués, 9 blessés. Le bombardement continue dans la journée du 15 avec une véritable fureur. Pendant la nuit, 294 projectiles éclatent dans le rayon compris entre le Jardin-des-Plantes, la Salpêtrière, la manufacture des Gobelins, l'hospice Necker et le Point-du-Jour. Les incendies sont promptement éteints. Les veilleurs établis dans des points élevés avertissent les pompiers aussitôt que le feu paraît dans une maison.

Le bombardement des hôpitaux soulève des protestations que l'histoire doit recueillir pour la honte éternelle de l'armée prussienne :

« Au nom de l'humanité, de la science, du droit des gens et de la convention internationale de Genève, méconnus par les armées allemandes, les médecins soussignés de l'hôpital des enfants malades (Enfant-Jésus) protestent contre le bombardement dont cet hôpital, atteint par cinq obus, a été l'objet pendant la nuit dernière.

« Ils ne peuvent manifester assez hautement leur indignation contre cet attentat prémédité à la vie de six cents enfants que la maladie a rassemblés dans cet asile de la douleur.

« Drs ARCHAMBAULT, JULES SIMON, LABRIC, HENRI ROGER, BORCHUT, GIRALDÈS. »

« Paris, le 13 janvier 1871.

« Nous, soussignés, médecins et chirurgiens de l'hôpital Necker, ne pouvons contenir les sentiments d'indignation que nous inspirent les procédés infâmes d'un bombardement qui s'attaque avec une préméditation de plus en plus évidente à tous les établissements hospitaliers de la capitale. Cette nuit, des obus sont venus éclater sur la chapelle de l'hôpital Necker, remplie momentanément de malades ; c'est le point central et le plus élevé de ce grand hôpital, qui sert ainsi de point de mire aux projectiles de l'ennemi. Ce n'est plus là de la guerre : ce sont les destructions d'une barbarie raffinée qui ne respecte rien de ce que les nations ont appris à vénérer.

« Nous protestons au nom et pour l'honneur de la civilisation moderne et chrétienne.

« DÉSORMEAUX, GUYON, POTAIN, DELPECH, LABOULBÈNE, CHAUFFARD. »

« Paris, le 13 janvier 1871.

« L'Institution nationale des jeunes aveugles, sise boulevard des Invalides, est un vaste bâtiment isolé, parfaitement visible à l'œil nu des hauteurs de Châtillon et de Meudon. Ce bâtiment, hospitalisant deux cents blessés et malades militaires, et surmonté du drapeau de la convention de Genève, a été hier, 12 janvier, vers trois heures de l'après-midi, par un temps clair, visé et atteint par les canons prussiens. Plusieurs projectiles ont d'abord sifflé sur l'édifice et dans le voisinage ; puis, le tir ayant été rectifié, deux obus ont, coup sur coup, effondré l'aile gauche du bâtiment en blessant trois malades et deux infirmiers. Des malheureux atteints de fluxion de poitrine et de fièvre typhoïde ont dû être transportés dans les caves.

« Le personnel médical de l'institution proteste, au nom de l'humanité, contre ces actes de barbarie, accomplis systématiquement par un ennemi qui ose invoquer Dieu dans tous ses manifestes.

> « Drs ROMAND, inspecteur général des institutions de bienfaisance, directeur de l'institution; LOMBARD, médecin en chef de l'institution; DESORMEAUX, chirurgien en chef; MENE, médecin traitant; HARDY, médecin traitant; CLAISSE, médecin traitant et médecin adjoint de l'institution; BACHELET, aide-major. »

« Paris, 11 janvier 1871.

« La Salpêtrière est un hospice où sont recueillies en temps ordinaire :

« 1° Plus de 3,000 femmes âgées ou infirmes ;

« 2° 1,500 femmes aliénées, et par surcroît, en ce moment de suprême douleur, les populations réfugiées des asiles d'Ivry et 300 de nos blessés.

« C'est là une réunion de toutes les souffrances qui appelle et commande le respect; mais l'ennemi qui nous combat aujourd'hui ne respecte rien.

« Dans la nuit de dimanche à lundi, du 9 au 10 janvier, il a pris pour point de mire les hôpitaux de la rive gauche, la Salpêtrière, la Pitié, les Enfants-Malades, le Val-de-Grâce et les cabanes d'ambulance. A la Salpêtrière, nous avons reçu plus de quinze obus. Or, notre dôme très-élevé est surmonté du drapeau international ; il en est de même du dôme du Val-de-Grâce. C'est un acte monstrueux contre lequel protestent les médecins soussignés, et qu'il faut signaler à l'indignation de ce siècle et à celle des générations futures.

> « Drs CRUVEILHIER, chirurgien en chef de la Salpêtrière ; CHARCOT, médecin de la Salpêtrière; LUYS, médecin de la Salpêtrière; FERMON, pharmacien en chef; A. VOISIN, médecin de la Salpêtrière; BAILLARGER, médecin de la Salpêtrière; TRÉLAT, médecin de la Salpêtrière; J. MOREAU, de Tours »

« Les soussignés, médecins de l'hôpital de la Charité (annexe) protestent contre le bombardement dont cet établissement a été l'objet. Huit obus sont tombés sur cet hôpital, qui renferme 800 malades et blessés, tant civils que militaires. Plusieurs autres projectiles ont éclaté dans son voisinage immédiat.

« Drs LANNELONGUE, FÉRÉOL, B. BALL, E. LANCEREAUX, P. LABBÉ, A. OLLIVIER. »

———

Les membres du corps diplomatique présents à Paris s'émurent à leur tour de ces inutiles barbaries et adressèrent à M. de Bismarck la protestation suivante :

A S. E. M. le comte de Bismarck-Schoenhausen, chancelier de la Confédération de l'Allemagne du Nord, à Versailles.

MONSIEUR LE COMTE,

Depuis plusieurs jours, des obus en grand nombre, partant des localités occupées par les troupes belligérantes, ont pénétré jusque dans l'intérieur de Paris. Des femmes, des enfants, des malades ont été frappés. Parmi les victimes, plusieurs appartiennent aux États neutres. La vie et la propriété des personnes de toute nationalité établies à Paris se trouvent continuellement mises en péril.

Ces faits sont survenus sans que les soussignés, dont la plupart n'ont en ce moment d'autre mission à Paris que de veiller à la sécurité et aux intérêts de leurs nationaux, aient été, par une dénonciation préalable, mis en mesure de prémunir ceux-ci contre les dangers dont ils sont menacés, et auxquels des motifs de force majeure, notamment les difficultés opposées à leur départ par les belligérants, les ont empêchés de se soustraire.

En présence d'événements d'un caractère aussi grave, les membres du corps diplomatique présents à Paris, auxquels se sont joints, en l'absence de leurs ambassades et légations respectives, les membres soussignés du corps consulaire, ont jugé nécessaire, dans le sentiment de leur responsabilité envers leurs gouvernements, et pénétrés des devoirs qui leur incombent envers leurs nationaux, de se concerter sur les résolutions à prendre.

Ces délibérations ont amené les soussignés à la résolution unanime : de demander que, conformément aux principes et aux usages reconnus du droit des gens, des mesures soient prises pour permettre à leurs nationaux de se mettre à l'abri, eux et leurs propriétés.

En exprimant avec confiance l'espoir que Votre Excellence voudra bien intervenir auprès des autorités militaires dans le sens de leur demande, les soussignés saisissent cette occasion pour vous prier d'agréer, monsieur le comte, les assurances de leur très-haute considération.

> *Signé* : KERN, ministre de la Confédération suisse ; Baron ADELSWAERD, ministre de Suède et Norwége ; Comte DE MOLTKE-HVITFELDT, ministre de Danemark ; Baron BEYENS, ministre de Belgique ; Baron DE ZUYLEN DE NYVELT, ministre des Pays-Bas ; WASHBURNE, ministre des Etats-Unis ; BALLIVIAN Y ROXAS, ministre de la Bolivie ; Duc D'AQUAVIVA, chargé d'affaires de Saint-Marin et Monaco ; H. Enriquo Luiz RATTON, chargé d'affaires de S. M. l'empereur du Brésil ; JULIO THIRION, chargé d'affaires par intérim de la république Dominicaine ; HUSNY, attaché militaire et chargé d'affaires de Turquie ; LOPEZ DE AROSEMAHNA, chargé d'affaires du Honduras et du Salvador ; C. BONIFAZ, chargé d'affaires du Pérou ; Baron G. DE ROTHSCHILD, consul général d'Autriche-Hongrie ; Baron Th. DE VOELKERSAHM, consul général de Russie ; Jose M. CALVO Y FERUEL, consul d'Espagne ; L. CERRUTI, consul général d'Italie ; J. PROENZA VIEIRAJ, consul général du Portugal ; Georges A. VUZOS, vice-consul général de Grèce.

Paris, le 13 janvier 1871.

Pendant que cette pluie de feu s'abat sur Paris, le gouvernement est en proie à de mortelles angoisses.

M. Jules Favre écrit à M. Gambetta, le 14 janvier :

« Le ciel est décidément contre nous. Depuis dimanche le froid a repris avec intensité et toute espèce d'arrivée de pigeons est impossible. Nous voici donc dans la nuit noire ; et à quel moment? Quand nous touchons à la crise suprême, qui n'est retardée de quelques jours que par des sacrifices cruels. L'insuffisance et la mauvaise qualité de l'alimentation deviennent chaque jour plus meurtrières. La mortalité s'est accrue de plus du double ; un malade ne peut guérir, un vieillard et un enfant sont directement menacés, et l'hécatombe est croissante. Jusqu'ici ces privations ont été supportées avec une admirable abnégation. Le bombardement auquel nous sommes soumis depuis dix jours et qui ne discontinue pas, n'altère pas la constance de ces vaillants citoyens. Les victimes cependant sont déjà nombreuses : Vaugirard, Grenelle, Montrouge, le faubourg Saint-Germain et le faubourg Saint-Jacques souffrent particulièrement ; Auteuil et Passy ont eu leur part, un peu moindre toutefois. Les Prussiens tirent de préférence sur les drapeaux d'ambulance, sur les églises. Les habitants voient leurs demeures dévastées, ils sont frappés dans leurs lits, et cependant ils ne parlent pas de se rendre.

« Paris tiendrait indéfiniment s'il avait des vivres, mais ils lui manquent, et c'est le cœur brisé que nous nous trouvons en face de cette extrémité terrible de la cessation de la résistance.

« Je vous ai dit que nous ne pouvions attendre le dernier sac de farine. Nous avons besoin d'un délai de dix jours au moins. Nous sommes donc à notre limite, et rien ne vient, ni du côté de Chanzy, ni du côté de Faidherbe. Le général Trochu attend toujours. L'opinion est fort irritée, et tout cela peut amener une affreuse catastrophe. C'est l'éventualité de ces malheurs qui me retient à Paris [1]. J'avais certainement un grand devoir à remplir à Londres, et je ne l'ai pas tout à fait décliné, mais je l'ai ajourné, ne voulant pas prendre sur moi la responsabilité des malheurs que mes collègues me prophétisaient, moins encore ne pas m'associer à leurs périls. Cependant j'ai réclamé mes saufs-conduits; si je les reçois à temps, et si mes collègues pensent que je doive en user, je partirai. »

Le 16 janvier, M. Jules Favre écrit encore :

« Cette date vous dit assez que nous touchons aux heures suprêmes et que nous devons nous préparer aux derniers sacrifices. Nous avons dépassé de vingt-quatre heures la limite définitive que je vous avais fixée, et nous ne faisons peut-être pas notre devoir en commettant cet acte de témérité. En effet, nous n'avons plus que quinze jours de pain devant nous, tout au plus, et le ravitaillement suppose un délai de dix jours au moins. Il est vrai que nous gagnerons quelque chose par le rationnement auquel nous nous résolvons ; que, d'autre part, la commission de subsistances espère trouver encore un peu de blé ; mais ce sont là des conjectures, et la réalité est ce que je viens de vous dire. La population de Paris ne le soupçonne pas ; notre devoir était de lui garder le secret.

« Je ne sais si, quand elle apprendra, et l'heure approche, qu'elle n'a plus de pain, elle ne se laissera pas aller à un mouve-

---

[1] On sait que M. Jules Favre était pressé par M. Gambetta d'aller à la conférence de Londres.

ment de colère, bien naturel assurément, mais qui pourrait avoir
pour conséquence déplorable d'entacher par des excès ce siége
de Paris, si admirable par la constance, la calme, la sagesse des
assiégés. Nous aurions dû agir la semaine dernière ; mais vainement avons-nous supplié le général : il s'est obstiné à attendre de
vos nouvelles. Or, ainsi que je vous l'écrivais, ces nouvelles ne
sont pas venues, et voilà le neuvième jour que nous en manquons.
Nous attribuons ce désastre au froid intense qui a régné toute
la semaine dernière ; il n'a fini qu'hier soir. Aujourd'hui le vent
souffle avec violence et la pluie tombe à torrents. Mais viendra-
t-il un pigeon ? Ce pigeon nous apportera-t-il des nouvelles favorables ? je me pose cette question toute les minutes, et la réponse
ne vient pas. Vous comprenez pourquoi je demandais une action
la semaine dernière ; vous connaissez mes résolutions : elles n'ont
pas changé. J'avais dit que dix jours avant la date fatale des dix
jours je parlerais ; je le ferai, mais j'aurais voulu qu'on me laissât une
marge entre cette révélation terrible et l'action qui doit être indis-
pensablement engagée. Cette action, en effet, nous est imposée par
l'honneur, par le sentiment universel de Paris. Dans toutes les
classes on répète qu'on ne veut pas finir comme à Metz, comme
à Sedan ; on préfère la mort à cette humiliation. Et cependant
cette action nécessaire rencontre de grandes difficultés. L'armée,
réduite à l'excès par les maladies, les fatigues, le service de
garde et de tranchée sur un périmètre de dix-huit lieues,
est fort démoralisée. La garde nationale est pleine d'ardeur ; mais
tiendra-t-elle dans une sérieuse et grande bataille ? C'est là un inconnu redoutable et plein de périls. C'est là ce qui explique le
décousu des opérations et l'hésitation des chefs, et vraiment le parti
le plus sage en de telles conjectures eût certainement été, comme
quelques-uns le proposent, d'envoyer un négociateur chargé de
sonder les intentions de la Prusse, mais ce qu'il y a de sage serait
une humiliation et un manquement au devoir.

« N'étant pas informés de votre situation, nous devons tenir jusqu'au bout extrême de nos vivres [1]. »

Quinze jours de vivres ; plus de charbon, même pour les ateliers de l'État ; les réquisitions de farine et de blé, malgré les menaces, n'ont presque rien donné. On va décréter le rationnement

---

[1] *Gouvernement de la défense nationale,* par M. Jules Favre. Tom II, p. 323 et
suiv.

du pain. Les vivres de l'armée seront épuisés le 5 février. Le peuple affamé et bombardé accuse plus fort que jamais le général Trochu ; on soupçonne la présence de traîtres dans son entourage[1]. On est convaincu que l'armée assiégeante redouble de fureur pour dissimuler des mouvements de troupes contre les armées de province. Pourquoi ne pas se précipiter contre les canons qui vomissent l'incendie et la mort sur Paris? Se laissera-t-on écraser l'arme au bras? Quelle honte ! Si le général Trochu manque de confiance, qu'il se retire ! Il a dit qu'il ne capitulerait pas ; que fait-il donc? qu'attend-il? à quoi songe-t-il? Paris frémit d'impatience et de colère. Il veut combattre. Des espoirs insensés illuminent ces heures sombres de l'agonie. Tantôt le bruit court que l'armée du Nord s'est avancée jusqu'à Creil ; les uns ont entendu, au delà de Versailles, le canon de Chanzy ; d'autres annoncent que Bourbaki va donner la main à Faidherbe, et que tous deux, tombant sur l'ennemi, comme un coup de foudre, sont à la veille de débloquer Paris. Pour ceux-ci, la fureur du bombardement décèle chez les Prussiens une impatience d'en finir, qui est de bon augure ; ils s'éloigneront après avoir épuisé leurs munitions. Pourquoi cet acharnement des obus? Parce que les Allemands sentent approcher les armées de province. Que ne tentent-ils de prendre Paris d'assaut, que n'approchent-ils des remparts et des forts? Ils n'osent pas ; eh bien ! qu'on aille les attaquer derrière leurs retranchements ! Paris saura vaincre ou mourir ; tout, plutôt que cette lente agonie, plutôt que cette rési-

---

[1] Le *Journal officiel* publia la déclaration suivante du général Trochu :

« Une trame abominable dont les fils sont entre les mains de la justice tend à accréditer dans Paris le bruit que des officiers généraux et autres sont ou vont être arrêtés pour avoir livré à l'ennemi le secret des opérations militaires. Le gouverneur s'est ému de cette indignité, et il déclare ici que c'est lui qu'on a atteint dans la personne des plus dévoués collaborateurs qu'il ait eus pendant le cours de ces quatre mois d'efforts et d'épreuves.

« Entre les divers moyens qui ont eu quelquefois pour but et toujours pour effet de compromettre les intérêts sacrés de la défense, celui-là est le plus perfide et le plus dangereux. Il jette le doute dans les esprits, le trouble dans les consciences, et peut décourager les dévouements les plus éprouvés. Je signale ces manœuvres à l'indignation des honnêtes gens ; je montre les périls où elles nous mènent à ceux qui vous répètent, sans réflexion, de si absurdes accusations, et j'en flétris les auteurs.

« J'interviens personnellement, moins parce que j'ai le devoir de protéger l'honneur de ceux qui, sous mes yeux, se consacrent avec le plus loyal désintéressement au service du pays, que parce que j'aime la vérité et que je hais l'injustice.

« Général TROCHU. »

gnation dérisoire de Trochu sous la pluie des projectiles et quand les vivres vont manquer [1]! C'est le cri général, l'universelle clameur.

Le gouverneur de Paris, entre une révolution et un coup de désespoir, se décide pour celui-ci. Dans une séance secrète du gouvernement, le 15 janvier, il annonce que la sortie aura lieu sous peu de jours. Dans la séance du 17, l'éventualité d'une capitulation est froidement envisagée. Si la tentative suprême se convertit en un échec — le gouverneur ne se fait aucune illusion à cet égard — la capitulation peut être brusquée, pour peu que l'ennemi montre de l'audace. Qui lui résistera? quelles troupes seront mises en réserve pour lui barrer le passage? et s'il faut traiter avec lui, qui signera la capitulation inévitable? Le général appelle sur cette question l'attention de ses collègues.

M. Jules Favre croit, comme le général, qu'il faut courageusement se mettre en face de la triste réalité. On a poussé la résis-

---

[1] Voici un aperçu du prix des denrées dans la première semaine de janvier :

Un poulet		40 fr.	»
Un lapin		35	»
Le mouton	la livre	25	»
Le veau	la livre	30	»
Le chevreau	la livre	18	»
Le bœuf	la livre	15	»
L'éléphant	la livre	25	»
Une oie	de 110 à	120	»
Une dinde	de 200 à	220	»
Un faisan		70	»
Une boîte de sardines		10	»
Un œuf		2	»
Le lait	le litre	1	80
La viande de cheval	la livre	8	»
Le fromage de Hollande	la livre	25	»
Andouille	la livre	5	75
Côtelette de chien		1	25
Un chat entier		20	»
Un rat		4	»
Beurre frais		40	»
Beurre salé		26	»
Moineau pris à la glue		3	»
Goujon de Seine		»	20
Un pied de céleri		1	»
Un chou		10	»
Un boisseau de pommes de terre		30	»
Une botte de carottes		12	»
Un petit oignon		»	30
Un poireau		»	25
Choux de Bruxelles	le litre	3	»

tance aux extrêmes limites, sinon au delà. Tout nouvel échec militaire sera fatalement suivi de la capitulation. Aussi, regrette-t-il amèrement l'engagement pris par le général Trochu quand il a dit qu'il ne capitulerait pas.

Le général répond qu'il est le seul lié par sa proclamation ; où sera, d'ailleurs, le déshonneur, si l'on capitule quand on n'aura plus rien à manger ? Au surplus, est-ce que le gouvernement ne sera pas obligé de se substituer un autre pouvoir quand le moment de traiter sera venu ?

M. Jules Favre croit, au contraire, que le devoir du gouvernement est de rester jusqu'au bout et de signer l'acte qui formera pour Paris la seule garantie de sa sécurité. On ne saurait laisser le sort de Paris abandonné ainsi à la dérive, par suite d'une sorte de désertion du pouvoir.

Le général Clément Thomas propose de préparer la population à l'horrible dénoûment en lui révélant toute la vérité.

M. Jules Favre estime que cela ne remédierait à rien. C'est en vue de cette extrémité qu'il aurait voulu faire nommer des députés de Paris et associer au gouvernement les maires, représentants naturels des intérêts de la cité. Dans l'état où en sont les choses, le fardeau de la capitulation ne peut retomber que sur le gouvernement. On ne saurait laisser l'ennemi libre de faire tout ce qu'il voudra, sans qu'aucune convention lui assigne les limites de son droit, quant aux personnes et aux propriétés. Tel est aussi le sentiment de M. E. Picard : le gouvernement doit rester à son poste. M. Simon fait observer qu'en rendant Paris, le gouvernement ne saurait traiter pour la France. M. Picard, croit, au contraire, que le gouvernement doit parler de la paix générale, afin d'obtenir des ménagements pour Paris ; sinon, Paris après avoir capitulé se trouverait à la discrétion de l'ennemi.

Quelques membres ne croient pas les choses aussi compromises qu'on semble l'admettre. La bataille à livrer peut avoir, selon M. Garnier-Pagès, une issue douteuse. Si l'échec est complet, il faut s'attendre à ce que l'ennemi reconnaisse le gouvernement, afin de traiter avec lui, de désorganiser par ce moyen la défense nationale et de lui substituer un autre gouvernement. Si la Prusse dit au gouvernement actuel : Je veux un traité de paix, que répondra-t-on ? Pour lui, décidé à continuer la lutte et à ne lier en rien la liberté de la délégation de Bordeaux, il ne peut consentir à écrire son nom au bas d'une capitulation. Après la bataille, il faudra consulter Paris, et, s'il capitule, il devra le faire sans engager la France.

M. E. Arago ne voit pas, quant à lui, dans la capitulation une conséquence nécessaire de la bataille qui va se livrer. La délégation de Bordeaux n'étant qu'une branche du gouvernement, il lui paraîtrait impossible de répondre à la Prusse par la prétention de ne traiter que pour Paris, si elle demandait un traité de paix. Le gouvernement, selon M. Arago, n'a pas plus le droit de traiter pour Paris que pour la France. Paris doit traiter par l'intermédiaire de sa municipalité.

Mais la municipalité voudra-t-elle accepter cette pénible mission ? demande M. Jules Simon. C'est peu probable. On pourrait essayer d'une organisation factice consistant à appeler les maires, à leur exposer la situation et à composer avec le gouvernement, qui se retirerait, une commission destinée à parer aux exigences de la situation. Cette commission déclarerait que le gouvernement n'existe plus, et enverrait M. Jules Favre à Versailles pour traiter au nom de Paris.

M. J. Favre se range à cet avis [1].

Aucun des membres du gouvernement ne croit au succès de la sortie : c'est un sacrifice sanglant qu'on apprête ; c'est inutilement que quelques milliers d'hommes vont arroser de leur sang les plateaux de Buzenval et de Montretout. Seul, le général Clément Thomas, commandant en chef de la garde nationale, a le courage de proposer que toute la vérité soit révélée à Paris ; seul il paraît avoir reculé d'horreur à la pensée de ce carnage, dont une inévitable capitulation sera le couronnement. Le général Clément Thomas était d'autant plus autorisé à tenir ce langage, que la garde nationale devait marcher au premier rang. Valait-il mieux tromper l'ardeur patriotique de Paris par de fausses promesses et envoyer deux ou trois mille braves gens à la mort que de dire toute la vérité, dût-on courir le risque d'une nouvelle émeute ? Toute conscience droite répondra. La bataille de Montretout-Buzenval fut une criminelle parade. Les braves gens qui, de bonne foi, marchèrent au combat, furent les dupes du gé-

[1] *Rapport de la commission d'enquête sur les délibérations du gouvernement de la Défense nationale.*

néral Trochu. On ne doit pas se jouer ainsi de la vie de ses semblables. L'insensé qui se complaît dans ces sombres représentations devrait au moins marcher au premier rang et expier sa
folie. La bataille du 19 janvier fut un dernier mensonge fait
par le général Trochu au peuple confiant de Paris. On ne doit
pas dire la bataille, mais bien le crime du 19 janvier [1].

Paris, à la veille de cette grande journée, est transporté de
joie. Le voilà donc arrivé ce jour si longtemps attendu! On va
se battre, et sans doute, on va vaincre. Est-ce que quelqu'un
songerait à capituler? Ce n'est certes pas le général Trochu : *Le
gouverneur de Paris ne capitulera pas!* Les rues retentissent du
roulement des tambours; les bataillons de garde nationale se

---

[1] Dans la séance de l'Assemblée nationale du 14 juin 1871, le général Trochu a donné
sur la bataille du 19 janvier les explications qu'on va lire. Il prétend avoir fait son
devoir, mais il ne le démontre pas.

« .... Je pensais, dit-il, que le siége de Paris devait être couronné par une dernière
entreprise que j'avais annoncée de tout temps à mes collègues du gouvernement de la
Défense nationale et que j'appelais l'acte du désespoir. Je me rappelais ce mot traditionnel du bailli de Suffren : « Tant qu'il vous reste un coup de canon, tirez-le; c'est
« peut-être celui qui tuera votre ennemi.

« Je voulais, messieurs, épuiser les efforts; je crois que mon devoir était là, et
quoique, sur ce point, j'aie été souvent attaqué, je persiste à croire que tel était mon
devoir. (Très-bien ! très-bien !)

« Pour la première fois, je réunis autour de moi mes officiers généraux; je leur dis :
« Je vous propose de diriger une attaque sur le plateau de Châtillon; c'est plein de pé-
« rils, je le reconnais; mais si, par fortune, nous perçions sur ce point les lignes prus-
« siennes, toutes les défenses de Versailles seraient tournées, et nous aborderions cette
« ville par le sud. » Il y avait là vingt-cinq officiers généraux; un seul fut de mon avis.
Je recueillis alors les opinions de tous, et, à l'unanimité, ils me proposèrent d'attaquer
Versailles, mais à la condition que je prisse pour point de départ et comme base d'o-
pérations la forteresse du Mont-Valérien.

« Telle est, messieurs, l'origine de la bataille de Buzenval, dans laquelle j'introduisis,
mêlés à mes troupes, quatre-vingts bataillons mobilisés de la garde nationale de Paris.
Cette garde nationale de Paris montra là, je dois le dire, un très-grand courage : il se
produisit dans ses rangs des exemples de dévouement incomparable. Le colonel de
Rochebrune périt devant ses troupes, et son souvenir est resté dans ma pensée comme
le souvenir d'un des hommes les plus braves au feu que j'aie vus de ma vie, et là périt encore ce vieux marquis de Coriolis qui, à soixante-huit ans, alla se faire tuer
dans les lignes ennemies. (Très-bien ! très-bien ! — Applaudissements.)

« Mais, pour la guerre, le courage ne suffit pas, et c'est là ce que la garde nationale
de Paris, par des raisons que j'expliquerai tout à l'heure, n'a pas su juger. Généralement parlant, elle se battait avec beaucoup de courage, avec autant de courage que
les troupes; mais, dans son inexpérience, elle arrivait à la bataille courbée sous le poids
des vivres et des appareils de campagne; c'était un spectacle pénible à voir. (Mouvements divers.) Dans le combat, manquant d'ensemble, ne rencontrant pas habituellement
dans le commandement le point d'appui, la direction qui sont nécessaires, chacun opé-
rait à peu près pour son compte, et voilà comment il se fait que je suis fondé à évaluer
qu'un huitième des morts et des blessés que j'ai eus à la bataille de Buzenval, — et c'était
en tout à peu près 3,000 hommes, — a péri par le fait de la garde nationale.... »

massent ; les canons et les mitrailleuses nouvellement fondus dé-
filent vers les Champs-Élysées. Les régiments se mettent en
marche pleins d'entrain et passent sur toute la longueur de Paris
devant une foule émue qui les salue et les suit lentement du
regard jusqu'au détour de la route. On lit sur les murs la proclamation suivante :

« CITOYENS ,

« L'ennemi tue nos femmes et nos enfants, il nous bombarde
jour et nuit, il couvre d'obus nos hôpitaux. Un cri : Aux armes !
est sorti de nos poitrines.

« Ceux d'entre nous qui peuvent donner leur vie sur le champ
de bataille marcheront à l'ennemi ; ceux qui restent, jaloux de se
montrer dignes de l'héroïsme de leurs frères, accepteront au
besoin les plus durs sacrifices comme un autre moyen de se dévouer pour la patrie.

« Souffrir et mourir s'il le faut, mais vaincre.

« Vive la République ! »

Dans la nuit, les troupes se concentrent à Courbevoie, à Clichy,
à Asnières, à Puteaux, à Neuilly et sur les pentes du Mont-Valérien. Elles sont divisées en trois colonnes, composées de troupes
de ligne, de garde mobile et de garde nationale mobilisée ; un
bataillon de gardes nationaux est encadré dans chaque brigade.
Versailles est l'objectif de l'attaque. La colonne de gauche, sous
les ordres du général Vinoy, doit enlever la redoute de Montretout, les maisons de Béarn, Pozzo di Borgo, Armengaud et Zimmermann. Au centre, la colonne commandée par le général de
Bellemare est chargée de s'emparer du plateau de la Bergerie ;
à l'aile droite, le général Ducrot, opérant par Longboyau, doit
atteindre la partie ouest du parc de Buzenval pour se porter sur
le haras Dupin. Si ces mouvements sont heureusement exécutés,
l'armée française sera maîtresse des routes de Versailles. Cette
chaîne de hauteurs boisées étant couverte par les Prussiens d'ouvrages défensifs, il importait d'agir avec ensemble, de faire
masse et de surprendre l'ennemi par la rapidité de l'attaque.
L'opération échoua par la lenteur des mouvements et le défaut
de concert.

Au jour naissant, sur un signal donné du Mont-Valérien, l'aile gauche se porte avec vigueur contre la redoute de Montretout. La redoute est brillamment enlevée, et les Prussiens qui la gardaient sont faits prisonniers. Des mobiles et des gardes nationaux s'avancent jusqu'à Saint-Cloud et chassent l'ennemi de la partie haute de la ville. Pendant ces heureux commencements, la colonne du centre, parvenue sur les côtes de la Bergerie, enlève la maison du Curé et occupe les positions qui lui ont été assignées ; mais, n'étant pas appuyé sur sa droite par la colonne du général Ducrot, qui n'est pas encore entré en ligne, le général Bellemare est obligé d'appeler une partie de sa réserve pour se maintenir sur le plateau. Il doit attendre, pour avancer, l'arrivée du général Ducrot, qui a déjà plus d'une heure de retard. Ce retard paralyse les efforts des troupes de Vinoy et de Bellemare. Qu'était-il donc arrivé à la colonne de droite ? Des obstacles imprévus avaient embarrassé sa marche ; des régiments connaissant mal leur route s'étaient heurtés ; une colonne d'artillerie égarée en chemin avait barré le passage aux troupes de Ducrot. Il est onze heures, lorsque ces troupes s'élancent sur la porte de Longboyau après avoir essuyé une vive canonnade en traversant Rueil. Elles rencontrent une résistance acharnée : cachés derrière des murs et des maisons crénelés qui bordent le parc, les Prussiens arrêtent par un feu nourri l'élan des troupes. Plusieurs fois de suite, Ducrot, l'épée à la main, ramène ses soldats à l'attaque ; ses efforts sont inutiles, il ne peut pas gagner du terrain de ce côté. Pendant que nos troupes sont arrêtées à la porte de Longboyau, l'ennemi prononce un retour offensif contre notre centre et notre gauche ; nos troupes reculent d'abord, puis regagnent le terrain perdu, et les hauteurs sont encore une fois à nous. Un combat acharné se livrait au centre, dans le parc de Buzenval. Les murs extérieurs du parc, ayant été renversés sur plusieurs points au moyen de la dynamite, nos troupes étaient entrées dans le parc, avaient pris le château et s'étaient avancées jusqu'à un mur intérieur bâti obliquement de la porte de Longboyau et suivant les rampes de l'escarpement. A défaut d'artillerie, dont on eut à déplorer amèrement l'absence, nos troupes ne cessèrent de tirer contre ce mur, mais sans résultat. Parfaitement abrités, les Prussiens défiaient nos balles, tandis qu'ils tiraient à coup sûr contre nos soldats, mal protégés par les bois. Deux fois les gardes nationaux se précipitèrent à l'assaut du mur avec la bravoure de vieilles troupes ; ils furent toujours ramenés, jonchant le terrain de leurs morts, désespérés de manquer de canons pour abattre le mur fatal. Il est vrai que les chemins détrempés étaient impraticables pour les pièces d'artillerie, et qu'il eût été difficile, sinon impossible, de mettre des canons en batterie sur cet espace étroit, en pente et couvert de bois.

Le feu dura jusqu'à la nuit. Les bataillons de la garde nationale s'étaient battus glorieusement, tant à Buzenval qu'à Montretout, et ils avaient éprouvé des pertes sensibles. Les troupes de ligne ne raillaient plus ces braves gens qui n'avaient pas marchandé leur vie. Vers huit heures du soir, il fut décidé que toutes les positions occupées pendant le jour seraient évacuées dans la nuit. Les troupes se replièrent sous le canon du Mont-Valérien. Le général Trochu avait fait sortir environ 100,000 hommes ; il n'en employa que 25,000. On pensait que les réserves continueraient le lendemain la bataille et achèveraient la trouée. Le plan du général ne comportait pas une seconde journée de lutte. L'acte de désespoir était accompli. Paris avait livré sa dernière bataille.

La retraite est sonnée ; les divers corps se retirent vers le Mont-Valérien dans une confusion inexprimable. Sur les routes de Rueil et de la Fouilleuse, dans les champs, sur les pentes du Mont-Valérien, le train, les ambulances, l'artillerie sont enchevêtrés ; les gardes nationaux sont melés au mobiles et aux troupes de ligne; les régiments se cherchent et s'appellent. La démoralisation est complète ; chacun sent que c'est la fin et qu'on vient de jouer le dernier acte de la grande tragédie. Si les Prussiens avaient pu soupçonner l'encombrement et le chaos dont l'armée parisienne offrait la désolante image, ils auraient changé cette retraite en déroute complète. La nuit nous sauva.

Telle fut la dernière bataille de ce mémorable siége de Paris qui restera l'un des plus merveilleux épisodes de notre histoire [1]. Après le 19 janvier, la catastrophe finale se précipite. Nous raconterons bientôt les dernières convulsions de cette sublime agonie.

Le général Trochu s'était transporté de bonne heure au Mont-

---

[1] Voir à la fin du chapitre le rapport officiel.

Valérien et d'heure en heure il envoyait des dépêches, que le gouvernement publiait aussitôt pour satisfaire l'impatience publique. Paris avait la fièvre : la bataille engagée devait décider de son sort et, en outre, ses enfants étaient au premier rang sur le terrain. Le général Trochu écrit à 10 heures du matin que la « concentration des troupes a été très-difficile et laborieuse pendant une nuit obscure. » Il ajoute :

« Retard de deux heures de la colonne de droite. Sa tête arrive en ligne en ce moment. Maison-Béarn, Armengaud et Pozzo di Borgo occupées immédiatement.

« Long et vif combat autour de la redoute de Montretout ; nous en sommes maîtres.

« La colonne Bellemare a occupé la maison du Curé et pénétré par brèche dans le parc de Buzenval. Elle tient le point 112, le plateau 155, le château et les hauteurs de Buzenval. Elle va attaquer la maison Craon.

« La colonne de droite (général Ducrot) soutient, vers les hauteurs de la Jonchère, un fier combat de mousqueterie. Tout va bien jusqu'à présent. »

A 10 h. 30 :

« Un épais brouillard me dérobe absolument les phases de la bataille. Les officiers porteurs d'ordres ont de la peine à trouver les troupes. C'est très-regrettable et il me devient difficile de centraliser l'action comme je l'avais fait jusqu'ici. Nous combattons dans la nuit. »

Ce brouillard fameux n'enveloppait que le Mont-Valérien, comme par une sorte de malice du sort à l'endroit du général. A Montretout, à la Bergerie, à Buzenval et à Longboyau l'atmosphère était limpide et pure. Cependant Paris était dans la joie à cause de la prise de la redoute de Montretout et du plateau de la Bergerie. A huit heures du soir, on lisait la dépêche suivante du général Clément Thomas :

« La nuit seule a pu mettre fin à la sanglante et honorable bataille d'aujourd'hui. L'attitude de la garde nationale a été excellente. Elle honore Paris. »

Dans la conviction générale, l'œuvre de la délivrance, heureusement commencée, s'achèverait le lendemain. Cruelle déception ! le général Trochu écrit à 9 h. 50 :

« Notre journée, heureusement commencée, n'a pas eu l'issue que nous pouvions espérer.

« L'ennemi, que nous avions surpris le matin par la soudaineté de l'entreprise, a, vers la fin du jour, fait converger sur nous des masses d'artillerie énormes avec ses réserves d'infanterie.

« Vers trois heures, la gauche, très-vivement attaquée, a fléchi. J'ai dû, après avoir partout ordonné de tenir ferme, me porter à cette gauche, et, à l'entrée de la nuit, un retour offensif des nôtres a pu se prononcer. Mais, la nuit venue, et le feu de l'ennemi continuant avec une violence extrême, nos colonnes ont dû se retirer des hauteurs qu'elles avaient gravies le matin.

« Le meilleur esprit n'a cessé d'animer la garde nationale et la troupe, qui ont fait preuve de courage et d'énergie dans cette lutte longue et acharnée.

« Je ne puis savoir encore quelles sont nos pertes. Par les prisonniers, j'ai appris que celles de l'ennemi étaient fort considérables. »

La stupéfaction fut complète lorsqu'on lut, le lendemain, le document qui suit :

« Mont-Valérien, le 20 janvier 1871,
9 h. 30 du matin.

Gouverneur a général Schmitz, au Louvre.

« Le brouillard est épais. L'ennemi n'attaque pas. J'ai reporté en arrière la plupart des masses, qui pouvaient être canonnées des hauteurs, quelques-unes dans leurs anciens cantonnements.

« Il faut à présent parlementer d'urgence, à Sèvres, pour un armistice de deux jours, qui permettra l'enlèvement des blessés et l'enterrement des morts. Il faudra pour cela du temps, des efforts, des voitures très-solidement attelées et beaucoup de brancardiers. Ne perdez pas de temps pour agir dans ce sens.

« Pour copie conforme :

Le ministre de l'intérieur par intérim,

Jules FAVRE. »

Paris lut cette dépêche avec stupeur. L'exagération était visible : demander deux jours pour enlever les blessés et enterrer les morts, cela parut une grosse exagération. L'esprit du général Trochu était évidemment troublé. On ne pouvait plus compter sur un commandant en chef qui avait perdu tout sang-

Pontoise Pontoise **1870 1871.** Chantilly

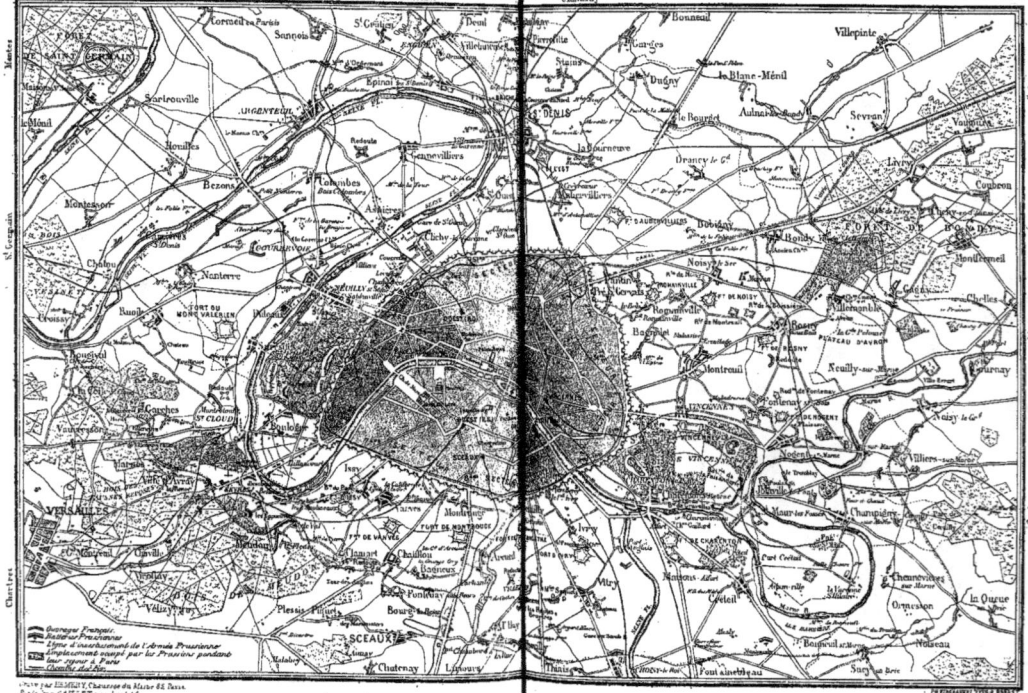

Ouvrages Français.
Redoute Prussienne
Ligne d'investissement de l'Armée Prussienne
Emplacement occupé par les Prussiens pendant leur séjour à Paris
Chemin de fer.

Plan par ERMELY, Chaussée du Maine 82 Paris
Paris Imp CAILLET rue Jacob 45

froid. La garde nationale parisienne avait pris une part glorieuse à la bataille du 19 janvier. A Montretout, à Buzenval surtout, elle s'était battue avec une intrépidité qui étonna les troupes régulières. Les bataillons des quartiers populaires avaient largement payé leur tribut de sang à la patrie. La journée du 19 janvier fut, à ce point de vue, une journée parisienne. La garde nationale comptait parmi ses morts le jeune peintre Henri Regnault, déja célèbre à vingt-huit ans, le voyageur Gustave Lambert, le vieux marquis de Coriolis, issu d'une ancienne famille de Provence, qui, à soixante-dix ans passés, s'était enrôlé comme simple fusilier, le brave colonel Rochebrune, qui avait pris part à la dernière insurrection polonaise, et tant d'autres morts obscurs qui étaient allés à l'ennemi de bonne foi, ayant au cœur la rage du bombardement et l'espoir de sauver Paris. Tristes victimes dont le trépas assure le respect éternel de Paris à ces collines et à ces bois arrosés de leur sang.

La douleur de Paris fut portée au comble par les nouvelles de la province. M. de Chaudordy écrivait à M. Jules Favre, à la date du 14 janvier, que le général Chanzy, après deux jours de brillantes batailles près du Mans, avait dû se replier derrière la Mayenne. Chanzy ne se montrait pas découragé, ni la France non plus. Mais sa retraite ôtait à Paris tout espoir de secours. Un voile de deuil s'étendit sur la grande cité : l'orage gronda de nouveau dans son sein. Bientôt nous en verrons la redoutable explosion. Mais avant d'aborder la dernière période du siège et les sombres jours de la capitulation, nous devons suivre la fortune de nos armes sur les champs de bataille de province.

I.

CIRCULAIRE

Adressée par M. de Chaudordy aux agents diplomatiques de la France.

Tours, 29 novembre 1870.

Monsieur, depuis deux mois environ, l'Europe épouvantée ne peut comprendre la prolongation d'une guerre sans exemple et qui est devenue aussi inutile que désastreuse. Les ruines qui en sont la conséquence s'étendent sur le monde entier, et l'on se demande à la fois quelle peut être la cause d'une telle lutte et quel en est le but.

Le 18 septembre dernier, M. Jules Favre, vice-président de la Défense nationale et ministre des affaires étrangères, se rendit à Ferrières pour demander la paix au roi de Prusse. On sait la hauteur avec laquelle on s'en est expliqué avec lui. Les puissances neutres ayant fait comprendre depuis qu'un armistice militaire était le seul terrain sur lequel il fallait se placer pour arriver ensuite à une pacification, le comte de Bismarck s'y montra d'abord favorable, et des pourparlers s'ouvrirent à Versailles. M. Thiers consentit à y aller pour négocier sur cette base. Vous avez appris quel refus déguisé la Prusse lui a opposé ! On doit reconnaître cependant que les deux plénipotentiaires français ne pouvaient être mieux choisis pour inspirer confiance au quartier général prussien et mener à fin la triste et délicate mission dont ils avaient si noblement pris la responsabilité. La sincérité de leur amour pour la paix n'était pas douteuse. M. de Bismarck savait bien que leur parole avait pour garant le pays tout entier. L'un et l'autre pourtant ont été écartés, et le cours funeste de la guerre n'a pu être suspendu.

Que veut donc la Prusse ? Le souverain auquel il avait été annoncé qu'on faisait exclusivement la guerre est tombé et son gouvernement avec lui. Il ne reste aujourd'hui que les citoyens en armes, ceux-là mêmes que le roi Guillaume déclarait ne vouloir pas attaquer, et un gouvernement ou siègent des hommes qui tiennent à honneur de s'être opposés de toutes leurs forces à l'entreprise qui devait couvrir de ruines le sol de notre patrie.

Que faut-il croire ? Serait-il vrai que nos ennemis veuillent réellement nous détruire ? La Prusse n'a plus maintenant devant elle que la France ; c'est donc à la France même, à la nation armée pour défendre son existence, que la Prusse a déclaré cette nouvelle guerre d'extermination, qu'elle poursuit comme un défi jeté au monde contre la justice, le droit et la civilisation.

C'est au nom de ces trois grands principes modernes outrageusement violés contre nous que nous en appelons à la conscience de l'humanité, avec la confiance que, malgré tant de malheurs, notre devoir imprescriptible est de sauvegarder la morale internationale. Est-il juste, en effet, quand le but d'une guerre est atteint, que Dieu vous a donné des succès inespérés, que vous avez détruit les armées de votre ennemi, que cet ennemi lui-même est renversé, de continuer la guerre pour le seul résultat d'anéantir ou forcer à se rendre par le feu ou la faim une grande capitale toute pleine de richesses des arts, des sciences et de l'industrie ? Y a-t-il un droit quelconque qui permette à un peuple d'en détruire un autre et de vouloir l'effacer ? Prétendre à ce but n'est plus qu'un acte sauvage qui nous reporte à l'époque des invasions barbares. La civilisation n'est-elle pas méconnue complètement lorsqu'en se couvrant des nécessités de la guerre on incendie, on ravage la propriété privée, avec les circonstances les plus cruelles ? Il faut que ces actes soient connus. Nous savons les conséquences de la victoire et les nécessités qu'entraînent d'aussi vastes opérations stratégiques. Nous n'insisterons pas sur ces réquisitions démesurées en nature et en argent, non plus que sur cette espèce de marchandage militaire qui consiste à imposer leurs contribuables au delà de toutes les ressources. Nous laissons l'Europe juger à quel point ces excès furent coupables. Mais on ne s'est pas contenté d'écraser ainsi les villes et les villages, on a fait main-basse sur la propriété privée des citoyens.

Après avoir vu leur domicile envahi, après avoir subi les plus dures exigences, les familles ont dû livrer leur argenterie et leurs bijoux. Tout ce qui était précieux a été saisi par l'ennemi et entassé dans ses sacs et ses chariots ; des effets d'habillement enlevés dans les maisons et dérobés chez les marchands, des objets de toute sorte, des pendules, des montres ont été trouvés sur les prisonniers tombés entre nos mains. On s'est fait livrer et on a pris au besoin aux particuliers de l'argent. Tel propriétaire arrêté dans son château a été condamné à payer une rançon personnelle de 80,000 francs ; tel autre s'est vu dérober les châles, les fourrures, les robes de soie de sa femme. Partout les caves ont été vidées, les vins empaquetés, chargés sur des voitures et emportés ailleurs, et pour punir une ville de l'acte d'un citoyen coupable uniquement de s'être levé contre les envahisseurs, des officiers supérieurs ont ordonné le pillage et l'incendie, abusant, pour cette exécution sauvage, de l'implacable discipline imposée à leurs troupes. Toute maison où un franc-tireur a été abrité et nourri est incendiée. Voilà pour la propriété !

La vie humaine n'a pas été respectée davantage. Alors que la nation entière est appelée aux armes, on a fusillé impitoyablement, non-seulement des paysans soulevés contre l'étranger, mais encore des soldats pourvus de commissions et revêtus d'uniformes légalisés. On a condamné à mort ceux qui tentaient de franchir les lignes prussiennes, même pour leurs affaires privées. L'intimidation est devenue un moyen de guerre. On a voulu frapper de terreur les populations et paralyser en elles tout élan patriotique. Et c'est ce calcul qui a conduit les états-majors prussiens à un procédé unique dans l'histoire : le bombardement des villes ouvertes. Le fait de lancer sur une ville des projectiles explosibles et incendiaires n'est considéré comme légitime que dans des circonstances extrêmes et strictement déterminées. Mais dans ces cas mêmes, il était d'un usage constant d'avertir les habitants, et jamais l'idée n'était entrée jusqu'à présent dans aucun esprit que cet épouvantable moyen de guerre pût être employé d'une manière préventive. Incendier les maisons, massacrer de loin les vieillards et les femmes, attaquer pour ainsi dire les défenseurs dans l'existence de leurs familles, les atteindre dans les sentiments les plus profonds de l'humanité pour qu'ils viennent ensuite s'abaisser devant le vainqueur et solliciter les humiliations de la nation ennemie, c'est un raffinement de violence calculée qui touche à la torture.

On a été plus loin cependant et, se prévalant par un sophisme sans nom de ces cruautés mêmes, on s'en fait une arme. On a osé prétendre que toute ville qui se défend est une place de guerre, et que, puisqu'on la bombarde, on a ensuite le droit de la traiter en forteresse prise d'assaut. On y met le feu après avoir inondé de pétrole les portes et les boiseries des maisons. Si on a épargné le pillage, on n'en exploite pas moins contre la cité la guerre qu'elle doit payer en se laissant rançonner à merci. Et même, lorsqu'une ville ouverte ne se défend pas, on a pratiqué le système du bombardement sans explication préalable, et avoué que c'était le moyen de la traiter comme si elle s'était défendue et qu'elle eût été prise d'assaut. Il ne restait plus, pour compléter ce code barbare, qu'à rétablir la pratique des otages. La Prusse l'a fait. Elle a établi partout un système de responsabilité indirecte qui, parmi tant de faits iniques, restera comme le trait le plus caractéristique de sa conduite à notre égard.

Pour garantir la sûreté de ses transports et la tranquillité de ses campements, elle a imaginé de punir toute atteinte portée à ses soldats ou à ses convois par l'emprisonnement, l'exil ou même la mort d'un des notables du pays. L'honorabilité de ces hommes est devenue un danger pour eux. Ils ont à répondre sur leur fortune et sur leur vie d'actes qu'ils ne pouvaient ni prévenir ni réprimer, et qui, d'ailleurs, n'étaient que l'exercice légitime du droit de défense. Elle a emmené quarante otages parmi les habitants notables des villes de Dijon, Gray et Vesoul, sous prétexte que nous ne mettons pas en liberté quarante capitaines de navires faits prisonniers selon les lois de la guerre. Mais ces mesures, de quelques brutalités qu'elles fussent accompagnées dans l'application, laissaient au moins intacte la dignité de ceux qui avaient à les subir. Il devait être donné à la Prusse de joindre l'outrage à l'oppression. On a exigé de malheureux paysans entraînés par force, retenus sous menaces de mort, de travailler à fortifier les ouvrages ennemis et à agir contre les défenseurs de leur propre pays. On a vu des magistrats, dont l'âge aurait inspiré le respect aux cœurs les plus endurcis, exposés sur les machines des chemins de fer à toutes les rigueurs de la mauvaise saison et aux insultes des soldats.

Les sanctuaires, les églises ont été profanés et matériellement souillés. Les prêtres ont été frappés, les femmes maltraitées, heureuses encore lorsqu'elles n'ont pas eu à subir de plus cruels traitements.

Il semble qu'à cette limite il ne reste plus dans ce qu'on appelait jusqu'ici du plus beau nom, le droit des gens, aucun article qui n'ait été violé outrageusement par la Prusse. Les actes ont-ils jamais à ce point démenti les paroles ?

Tels sont les faits. La responsabilité en pèse tout entière sur le gouvernement prussien. Rien ne les a provoqués et aucun d'eux ne porte la marque de ces violences désordonnées auxquelles cèdent parfois les armées en campagne. Il faut qu'on le sache bien, ils sont le résultat d'un système réfléchi, dont les états-majors ont poursuivi l'application avec une rigueur scientifique. Ces arrestations arbitraires ont été décrétées au quartier général, ces cruautés résolues comme un moyen d'intimidation, ces réquisitions étudiées d'avance, ces incendies allumés froidement avec des ingrédients chimiques soigneusement apportés, ces bombardements contre des habitants inoffensifs ordonnés. Tout a donc été voulu et prémédité. C'est le caractère propre aux horreurs qui font de cette guerre la honte de notre siècle.

La Prusse a non-seulement méconnu les lois les plus sacrées de l'humanité, elle a manqué à ses engagements personnels. Elle s'honorait de mener un peuple en armes à une guerre nationale. Elle prenait le monde civilisé à témoin de son bon droit ! Elle conduit maintenant à une guerre d'extermination ses troupes transformées en hordes de pillards ; elle n'a profité de la civilisation moderne que pour perfectionner l'art de la destruction. Et, comme conséquence de cette campagne, elle annonce à l'Europe l'anéantissement de Paris, de ses monuments, de ses trésors et la vaste curée à laquelle elle a convié l'Allemagne.

Voilà, monsieur, ce que je désire que vous sachiez. Nous ne parlons ici qu'à la suite d'enquêtes irrécusables ; s'il faut produire des exemples, ils ne nous manqueront pas, et vous pourrez en juger par les documents joints à cette circulaire. Vous entretiendrez de ces faits les membres du gouvernement auprès duquel vous êtes accrédité.

Ces appréciations ne sont pas destinées à eux seuls et vous pourrez les présenter librement à tous. Il est utile qu'au moment où s'accomplissent de pareils actes, chacun puisse prendre la responsabilité de sa conduite, aussi bien les gouvernements qui doivent agir que les peuples qui doivent signaler ces faits à l'indignation de leurs gouvernements.

Pour le ministre des affaires étrangères,

Le délégué,

CHAUDORDY.

II

RAPPORT MILITAIRE

sur la bataille du 19 janvier.

Les rapports des commandants de colonne sur la journée d'hier ne sont pas encore tous parvenus au gouvernement; il croit cependant devoir donner dès à présent un aperçu général des opérations qui se sont accomplies le 19 janvier.

L'armée était partagée en trois colonnes principales, composées de troupes de ligne, de garde mobile et de garde nationale mobilisée incorporée dans les brigades.

Celle de gauche, sous les ordres du général Vinoy, devait enlever la redoute de Montretout, les maisons de Béarn, Pozzo di Borgo, Armengaud et Zimmermann.

Celle du centre, général de Bellemare, avait pour objectif la partie est du plateau de la Bergerie.

Celle de droite, commandée par le général Ducrot, devait opérer sur la partie ouest du parc de Buzenval, en même temps qu'elle devait attaquer Longboyau, pour se porter sur le haras Lupin.

Toutes les voies de communication ayant accès dans la presqu'île de Gennevilliers, y compris les chemins de fer, ont été employées pour la concentration de ces forces considérables, et, comme l'attaque devait avoir lieu dès le matin, la droite, qui avait un chemin extrêmement long (12 kilomètres) à parcourir au milieu de la nuit, sur une voie ferrée qui se trouva obstruée, et sur une route qu'occupait une colonne d'artillerie égarée, ne put parvenir à son point de réunion qu'après l'attaque commencée à gauche et au centre

Dès onze heures du matin, la redoute de Montretout et les maisons indiquées précédemment avaient été conquises sur l'ennemi, qui laissa entre nos mains 60 prisonniers.

Le général de Bellemare était parvenu sur la crête de la Bergerie, après s'être emparé de la maison dite du Curé; mais en attendant que sa droite fût appuyée, il dut employer une partie de sa réserve pour se maintenir sur les positions dont il s'était emparé.

Pendant ce temps, la colonne du général Ducrot entrait en ligne. Sa droite, établie à Rueil, fut canonnée de l'autre côté de la Seine par des batteries formidables contrebattues par l'artillerie qu'elle avait à sa disposition et par le Mont-Valérien.

L'action s'engagea vivement sur la porte de Longboyau où elle rencontra une résistance acharnée, en arrière de murs et de maisons crénelés qui bordent le parc. Plusieurs fois de suite, le général Ducrot ramena à l'attaque les troupes de ligne et la garde nationale, sans pouvoir gagner du terrain de ce côté.

Vers quatre heures, un retour offensif de l'ennemi contre le centre et la gauche de nos positions, exécuté avec une violence extrême, fit reculer nos troupes, qui, cependant, se reportèrent en avant vers la fin de la journée. La crête fut encore une fois reconquise, mais la nuit arrivait, et l'impossibilité d'amener de l'artillerie pour constituer un établissement solide, sur des terrains déformés, arrêta nos efforts.

Dans cette situation, il devenait dangereux d'attendre sur ces positions si chèrement acquises l'attaque que l'ennemi, amenant des forces de toutes parts, ne devait pas manquer de tenter dès le lendemain matin. Les troupes étaient harassées par douze heures de combat et par les marches des nuits précédentes employées à dérober les mouvements de concentration ; on se retira alors en arrière, dans les tranchées, entre les maisons Crochard et le Mont-Valérien.

Nos pertes sont sérieuses ; mais d'après le récit des prisonniers prussiens, l'ennemi en a subi de considérables. Il ne pouvait en être autrement après une lutte acharnée qui, commencée au point du jour, n'était pas encore terminée à la nuit close.

C'est la première fois que l'on a pu voir, réunis sur un même champ de bataille, en rase campagne, des groupes des citoyens unis à des troupes de ligne, marchant contre un ennemi retranché dans des positions aussi difficiles ; la garde nationale de Paris partage avec l'armée l'honneur de les avoir abordées avec courage, au prix de sacrifices dont le pays leur sera profondément reconnaissant.

Si la bataille du 19 janvier n'a pas donné les résultats que Paris en pouvait attendre, elle est l'un des événements les plus considérables du siége, l'un de ceux qui témoignent le plus hautement de la virilité des défenseurs de la capitale.

III

Le document que voici est d'un intérêt exceptionnel. Il contient la plus grande partie des noms mis à l'ordre du jour, ainsi que les exploits accomplis par les défenseurs de Paris jusqu'à la fin de décembre 1870. On y verra des noms de gardes nationaux à côté de noms de mobiles et de soldats. L'histoire doit pieusement recueillir ces noms.

No 1.

AUX ARMÉES DE PARIS.

ORDRE DU JOUR.

Le gouverneur met à l'ordre du jour les noms des défenseurs de Paris appartenant à la garde nationale, à l'armée de terre et de mer, à la garde mobile et aux corps francs, qui ont bien mérité du pays depuis le commencement du siége. Plusieurs ont payé de leur vie les services qu'ils ont rendus, tous ont fait plus que leur devoir. Les témoignages de la gratitude publique seront la haute récompense de leur sacrifice et de leurs efforts.

Cet ordre, inséré au *Journal officiel* et au *Journal militaire*, tiendra lieu de notification aux divers corps, pour l'inscription des présentes citations sur les états de service des ayants droit.

Général TROCHU.

Paris, le 19 novembre 1870.

Garde nationale de la Seine, 48e bataillon, carabiniers. — Proust, capitaine. S'est fait remarquer dans la reconnaissance du 21 par son courage et l'intelligente initiative avec laquelle il a conduit sa troupe. — Thibaudier, carabinier. Blessé à la reconnaissance du 21 octobre où la compagnie des carabiniers du 48e bataillon a vaillamment combattu. — Pachot, carabinier. Blessé à la reconnaissance du 21 octobre où la compagnie des carabiniers du 48e bataillon a vaillamment combattu.

Éclaireurs de la garde nationale. — Prodhomme. S'est fait remarquer par son courage au combat de la Malmaison où il a été grièvement blessé.

État-major général. — Guilhem, général de brigade. Tué à l'ennemi en donnant d'éclatantes preuves de bravoure. — De Montbrison, capitaine de cavalerie auxiliaire, officier d'ordonnance du général Ducrot. A constamment marché à la tête des colonnes d'attaque ; s'est fait hisser sur un mur du parc au milieu d'une grêle de balles pour reconnaître la position de l'ennemi au combat de la Malmaison, le 21 octobre.

Intendance. — Parmentier, sous-intendant de 1re classe. S'est fait remarquer à l'affaire du 19 septembre, en allant au plus fort du combat relever les blessés sous le feu ; a montré le même dévouement le 21 octobre, où il est resté le dernier sur le champ de bataille et a été fait prisonnier.

Division des marins détachés à Paris. — Desaègher, matelot charpentier. Est allé chercher résolûment, sous le feu de l'ennemi, un de ses camarades blessé, l'a rapporté, et a été lui-même atteint grièvement d'un coup de feu, le 15 octobre, dans la plaine de Bondy. — Chenot, soldat au 4e régiment d'infanterie de marine. N'a pas hésité à prendre sur son dos un blessé qu'il a rapporté sous le feu meurtrier de l'artillerie ennemie, lorsque nos troupes évacuaient Drancy, le 30 octobre.

Artillerie. — 10e régiment. — Bouvet, brigadier. A eu le bras traversé par une balle au combat du 30 septembre, a voulu rester au feu malgré les instances de son commandant, et n'a quitté son poste qu'à la fin de l'action. — 18ᵉ régiment. — Bocquenet, capitaine en premier, commandant la 13ᵉ batterie. A eu deux chevaux tués sous lui au combat de Châtillon, le 30 septembre. Pendant toute l'action, il a donné le plus bel exemple à ses hommes qui se sont admirablement conduits. — 19ᵉ régiment. — Oulhon, canonnier servant. Les chevaux de sa pièce étant tués et les conducteurs et servants hors de combat, il a réuni ses efforts à ceux de son lieutenant pour continuer le feu jusqu'à l'arrivée d'attelages qui ont ramené la pièce. Combat de Châtillon, le 19 septembre.

2ᵉ *régiment du train d'artillerie.* — Sirday, maréchal des logis. Est allé au milieu du feu rechercher un caisson que des chevaux emportés entraînaient dans la direction de l'ennemi, au combat de Châtillon. — Bouquier, cavalier de 1ʳᵉ classe. Est revenu résolûment reprendre une pièce sans avant-train qui allait tomber aux mains de l'ennemi, au combat de Châtillon.

35ᵉ *régiment de ligne.* — Gletty. S'est avancé contre trois Prussiens qui le tenaient en joue, et par la fermeté de son attitude les a forcés à se rendre prisonniers, au combat de Bagneux, le 13 octobre. — Le Gouill, soldat. S'est bravement battu au combat de Bagneux, le 13 octobre ; a fait avec ses camarades plusieurs prisonniers. — Kydenou, soldat. Est entré le premier à Chevilly, le 30 novembre ; a fait preuve d'une grande bravoure en tirant à bout portant à travers les créneaux de l'ennemi.

42ᵉ *régiment de ligne.* — Lecca, lieutenant. Officier d'une rare bravoure ; a franchi le premier une barricade au combat de Châtillon et a entraîné ses hommes par son exemple. — Félipon, soldat. A abordé avec élan une des barricades de Châtillon, le 13 octobre ; est entré le premier dans une maison occupée par des Prussiens qui ont été faits prisonniers. — Admard, soldat. Blessé deux fois au combat du 30 septembre, s'est fait panser par un de ses camarades et a combattu jusqu'à la fin.

107ᵉ *régiment de ligne.* — Hoff, sergent. A tué, le 29 septembre, trois sentinelles ennemies ; le 1ᵉʳ octobre, un officier prussien ; le 5, en embuscade avec 15 hommes, a mis en déroute une troupe d'infanterie et de cavalerie ; le 13 octobre, a tué deux cavaliers ennemis. Enfin, dans divers combats individuels, il a tué 27 Prussiens.

109ᵉ *régiment de ligne.* — Portais, soldat. Est entré le premier dans le village de l'Hay, en escaladant le mur d'une maison où il s'est barricadé ; a donné des preuves de courage qui l'ont fait remarquer de tous ses camarades.

110ᵉ *régiment de ligne.* — Graciot, caporal. Blessé à la main droite au moment où son sous-lieutenant, qu'il emportait, était tué dans ses bras, il a continué à combattre jusqu'à l'épuisement de ses forces (30 septembre).

112ᵉ *régiment de ligne.* — Gérodias, tambour. A eu sa caisse brisée par un éclat d'obus au moment où il battait la charge au combat de Chevilly, le 30 septembre ; saisissant le fusil d'un homme tué à ses côtés, il s'est porté en avant, a été blessé et ne s'est retiré qu'à la fin de l'action.

113ᵉ *régiment de ligne.* — Aubé, sergent. Embusqué à quinze pas d'une barricade ennemie, il a tiré avec le plus grand sang-froid pendant plus d'une demi-heure et a fait plusieurs prisonniers, au combat de Châtillon, le 13 octobre.

119e *régiment de ligne*. — Scheer, sergent. Déjà remarqué pour son énergie au combat de Châtillon, s'est distingué à l'affaire de la Malmaison où il a désarmé un Prussien qu'il a ramené prisonnier.

128e *régiment de ligne*. — Charlier, soldat. S'est avancé seul au-devant des Prussiens établis dans les jardins de Pierrefitte et a tué un soldat ennemi presque à bout portant.

Régiment de zouaves. — Jacquot, chef de bataillon. A tourné une batterie ennemie à la tête de la 6e compagnie de son bataillon, a pénétré par une brèche dans le parc de la Malmaison et enlevé sa troupe en se portant en avant, le képi sur la pointe de son sabre. Obligé de rétrograder devant des forces considérables, il a soutenu vigoureusement la retraite et est resté blessé aux mains de l'ennemi.—Colonna d'Istria, capitaine adjudant-major. A toujours été en tête de la colonne à l'attaque de la Malmaison, et, chargé d'une mission pour le général, a réussi à l'accomplir sous une violente fusillade. — Petit de Granville, sergent-major. A franchi le premier la brèche du mur de la Malmaison, est resté le dernier auprès du commandant Jacquot, et a été blessé en cherchant à l'emporter.

Cavalerie, 9e régiment de lanciers. — Buisson, capitaine-commandant. S'est emparé, sous le feu de l'ennemi et après une longue poursuite, d'un cavalier ennemi qu'il a ramené avec ses armes et son cheval, le 16 septembre, en avant de Rosny.

Garde mobile de la Seine. — 11e bataillon : Pasquier, caporal. A montré une grande bravoure à l'affaire du 19 octobre, en allant à vingt pas de l'ennemi enlever un de ses camarades grièvement blessé. — 15e bataillon : Lefranc, garde. S'est offert bravement pour aller reconnaître les travaux de l'ennemi au pont de Bric-sur-Marne, a été grièvement blessé à la cuisse. — 7e bataillon : Tailhan, aumônier volontaire. Blessé à la tête en remplissant son ministère avec un admirable dévouement au combat de la Malmaison, le 21 octobre.

Garde mobile des départements. — (*Seine-et-Marne*.) Franceschetti, lieutenant-colonel. Par son attitude pleine d'énergie, il a su enlever et conduire résolûment à l'ennemi ses troupes, qui voyaient le feu pour la première fois ; a eu un cheval tué sous lui. Combat de la Malmaison, 21 octobre. — (*Morbihan*.) Le Mohec, sergent. Blessé à la joue, est resté toute la journée à sa compagnie qu'il a enlevée par son entrain et sa bravoure. — (*Loire-Inférieure*.) De Montaigu, sous-lieutenant. S'est fait remarquer par sa bravoure, son sang-froid et la bonne direction qu'il a donnée aux francs-tireurs sous ses ordres. — (*Côte-d'Or*.) Narvault, garde au 1er bataillon. Très-solide au feu ; n'a quitté le champ de bataille qu'après des ordres réitérés. Combat de Bagneux, le 13 octobre. — Léautey, garde. Plein de vigueur à l'affaire de Bagneux, le 13 octobre, où il a fait plusieurs prisonniers. — Crucera, capitaine au 3e bataillon. Entré le premier à Bagneux où, seul, il a fait neuf prisonniers. — Terreaux, garde au 3e bataillon. A désarmé un porte-fanion dans la mêlée, l'a fait prisonnier et s'est emparé du fanion. Combat de Bagneux, le 13 octobre. — (*Aube*.) Périer, capitaine au 1er bataillon. A enlevé sa compagnie avec un entrain remarquable à l'assaut du village de Bagneux, où il commandait aux côtés du commandant de Dampierre. — De Rougé (Henri), lieutenant au 1er bataillon. A fait preuve d'une grande bravoure et d'un sang-froid remarquable au combat de Bagneux en accomplissant une mission périlleuse. — De Dampierre, chef du 2ᵉ bataillon. Tué à l'ennemi en donnant d'éclatantes preuves de bravoure.

Corps francs. Tirailleurs de la Seine. — Vannier, tirailleur. S'est porté au feu avec une audace remarquable ; grièvement blessé aux reins au combat de la Malmaison, le 21 octobre. — Demay, tirailleur. S'est distingué par une énergie et une bravoure dignes des plus grands éloges ; blessure au pied au combat de la Malmaison.

Francs-tireurs de la Presse. — Roulot, capitaine. Brillante conduite à la tête de sa compagnie, le 28 octobre, à la barricade élevée par l'ennemi à l'entrée du Bourget.

Nᵒ 2.

Le gouverneur de Paris met à l'ordre du jour les noms des officiers, sous-officiers et soldats à qui leur bravoure et leur dévouement ont mérité ce haut témoignage de l'estime de l'armée et de la gratitude publique.

Cet ordre, inséré au *Journal officiel* et au *Journal militaire*, tiendra lieu de notification aux divers corps, pour l'inscription des présentes citations sur les états de service des ayants droit.

PREMIÈRE ARMÉE.

Gardes nationales de la Seine. — Roger (du Nord), lieutenant-colonel d'état-major de la garde nationale. A donné, dans les journées du 29 et du 30 novembre, les plus beaux exemples d'activité et de dévouement.

116ᵉ *bataillon.* — Langlois, chef de bataillon. A fait preuve de courage et de résolution dans la mise en état de défense de la Gare-aux-Bœufs, enlevée à l'ennemi le 29 novembre, en avant de Choisy-le-Roy. — De Suzannecourt, capitaine de la 2ᵉ compagnie. Remarqué pour son intrépidité à la prise de la Gare-aux-Bœufs. — Frédaut, garde. S'est brillamment conduit à l'attaque de la Gare-aux-Bœufs.

Compagnie des tirailleurs-éclaireurs. — Bayart de la Vingtrie, éclaireur. Mortellement blessé dans une reconnaissance à Saint-Cloud, pendant laquelle il avait fait preuve d'une ardeur et d'un dévouement remarquables.

DEUXIÈME ARMÉE.

État-major. — Baron Renault, général de division, commandant le 2ᵉ corps de la 2ᵉ armée. Blessé mortellement le 30 novembre en conduisant ses troupes à l'attaque du plateau de Villiers. Doyen des divisionnaires de l'armée française, le général Renault, dans une carrière marquée par des actes d'une éclatante bravoure, avait conquis la plus haute et la plus légitime réputation. — De la Charrière, général de brigade, commandant la 1ʳᵉ brigade de la 1ʳᵉ division du 2ᵉ corps. Blessé mortellement à l'attaque de Montmesly, à la tête de sa brigade. Le général de la Charrière, appelé par son âge dans le cadre de réserve, après une carrière aussi laborieuse qu'honorable, avait sollicité avec l'insistance la plus patriotique un rôle actif devant l'en-

GÉNÉRAL DUCROT.

Degorce-Cadot, édit. Paris

Rouge et Cᵉ, imp.

nemi. — De la Mariouse, général de brigade, commandant la 2e brigade de la division de réserve. A donné une excellente impulsion à sa brigade, qui a fait vaillamment son devoir. Toujours au plus fort de l'action pendant les journées du 30 novembre et du 2 décembre. — Boudet, lieutenant-colonel d'état-major, chef d'état-major de la division de réserve. Mérite les plus grands éloges pour le calme, la vigueur et la haute intelligence dont il a donné de nouvelles preuves sous le feu nourri de l'ennemi, dans les journées des 30 novembre, 1er et 2 décembre. — Vosseur, chef d'escadron d'état-major, à l'état-major général. A chargé en tête des tirailleurs, les entraînant par son exemple contre les Prussiens qui débouchaient du parc de Villiers. — Franchetti, commandant l'escadron des éclaireurs à cheval du quartier général. Blessé mortellement à l'attaque du plateau de Villiers. Le commandant Franchetti, organisateur du corps des éclaireurs à cheval, avait rendu depuis l'investissement des services de premier ordre ; il laisse à sa troupe, avec son nom, des traditions d'honneur et de dévouement. — De Néverlée, capitaine de cavalerie, officier d'ordonnance du général Ducrot, commandant la compagnie de francs-tireurs du quartier général. Tué à la tête de sa compagnie au moment où il l'entraînait à l'attaque du parc de Villiers.

État-major de l'artillerie. — Viel, capitaine à l'état-major de l'artillerie du 2e corps. A donné le plus bel exemple d'énergie et de sang-froid, en restant au feu quoique blessé grièvement.

Artillerie. — Torterue de Sazilly, capitaine, commandant la 13e batterie du 3e régiment. Blessé mortellement en avant de Champigny, à la tête de sa batterie qu'il maintenait par son énergie sous un feu des plus meurtriers. — Trémoulet, capitaine; Chevalier, lieutenant en 2e, et Mathis, sous-lieutenant de la 17e batterie du 11e régiment. Se sont sacrifiés héroïquement et sont tombés en soutenant l'attaque des positions ennemies. — Bureau, sous-lieutenant auxiliaire à la 5e batterie du 10e régiment. S'est fait remarquer de toute sa batterie par son sang-froid et son énergie; a aidé les servants à enlever à bras une pièce sans avant-train. — Langlois, adjudant à la 16e batterie du 8e régiment. A soutenu le courage de ses hommes en chargeant lui-même une de ses pièces dans un moment critique. — Thurel, deuxième conducteur à la 5e batterie du 22e régiment. Quoique blessé gravement, a ramené sa pièce avec un seul cheval, les trois autres étant tués.

Génie. — Delataille, capitaine commandant la 15e compagnie du 3e régiment du génie. Le 30, à la tête de ses sapeurs, a bravement frayé les rampes pour déboucher de Champigny. Le 2 décembre, blessé grièvement en cheminant à travers les maisons de Champigny pour tourner l'ennemi qui avait envahi le village.

35e de ligne. — Schultz, caporal. Très-brave au feu; s'est distingué à Champigny par son calme et sa persistance à ne quitter la barricade qu'après des ordres plusieurs fois réitérés. Remarqué déjà au combat de Chevilly, le 30 septembre, où il fit plusieurs prisonniers.

42e régiment de ligne. — Frévault, lieutenant-colonel. Jeune officier supérieur qui donnait à l'armée les plus légitimes espérances. Il devait à sa brillante conduite comme chef d'un bataillon de zouaves le grade auquel il venait d'être promu, et c'est en combattant vaillamment à la tête du 42e régiment qu'il a été frappé à mort. — Cahen, chef de bataillon. S'est signalé

le 30 novembre sur le plateau de Chennevières par sa vigueur et son entrain. Contusionné le 2 décembre par un éclat d'obus à la poitrine, il est
venu reprendre le commandement de son bataillon après avoir été pansé.
Blessé le 30 septembre au combat de Chevilly. — Girouin, capitaine adjudant-major. A dirigé pendant sept heures, le 2 décembre, la défense d'un
jardin entouré par l'ennemi. Forcé à battre en retraite, il a fait sortir tous
ses hommes par une brèche, et a été frappé mortellement au moment ou,
ayant assuré la retraite du dernier de ses soldats, il quittait le jardin pour
aller les rejoindre.

105e *régiment de ligne.* — Faure, soldat de 1re classe. Le 2 décembre, au
parc de Petit-Bry, a tué ou blessé trois soldats prussiens; s'étant avancé
pour prendre leurs armes, il s'est trouvé en face de quatre autres Prussiens qu'il a sommés de se rendre et qu'il a ramenés prisonniers.

107e *bataillon.*—Parisot, capitaine. A porté avec la plus grande énergie sa
compagnie au secours des compagnies de gauche compromises; a été tué
à bout portant, après avoir abattu deux ennemis avec son révolver. — Do-
gnat, soldat de 2e classe. Au combat du 2 décembre, au moment où, sur la
gauche, les Prussiens cherchaient à gravir le plateau, a entraîné plusieurs
de ses camarades, a construit avec eux une barricade, a arrêté les progrès de l'ennemi, qu'il a attaqué à la baïonnette. — Léonville, soldat de
2e classe. Blessé d'un coup d'épée par un officier prussien au combat du
2 décembre, a désarmé cet officier et l'a tué en le traversant de part en part
avec l'épée qu'il lui avait arrachée.

113e *de ligne.* — Subilton, sergent. A passé la Marne dans une barque
avec cinq hommes résolus, s'est jeté dans les vergers et derrière les haies
sur les flancs de l'ennemi qui occupait une tranchée, l'en a chassé en lui
tuant plusieurs hommes.

122e *de ligne.* — De la Monneraye, lieutenant-colonel. Blessé mortellement le 2 décembre à la tête de son régiment, en lui donnant l'exemple
d'une valeur au-dessus de tout éloge.

123e *de ligne.*—Dupuy de Podio, lieutenant colonel. S'est fait particulièrement remarquer le 30 novembre par son élan et sa vigueur, a entraîné
plusieurs fois son régiment dans des charges à la baïonnette où il a été
frappé à mort.

124e *de ligne.* — Sanguinette, lieutenant-colonel. A eu son cheval tué
sous lui en se portant bravement, à la tête des 2e et 3e bataillons de son
régiment, à l'assaut de Villiers; a été tué dans cette charge.

4e *zouaves.* — Primat, lieutenant. A résisté à un retour offensif avec un
sang-froid au-dessus de tout éloge. Incomplètement guéri d'une blessure reçue à Metz, il avait demandé à reprendre du service et a trouvé une
mort glorieuse en repoussant, avec sa compagnie, un ennemi très-supé-
rieur en nombre.

Garde mobile. — De Grancey, colonel, commandant le régiment de la
garde mobile de la Côte-d'Or. Tué à la tête de son régiment qu'il entraînait
par son exemple. Officier supérieur d'une bravoure hors ligne, dont il
avait déjà donné des preuves éclatantes à l'attaque du village de Bagneux,
le 13 octobre.

37e *régiment de la garde mobile (Loiret).* — Botard, soldat. Est resté pendant cinq heures sous le feu, dans un lieu découvert, pour surveiller les mouvements de l'ennemi et ne pas laisser surprendre les tirailleurs de sa compagnie.

34ᵉ *régiment de la garde mobile (Morbihan).* — Tillet, lieutenant-colonel. Le 30 novembre, à la tête de quarante hommes de son régiment, a pris et gardé une position dont tous les efforts de l'ennemi n'ont pu le déloger.

TROISIÈME ARMÉE.

Division des marins. — Salmon, capitaine de vaisseau. A dirigé les deux opérations du 29 et du 30 novembre, en avant de Choisy-le-Roi, avec un entrain et une vigueur remarquables. — Desprez, capitaine de frégate. Officier supérieur du plus grand mérite, mortellement blessé, le 30 novembre, en opérant une audacieuse reconnaissance sur Choisy-le-Roi, après avoir puissamment contribué à la prise de la Gare-aux-Bœufs. — Lelièvre, capitaine d'armes. Est allé relever, sous une grêle de balles, son commandant mortellement blessé.

112ᵉ *régiment de ligne.* — Jacquet, sergent. A vigoureusement chargé, à la tête de quelques hommes, un groupe ennemi qui tentait de s'emparer du lieutenant Boutellier, gravement blessé, et l'a tenu longtemps en respect.

Garde mobile. — Champion, lieutenant-colonel d'infanterie, commandant une brigade de garde mobile. A vaillamment enlevé, à la tête de sa brigade, sous un feu plongeant et meurtrier, la maison crénelée de la route de Choisy.

Garde mobile du Finistère. — L'abbé de Mariallach, aumônier du régiment du Finistère. S'est toujours porté aux postes les plus périlleux sur la ligne la plus avancée des tirailleurs, où, avec un calme et un sang-froid admirables, il a prodigué ses soins comme prêtre et comme médecin aux nombreux blessés de l'attaque de l'Hay.

CORPS D'ARMÉE DE SAINT-DENIS.

135ᵉ *régiment de ligne.* — Perrier, capitaine. Conduite héroïque à l'attaque d'Épinay; a eu ses deux officiers tués à côté de lui; est entré le premier par un trou laissant passage à un seul homme, dans le grand parc d'Épinay, énergiquement défendu; a été acclamé par ses hommes. — Roux, sergent. Signalé une première fois à l'attaque du Bourget; s'est emparé avec dix hommes, dont cinq ont été mis hors de combat, d'une maison vigoureusement défendue par onze Prussiens qu'il a faits prisonniers. — Thenaysi, soldat de 2ᵉ classe. Brillant soldat d'un très-grand courage, a abordé à la baïonnette la sentinelle d'un poste prussien, l'a tuée et est entré dans le poste qui s'est rendu.

LIVRE DEUXIÈME

BATAILLE DU MANS.

(11 JANVIER 1871.)

Après le combat de Fréteval, Chanzy quitte les bords du Loir et
s'engage dans le Perche, allant abriter son armée entre les bords
de la Sarthe et de l'Huisne. Une partie de la deuxième armée
avançait par Droué et Vibraye vers la vallée de l'Huisne ; l'autre
marchait droit sur le Mans par la route de Saint-Calais. Le temps
était toujours affreux : la neige encombrait les routes ; les pièces
d'artillerie, les caissons enfonçaient dans des fondrières boueuses.
Les troupes, pour abréger leurs souffrances, auraient voulu se
répandre à travers champs et gagner à la hâte le Mans, qui s'offrait au loin comme un asile; mais, dans cette région touffue, coupée de haies et couverte d'un épais manteau de neige, les che-

mins de traverse étaient devenus impraticables ; il fallait donc se tenir sur les routes, marcher lentement en longues files, braver les rigueurs d'un intolérable hiver et s'arrêter parfois pour faire face à l'ennemi. Néanmoins quelques bataillons, oublieux de toute discipline, s'enfuirent en désordre. La gendarmerie, envoyée à leur poursuite, ne put les ramener. Ce torrent de fuyards s'écoula vers la ville et y jeta l'épouvante. D'autres corps s'égarèrent en route au milieu de ces pays touffus et accidentés ; la division Goujard, du 21ᵉ corps, passa toute une nuit glacée dans les bois et n'atteignit Droué qu'après quatorze heures de marche.

Pendant cette difficile retraite, l'ennemi s'était mis à la poursuite de la deuxième armée ; il la croyait plus démoralisée qu'elle ne l'était en réalité et il ne devait pas tarder à s'en assurer. Ses éclaireurs, lancés sur la trace de nos colonnes, purent s'emparer de quelques charrettes embourbées et qu'on avait dû abandonner ; ils prirent aussi une mitrailleuse abandonnée par le 16ᵉ corps et une batterie de 12 de la réserve, dont les surveillants s'étaient enivrés. Ces pertes étaient sans doute fort regrettables, mais une armée en retraite sur des routes glissantes où son matériel s'embourbe doit toujours faire quelques sacrifices, si elle n'a pas une avance de temps assez grande sur l'ennemi qui la harcèle. Les Allemands avaient eu la bonne fortune de trouver les ponts du Loir imparfaitement détruits ; ils les avaient promptement réparés et s'étaient jetés sur nos derrières ; ils ne comptaient pas seulement s'emparer de quelques caissons d'artillerie, mais faire des milliers de prisonniers.

Le corps de Bretagne, commandé par le général Goujard, était enfin arrivé à Droué après avoir passé une nuit dans les bois ; il avait pris du repos et se remettait en marche, lorsqu'il fut assailli par les Allemands. Quelques bataillons de mobilisés avaient déjà lâché pied. Le général Goujard les arrête, dispose des tirailleurs derrière les haies, puis, entraînant à sa suite une poignée de braves, il se jette sur l'ennemi et le culbute. Quelques décharges de mitrailleuses achèvent son succès, et la retraite continue sans que l'ennemi revienne à la charge. Toute la deuxième armée arriva au Mans le 20 décembre. Pour la troisième fois, grâce au général Chanzy, elle vient d'échapper à l'étreinte de Frédéric-Charles et du duc de Mecklembourg.

La ville du Mans, communiquant avec l'ouest et le midi de la

France, ayant à proximité le camp de Conlie et plus en arrière le camp de Cherbourg, offrait à Chanzy des ressources considérables. Le pays, couvert de bois et de haies et traversé par l'Huisne et la Sarthe, présente de solides lignes de défense. Bâtie entre ces deux cours d'eau et entourée de collines, la ville est surtout protégée par les deux rives de l'Huisne du côté de l'est, le côté menacé par les armées allemandes. Celles-ci s'approchaient par plusieurs routes : elles descendaient, vers le nord-est, en suivant la rive gauche de l'Huisne. Un autre corps longeait la voie ferrée qui relie le Mans à Paris ; en inclinant vers le sud, la route de Saint-Calais et enfin la route de Grand-Lucé, aboutissant au rond-point de Pontlieue, s'offraient encore à l'ennemi. Chanzy occupa les plateaux qui dominent toutes ces routes, la Tuilerie au sud, et vers l'est le plateau d'Auvours, qui commande la voie ferrée du Mans à Paris. Au nord de la ville, entre la Sarthe et l'Huisne, le plateau de Sargé fut gardé par le général Jaurès.

Tous les corps occupent au 21 décembre les positions qui leur ont été assignées. Chanzy les a prévenus que l'ennemi approche, qu'ils doivent se tenir prêts à combattre et se garder par un service incessant d'avant-postes et de reconnaissances de cavalerie légère. Le sol était toujours couvert de neige ; les troupes campées sous la tente souffraient beaucoup de l'humidité et du froid ; la petite vérole sévissait avec force. Quant aux Allemands, fatigués par les rudes combats de Josnes, de Beaugency et de Vendôme, souffrant aussi des rigueurs de la saison, ils n'étaient pas encore prêts pour une attaque décisive. Le duc de Mecklembourg était remonté vers Chartres, laissant des forces considérables dans les vallées du Loir et de la Loire pour occuper les pays évacués par l'armée française. Quant à Frédéric-Charles, il était revenu à Orléans, assez inquiet du départ de la 1re armée de la Loire qui, de Bourges, venait de se porter dans la région de l'est. Cependant, et en attendant le choc décisif, quelques colonnes mobiles s'aventuraient dans le Perche pour refouler les reconnaissances envoyées au loin par le commandant en chef de la 2e armée de la Loire. Une de ces colonnes s'avança jusqu'à Tours et lança quelques obus dans la ville. On eut à déplorer la mort de plusieurs personnes et divers incendies.

Du Mans, où il reconstitue et fait reposer son armée, Chanzy combine différents projets ; mais son premier soin est de se fortifier autour de la ville et de se mettre en mesure de supporter le choc des armées allemandes, si elles doivent se jeter sur lui pour en finir avec les tenaces soldats de Josnes et de Beaugency. Le prévisions de Chanzy vont au delà d'une bataille autour du Mans. L'ennemi, inquiété par le mouvement de Bourbaki vers l'est, pourrait se tourner de ce côté et laisser le champ libre à la deuxième armée de la Loire. Dans cette éventualité, Chanzy médite de faire remonter l'Huisne à son 'armée comme pour menacer Chartres puis, laissant cette ville à sa droite et obliquant vers le nord, il se portera à la hauteur de Mantes. Sa présence imprévue en ces lieux doit jeter le trouble dans le quartier général de Versailles. Il s'efforce alors de combiner une action commune avec le général Trochu, et peut-être sera-t-il assez heureux pour briser la ligne d'investissement et faire cesser le siége de Paris.

Chanzy se préparait ainsi à agir suivant les circonstances, lorsqu'il reçut directement des nouvelles du général Trochu. Il en fait part sur le-champ au ministre de la guerre. Voici quels étaient en substance les renseignements fournis par le gouverneur de Paris. Trochu commençait par retracer à Chanzy un tableau rassurant de l'esprit public dans la ville assiégée. Les dispositions des habitants sont excellentes ; le parti de Flourens, Blanqui, etc., est réduit à l'impuissance ; la force armée, quoiqu'elle soit composée d'éléments fort disparates, est animée d'un bon esprit. Toutes les inquiétudes du gouvernement naissent de l'état des subsistances. Des ressources inattendues ont éloigné le danger : on a remplacé la farine par du riz dans la fabrication du pain ; mais cet expédient ne peut durer qu'un temps : l'échéance fatale approche. En mettant en œuvre toutes ces ressources, Paris pourra tenir jusqu'à la fin de janvier; à partir du 20 janvier, il faudra évidemment traiter, les jours suivants suffisant à peine pour préparer l'approvisionnement de cette population. Quant à la question militaire de la délivrance de Paris, elle présente les plus graves difficultés. Une trouée n'est pas possible à l'armée de Paris seule. Cela tient non-seulement à la remarquable organisation de l'investissement de la place; mais, en admettant même qu'on pût rompre les lignes, ce dont la difficulté est surabondamment prouvée, l'armée ne pourrait continuer qu'à la condition de trouver, à six ou huit lieues de Paris au plus, un approvisionnement considérable de munitions, car elle aurait épuisé les siennes à peu près totalement.

Chanzy écrivait, en conséquence, au ministre de la guerre que, Paris ne pouvant se débloquer tout seul, il fallait lui donner le secours immédiat des armées de province ; que la chute de Paris serait fatale à la France et que, pour sa part, il ferait les plus grands efforts pour l'empêcher. Chanzy demande à etre instruit des projets de Faidherbe et de Bourbaki ; il pense que les trois armées doivent combiner leurs efforts ; qu'à cette seule condition on sauverait peut-être Paris. « Notre plus grande chance de réussite, écrit-il à M. Gambetta, le 30 décembre, doit résider dans la combinaison de nos mouvements, dans la coopération simultanée des trois armées au même but, dans un même effort fait au même moment ; sans cela, nous nous exposons à voir échouer successivement des forces qui, bien dirigées, pourraient triompher [1]. » Il ajoutait que son rôle personnel lui paraissait nettement tracé : après avoir achevé la réorganisation de son armée, il quittera les bords de la Sarthe pour aller se placer entre Evreux et Chartres. Là, suivant les circonstances, deux partis s'offriront à lui : ou continuer sa marche sur Paris, ou investir l'armée assiégeante dans ses retranchements. Au 2 janvier, nouvelles instances de Chanzy auprès du ministre : « Il ne faut pas se le dissimuler, le moment d'agir est arrivé : la résistance de Paris a une limite que vous connaissez ; le temps presse, et le grand effort qu'il s'agit de faire n'aura de résultat certain que si toutes nos forces y concourent simultanément, d'après un plan bien arrêté et par des opérations vigoureusement menées. » Malheureusement Chanzy manque de renseignements précis pour concerter son action avec celle des autres armées. Il ignore où en est la première armée, et quel est son objectif ; il ne sait rien de ce qui se passe dans le Nord et des projets de Faidherbe ; enfin il n'a que des renseignements très-vagues sur la composition des forces réunies en Bretagne et au camp de Cherbourg, et sur leur rôle éventuel.

Quant au plan proposé par Chanzy, il consistait à faire marcher de concert les deux armées de la Loire : pendant que la deuxième armée, venant du Mans, remonterait sur l'Eure, entre Évreux et

[1] *La deuxième Armée de la Loire*, p. 243.

Chartres, la première avec Bourbaki, s'appuyant sur la Bourgogne, la Seine, l'Aube et le Marne, s'établirait entre la Marne et la Seine, de Nogent à Château-Thierry ; de son côté, l'armée du Nord viendrait d'Arras entre Compiègne et Beauvais, gardant comme ligne principale le chemin de fer de Paris à Lille. Les forces concentrées à Cherbourg seraient utilisées sur la gauche de la deuxième armée en se réservant toujours comme refuge les lignes de Carentan. Dans les vues de Chanzy, aussitôt que les trois armées auraient occupé les positions indiquées, on chercherait à se mettre en communication avec Paris, qui ferait de son côté de sérieux efforts pour rompre la ligne d'investissement. Si cette tentative était couronnée de succès, le ravitaillement de Paris devenait possible, l'ennemi pouvait être refoulé, Paris toucherait à sa délivrance.

D'après le plan de Chanzy il fallait donc agir avec le concours de l'armée de Bourbaki, et agir au plus vite, vu la détresse de Paris. Mais en ce moment, l'armée de Bourbaki était engagée dans un mouvement dont on attendait les plus beaux résultats. Le ministre de la guerre répondait : « Au lieu de faire marcher Bourbaki sur Châtillon-sur-Seine et Bar-sur-Seine, nous avons trouvé plus avantageux de le faire opérer dans l'extrême Est, de manière à amener la levée du siége de Belfort, à occuper les Vosges et à couper les lignes ferrées venant de l'Allemagne. Cette action nous semble à la fois plus sûre et plus menaçante que celle que vous avez en vue. Actuellement Bourbaki est près de Vesoul, et vers le 10 ou le 12 nous pensons que le siége sera levé. A partir de là commencera la grande marche sur les Vosges et la période la plus active des opérations. A la tête de ses 150,000 hommes, Bourbaki se retournera vers Paris et avancera dans cette direction de l'est à l'ouest en occupant simultanément, autant que possible, les deux lignes ferrées de Strasbourg et de Metz. »

Le ministre pensait que Chanzy devrait se mettre en marche pour Paris du 12 au 15 janvier. Il lui annonçait pour cette époque l'appui de deux nouveaux corps, le 19e et le 25e, dont l'un était en formation à Cherbourg, l'autre à Vierzon. Ces deux corps porteraient à 200,000 hommes l'effectif de la deuxième armée de la Loire [1].

---

[1] En même temps Chanzy échangeait avec M. Gambetta une correspondance relati-

Chanzy insiste : il trouvait bonne, dit-il, l'opération de Bourbaki
dans l'Est, si le résultat pouvait en être plus immédiat pour Paris. Mais Paris ne peut plus attendre. Il a des vivres jusqu'au
15 janvier seulement ; à partir de là, il ne vivra que d'expédients. Le général Trochu déclare qu'il y a urgence à faire un très-prompt et suprême effort sur Paris ; « c'est aussi mon avis. »

Il fut de nouveau répondu au général que le concours des 19e et
25e corps en formation lui était indispensable, et que ces corps
ne pourraient entrer en ligne avant le 15 ; que quant à changer le
plan de la campagne dans l'Est, cela était impossible, ce plan

vement au prince de Joinville, qui s'etait présenté à son quartier général. Il écrit le
23 décembre la lettre suivante :

« Monsieur le ministre,

« Le prince de Joinville s'est rendu hier auprès du général Jaurès et l'a prié de solliciter pour lui l'autorisation de suivre l'armée. Le général me l'a présenté ce matin. Le
prince est en France sous le nom de colonel Lutherod ; il etait présent aux affaires du
15e corps devant Orléans ; il a pris part au combat dans une des batteries de marine
et n'a quitté la ville qu'avec le dernier soldat. Il demande à assister à mes opérations,
promettant de garder le plus strict incognito et la plus grande réserve, et de ne se fair
connaître à personne. Ne voyant en lui qu'un soldat, qu'un galant homme qui aim
la France et qui sincèrement laisse de côté toute idée autre que celle de se dévouer à
sa défense, je n'ai pas cru devoir lui refuser ce que le gouvernement de la République
accorde à tous les Français.

« Il est de mon devoir de vous en donner avis et de prendre vos ordres. M'étant tenu
jusqu'ici en dehors de la politique, étant bien résolu a me dévouer entièrement et
exclusivement à la tâche que le gouvernement m'a confiée, je désire que personne ne
puisse se méprendre sur les sentiments qui m'ont guidé dans cette circonstance. J'attends, en conséquence, vos instructions sur ce sujet, et vous pouvez être sûr que je
m'y conformerai strictement.

« Agréez, etc.

« CHANZY. »

M. Gambetta, alors à Lyon, répondit :

« Mon cher général,

« Votre lettre touchant la présence du prince de Joinville à votre armée est d'un honnête homme, d'un loyal serviteur du gouvernement de la France, et je vous en remercie.

« Vous me demandez, pour les suivre strictement, mes intructions sur ce grave sujet,
les voici :

« Le prince, même sous un nom d'emprunt, ne peut rester en France sous aucun
prétexte. Il a commis une faute très-grave en pénétrant sur le territoire subrepticement et en se rendant aux armées, où il pourrait devenir pour la paix publique, si sa
présense etait révélée, un élément de désordre, et dans le pays un brandon de guerre
civile. La question posée par la présence du prince n'est pas d'ailleurs nouvelle
pour nous : elle s'est posée dès le lendemain de la révolution du 4 septembre, et le
gouvernement de Paris fut unanime pour faire ramener à la frontière les imprudents qui

étant le meilleur et le plus propre à démoraliser l'armée allemande. « Enfin, ajoutait le délégué à la guerre en réponse aux instances de Chanzy, nous ne pensons pas qu'il y ait lieu de prendre à la lettre l'échéance du général Trochu. Cette échéance a déjà varié plusieurs fois de plusieurs semaines, et tous nos renseignements s'accordent à la mettre à une date plus reculée. D'autre part, et cette circonstance seule serait décisive, nous savons qu'un effort beaucoup plus vaste et beaucoup plus vigoureux contre les lignes d'investissement se prépare dans Paris. Or, cet effort ne s'accom-

l'avaient franchie. Dans une occasion plus récente, les intentions du gouvernement leur ont été signifiées de nouveau. La conduite du prince de Joinville est donc tout à fait coupable.

« Comme républicain, comme membre du gouvernement, je dois faire respecter les lois ; dès demain M. le colonel Lutherod sera conduit en lieu sûr

« Telles sont les instructions que je vous prie de faire exécuter.

« *Signé :* L. GAMBETTA »

Le prince répondit qu'i partirait le soir même pour Saint Malo. Quelques jours après, il était en Angleterre et publiait dans le *Times* la lettre suivante :

A M. l'éditeur du Times.

« Monsieur, la publicité du *Times* est trop grande pour qu'il me soit possible de la laisser accréditer, sans rectification, le récit que vous donnez aujourd'hui de mon arrestation au Mans, et des circonstances qui l'ont amenée.

« Voici les faits :

« J'étais en France depuis le mois d'octobre. J'étais allé pour offrir de nouveau mes services au gouvernement républicain et lui indiquer ce que, avec son aveu, je croyais pouvoir faire utilement pour la défense de mon pays.

« Il me fut répondu que je ne pouvais que créer des embarras. Je n'ai plus songé dès lors qu'à faire anonymement mon devoir de Français et de soldat.

« Il est vrai que je suis allé demander au général d'Aurelles de me donner, sous un nom d'emprunt, une place dans les rangs de l'armée de la Loire. Il est vrai aussi qu'il n'a pas cru pouvoir me l'accorder, et que ce n'est qu'en spectateur que j'ai assisté au désastre d'Orléans.

« Mais lorsque, plus tard, j'ai fait la même demande au général Chanzy, elle a été accueillie. Seulement, en m'acceptant au nombre de ses soldats, le loyal général a cru devoir informer M. Gambetta de ma présence à l'armée, et lui demander de confirmer sa décision.

« C'est en réponse à cette demande que j'ai été arrêté le 13 janvier par un commissaire de police, conduit à la préfecture du Mans, où l'on m'a retenu cinq jours, et enfin embarqué à Saint-Malo pour l'Angleterre. Je n'ai pas besoin d'ajouter que, quels que soient les sentiments que j'aie éprouvés étant arraché d'une armée française la veille d'une bataille, je n'ai tenu aucun des propos que l'on me prête sur M. Gambetta, que je n'ai jamais vu.

« FR. D'ORLÉANS, prince de Joinville.

« Twickenham, le 24 janvier. »

plira pas à la date rapprochée que vous supposez. En résumé, général, ne vous laissez pas affecter par les dépêches du géneral Trochu, et ouvrez votre cœur à l'espoir que doit faire naître un plan d'ensemble bien conçu et bien ordonné pour un effort suprême et décisif. »

Chanzy se soumit, mais ne resta pas inactif en attendant d'être attaqué dans ses lignes ou d'en sortir pour attaquer l'ennemi. Quelques détachements allemands, venus de Vendôme et de Chartres, se hasardaient parfois à traverser le Perche, ou, venant par le nord, s'avançaient entre la Sarthe et l'Huisne : il fallait les surveiller, et, si possible, les décimer. Chanzy ordonna aux chefs de corps de couvrir leur front de postes avancés, d'envoyer au loin des reconnaissances de cavalerie légère et d'avoir l'œil constamment ouvert sur les mouvements des Prussiens. Il fit organiser des colonnes mobiles qui fouillèrent le pays dans tous les sens. L'une, sous les ordres du général Rousseau, fut chargée de remonter le cours de l'Huisne et de pousser jusqu'à Nogent-le-Rotrou, avec ordre de recueillir des renseignements sur les positions de l'ennemi, sur ses forces dans la région, et de se rabattre si elle le rencontrait trop supérieur en nombre. L'autre, aux ordres du général de Jouffroy, se porta sur la rivière de la Braye qui, après avoir coupé la route de Vendôme au Mans au delà de Saint-Calais, se jette dans le Loir au-dessus de Montoire. Le général de Jouffroy devait avancer jusqu'à Vendôme et explorer tout le pays compris entre le Loir et la Loire. Ces excursions militaires très-importantes eurent un premier résultat : ce fut de mettre un terme aux violences des détachements prussiens qui désolaient le pays, ou du moins de les rendre plus circonspects. Ils venaient de se signaler à Saint-Calais par des cruautés inqualifiables. Les habitants de ce village avaient soigné des malades et des blessés prussiens laissés parmi eux à la suite d'une rencontre ; ils en furent récompensés, au retour de l'ennemi, par le pillage et l'obligation de payer une forte contribution en argent. Ils furent, en outre, traités de lâches et grossièrement outragés. Le général Chanzy écrivit à ce sujet au commandant prussien de Vendôme une lettre où on lisait ces mots : « Vous avez prétendu que nous étions les vaincus : cela est faux. Nous vous avons battus et tenus en échec depuis le 4 de ce mois. Vous avez osé traiter de lâches des gens qui ne pouvaient vous répondre, prétendant qu'ils subissaient la volonté du gouvernement de la Défense nationale, les obligeant à résister alors qu'ils voulaient la paix et que vous la leur offriez ; je proteste avec le droit que me donnent de vous parler ainsi la résistance de la France entière et celle que l'armée vous oppose et que vous n'avez pu vaincre jusqu'ici [1]. »

À l'approche de la colonne mobile du général de Jouffroy, les troupes allemandes de Saint-Calais se replient sur Vendôme. Chaque jour est marqué par des escarmouches et des combats où les soldats de la deuxième armée affirment leur vigueur. C'est tantôt à Saint-Quentin, sur la route de Château-Renault, d'où le général Jouffroy chasse un parti de Prussiens, en lui prenant des caissons et en lui faisant quelques prisonniers ; tantôt à Courtalin, près de Cloyes, où le général Rousseau met en fuite un détachement ; tantôt à Varennes, près de Montoire, où les éclaireurs algériens conduits par le colonel Goursaud se distinguent par un brillant fait d'armes. D'un jour à l'autre, les combats deviennent plus fréquents ; preuve évidente que l'ennemi est sorti de ses cantonnements et que l'instant de la lutte décisive approche. Entre le Loir et la Loire, le général de Curten, arrivé de Poitiers avec ses troupes et chargé d'appuyer les mouvements du général de Jouffroy, se bat le 2 janvier à Lancé, le 5 à Villethion. De son côté le général de Jouffroy, qui s'est avancé de Vendôme, rencontre l'ennemi partout ; on se battait, avec des fortunes diverses, à Mazangé en avant de Vendôme, aux Roches sur le Loir, et le général de Jouffroy se voyait contraint de reculer devant les forces grossissantes de l'ennemi. Son mouvement en arrière, en découvrant le général de Curten, obligeait celui-ci à rétrograder à son tour. Chanzy, voyant la situation s'aggraver sur ce point, confia à l'amiral Jauréguiberry le commandement des colonnes Curten, Barry et de Jouffroy. Le 7 janvier, un violent combat avait lieu près de Chahaignes contre 8,000 Prussiens. Nos troupes, inférieures en nombre, résistaient avec vigueur et

---

Voici la réponse bouffonne du commandant prussien :

« Reçu une lettre du général Chanzy. Un général prussien, ne sachant pas écrire une lettre d'un tel genre, ne saurait faire une réponse par écrit.

« Quartier général a Vendôme, 28 décembre 1870.

                                « Le général commandant à Vendôme »

                                            (Illisible).

infligeaient à l'ennemi des pertes sensibles. Néanmoins le général Barry était forcé de se replier dans la direction du Mans. Le 9 janvier, nouveau combat à Brives ; on abandonne dans les fondrières et la neige, où elles se sont enfoncées, une partie des voitures.

Pendant que les Prussiens se rapprochent du Mans par le sud, en suivant la route de Château-du-Loir et de Grand-Lucé, d'autres corps essayent d'aborder le Mans à l'est par la route de Saint-Calais. On se bat le 9 janvier à Ardenay, non loin de la ville. Sur l'Huisne, les Allemands avançaient par masses venant de Chartres et se heurtaient à la colonne mobile du général Rousseau. Du 1er au 9 janvier, des combats avaient lieu à la Fourche, à Nogent-le-Rotrou, au Theil, à Connerré. Le cercle se resserrait de plus en plus. Le 10 janvier toutes les troupes répandues en avant du Mans durent se replier sur les positions autour de la ville et se préparer à la lutte suprême. Les soldats et les mobiles étaient accablés de fatigue, mouillés par la neige tombant toujours et ne pouvaient se sécher. Chanzy venait de recevoir un renfort de 10,000 hommes arrivés du camp de Conlie et en fort mauvais état ; ils étaient, dit-il, « mal vêtus, mal approvisionnés et n'avaient même pas, à leur arrivée au Mans, les munitions qui leur étaient indispensables. » Pendant la nuit on compléta les tranchées et les épaulements. L'heure était solennelle : Frédéric-Charles et le duc de Mecklembourg voulaient en finir avec cette armée indomptable qui décimait leurs troupes. On présageait pour le lendemain une lutte désespérée. Décimés par les balles, exténués par la marche dans la boue et la neige, les Allemands ressentaient une sourde rage contre ces ennemis implacables qui tenaient leur victoire en suspens.

Chanzy donna ses ordres pour conserver les positions coûte que coûte et sans aucune idée de retraite :

« Personne ne devra s'éloigner des bivouacs et des positions à défendre. L'accès du Mans est formellement interdit à la troupe et aux officiers de tous grades. Chaque corps d'armée fera garder ses derrières par de la cavalerie pour ramasser les fuyards et empêcher toute débandade.

« Les fuyards seront ramenés sur les positions et maintenus dans la première ligne de tirailleurs. *Ils seront fusillés, s'ils cherchent à fuir*... Le général en chef n'hésiterait pas, si une débandade venait à se reproduire, à faire couper les ponts en arrière des lignes, pour forcer à la défense à outrance [1]. »

De grand matin, Chanzy passa à cheval devant le front de ses troupes, pour rassurer leur confiance et les exciter à faire leur devoir. Le temps était vif et froid, l'air pur, et des hauteurs occupées par l'armée, on pouvait distinguer les mouvements de l'armée allemande. On avait employé toute la nuit à se fortifier depuis l'extrême gauche, commandée par le général Jaurès, jusqu'à l'extrême droite, en avant de Pontlieue, où commandait l'amiral Jauréguiberry. Les troupes étaient dans les positions suivantes : des trois divisions du 16e corps (Jauréguiberry), celle qui formait l'extrême droite garde la route du Mans à La Flèche et le chemin de fer, parallèle à la route, qui va du Mans à Tours. La division du centre, plus rapprochée de Pontlieue, se tient à la naissance des trois routes qui partent de Pontlieue, l'une allant à La Flèche, l'autre à Tours, la troisième à Château-Renault, par le Grand-Lucé. La troisième division du 16e corps, formant la droite et se reliant aux divisions du 17e corps, aux ordres du général de Collomb, qui s'étendait de Pontlieue à Changé et à Yvré-l'Évêque, se trouve en pays de bois, arrosé par les eaux de l'Huisne. En avant d'Yvré-l'Évêque s'étend le plateau d'Auvours, l'une des positions les plus importantes de la rive gauche de l'Huisne; un peu au delà d'Auvours, en tirant vers l'est, entre Champagné et Montfort, le cours de l'Huisne s'infléchit et suit presque parallèlement la ligne ferrée du Mans à Paris. Le général Goujard garde cette position avec ses deux divisions, ayant placé celle de droite entre Champagné et la rivière, et celle de gauche à la hauteur de Grand-Vau, sur la rive droite. Les deux divisions sont donc séparées par l'Huisne. Enfin, à l'extrême gauche, le général Jaurès, à la tête du 21e corps, est chargé de défendre les hauteurs qui dominent la rive droite de l'Huisne, Pont-de-Gennes et Montfort, et en même temps de faire face à toute attaque venant de Bonnétable ou de Ballon. Si le plateau d'Auvours a une grande importance, parce qu'une fois pris par l'ennemi, l'armée française se trouverait coupée en deux tronçons, il est une autre position non moins importante : c'est le plateau de la Tuilerie, au sud de Pontlieue, sur la route de Tours,

---

[1] Instructions générales du 10 janvier. *La deuxième Armée de la Loire*, p. 310.

dont la perte entraînerait la chute du Mans. La garde de la Tuilerie fut confiée aux mobilisés de Bretagne, tirés du camp de Conlie.

La bataille commença à l'extrême gauche contre les troupes du général Jaurès. Les Prussiens avaient traversé l'Huisne pour marcher sur Montfort et Pont-de-Gennes. Le général Jaurès, se portant lui-même en avant avec une compagnie de fusiliers marins, arrête l'ennemi par une vive fusillade, et, après l'avoir repoussé, sait le tenir vigoureusement en respect.

Une lutte plus vive était engagée vers le plateau d'Auvours. Le général Goujard, attaqué par des forces supérieures, avait dû évacuer Champagné. Il avait ouvert un feu violent d'artillerie sur ce village, pour en débusquer l'ennemi, mais celui-ci s'était maintenu sur le terrain; il avait aussitôt concentré des forces derrière le village, pour s'emparer du plateau. Vers deux heures, des colonnes serrées gravissent les pentes au pas de course, débouchent sur la hauteur et engagent une lutte désespérée avec les mobiles du corps de Bretagne qui, bien que soutenus par des mitrailleuses, finissent par lâcher pied et par redescendre le plateau au pas de course, laissant derrière eux trois mitrailleuses et donnant aux autres troupes le plus dangereux exemple. Le général Goujard, qui défend en ce moment le pont d'Yvré-l'Évêque, voit cette fuite désordonnée et mesure d'un coup d'œil le danger. Maîtres d'Auvours, les Prussiens menacent toute la contrée environnante. Il faut les en déloger: le brave général arrête les fuyards en faisant braquer sur eux deux canons chargés à mitraille; puis se mettant à la tête d'une colonne de 2,000 hommes, composée du 1ᵉʳ bataillon des volontaires de l'Ouest, des mobiles des Côtes-du-Nord et de quelques débris ralliés du 17ᵉ corps, il fait sonner la charge et s'élance sur les Allemands, stupéfaits par tant d'audace; la colonne gravit le coteau; quand le brave général et ses héroïques soldats sont à vingt-cinq pas de l'ennemi, une décharge meurtrière de mousqueterie fauche les premiers rangs. Le cheval de Goujard est percé de six balles; mais l'élan est donné; la colonne française, décimée et furieuse, se précipite sur les Prussiens, à la baïonnette, les culbute, les disperse et reste maîtresse du plateau. Les pertes étaient considérables, mais le fait d'armes était glorieux; l'intrépide général Goujard fut nommé commandant de la Légion d'honneur, à la place même où venait de couler tant de sang généreux.

Ainsi, grâce à l'énergie du général Jaurès, à la gauche, et du général Goujard, au centre, la victoire était à nous sur les deux rives de l'Huisne. De ces deux côtés, le reste de la journée s'écoula sans autre incident notable.

A la droite, l'amiral Jauréguiberry conserva ses positions avec sa vigueur et son sang-froid ordinaires. La nuit était venue ; l'armée française avait subi le choc des armées allemandes sans reculer d'un pas. Les troupes étaient fatiguées, mais leur attitude était ferme et permettait l'espérance. Un événement désastreux changea tout à coup la face des choses. Le général Chanzy venait de rédiger des instructions à l'armée pour la journée du lendemain et de lui exprimer sa confiance dans l'issue de la grande lutte engagée, lorsqu'il apprit, à trois heures du soir, que les mobilisés de la Bretagne, saisis tout à coup d'une incroyable panique, avaient abandonné la position de la Tuilerie. Une colonne d'infanterie, appuyée par de la cavalerie, ayant soudainement attaqué la Tuilerie, à la faveur d'une nuit rendue plus claire par le reflet de la neige, les Bretons avaient pris la fuite sans combattre. Leur retraite exposant les autres corps à être tournés, ceux-ci devaient reculer à leur tour.

On conçoit la douleur de Chanzy et de l'amiral Jauréguiberry à cette fatale nouvelle. L'amiral télégraphia, à minuit, au commandant en chef : « Je reçois des nouvelles désolantes ; on n'a pu réussir à reprendre la Tuilerie. Les hommes, au premier coup de fusil, se sont débandés. » Le général Le Boucdec, campé à Pontlieue, avait fait des efforts désespérés pour ramener les troupes au combat et refouler les Prussiens. Les compagnies, reformées une à une au prix des plus grandes difficultés, s'arrêtaient au bout de quelques pas. Les hommes, harassés de fatigue, troublés par les ténèbres, déposaient leurs fusils, se couchaient sur la neige et n'entendaient plus la voix de leurs chefs. Le nombre des fuyards augmentait d'heure en heure dans les faubourgs de Pontlieue. Nuit horrible qui fit pénétrer le désespoir dans l'âme des vaillants généraux de la deuxième armée. C'était, pour la France, le coup de grâce de la fortune. Chanzy télégraphie à Jauréguiberry, vers quatre heures du matin : « La situation est grave, nous ne pouvons nous en tirer que par une offensive vigoureuse dès ce matin, et le plus tôt possible. Je compte pour cela entièrement sur votre concours. Au jour, vos troupes se reconnaîtront et reprendront confiance : tout peut être sauvé. » Jauréguiberry répond : « Tout mon état-major est sur la place depuis quatre heures du matin, occupé à réorganiser les fuyards, mais n'y réussit pas. Je suis désolé d'être obligé de dire qu'une prompte retraite me semble impérieusement commandée. » Chanzy se rend douloureusement à l'évidence : « Le cœur me saigne, écrit-il à l'amiral, mais quand vous, sur qui je compte le plus, vous déclarez la lutte impossible et la retraite indispensable, je cède..... »

Tel fut le lugubre dénoûment de cette journée du 11 janvier, qui avait été, jusqu'à la nuit, favorable à nos armes [1]. Il fallut, dès le lendemain, recommencer la déchirante tragédie des retraites dans la neige, dans la boue, dans le verglas, avec l'espérance morte dans le cœur. On s'éloignait indéfiniment de Paris. On pouvait encore tenter la fortune des armes, quand on s'éloignait des bords de la Loire pour gagner les rives du Loir. Après les beaux faits d'armes de Josnes et de Beaugency, quand on avait gagné Vendôme, on emportait de glorieux souvenirs dans les plis du drapeau tricolore. Quand, plus tard, traversant le Perche touffu, au milieu des neiges, on se réfugiait derrière la Sarthe et qu'on attirait l'étranger sur ses pas dans ces difficiles contrées, tout n'était pas désespéré. Un succès sous les murs de Paris, un coup d'éclat de la première armée de la Loire pouvaient amener un retour de fortune et faire d'une armée en retraite, mais commandée par de bons généraux comme Chanzy, Jauréguiberry, Jaurès, Goujard, une armée terrible à un ennemi surpris par des revers. Des bords de la Sarthe on va passer aux bords de la Mayenne, s'enfoncer dans l'Ouest, et devenir inutile à Paris affamé, bombardé, prêt lui-même à brûler ses dernières cartouches. Chanzy aurait d'abord voulu se rejeter vers Alençon et reprendre ultérieurement le mouvement projeté sur la Seine. Il écrivit au ministre de la guerre : « Ne pouvant me séparer de la pensée que Paris est aux abois, me cramponnant à l'idée d'un mouvement dans cette direction, notre but suprême, je portais ma droite à Alençon... Une fois établi d'Alençon à Prez-en-Pail, pivotant sur ma droite avec les éléments réellement résistants de mon armée, ralliant à Argentan le reste du 19ᵉ corps, je marchais sans perdre

---

[1] Voir à la fin du chapitre le rapport du général Chanzy sur la bataille du Mans.

un jour, et sans presque allonger les distances à parcourir, sur
Dreux et Évreux, dans la pensée d'appuyer ma gauche à la Seine
et de forcer l'Eure dans une partie moins préparée par l'ennemi
pour sa défense que celle de Chartres à Dreux. Ce que je vois
autour de moi, vos préoccupations pour Rennes et Nantes, alors
qu'à Josnes elles étaient pour Cherbourg, me forcent à renoncer à
une marche, hasardée sans doute, mais qui pouvait tout sauver. »
Le ministre de la guerre fit sagement observer au général
commm andant en chef qu'il n'aurait pas le temps de refaire ses
troupes en se mettant en marche sur Alençon, et qu'en outre il rencontrerait sur son chemin toute l'armée de Frédéric-Charles. La
retraite sur la Mayenne fut décidée. Le 12 janvier, à midi, l'armée et le matériel avaient passé sur la rive droite de la Sarthe.
L'ennemi entrait dans la ville à deux heures et se dirigeait vers
la gare, d'où les derniers trains partirent au milieu de la fusillade.
Six machines et un certain nombre de wagons tombèrent entre
ses mains. On avait abandonné, dans le tumulte de la nuit, quelques pièces embourbées. Des voitures et des caissons du 17e corps,
retardés par l'encombrement des fuyards et du matériel dans les rues
du Mans, furent également perdus. L'amiral Jauréguiberry avait
assisté sur le pont de l'Huisne au défilé de ses troupes et s'était
retiré le dernier. Quand le pont sauta, les Prussiens n'en étaient
plus qu'à quelques mètres. Malheureusement il ne sauta pas tout
entier, les préparatifs n'ayant pu être achevés pendant le passage
de tant d'hommes et de voitures. Sur le pont de Pontlieue, où les
flots de l'ennemi pressaient nos colonnes, le général Bourdillon,
avec deux mitrailleuses et un régiment de gendarmerie, s'était
battu jusqu'au dernier moment. Sur le pont de la Sarthe, il fallut,
pour assurer le passage des dernières troupes, charger les Prussiens ; le capitaine Joly les refoula dans les rues du Mans. De
son côté le général Jaurès, entre l'Huisne et la Sarthe, présidait
à la retraite du 21e corps avec une grande vigueur, plusieurs fois
attaqué, mais tenant tête à l'ennemi, le repoussant à la
baïonnette et ne perdant pas un pouce de terrain jusqu'à la nuit.
L'amiral Jauréguiberry avait passé la Sarthe, la désolation au
cœur ; les troupes des 16e et 17e corps étaient en proie à une démoralisation inimaginable [1].

---

[1] L'amiral écrivait à Chanzy :
« Quelques régiments ont opposé une vigoureuse résistance ; d'autres, et c'est le plus

Le 16 janvier, la deuxième armée de la Loire avait achevé sa retraite derrière les lignes de la Mayenne. Pour la troisième fois, elle avait échappé à l'ennemi, que sa ténacité avait déconcerté. Si elle n'avait pu voler au secours de Paris, suivant le désir ardent de Chanzy, elle avait du moins attiré sur elle les soldats les plus aguerris de l'Allemagne, et elle pouvait espérer que cette diversion contribuerait à rendre plus facile pour le général Trochu la délivrance de la capitale. L'événement trompa ses espérances. Quand la deuxième armée de la Loire parut sous les murs de Laval, Trochu était à la veille de livrer sa bataille de désespoir. La deuxième armée de la Loire allait se reconstituer à Laval, grâce à l'énergie de Chanzy, que rien ne lassait, mais elle ne pouvait plus rien pour la France. La catastrophe finale était trop rapprochée. Malgré des défaillances provenant de l'inexpérience de ses soldats, la deuxième armée de la Loire avait rendu d'immenses services à la France ; elle avait fait battre son cœur d'espoir : ses jeunes soldats, ses mobiles à peine arrivés sous les drapeaux, avaient tenu tête aux meilleures troupes de l'Allemagne, dans la boue, dans la neige, par des froids presque inconnus sous le climat tempéré de la France. Ils étaient soutenus, il est vrai, par des généraux tels que Chanzy, Jauréguiberry, Jaurès, Goujard, intrépides soldats dont les revers n'abattaient pas la constance et qui relevèrent, dans ces sombres jours, l'honneur de leur pays. A partir du 15 janvier, un lugubre silence s'étend sur l'ouest; le canon tonne encore au Nord et dans l'Est : de ces côtés, le dernier mot n'est pas dit.

Toutefois, avant d'atteindre les bords de la Mayenne, la deuxième armée eut encore plusieurs combats à soutenir. L'ennemi, la croyant complétement démoralisée, s'était mis à sa poursuite et s'imaginait pouvoir l'anéantir en quelques coups décisifs. Il est vrai que la deuxième armée avait beaucoup souffert :

grand nombre, se sont débandés. La cohue des fuyards est inimaginable ; ils reversent les cavaliers qui s'opposent à leur passage ; ils sont sourds a la voix des officiers. On en a tué deux, et cet exemple n'a rien fait sur les autres... Je trouve autour de moi une telle démoralisation, que les généraux des corps d'armée m'affirment qu'il serait très-dangereux de rester ici plus longtemps. Je suis désolé de battre encore en retraite. Si je n'avais pas avec moi un matériel considérable qu'il faut essayer de sauver, je m'efforcerais de trouver une poignée d'hommes déterminés et de lutter, même sans espoir de succès. Mais ce serait, il me semble, insensé de sacrifier huit batteries pour n'arriver, en résumé, à aucun résultat utile. Je ne me suis jamais trouvé, depuis trente-neuf ans que je suis au service, dans une position aussi navrante pour moi. »

sans compter 3 ou 4,000 hommes mis hors de combat au Mans, elle avait perdu plus de 10,000 prisonniers ; en outre 30,000 hommes environ avaient pris la fuite et étaient allés jusqu'à Rennes. De graves désordres avaient marqué leur passage au camp de Conlie : les vivres furent pillés, des armes, des munitions furent détruites, la voix des chefs n'était plus écoutée, et les châtiments eux-mêmes restaient sans effet sur ces troupes sans expérience, promptes aux terreurs paniques et à bout de fatigue sous la pluie et la neige. Cette désolante démoralisation avait frappé principalement les troupes des 16° et 17° corps. Mais une partie de l'armée restait encore intacte et vaillante. Le général Chanzy venait de fixer son quartier général à Sillé-le-Guillaume, il y fut attaqué le 15 janvier ; l'ennemi, en l'abordant, ne s'attendait pas à une résistance sérieuse ; mais il reconnut bien vite son erreur. Le 21° corps, commandé par le général Jaurès, lui infligea des pertes sensibles. Un second combat fut livré auprès de Saint-Jean-sur-Erve, le lendemain ; l'avantage nous resta encore jusqu'à la nuit ; mais, ici comme auprès du Mans, un régiment de mobiles ayant abandonné trop tôt une de ses positions, le village de Saint-Jean fut occupé par les Prussiens, et il fallut dès lors songer à la retraite. Des officiers prussiens ont avoué que, dans cette affaire, ils avaient eu 3,000 hommes tués ou blessés. La deuxième armée de la Loire était donc encore capable de vigueur lorsqu'elle arriva derrière la ligne de la Mayenne. Chanzy se mit aussitôt à la reconstituer : les fuyards avaient été, pour la plupart, ramenés à Laval. De son côté, le ministre de la guerre arrivait à Laval le 19 janvier, pour se concerter avec le général en chef. Le but de Chanzy était toujours le même ; sa confiance, quoique ébranlée par la bataille du Mans, était encore très-grande ; il espérait toujours que les efforts des armées de province amèneraient le déblocus de Paris, s'ils étaient sagement combinés. Mais il ne savait pas que Paris avait atteint les dernières limites de la résistance ; que, ce même 19 janvier, jour de l'inutile bataille de Montretout sous les murs de Paris, Faidherbe, dans le Nord, perdait la bataille de Saint-Quentin, et qu'enfin il était trop tard pour faire agir de concert les armées de province et sauver Paris [1]. Ainsi, la pensée de

---

[1] On peut lire, pour s'en convaincre, la lettre désespérée que M. Jules Favre écrivait à M. Gambetta au lendemain de la bataille de Montretout :

délivrer Paris, qui précipita et compromit toujours les mouvements des armées de province, ne devait pas se réaliser, malgré

« Depuis l'arrivée de votre pigeon portant les dépêches du 16, et qui nous est parvenu le 19, l'illusion n'est plus possible. M. Chanzy n'a pu lutter contre Frédéric-Charles. Il s'est héroïquement battu, et la France lui sera toujours reconnaissante ; mais il s'est replié derrière la Mayenne et ne peut rien pour nous. Il voulait, le 11 janvier, marcher sur Paris ; c'est vous qui l'en avez détourné, comme le prouve votre lettre du 13. Je suis bien sûr que les motifs qui vous ont déterminé à cette grave résolution sont excellents ; ils ne nous ont pas moins privés de notre dernière espérance et livrés à nos seules forces. Vous savez qu'elles ne nous ont jamais permis de nous dégager. Vous nous reprochez notre inaction en termes que je ne veux pas relever. Vous parlez de Metz et de Sedan. Mon cher ami, je ne puis attribuer une si étrange injustice qu'à votre douleur bien naturelle de nous voir succomber. Vous dites que nous nous contentons de gémir : nous n'avons cessé de provoquer des actions, et la direction militaire, si elle n'a pas fait tout ce qu'elle aurait pu, a été unanime à reconnaître que notre armée ne pouvait rien faire d'efficace. Nous avons sans cesse combattu aux avant-postes, nos forts sont démantelés, nos maisons bombardées, nos greniers vides. Sentant comme vous qu'un dernier effort était indispensable, nous l'avons ordonné : il a été fait.

« J'ai voulu énergiquement comme vous, moins bien sans doute, mais avec un cœur aussi résolu, la défense sans trêve contre l'étranger. Aujourd'hui la fortune trahit nos efforts communs, et soyez-en sûr, il n'y a de la faute de personne. J'ai souvent accusé la direction militaire du général Trochu. Mais l'infériorité des moyens dont il disposait était telle qu'il y avait à chaque instant d'énormes difficultés à surmonter. Peut-être en faisant autrement aurait-on fait mieux. Peut-être aurait-on fait plus mal. Il n'a pu débloquer Paris, mais il l'a savamment défendu. Du reste, à quoi sert la récrimination ? Il faut tâcher de profiter du tronçon d'épée qui est dans nos mains. Paris se rendant, la France n'est pas perdue. Grâce à vous, elle est animée d'un esprit patriotique qui la sauvera. Quant à nous, nous sommes dans une situation terrible. Après l'échec d'avant-hier, la population voudrait une revanche. Elle demande à grands cris à se battre. Les militaires reconnaissent l'impossibilité absolue d'une nouvelle grande action. D'un autre côté, nous n'avons plus que pour dix jours de pain ; et Dieu veuille encore qu'il n'y ait pas quelque nouveau mécompte. La population l'ignore, les maires sont chargés de l'y préparer. Mais ils ont grande peine à diminuer son effervescence. Nous avons aujourd'hui réuni des généraux pour leur poser la question de savoir si la résistance est encore possible. Ils ont tous été d'avis qu'elle ne l'est pas. Il faut donc traiter. Je ne sais quelles conditions on nous fera. J'ai peur qu'elles ne soient fort cruelles. Dans tous les cas, ce que je n'ai pas besoin de vous dire, nous ne signerons aucun préliminaire de paix. Si la Prusse veut consentir à ne pas entrer dans Paris, je céderai un fort et je demanderai que Paris soit simplement soumis à une contribution de guerre. Si ces propositions sont rejetées, nous serons forcés de nous rendre à merci, et la Prusse réglera notre sort par un ordre du jour. Il est probable alors, si nous ne sommes pas tués dans les séditions qui se préparent, que nous irons dans une forteresse de Poméranie encourager par notre captivité la résistance du pays. J'accepte sans murmurer le sort que Dieu me réserve, pourvu qu'il profite à mon pays.

« Ce soir, il y a eu des mouvements dans Paris. On demande notre déchéance et la Commune. J'accepte de grand cœur l'arrêt populaire qui me mettra à l'écart. Adieu, mon cher ami ; cette dépêche est peut-être la dernière.

« En écrivant à M. Chanzy, dites-lui combien j'admire son courage, son patriotisme, son talent militaire et sa constance. J'ai souvent rêvé qu'il me serait donné de l'embrasser sur la route de Versailles à Rambouillet. Si cette glorieuse étape ne lui a point encore été accordée, il a fait des prodiges pour la mériter, et il en sera récompensé. Son nom restera justement populaire. Sa campagne du Loiret et du Perche sera un modèle. »

d'énormes sacrifices. Douloureuse conséquence de la faute qu'on avait commise en faisant de Paris le siége du gouvernement, le centre de la résistance, et en liant la fortune de la patrie à celle de la grande cité.

I

RAPPORT DU GÉNÉRAL CHANZY

sur la bataille du Mans.

« Sillé-le-Guillaume, le 13 janvier 1871.

« Monsieur le ministre,

« Je viens d'arriver à Sillé-le-Guillaume, et, maintenant que j'ai pourvu au plus pressé, que la retraite est organisée et s'opère convenablement, j'ai hâte de vous parler des événements qui viennent de se produire, un peu plus longuement que je n'avais pu le faire jusqu'ici.

« Je n'ai pas besoin de vous rappeler quelle était, ces derniers jours, ma situation. Pendant que l'armée se reconstituait au Mans, les colonnes mobiles des généraux Rousseau et de Jouffroy inquiétaient l'ennemi, éclairaient et occupaient le pays, evitaient l'affront de voir réquisitionner des villes et des villages sous nos yeux, et surtout, enfin, empêchaient l'ennemi de nous investir complétement autour du Mans, comme il en avait le projet.

« J'avais hâte, vous le savez, de marcher sur Paris: conformément à vos ordres, je dus attendre au Mans la formation des 25e et 19e corps, qui devaient s'ajouter à la deuxième armée. Néanmoins, bien que regrettant ces retards à certains points de vue, je voyais cependant sans inquiétude se dessiner le mouvement d'attaque du prince Frédéric-Charles et du grand-duc de Mecklembourg sur le Mans.

« Occupant, en effet, des positions magnifiques pour la défense, que j'avais choisies et préparées à l'avance, je ne mettais pas en doute de pouvoir y résister et y tenir au moins pendant quatre ou cinq jours, assez pour que, lassé par notre persistance, le prince Frédéric-Charles dût se mettre en retraite.

« Appelant alors à moi les 19e et 25e corps qui auraient achevé pendant ce temps leur organisation, installant sur mes positions les mobilisés de la Bretagne que vous m'aviez accordés et que je croyais alors une force effective et sérieuse, mon intention était de marcher sans un jour de retard

LE GÉNÉRAL FAIDHERBE

Degorce-Cadot, édit Paris

J. Claye, imp

sur cet ennemi affaibli et fatigué, et il me semblait pouvoir, sans présomption, espérer le succès.

« Il ne devait pas en être ainsi : les incidents les plus inouïs et les plus inattendus allaient déjouer toutes mes prévisions.

« L'ennemi s'avançant avec des forces très-considérables, je rappelai à moi les colonnes mobiles, qui opérèrent leur mouvement rétrograde dans le meilleur ordre, sans se laisser entamer, et après avoir défendu successivement, et pied à pied, toutes les positions en avant ; j'établis toutes mes troupes sur les lignes de défense que je leur avais choisies. Les attaques de l'ennemi étaient opiniâtres et incessantes.

« Néanmoins, le 10 janvier au soir, toutes mes lignes étaient intactes, et, malgré les doléances de quelques chefs venant me déclarer que leurs troupes en avaient assez et refusaient de se battre, et me supplier d'ordonner la retraite, ma confiance était entière.

« Le 11 au matin, je parcourus à cheval toute la ligne de bataille, relevant le moral des troupes, leur promettant des récompenses que vous m'avez autorisé à leur décerner, et faisant un appel, écouté et compris par elles, à leur patriotisme et à leur courage.

« La bataille s'engagea à ma droite sur les hauteurs en avant de Ponlieue. L'amiral maintenait toutes ses positions et pénétrait même sur celles de l'ennemi. Sa gauche seule avait faibli un instant ; mais j'avais arrêté ce mouvement en faisant placer sur les hauteurs d'Yvré deux batteries qui prirent l'ennemi d'écharpe et le firent reculer.

« Au centre, le général de Colomb luttait péniblement sur le plateau d'Auvours, que l'ennemi avait un instant menacé d'occuper tout entier. Mais un effort vigoureux du général Goujard l'en chassait et nous laissait maîtres des positions.

« A gauche et plus en avant, le général Jaurès combattait sans perdre un pouce de terrain, et avec avantage.

« Aussi, quand vers six heures du soir je quittai le champ de bataille pour rentrer à mon quartier général, j'étais on ne peut plus satisfait de la journée, qu'on pouvait à bon droit considérer comme une victoire, et tout prêt à recommencer le lendemain.

« Tant d'efforts allaient être perdus. J'appris d'abord que le général de Lalande, placé par l'amiral au plateau de la Tuilerie, au centre de sa ligne, avec les mobilisés de Bretagne et de l'artillerie, avait évacué spontanément, à la nuit, cette magnifique position sans la défendre et devant des forces très-inférieures. Les mobilisés d'Ille-et-Vilaine avaient fui au premier obus ; l'ennemi s'était installé à la Tuilerie sans coup férir.

« Je donnai à l'amiral l'ordre de réattaquer immédiatement et de reprendre à tout prix la position la nuit même. A deux heures du matin, l'amiral m'informait qu'après avoir été réunies et amenées à grand peine, les troupes chargées de cette attaque s'étaient enfuies et débandées au premier coup de fusil, et que la position n'avait pu être reprise ; que la division de Jouffroy, placée à sa gauche, s'était débandée pendant la nuit et avait lâché ses positions, aussitôt occupées par les Prussiens, et que sur tous les points, à l'exception de la division Roquebrune, les troupes, prises d'une panique et d'une défaillance inexplicables, se débandaient en grand nombre, qu'on ne pouvait plus compter sur elles et qu'il fallait songer à la retraite.

« Je répondis en donnant l'ordre formel de prendre l'offensive sur toute la ligne, au point du jour, et de réoccuper à tout prix les positions abandonnées la nuit.

« A sept heures et demie, le 11 au matin, l'amiral me rendait compte qu'il était impossible de faire marcher les troupes, qui refusaient de se battre et se débandaient ; que la retraite était impérieusement commandée.

« La situation était la même au centre, où les troupes avaient également abandonné le plateau d'Auvours.

« Si je n'avais écouté que mon indignation, j'aurais fait sauter les ponts et lutté quand même.

« Néanmoins, j'ai cru que mieux encore valait conserver cette armée à la France, dans l'espoir qu'un jour peut-être elle prendrait sa revanche, et j'ai donné, en pleurant de rage, l'ordre de la retraite.

« Si je vous ai parlé des lignes de Carentan, c'était comme point de direction extrême et général, point que vous m'aviez désigné ; mais je n'avais jamais eu l'intention de m'y rendre directement.

« Je n'avais qu'une idée : donner à mon armée l'occasion de laver cette tache, et arriver encore à temps pour sauver Paris.

« Aussi, sans hésiter, je me décidai à battre en retraite sur Alençon. Là, en me réunissant au 19e corps, encore intact, ralliant autour du moi tout ce qui avait du cœur dans la deuxième armée, j'aurais marché sur Paris : tous, cette fois, prévenus qu'il fallait arriver ou mourir.

« La grandeur du but à atteindre me semblait justifier ces risques suprêmes. Vous en avez jugé autrement, j'obéis.

« La retraite s'opère très-convenablement sur la Mayenne. Le 21e corps, du général Jaurès, a passé la Sarthe à Montbizot, à la Guierche et à Beaumont, après s'être replié dans le plus grand ordre, combattant vigoureusement, et m'a rallié à Sillé-le-Guillaume. Dans quatre jours je serai à Laval, où je vais concentrer l'armée et hâter sa réorganisation. Telle va être désormais mon unique pensée. J'y réussirai. Si le suprême bonheur de sauver Paris nous échappe, je n'ai pas oublié qu'après lui il y a encore la France, dont il peut sauver l'existence et l'honneur.

« Le général en chef,

Signé : CHANZY. »

LIVRE TROISIÈME.

CAMPAGNES DU NORD ET DE L'EST.

Faidherbe s'était retiré derrière la Scarpe après la bataille de Pont-Noyelles, sa droite appuyée à Arras et sa gauche à Douai. Il se mit aussitôt à réorganiser sa petite armée, affaiblie par les derniers combats et aussi par l'indiscipline. L'ennemi, d'ailleurs, lui laissa toute liberté pour opérer paisiblement les réformes appelées par l'état de ses troupes ; les Prussiens envoyaient bien des coureurs autour d'Arras et jusque sur la route de Lens, mais ils ne vinrent pas chercher l'armée du Nord dans ses retranchements. Après avoir pris quelques jours de repos, Faidherbe résolut de mettre un terme aux incursions des uhlans à l'ouest d'Arras, en envoyant une colonnne en reconnaissance dans ces parages. Ayant appris en même temps que la ville de Péronne était menacée de bombardement, il porte toute son armée en avant, par les routes parallèles, avec l'intention d'attaquer l'ennemi dans les environs de Bapaume. On était au 2 janvier. Dans une première rencontre à Ablainzevelle, sur la route d'Arras à Amiens, l'ennemi, chassé de ses positions, se replie sur Achiet-le-Grand, d'où il est délogé une seconde fois, et s'enfuit vers Bapaume en laissant entre nos mains quelques prisonniers. Pendant ce temps, la première division du 23ᵉ corps, aux ordres du capitaine Payen, traverse les villages de Boyelles et d'Ervillers sur la grande route d'Arras à Bapaume et débouche sur le village de Béhagnies, qu'elle savait occupée par les Prussiens. L'attaque ayant commencé aussitôt, toutes les troupes de la division entrèrent heureusement en action, et le combat très-violent dura toute l'après-midi; nos troupes pénètrent dans les rues de Béhagnies, mais, ne pouvant tourner le village à cause de forts détachements de cavalerie allemande qui les gardaient sur la gauche, il fallut renoncer à occuper cette position et se replier sur Ervillers à la chute du jour. De son côté, l'ennemi ne se croyait plus en sûreté après l'occupation d'Achiet-le-Grand et de Bihucourt par l'armée française. Pendant la nuit, il évacua Béhagnies et se concentra autour de Bapaume, dans les villages de Grevilliers, Biefvillers et Favreuil.

Le lendemain, 3 janvier, le général Faidherbe s'étant porté au centre de ses troupes fait attaquer la position de Biefvillers, pendant que la division Derroja se dirige vers Grevillers avec beaucoup de décision. Plusieurs fois, le premier de ces villages tombé en notre pouvoir est l'objet de retours offensifs; nos troupes le gardèrent énergiquement en faisant éprouver à l'assaillant des pertes sensibles. Le village et la route conduisant à Avesnes étaient, au témoignage de Faidherbe, couverts de morts et de blessés; les maisons d'Avesnes en étaient pleines. Cependant, le général Derroja avait, de son côté, enlevé Grevillers. Alors l'artillerie fut portée entre ces deux villages pour répondre à l'artillerie ennemie placée en avant de Bapaume et qui balayait les routes par lesquelles nos troupes victorieuses devaient avancer. Nos pièces habilement disposées purent éteindre le feu des batteries allemandes, et aussitôt toute l'armée fit un mouvement en avant sur Bapaume, pendant que le général Lecointe, protégeant notre aile droite, poussait une vigoureuse reconnaissance vers Tilloy et s'en emparait. Une opération analogue était opérée sur la gauche par le général Paulze d'Ivoy et déterminait la prise du village de Favreuil. Notre centre ainsi protégé pouvait sans crainte poursuivre son œuvre. Bapaume est une ancienne forteresse. « Une vaste esplanade irrégulière,

avec des fossés à moitié comblés, remplaçant les anciens remparts de la place, présentait, dit le général Faidherbe, des
obstacles sérieux à la marche de l'assaillant, qui restait exposé
aux feux des murs et des maisons crénelés par l'ennemi. Il eût
fallu, pour le déloger, détruire avec de l'artillerie les abris où il
s'était établi. » Faidherbe recula devant cette pénible extrémité,
ne tenant pas, dit-il, à la possession de Bapaume. Il se borna
à occuper fortement tous les villages conquis sur l'ennemi pendant cette journée heureuse pour nos armes. Ainsi, il affirmait
sa victoire. Il aurait pu s'établir pour quelques jours dans ces
positions, quoique exposé à des retours offensifs à cause de la
petite distance de Bapaume à Amiens, d'où les Prussiens pouvaient rapidement amener des renforts ; mais ces villages remplis
de morts et de blessés offraient des dangers pour la santé des
troupes ; les soldats très-fatigués demandaient du repos. Faidherbe résolut de reprendre ses cantonnements à quelques kilomètres en arrière, se réservant de se mettre en marche sur
Péronne si cette ville avait besoin de son secours.

Le soir de cette bataille si heureuse pour nos armes et si honorable pour le commandant en chef, le général Faidherbe écrivait
au ministre de la guerre une dépêche ainsi conçue :

« Aujourd'hui, 3 janvier, bataille sous Bapaume, de huit
heures du matin à huit heures du soir; nous avons chassé les
Prussiens de toutes les positions, de tous les villages. Ils ont fait
des pertes énormes, et nous des pertes sérieuses.

« FAIDHERBE.

« Avesnes-les Bapaume, 3 janvier. »

Le général en chef avait remporté cette brillante victoire avec
vingt mille hommes. Du côté des Prussiens, il y avait un nombre
d'hommes égal, commandés par le général de Goeben, Manteuffel
étant parti pour la région de l'Est. Pendant la nuit du 3 janvier,
l'ennemi évacua Bapaume, sans doute parce qu'il ne s'y sentait
plus en sûreté ; mais en apprenant le lendemain que l'armée du
Nord s'était retirée, il revint prendre possession de la place. Nos
pertes s'élevaient à 183 hommes tués, dont 9 officiers ; 1,136 blessés, dont 41 officiers ; 800 disparus, dont 3 officiers. Il faut en-

tendre sous cette rubrique « disparus » les fuyards et les déserteurs, qui aimaient mieux rentrer dans leurs foyers que se battre. Dès qu'il fut arrivé dans ses nouveaux cantonnements de Boisleux, Faidherbe félicita sa petite et vaillante armée en lui adressant l'ordre du jour suivant :

« A la bataille de Pont-Noyelles, vous avez victorieusement gardé vos positions.

« A la bataille de Bapaume, vous avez enlevé toutes les positions de l'ennemi.

« J'espère que cette fois il ne vous contestera pas la victoire.

« Par votre valeur sur le champ de bataille, par votre constance à supporter les fatigues de la guerre dans une saison rigoureuse, vous avez bien mérité de la patrie.

« Les chefs de corps devront me signaler les officiers, sous-officiers et soldats qui, par leur conduite, auraient plus spécialement mérité des récompenses.

« Vous allez immédiatement compléter vos approvisionnements et munitions de guerre pour continuer les opérations.

« *Le général en chef*,

« L. FAIDHERBE. »

Faidherbe se trompait : les Prussiens contestèrent la victoire de Bapaume comme ils avaient contesté la victoire de Pont-Noyelles ; ils prétendirent que l'armée du Nord avait repris le chemin d'Arras et de Douai aussitôt après le combat, indiquant par ce mouvement qu'elle avait été repoussée et battue. Faidherbe, ayant eu connaissance des faux rapports allemands, écrit au commissaire général à Lille, M. Testelin :

Le général Faidherbe au commissaire général, à Lille.

« Boisleux, 7 janvier, 10 h. mat.

« J'espérais que les Prussiens ne contesteraient pas notre victoire de Bapaume ; mais je vois par leurs bulletins que nous venons d'être anéantis pour la seconde fois en dix jours par l'armée de Manteuffel, commandée aujourd'hui par le prince Albert.

En maintenant intégralement le récit de la bataille tel que je vous l'ai fait le 4 janvier, je me bornerai, comme après Pont-Noyelles, à vous signaler les principales inexactitudes matérielles des dépêches prussiennes :

« Elles disent que l'armée du Nord a battu en retraite, pendant la nuit même, sur Arras et Douai. L'armée du Nord a couché dans les villages de Grevillers, Biefvilliers, Favreuil, Sapignies, Achiet-le-Grand, etc., qu'elle avait conquis sur les Prussiens, et n'est allée prendre ses cantonnements, où nous sommes encore, qu'à huit heures du matin, sans que l'ennemi donne signe de vie. En fait de poursuite de cavalerie, voici le seul incident qui a eu lieu :

« Le 4, vers neuf heures du matin, deux escadrons de cuirassiers blancs, ayant chargé sur l'arrière-garde de chasseurs à pied d'une de nos colonnes, les chasseurs se formèrent en cercle, firent feu à cinquante pas et anéantirent presque complétement un des escadrons, dont hommes et chevaux restèrent sur le sol, tandis que l'autre s'enfuyait à toute bride. Les chasseurs n'eurent que trois hommes légèrement blessés.

« L'armée est pleine de confiance et ne doute plus de sa supériorité sur les Prussiens.

« *Le général en chef,*

« L. FAIDHERBE. »

Faidherbe aurait pu marcher sur Péronne après la bataille de Bapaume ; il préféra, comme on l'a vu, ramener ses troupes fatiguées vers Boisleux et leur donner quelques jours de repos. Le 10 janvier, il se remit en mouvement et se porta vers Ervillers. Le lendemain, la division Derroja, envoyée à la découverte, pénétrait dans Bapaume sans résistance. C'est à ce moment que Faidherbe apprit, à sa grande surprise, la capitulation de Péronne. Cette place s'était rendue au général von Barnekow ; voici dans quelles circonstances :

Péronne avait été investie par les Allemands dans la journée du 27 décembre. Le lendemain, à midi, se présentait un parlementaire porteur d'une sommation ainsi conçue :

« L'armée du Nord s'est retirée derrière Arras; nos troupes cernent de tous côtés la place de Péronne ; je vous somme de me la rendre, vous déclarant que j'ai les moyens de vous y contraindre, et je vous rends responsable de tous les malheurs que le bombardement entrainerait pour la population civile. »

Le gouverneur répondit :

« Je n'ai qu'une réponse à faire à votre sommation : le gouvernement de mon pays m'a confié la place de Péronne ; je la défendrai jusqu'à la dernière extrémité, et je rejette sur vous la responsabilité de tous les malheurs qui, de votre fait, contrairement aux usages de la guerre entre nations civilisées, atteindraient une population inoffensive. »

Le bombardement commença quelques heures après. Ici, comme à Paris, les établissements atteints les premiers furent ceux que surmontait la croix de Genève. Les bâtiments de l'hospice furent réduits en cendres. Le 31 décembre et le 1er janvier, le feu de l'artillerie prussienne se ralentit; à ce moment, l'armée de Faidherbe se mettait en marche vers Bapaume. Le canon de la bataille vint, le 3 janvier, ranimer l'espoir de la place assiégée; on croyait voir apparaître, d'un instant à l'autre, Faidherbe et son armée. Puis, le bruit du canon cessant au loin, on pensa que l'armée du Nord était repoussée et qu'il n'y avait plus rien à espérer d'elle. Le bombardement venait d'être repris avec une violence inouïe. Au 9 janvier, soixante-dix maisons étaient complétement rasées, cinq ou six cents étaient devenues inhabitables; le général Barnekow envoya un parlementaire pour sommer la place d'ouvrir ses portes, la menaçant, en cas de refus, de la bombarder avec des pièces d'un plus gros calibre. Le conseil de défense s'étant réuni, l'un des membres s'exprima en ces termes : « Nos défenses sont intactes ; nous n'avons pas une pièce démontée. Le bombardement ne peut plus causer de grands dégâts ; le mal est fait, qu'il soit profitable ; il ne s'agit pas de gloriole militaire : Péronne est la clef de la Somme. La possession de cette place peut-être pour l'une et l'autre des deux armées en présence d'un immense intérêt; repoussons donc la proposition du général prussien et tenons. » Cet avis ne prévalut pas dans le conseil, et le commandant Garnier accepta la capitulation. En présence de cet acte inattendu, le général Faidherbe demanda au ministre de

ALENÇON

MAMERS

Bellême

NOGENT-le-Rotrou

Illiers

Beaumont

Bonnetable

la Ferté-Bernard

Brou

Sarthe R.

Montmirail

CHATEAUDUN

l'Huisne R.

Vibraye

Cloyes

Le MANS

Mondoubleau

Loir R.

St Calais

Gd Lucé

le

les Roches

VENDOME

Chau du Loir

le Loir R. Montoire

le Lude

Chau Renaud

BLOIS

BATAILLE DU MANS.

FRANÇAIS.

ALLEMANDS

Loire Fl.

TOURS

Amboise

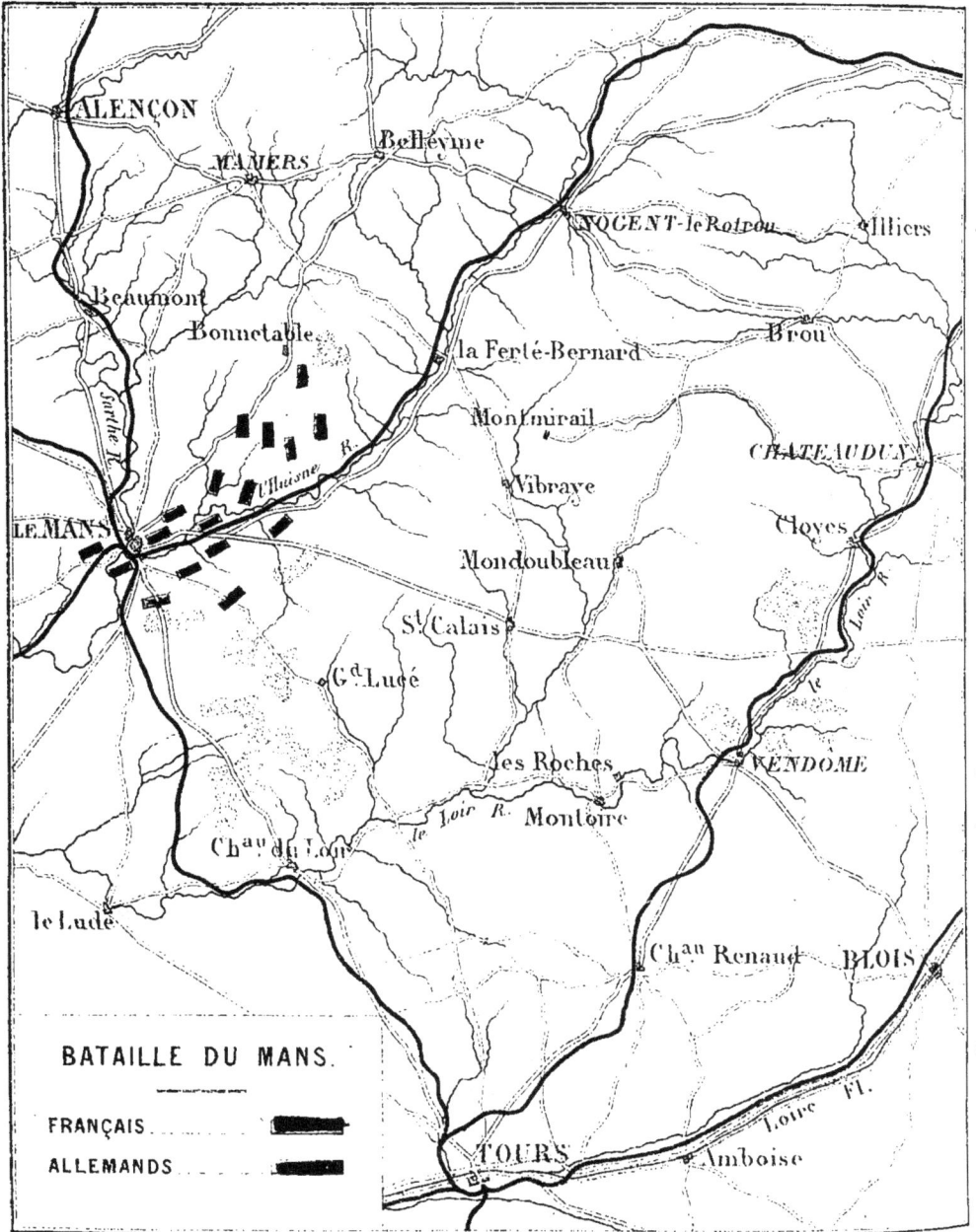

Gravé par Delamare

Degorce-Cadot, Éditeur, Paris.

la guerre d'ordonner une enquête sur la conduite du commandant de Péronne [1].

L'armée du Nord continuait ses opérations. L'ennemi, supposant qu'elle voulait passer la Somme, avait fait sauter tous les ponts et élever des camps de défense sur la rive gauche du fleuve. Mais l'intention du général Faidherbe n'était pas de tenter une aventure aussi périlleuse avec sa petite armée et dans le voisinage d'Amiens, d'où les Prussiens pouvaient promptement tirer des renforts. Faidherbe savait que l'armée de Paris se disposait à

---

[1] Voici le texte de la capitulation de Péronne :

« Entre les soussignés : 1º le colonel de HERTZBERG; 2º le lieutenant-colonel Gontrand GONNET; de BONNALLT, chef d'escadron d'artillerie, et CADOT, chef de bataillon, chargés des pleins pouvoirs de S. Exc. le général de division baron de BARNEKOW, et de M. le chef de bataillon GARNIER, commandant de la place de Péronne,

« A été convenu ce qui suit :

« Art. 1er. La garnison de Péronne, placée sous les ordres du chef de bataillon GARNIER, commandant la place de Péronne, est prisonnière de guerre. La garde nationale sédentaire n'est pas comprise dans cet article.

« Art. 2. La place et la ville de Péronne, avec tout le matériel de guerre, la moitié de tous les approvisionnements de toutes espèces, et tout ce qui est la propriété de l'Etat, seront rendus au corps prussien que commande M. le général de division baron de BARNEKOW, dans l'état où tout cela se trouve au moment de la signature de cette convention.

« A onze heures du matin, demain, 10 janvier, des officiers d'artillerie et du génie, avec quelques sous-officiers, seront admis dans la place pour occuper les magasins à poudre et munitions.

« Art. 3. Les armes, ainsi que tout le matériel consistant en canons, chevaux, caisses de guerre, équipage de l'armée, munitions, etc., seront laissés à Péronne à des commissions militaires instituées par M. le commandant, pour être remises à des commissions prussiennes.

« A une heure, les troupes seront conduites, rangées d'après leur corps et en ordre militaire, sur la route de Paris, la gauche appuyée aux fortifications et la droite vers Éterpigny, où elles déposeront leurs armes.

« Les officiers rentreront alors librement dans la place, sous la condition de s'engager sur l'honneur à ne pas quitter la place sans l'ordre du commandant prussien.

« Les troupes seront alors conduites par leurs sous-officiers. Les soldats conserveront leurs sacs, leurs effets et les objets de campement, tentes, couvertures et marmites.

« Art. 4. Tous les officiers supérieurs et les officiers subalternes, ainsi que les employés militaires ayant rang d'officier, qui engageront leur parole d'honneur par écrit de ne pas porter les armes contre l'Allemagne et de n'agir d'aucune manière contre ses intérêts jusqu'a la fin de la guerre actuelle, ne seront pas faits prisonniers de guerre. Les officiers et les employés qui accepteront cette condition conserveront leurs armes et les objets qui leur appartiennent personnellement. Ils pourront quitter Péronne, quand ils voudront, en prévenant l'autorité prussienne.

« Les officiers faits prisonniers de guerre emporteront avec eux leurs épées ou sabres, ainsi que tout ce qui leur appartient personnellement, et garderont leurs ordonnances. Ils partiront au jour qui sera fixé plus tard par le commandant prussien. Les médecins militaires, sans exception, resteront en arrière pour prendre soin des blessés et malades

tenter un effort suprême. Un télégramme de M. de Freycinet, au nom de M. Gambetta, l'avait averti que l'heure solennelle approchait et qu'il fallait agir vigoureusement. Le commandant en chef de l'armée du Nord voulait contribuer, dans la mesure de ses forces, au succès de l'armée parisienne, et, dans ce but, attirer sur lui une partie de l'armée qui attaquait Paris. Il crut, — c'est lui-même qui nous le dit, — il crut qu'il arriverait à ce résultat en se dérobant à l'armée qui était devant lui par quelques marches forcées vers l'est et le sud-est, de manière à arriver rapidement au sud de Saint-Quentin, menaçant ainsi la ligne de La Fère, Chauny, Noyon et Compiègne ; il était sûr d'avoir bientôt affaire à des forces considérables, mais le moment de se dévouer était venu, et il pouvait espérer d'avoir le temps, lorsqu'il se verrait menacé par des forces supérieures, de se rabattre vers le nord, en les attirant à lui, et d'aller les attendre sous la protection des places fortes de Cambrai, Bouchain, Douai et même Valenciennes, où il pourrait leur tenir tête, quel que fût leur nombre, si elles osaient l'attaquer [1].

L'armée se mit en marche, le 18 janvier, sur la route de Saint-Quentin. La sortie de l'armée parisienne étant annoncée pour le

et seront traités suivant la convention de Genève : il en sera de même du personnel des hôpitaux.

« Art. 5. Aucune personne appartenant à la ville, soit comme simple particulier, soit comme autorité, ne sera inquiétée ni poursuivie par les autorités prussiennes pour faits relatifs à la guerre, quels qu'ils soient. — En raison de la résistance énergique de Péronne, eu égard à sa faible position et aux dégâts produits pas le bombardement, la ville sera exempte de toute réquisition en argent et en nature. Les habitants ne seront pas tenus de nourrir chez eux les simples soldats allemands, jusqu'à l'épuisement de la moitié des approvisionnements qui se trouvent dans les magasins de l'État. Cette condition ne s'applique pas au jour de l'entrée.

« Art. 6. Les armes de la garde nationale sédentaire seront déposées à l'hôtel de ville et appartiendront à l'autorité prussienne. Quant aux armes de luxe, elles seront déposées au même lieu et resteront la propriété des déposants.

« Art. 7. Tout article qui pourra présenter des doutes sera toujours interprété à la faveur de l'armée française.

« Art. 8. Le 10 janvier, à midi, la porte de Saint-Nicolas et la porte de Bretagne seront ouvertes pour l'entrée des troupes prussiennes ; en même temps, les fortifications nommées : Couronne de Bretagne et Couronne de Paris seront libres de troupes françaises.

« Cartigny, 9 janvier 1871, onze heures du soir.

« Signé : Von HERTZBERG,

« Colonel. »

[1] *Campagne de l'armée du Nord en* 1870-1871, par le général de division Faidherbe, page 59.

19 janvier, les moments étaient précieux. Faidherbe se dévouait, sans s'abuser sur l'issue du mouvement qu'il exécutait, non sans témérité. « Demain disait-il, je donnerai ou plutôt j'accepterai la bataille. Gambetta l'ordonne, et il faut faire une diversion, car Paris tente une sortie. Mon armée est une masse, mais une masse faible. Je serai battu, mais battu glorieusement. Les Prussiens pourraient nous repousser en deux heures, je les arrêterai toute la journée. » La marche des troupes était rendue difficile par le verglas qui couvrait les routes ; les chevaux et les hommes glissaient. En approchant de Vermant, le général Derroja rencontra un détachement prussien qui voulait lui barrer le passage ; il le délogea du bois où il s'était retranché ; les Allemands qui occupaient Vermant s'enfuirent à l'approche de l'armée française. Le 18, pendant qu'on avançait dans la direction de Saint-Quentin, on fut attaqué près de Beauvais, le général de Gœben arrivant à marches forcées sur les traces de l'armée de Faidherbe ; toutes les attaques sur nos colonnes furent repoussées, et l'on arriva sur la position que l'on voulait occuper au sud de Saint-Quentin. Des colonnes ennemies étaient signalées de tous les côtés ; une bataille était inévitable pour le lendemain.

L'armée française était forte de 40,000 hommes. Dans la soirée du 18 janvier, elle occupa les hauteurs qui dominent Saint-Quentin. A l'ouest, elle s'étendait du canal à la route de Cambrai, sa gauche appuyée au moulin de Rocourt, sa droite au village de Fayet, surveillant les routes qui de Péronne, de Ham, de Chauny et de La Fère, rayonnent sur Saint-Quentin. Dans cette position, le 23e corps tournait le dos à la ville. Le 22e, placé de l'autre côté du canal, occupait l'espace compris entre Gauchy et Grugis. Nos troupes dessinaient un arc de cercle, et, en cas de retraite, voyaient s'offrir à elles, au nord de Saint-Quentin, les deux routes de Cambrai et du Câteau. La brigade des mobilisés du Pas-de-Calais, campée à Bellicourt, protégeait ces lignes de retraite. Les forces du général de Gœben étaient considérables; son armée comptait 48 bataillons, 32 escadrons, 162 bouches à feu. Elle allait recevoir, en outre, au plus fort de la bataille, une brigade venue de Paris par le chemin de fer et les troupes de la garnison d'Amiens, que remplaçaient dans cette ville des renforts appelés de Rouen.

Le combat commence au point du jour par l'attaque des posi-

tions du 22e corps par l'infanterie prussienne, à Grugis et Gauchy.
Pendant plusieurs heures , cinq batteries habilement servies
arrêtent l'effort de l'ennemi et lui font subir des pertes sérieuses.
Nous éprouvions, de notre côté, des pertes sensibles ; le général
du Bessol est grièvement blessé ; le colonel Aynès, commandant
une brigade, tombe mortellement frappé en s'avançant à la tête
de ses troupes sur la route de, La Fère. Vers trois ¡heures, nos
lignes plient vers la Neuville-Saint-Amand, aux portes de la ville,
et notre aile ¡droite est menacée de se voir fermer l'entrée de
Saint-Quentin. Le commandant Tramon arrête les Prussiens en
les chargeant à la baïonnette et conjure le danger. La lutte est
toujours acharnée sur les hauteurs de Gauchy; six fois Barnekow
essaye de les enlever ; six fois ses troupes sont repoussées. Un
régiment de ¡hussards lancé pour briser nos lignes est détruit
presque en entier par le feu de notre infanterie. Les mobiles ri-
valisent de courage et de ténacité avec les troupes de ligne. Mais
les Prussiens reçoivent des troupes fraîches ; de nouvelles
colonnes sont lancées sur le champ de bataille, et, de notre côté,
les forces s'épuisent. Il y a sept heures que nos soldats se battent sans avoir pris de nourriture ni un instant de repos ; à bout
de forces, ils cèdent enfin, se rompent et battent en retraite jusqu'au faubourg d'Isle, où ils s'arrêtent derrière des barricades et
tiennent encore tête à l'ennemi.

La lutte s'était engagée, un peu plus tard, entre neuf et dix
heures, sur les positions du 22e corps. Longtemps on se dispute
avec acharnement les villages qui séparent les deux armées. Le
général de Gœben cherchait principalement à s'emparer de la route
de Cambrai pour nous couper la retraite ; mais il ne put y parvenir. Toutefois , vers deux heures, le danger fut pressant : les
Prussiens étaient entrés dans le village de Fayet, et de là nous
barraient la route ; une brigade de la division Payen accourut et
reprit le village, qui nous resta jusqu'à la nuit. Cet acte d'énergie
assurait la retraite et sauvait l'armée¡ du Nord. La nuit était
arrivée. Nos troupes exténuées se rabattent sur Saint-Quentin.
Après trois jours de marches forcées, elles s'étaient ¡battues toute
une journée. Faidherbe fit sonner la retraite. L'ennemi recevait
des renforts de Rouen , d'Amiens, de Péronne , de La Fère et
même de Paris. Comment songer à lui tenir tête et recommencer
la lutte ? c'eût été une œuvre aussi téméraire qu'inutile. Les co-

lonnes prussiennes s'étaient jetées sur les traces de notre armée en retraite et avaient pénétré dans Saint-Quentin presque en même temps qu'elle, faisant main basse sur les soldats débandés et sur quelques compagnies qui se trouvèrent cernées. Trois ou quatre petits canons de montagne et deux pièces de 7 restèrent aux mains de l'ennemi. Quant aux quinze batteries de campagne de l'armée du Nord, elles furent ramenées à Cambrai intactes et avec leurs caissons. L'armée française s'écoula par les routes du Câteau et de Cambrai, pendant la nuit qui suivit cette malheureuse journée. Elle avait laissé environ 3,000 hommes sur le terrain, et 5 ou 6,000 prisonniers aux Prussiens. Quant à ceux-ci, leurs pertes s'élevaient à environ 4,000 hommes hors de combat. Le 20, un détachement prussien se présentait aux portes de Cambrai et sommait en vain la place de se rendre. Une autre troupe allait bombarder Landrecies et se faisait repousser par l'artillerie de la place. A la suite de ces incursions infructueuses, les Prussiens se retirèrent à Saint-Quentin, en attendant la fin de la guerre. Comme Chanzy derrière la Mayenne, Faidherbe autour des places fortes de Cambrai, Douai, Valenciennes, Arras et Lille, travaillait à reconstituer son armée, quand l'armistice vint mettre un terme à la guerre.

Avec la bataille de Saint-Quentin s'achève le rôle de cette petite et vaillante armée qui, en deux mois, avait livré aux Prussiens les quatre batailles de Villers-Bretonneux, Pont-Noyelles, Bapaume, Saint-Quentin et divers combats fort honorables pour elle et pour son commandant en chef, le général Faidherbe. Composée, comme toutes les autres armées françaises d'alors, de soldats enrôlés à la hâte, elle ne fut pas exempte de défaillances. L'indiscipline éclaircit plus d'une fois ses rangs ; elle compta des fuyards ; elle vit beaucoup de mobilisés faiblir sous le poids des fatigues de la campagne, ajoutées aux souffrances d'un rigoureux hiver ; elle sut cependant tenir en respect une armée supérieure en nombre, la vaincre parfois, l'inquiéter toujours, comme si elle eût constitué une grande armée. L'honneur en revenait tout entier au général prudent et habile qui, ayant en mains de faibles ressources, en tira néanmoins des résultats inespérés. Le général Faidherbe inspirait à ses troupes une grande confiance ; il se faisait aimer d'elles ; il n'exposait pas inutilement leur vie ; il s'occupait de leur bien-être ; le soldat sous son commandement se sentait bien gardé; il savait que le général visitait en personne les avant-postes et qu'il n'abandonnait rien au hasard. Homme d'étude, organisateur savant, tacticien avisé, le général Faidherbe possédait en outre, au même degré que le général Chanzy, une qualité précieuse chez l'homme de guerre : la ténacité. Il ne se laissait point abattre par un revers; il ne disait pas, à l'exemple d'autres chefs militaires de ce temps douloureux, que se roidir contre la mauvaise fortune était folie; il ne se résignait pas à la défaite; il n'était pas sous l'uniforme de général français un philosophe mélancolique et mystique.

Comme l'armée de la Loire, mais dans une sphère plus restreinte, l'armée du Nord supporta les conséquences des fautes commises au début de la campagne. Sur elle aussi pesa la capitulation de Metz. Si le maréchal Bazaine avait retenu plus longtemps autour de Metz les troupes du prince Frédéric-Charles, l'armée de la Loire aurait pu poursuivre sa victoire de Coulmiers. Que, de son côté, l'armée de Paris se fût imposé la tâche de harceler l'assiégeant sans trêve ni repos, alors Faidherbe, ne craignant pas d'être acculé par des forces supérieures, se hasardait entre la Somme et Paris; il coupait les ravitaillements des Prussiens en Normandie, il menaçait leurs communications dans l'Est. La guerre traînait en longueur, et un accident survenant en Europe pouvait la faire tourner à notre avantage [1]. La chute de Metz et l'arrivée de Frédéric-Charles sur la Loire donnèrent un autre cours aux événements.

La bataille de Saint-Quentin termina la guerre dans la région du Nord. Toutes les forteresses qui défendent le Nord dans ces parages sont successivement tombées au pouvoir des Prussiens : Rocroy, Mézières, Charleville, Montmédy, Longwy, ravagées par le bombardement, ont ouvert leurs portes. La France n'a plus, en province, qu'une armée qui tient encore la campagne : c'est l'armée de l'Est, dont nous allons retracer les destinées.

A la suite de nos revers devant Orléans, l'armée de la Loire, on s'en souvient, avait été coupée en deux tronçons : l'un placé sous les ordres de Chanzy, forma la deuxième armée de la Loire et fournit la glorieuse carrière que nous avons racontée; l'autre, confié au général Bourbaki, prit le nom de première ar-

---

[1] *Campagne du Nord*, par le général Faidherbe, p. 72.

mée de la Loire et se rabattit sur Bourges et Nevers, pour se refaire, en attendant d'affronter de nouveaux combats. Le gouvernement résolut, vers la fin de décembre, de transporter dans l'Est l'armée de Bourbaki, afin de débloquer Belfort assiégé par de Werder, et de menacer les communications des Allemands avec leur pays, opération destinée à jeter un grand trouble au sein de leurs armées, et qui devait en cas de succès avoir pour conséquence la délivrance de Paris. Bourbaki avait sous ses ordres les 18e, 20e et 15e corps, dont l'effectif total s'élevait à plus de 100,000 hommes. On devait laisser le 15e corps à Bourges et à Nevers pour couvrir ces deux villes et, en outre, dissimuler à l'ennemi le départ de la principale armée. Quant aux 18e et 20e corps, rapidement transportés dans l'Est, ils rejoindraient dans les environs de Dijon les troupes de Garibaldi et de Cremer, ils enlèveraient Dijon aux Prussiens, puis, poussant plus avant et s'unissant à la petite armée commandée à Besançon par le général Bressoles, toutes ces forces, qu'on pouvait évaluer, sans exagération, à 110,000 hommes, tomberaient ensemble sur le général de Werder qui assiégeait Belfort à la tête de 45,000 hommes seulement. Dans ces conditions, la défaite du général prussien paraissait assurée. Alors Bourbaki se trouvait maître des communications allemandes, non-seulement par Dijon et Vesoul, mais par la grande ligne ferrée de Strasbourg à Paris, par laquelle les Prussiens recevaient des approvisionnements de toute sorte et des munitions. Ce hardi coup de main vigoureusement exécuté aboutissait donc presque inévitablement à la levée du siége de Paris. Que si, d'Orléans, le prince Frédéric-Charles, ému des conséquences possibles de ce mouvement dans l'Est, envoyait son armée à la poursuite de Bourbaki, celui-ci, redoublant de vitesse et possédant, d'ailleurs, sur son adversaire une avance de temps considérable, ne serait peut-être pas empêché d'exécuter son plan ; mais le doute était admis sur ce point. Si l'armée de Frédéric-Charles s'éloignait d'Orléans pour aller dans l'Est, Chanzy, n'ayant plus devant lui que le duc de Mecklembourg, pourrait peut-être le culbuter et s'ouvrir la route de Paris. Les généraux auxquels on en soumit le plan s'y rallièrent à l'unanimité. Le mouvement commença le 20 décembre.

Il importait, pour réussir, d'agir promptement et de tomber sur de Werder, sans lui donner le temps d'appeler des renforts d'Allemagne ou de l'armée de Paris. Or, les transports par chemin de fer subirent d'interminables lenteurs. Le défaut d'entente entre l'état-major de l'armée et les compagnies de chemins de fer amena des encombrements déplorables d'approvisionnements et de troupes. Les trains s'arrêtaient fréquemment sur le parcours, imposant aux troupes des haltes funestes. Quand les troupes étaient arrivées au lieu du débarquement, elles étaient obligées d'attendre leurs munitions et leurs vivres : c'étaient autant de retards pour commencer les opérations ; ou si les troupes avançaient sans attendre les convois de ravitaillement, elles s'exposaient à des privations d'autant plus cruelles que la saison était plus rude et qu'elles marchaient dans des pays de montagne dénués de toutes ressources. Beaucoup de soldats mal chaussés et mal vêtus tombèrent malades, beaucoup de chevaux moururent. La campagne s'ouvrait sous les plus tristes auspices. Enfin, le 5 janvier, c'est-à-dire après quinze jours de pénibles efforts, l'armée de l'Est se mit en marche de Dôle et de Besançon, à la rencontre de l'ennemi. Le général Garibaldi gardait Dijon, évacué précipitamment par les Prussiens à notre approche [1], tandis que le général Cremer, à la tête de 20,000 hommes, se dirigeait par Gray sur Vesoul pour tomber sur les derrières de l'ennemi. Le général Bourbaki, avec 80,000 hommes, arrivait le 5 janvier devant Vil-

---

[1] A la suite de l'évacuation de Dijon, le général Bourbaki adressa l'ordre du jour suivant à ses troupes :

« Officiers, sous-officiers et soldats,

« Par le froid le plus rigoureux, vous venez d'exécuter bien des marches : vous avez beaucoup souffert, mais vous avez bien mérité de la patrie.

« Vous venez de faire évacuer Dijon. Quelques nouvelles marches auront sans doute des conséquences aussi favorables; nous atteindrons ensuite l'ennemi, et nous nous mesurerons avec lui. Si nous le battons, comme j'en ai la confiance, vous aurez peut-être la gloire de contribuer, à longue distance, à faire lever le siége de Paris.

« De tels résultats ne sont obtenus que par une armée d'élite. Il faut donc que vous ayez une confiance aveugle en vos officiers, et que vos officiers s'occupent constamment de vous.

« Ayons tous présents à l'esprit le titre qui nous suivra dans nos foyers, celui de libérateurs de la patrie.

« En présence du devoir qui nous incombe, pour nous en rendre dignes, qu'aucun de nous n'hésite à faire preuve, en toute circonstance, du courage et de l'abnégation dont nos pères nous ont donné l'exemple.

« Au grand quartier général, a Châlon-sur-Saône, le 30 décembre 1870.

« Le général de division commandant en chef la 1re armée,

« Signé : BOURBAKI. »

lersexel. De Werder s'était fortement établi entre Villersexel et Vesoul. Cette contrée est accidentée, coupée de bois et traversée par la rivière de l'Oignon qui passe à l'ouest de Villersexel ; elle offrait au général prussien d'excellentes défenses dont il avait su, du reste, tirer tout le parti possible ; de telle sorte que, disposant à peine de 45,000 hommes, il pouvait lutter avec avantage contre les troupes françaises, gênées dans leurs mouvements par la configuration du terrain et obligées de prendre d'assaut l'un après l'autre les postes fortifiés de l'ennemi.

La lutte fut longue et ardente ; le village de Villersexel, objectif principal de nos troupes et clef des positions ennemies, fut pris et repris plusieurs fois, et il resta enfin entre nos mains. Quand la nuit arriva, nous l'avions emporté sur toute la ligne, et nous pouvions nous considérer comme vainqueurs. Le succès était presque l'œuvre personnelle du commandant en chef. Vers la fin de la journée, voyant ses troupes faiblir sous le feu de l'artillerie allemande, il s'était bravement jeté à leur tête, les avait ramenées au combat, et cet élan chevaleresque avait décidé de la victoire. De Werder s'échappa avec son armée par la route de Lure ; mais il revint ensuite vers Héricourt, pour renforcer le général Treskow qui allait avoir à soutenir à son tour le choc de l'armée française.

Après ce succès, Bourbaki aurait dû, semble-t-il, marcher sur Héricourt et fondre sur Treskow sans lui laisser le temps de recevoir le secours du corps de Werder. Tout porte à croire que son mouvement aurait réussi, et alors le siége de Belfort était levé. Malheureusement, nos soldats qui venaient de se battre toute une journée avaient le plus grand besoin de repos. Cela n'était pas encore la difficulté insurmontable, car si le commandant en chef leur eût demandé un effort suprême en faisant luire devant leurs yeux la délivrance de Belfort, ils eussent tous répondu à son appel. Mais, par suite des déplorables lenteurs et des irrégularités des transports, le général Bourbaki n'avait pas reçu ses approvisionnements. On mourait de froid dans la neige et le verglas, sous de mauvais vêtements usés et tombant en lambeaux, et on mourait presque de faim. Ces pays, pauvres par eux-mêmes et en outre réquisitionnés par les Prussiens, n'offraient plus de ressources d'aucun genre. Bourbaki attendit donc vingt-quatre heures à Villersexel, et employa ce temps, dont il aurait voulu faire un autre usage, à fouiller les villages environnants, où il supposait que l'ennemi aurait pu laisser des détachements. Le 11 janvier, suivant la route de Villersexel à Montbéliard, il porta son armée jusqu'à Arcey, à mi-chemin des deux localités que nous venons de nommer. Arcey était une position très-forte, et à ce village commençait une série d'ouvrages retranchés qui se prolongeaient jusqu'aux bords de la Lisaine, petit cours d'eau qui se jette dans le Doubs au-dessus de Montbéliard. Comme à Villersexel, le général Bourbaki se mit à la tête de ses troupes ; la position d'Arcey fut enlevée. Les Prussiens prirent le parti de reculer, en passant le ruisseau de la Lisaine ; ils se concentrèrent vers Héricourt, où l'armée française devait bientôt les attaquer.

Le plan adopté par Bourbaki consistait à porter le gros de ses forces au centre des positions prussiennes à Héricourt, et d'attaquer en même temps Montbéliard, pendant que l'aile gauche formée du 18e corps, et l'extrême aile gauche composée du corps de Cremer, exécuteraient un mouvement tournant afin de prendre à revers l'aile droite de l'armée prussienne en position à Chenebier, en avant de Belfort. Cette marche hardie offrait des difficultés à peu près insurmontables ; les chemins étaient en effet couverts de neige, et en outre, quand, arrivée à Chenebier, l'aile gauche voulait se rabattre sur la Lisaine, elle devait être obligée de s'engager dans des sentiers étroits, encaissés et à peu près impraticables aux convois et à l'artillerie. Les troupes prussiennes bordaient la rive gauche de la Lisaine, appuyant leur aile droite à la hauteur de Chenebier, à cheval sur la grande route de Lure à Belfort, et leur aile gauche à Montbéliard. Ils avaient garni de pièces de gros calibre les bords de la Lisaine, et avaient tiré parti, avec leur habileté ordinaire, des escarpements que présente le bord de ce ruisseau.

Le général Bourbaki arriva en vue d'Héricourt le 15 janvier, vingt-cinq jours après son départ de Bourges, c'est-à-dire après avoir mis à atteindre les bords de la Lisaine quinze jours de plus qu'on n'avait supposé dans le projet primitif. Les causes de ce funeste retard, on les a déjà indiquées ; il faut l'attribuer aux lenteurs et aux irrégularités dans les transports des chemins de fer ; par suite de ces déplorables contre-temps, les troupes séparées de leurs approvisionnements se voyaient dans la nécessité d'attendre et de perdre un temps précieux : cela valait mieux sans doute que de s'engager follement dans des régions pauvres et dépouillées ; mais on donnait à l'ennemi le temps de se préparer, d'armer ses positions de pièces de canon à longue portée, et de plus, pendant l'attente au milieu des neiges, l'armée se démoralisait et cessait de croire au succès. On a des raisons de croire que le général Treskow avait disposé ses pièces à longue portée la veille seulement de l'arrivée de l'armée française ; en sorte que si Bourbaki avait mis un jour de moins à venir de Villersexel, il aurait sans doute enlevé la position [1].

L'armée française arriva donc le 15 janvier devant les positions occupées par les Prussiens, et aussitôt des engagements eurent lieu sur divers points. Ces combats partiels, qui durèrent trois jours, sont connus sous le nom général de bataille d'Héricourt. Dans la première journée, nos troupes du centre balayèrent le terrain devant elles jusqu'à Chagey. Pendant ce temps, l'aile gauche et le corps du général Cremer devaient s'emparer d'Étobon et de Chenebier ; malheureusement, le 18e corps fut retardé dans sa marche par la neige et la glace ; les chevaux s'abattaient sur les routes glissantes, et l'on n'avançait qu'avec une extrême lenteur. De son côté, Cremer, pour n'avoir pas suivi la grande route de Lure à Belfort, s'était mêlé aux troupes du 18e corps et avait perdu de ce fait plus de trois heures. Arrivé vers la fin de la journée, il s'établit pour la nuit sur le plateau de Thure, à l'est de Chenebier.

Cette nuit du 15 au 16 janvier sur les plateaux de la Franche-Comté fut cruelle à passer. Elle a laissé dans le souvenir des officiers et des soldats une impression d'horreur. La température était descendue à 18° au-dessous de zéro ; la neige, tourbillonnant sous un vent aigu, fouettait le visage et formait, dit un témoin, autour des hommes des monceaux dans lesquels ils enfonçaient jusqu'aux genoux. Quoiqu'on se trouvât à une petite distance des Prussiens (800 mètres environ), on se vit obligé d'allumer de grands feux avec des fagots de bois vert. Généraux, officiers, soldats, chevaux même se pressaient autour des brasiers pour ne pas mourir de froid. Le vin que portaient les soldats

[1] Ce fait est rapporté par M. de Freycinet, dans son ouvrage *la Guerre en province*, page 240.

s'était gelé. Pour comble de malheur, les approvisionnements manquèrent sur plusieurs points.

Après cette horrible nuit, la bataille recommença à sept heures du matin sur toute la longueur du front des deux armées, depuis Chenebier jusqu'à Montbéliard. A droite, la brigade Peytavin s'empara de Montbéliard, mais elle ne put déloger l'ennemi du château, ce qui diminuait beaucoup l'importance du succès. Le passage de la Lisaine fut inutilement tenté à la hauteur de Béthoncourt; sur ce point, nos troupes restèrent sur les mêmes positions. Le seul avantage de la journée fut remporté à l'extrême gauche par les troupes du général Cremer et la 2ᵉ brigade du 18ᵉ corps, commandée par le général Tevis. D'un merveilleux élan, ces troupes emportèrent le village de Chenebier aux cris de *Vive la France !* tandis qu'au même instant, l'amiral Penhoat chassait les Prussiens d'Etobon.

Pendant ces deux jours de combat, l'ennemi, très-inquiet, avait continué de se fortifier et de fermer par de nouveaux ouvrages les passages de la Lisaine que Bourbaki voulait forcer. De son côté, Bourbaki voyait les forces de son armée s'épuiser à vue d'œil. On se battait depuis deux jours dans la neige sans avancer ; on était soutenu par la pensée que la place de Belfort était là, devant soi, et qu'on y trouverait du feu, du pain, du repos ; mais en attendant d'avoir fait la trouée dans les lignes allemandes, on souffrait, on s'épuisait, on allait se trouver à bout de forces. Le général Bourbaki ordonne donc pour le 17 une attaque générale. A l'extrême droite, il tenta de nouveau de s'emparer du château de Montbéliard et ne fut pas plus heureux que la veille. Le château était rendu inabordable par 8 batteries de 24 disposées sur la montagne, et que l'on ne pouvait contre-battre efficacement avec des pièces de 4 et de 12. Comme la veille aussi, on voulut forcer le passage de la Lisaine à Béthoncourt et à Héricourt[1]; nos trou-

---

[1] Après la bataille d'Héricourt, le général Bourbaki adressa au ministre de la guerre la dépêche suivante :

Général Bourbaki à guerre.

« 18 janvier.

« J'ai fait exécuter une attaque générale de l'armée ennemie depuis Montbéliard jusqu'au mont Vaudois, en cherchant à faire franchir la Lisaine à Béthoncourt, Busseret, Héricourt, et à s'emparer de Saint-Valbere. J'ai essayé de faire opérer par mon aile gauche un mouvement tournant destiné à faciliter l'opération.

« Les troupes qui en étaient chargées ont été elles-mêmes menacées et attaquées sur

pes furent repoussées. Vers la gauche, on ne fut pas non plus en avant et la journée se passa sans résultat appréciable. Le soir de cette triste journée, Bourbaki ne se fait plus d'illusion sur le sort de la campagne. Il écrit au ministre de la guerre : « Nous avons devant nous un ennemi beaucoup plus nombreux que les renseignements recueillis ne permettaient de le supposer, et pourvu d'une nombreuse artillerie. Les renforts lui ont été envoyés de tous côtés. Il a pu, grâce à ces conditions favorables, comme à la valeur de la position qu'il occupait, aux obstacles existant à notre arrivée ou créés par lui depuis, résister à tous nos efforts. Mais il a subi des pertes sérieuses. N'étant pas parvenu à réussir le 15, j'ai fait recommencer la lutte le 16 et le 17, c'est-à-dire pendant trois jours. Malheureusement le renouvellement de nos tentatives n'a pas produit d'autres résultats, malgré la vigueur avec laquelle elles ont été conduites. Le temps est aussi mauvais que possible. Nos convois de vivres et de munitions nous parviennent très-difficilement. En dehors des pertes causées par le feu de l'ennemi, le froid, la neige, les marches et le bivouac, dans ces conditions exceptionnelles, ont causé de très-grandes souffrances. De l'avis des commandants de corps d'armée, j'ai décidé, à mon grand regret, que l'armée occuperait de nouvelles positions à quelques lieues en arrière de celles sur lesquelles nous avons combattu ; nous pourrons de la sorte nous ravitailler plus facilement. Nous aurons besoin de nous ravitailler en officiers, en hommes de troupes et en chevaux. »

Le commandant en chef disait qu'il allait rétrograder sur Arcey et y établir son quartier général. Il était très-découragé, très-

---

abattu, et, en se retirant sur Arcey, il n'avait pas encore fait son choix entre les deux partis qui s'offraient à lui : ou tenter une dernière attaque contre Héricourt, ou se décider à battre en retraite. Il était d'autant plus urgent pour lui de prendre une détermination que deux corps prussiens arrivaient à marches forcées au secours de Werder et de Treskow, l'un amené du nord de la France par Manteuffel, l'autre détaché de l'armée qui assiégeait Paris. Bourbaki résolut de ramener son armée à Besançon.

Après quatre jours d'une marche lente et difficile entre le cours de l'Oignon et du Doubs, l'armée de l'Est arrivait sans accident fâcheux dans les environs de Besançon. Elle allait se trouver exposée aux plus sérieux dangers, par suite des événements qui s'étaient passés auprès de Dijon et de Dôle. Garibaldi, appelé à Dijon au moment où l'armée de l'Est marchait vers la Franche-Comté, avait été chargé de disséminer ses forces jusqu'à Langres et de garder toute cette région pour protéger dans sa marche l'aile gauche de Bourbaki. On avait placé sous ses ordres un grand nombre de gardes nationaux mobilisés, directement commandés par le général Pélissier ; on lui avait amené, en outre, quatre escadrons de cavalerie et neuf batteries d'artillerie supplémentaires ; en tout, il disposait de cinquante mille hommes environ et de quatre-vingt-dix pièces de canon. Garibaldi fit garder par son fils Ricciotti tout le pays compris entre Semur et le plateau de Montbard ; malheureusement le commandant en chef étant tombé malade sur ces entrefaites, il s'ensuivit pendant quelques jours, parmi les officiers garibaldiens, un relâchement d'autant plus regrettable que l'approche de l'ennemi était signalée. La région dont la défense avait été confiée à Garibaldi était d'ailleurs trop étendue, vu les forces dont il disposait, et il était à craindre que les Prussiens, isolant Dijon après avoir coupé les lignes françaises, ne fussent en mesure de barrer la route à Bourbaki dans sa retraite. Le gouvernement était tenu au courant de la marche des Prussiens, les uns venant de l'armée qui assiégeait Paris, les autres arrivant du nord avec Manteuffel. Au 16 décembre, 40,000 hommes arrivaient à Is-sur-Thill, et là se partageaient en deux groupes, dont l'un se dirigea sur Dijon, tandis que l'autre allait passer la Saône à Pontailler. Le général Garibaldi, ne croyant pas pouvoir conserver toutes les positions qu'il occupait, avait fait replier ses troupes autour de Dijon. Par suite de ce mouvement, Dôle et Gray furent évacués, et l'ennemi put s'avancer vers Besançon sans rencontrer d'obstacles. Il pensait, au surplus, que le général Bourbaki faisait garder Dôle et les passages de la Saône. Malheureusement il n'en était rien, et les Prussiens devaient avoir la fortune inespérée de trouver les passages libres. Le général Bourbaki ne paraît pas avoir songé à se mettre en rapport avec Garibaldi. Cette négligence eut des conséquences funestes.

Les Prussiens attaquèrent Dijon le 21 janvier avec des forces considérables, qu'on peut évaluer à 70,000 hommes, tandis que Garibaldi n'en comptait que 30,000, malgré le renfort reçu quelques jours auparavant de la première légion de l'Isère. Garibaldi, encore malade, s'était fait transporter en voiture à Talant, aux portes de la ville, pour encourager ses troupes par sa présence. L'ennemi menaçait Dijon à la fois du côté de l'est par Mirebeau et Fontaine-Française, à l'ouest par Daix, et en avant de Daix par Val-de-Suzon, où le général Bossack-Hauké s'était porté aux premiers coups de canon et où il devait trouver une mort glorieuse. Enfin un détachement prussien menaçait Dijon plus au sud, dans la direction de Plombières. La situation était donc fort critique, malgré les travaux de fortification entrepris par les ordres de Garibaldi. La première journée ne fut, à proprement parler, qu'un combat d'artillerie qui tourna à notre avantage. Toutefois, à l'approche de la nuit, le général en chef ayant fait sonner la charge, les troupes, avec un entrain admirable, se précipitèrent sur les positions occupées par les Prussiens et leur tuèrent beaucoup d'hommes. Le champ de bataille resta couvert de morts et de blessés. Quand la nuit fut arrivée, Garibaldi et son chef d'état-major Bordone, qui s'était distingué par son coup d'œil et son activité, entrèrent dans Dijon et reçurent les félicitations des notables de la ville [1].

Le combat recommença le lendemain en avant du faubourg Saint-Apollinaire. L'ennemi fit de grands efforts pour déloger

[1] Le général Bordone annonça la bataille du 21 au ministre de la guerre par la dépêche suivante :

« Combat commencé à 8 heures du matin sur notre gauche a duré jusqu'à 6 heures du soir; ennemi abandonne ses positions après avoir eu plusieurs pièces démontées; nous couchons sur ses positions; prisonniers tous Poméraniens appartiennent au corps que je vous signalais ce matin; nos pertes sont sérieuses, celles de l'ennemi très-considérables. »

les troupes de Garibaldi des positions qui commandent Dijon ; il échoua complétement ; on lui fit des prisonniers. Nos troupes, excitées par ce second succès, étaient pleines de confiance ; quant au général en chef, en revenant à Dijon, il fut l'objet d'une ovation enthousiaste de la population qui s'était portée à sa rencontre. Une ombre vint ternir cette joie : le brave général Bossack était mort ; tout d'abord, on l'avait cru blessé dans une ferme du Val-de-Suzon et on avait envoyé quelques hommes à sa recherche. On trouva son cadavre nu, dépouillé, abandonné dans un petit bois. La physionomie du vaillant soldat conservait dans la mort un calme sourire, comme s'il eût été frappé tout à coup et qu'il eût expiré sans souffrance. On ignore les circonstances qui ont entouré les derniers moments du vaillant Polonais qui versa son sang pour la France. Il tomba sans doute dans un guet-apens. La disparition de ses armes, de ses bagues, de son portefeuille dit assez haut le nom de ses meurtriers. Personne n'avait vu tomber l'infortuné général ; sa mort fut pleurée de tous, et la France reconnaissante garde pieusement son nom[1].

Le lendemain 23 janvier, une nouvelle bataille plus acharnée

---

[1] Garibaldi apprit ce triste événement à l'armée par l'ordre du jour suivant :

« La Pologne, la terre de l'héroïsme et du martyre, vient de perdre un de ses plus braves enfants, le général Bossak.

« Ce chef de notre première brigade de l'armée des Vosges a voulu par lui-même s'assurer de l'approche de l'ennemi vers le Val-de-Suzon, dans la journée du 21 janvier, et, lancé avec une douzaine de ses officiers et miliciens de ce côté, il a voulu, bravoure inouïe, arrêter une armée avec une poignée de braves!

« Ce Léonidas des temps modernes, si bon, si aimé de tous, manquera à l'avenir, à la démocratie mondiale dont il était un des plus ardents champions, et il manquera surtout à sa noble patrie !

« Que la République adopte la veuve et les enfants de ce héros.

« Il y a longtemps que le bruit des crimes horribles commis par les Prussiens m'importunait, et je croyais toujours, en le désirant, qu'il y avait de l'exagération dans ces bruits.

« Dans les trois combats de ces derniers jours, où la victoire a souri à nos armes, la réalité des misérables méfaits de nos ennemis s'est montrée dans toute sa brutale et féroce évidence.

« Quelques-uns de nos blessés tombés dans leurs mains pendant la lutte ont eu le crâne broyé à coups de crosse de fusil.

« Nos chirurgiens, restés selon leur habitude sur le champ de bataille pour soigner nos blessés et ceux de l'ennemi, ont été assassinés d'une façon horrible. Miliciens, hommes des ambulances et chirurgiens ont servi de cible à ces barbares et féroces soldats.

« Un capitaine de nos francs tireurs, trouvé blessé dans le château de Pouilly, a été lié aux pieds et aux mains et brûlé vif.

« Le cadavre de ce martyr a été trouvé presque entièrement dévoré par les flammes, excepté à l'endroit des ligatures.

« Eh bien ! noirs instruments de toutes les tyrannies, votre règne arrive, le règne des

que les deux précédentes se livre au nord de Dijon, sur la route de Langres et autour du château de Pouilly. Trois fois le château fut pris et repris. Les Prussiens l'occupaient vers le milieu de la journée ; c'est à ce moment qu'ils brûlèrent vif un officier prisonnier et blessé, après avoir eu soin de l'arroser de pétrole et de lui lier les mains et les pieds. Le cadavre de cet infortuné fut recueilli par nos troupes. Le général Bordone le fit photographier et l'on possède le procès-verbal dressé sur les lieux mêmes et constatant le crime des Prussiens. Ce forfait venait d'être consommé, lorsque les mobilisés de l'Isère et un escadron du 3ᵉ hussards pénètrent dans le parc et prennent le château à la baïonnette.

Repoussés, les Prussiens se rallient et reviennent à la charge, mais Garibaldi les a suivis du regard ; les voyant revenir, il lance tout ce qu'il a de cavalerie sur le flanc droit de l'agresseur. Au même instant les troupes de Ricciotti arrivaient sur les lieux. Sous cette charge de cavalerie, l'ennemi hésite un instant ; Garibaldi ordonne à son fils de se jeter sur lui à la baïonnette. Les Prussiens sont culbutés, poursuivis dans les vignes et les bois. L'artillerie cesse son feu, de peur d'atteindre indistinctement Français et Prussiens, qui, entremêlés, se battent avec rage. A la nuit tombante, nous restons maîtres du champ de bataille ; le terrain était couvert de morts et de blessés. Le général Bordone affirme que tel était le nombre de morts que, six jours après, malgré l'activité

bûchers ; votre période chérie, le moyen âge reparaît ; et votre héros de Sedan tombé, le sourire de Satan aux lèvres, vous tournez vos yeux de vipère vers le nouvel empereur souillé de sang et de carnage.

« L'indignation des preux miliciens de la République est au comble ; je ferai mon possible pour les empêcher d'user de représailles, mais j'espère que l'Europe et le monde entier sauront distinguer et apprécier la conduite loyale et généreuse des enfants de la République, et flétrir les féroces procédés des soldats d'un despote.

« *Signé :* G. GARIBALDI. »

Une pyramide mortuaire a été élevée dans le bois où périt Bossak. Elle porte ces mots :

BOSSAK-HAUKÉ

NÉ LE 19 MARS 1834

MORT LE 21 JANVIER 1871

Noble enfant de la Pologne,
Il fut, en 1863, un de ses
plus braves défenseurs,
et en 1871 vint verser
son sang pour la France

des autorités municipales de Dijon, les corvées d'ensevelisseurs n'avaient pas encore achevé leur triste besogne. Un drapeau prussien ramassé sous un monceau de cadavres fut rapporté par Ricciotti, à qui revient en partie l'honneur de la journée. Les pertes de l'ennemi étaient considérables. Un de ses régiments, le 61ᵉ, fut anéanti presque en entier.

Ces trois journées, glorieuses pour l'armée des Vosges, forment une halte heureuse et trop courte dans l'histoire de la campagne de l'Est. Il faut maintenant tourner nos regards vers Besançon et l'armée du général Bourbaki.

Pendant que ces événements se passaient sous les murs de Dijon, un corps prussien traversant la Saône à Pontailler avait pris Dôle sans coup férir et de là s'était porté à Mouchard, pour couper le chemin de fer de Besançon à Lyon. Le général Bourbaki en fut prévenu presque aussitôt. On aurait pu supposer qu'il se mettrait en marche sans perdre un instant pour briser, pendant qu'il en était temps encore, ce détachement de vingt mille hommes qui lui barrait la route. Il n'en fit rien cependant. Les Prussiens réunis à Mouchard étaient, avons-nous dit, au nombre de vingt mille ; le reste de leurs forces se battait sous Dijon et ne pouvait en conséquence arriver aussi vite que Bourbaki sur le point où il fallait frapper un coup décisif et dégager la route de Lyon. Pourquoi Bourbaki ne profitait-il pas de cette avance de temps pour assurer sa retraite ? Pourquoi, si la rive droite du Doubs ne lui semblait pas sûre, ne passait-il pas sur la rive gauche ? Le général était sans doute mal renseigné. Les ordres qu'il donnait dans cette situation critique trahissent un trouble d'esprit évident ; tantôt l'armée se portait en avant sur la route de Dôle ; puis tout à coup, sans motif apparent, elle se voyait ramenée sur Besançon. Les soldats murmuraient. La souffrance les rendait défiants, injustes même. Des bruits alarmants se répandaient dans les rangs. On disait qu'il n'était plus temps pour gagner Lyon et qu'on était enfermé par des forces bien supérieures dans ces vallées couvertes de neige où la faim et le froid étaient également terribles. Les 2ᵉ et 7ᵉ corps prussiens passaient pour être concentrés tout entiers dans la vallée de la Loue, au-dessous de Besançon. En même temps, au nord de la ville, les troupes chargées de garder le bois de Lomont lâchaient pied sans tirer un coup de fusil et livraient passage aux Prussiens qui descendaient d'Héricourt. Cette succession de mauvaises nouvelles paraît avoir exercé une vive impression sur l'esprit du commandant en chef ; et ce qui pouvait contribuer à l'augmenter, c'est que Bourbaki voyait son armée se démoraliser de plus en plus, se fondre, pour ainsi dire, sous le poids des fatigues et de la souffrance. Le soldat murmurait et se disait sacrifié. L'excès du découragement ôtait à ses discours toute retenue. Bourbaki entrevoyait une défaite certaine, s'il livrait bataille pour se frayer un passage ; et s'il ne se battait pas, il donnait une apparence de raison aux murmures qui s'élevaient autour de lui. Que faire cependant? S'il s'immobilise autour de Besançon, l'armée de l'Est n'a plus qu'une capitulation devant elle : on n'a de vivres que pour sept jours ; s'il poursuit sa route dans la direction de Mouchard, il rencontre des forces qui, dans son opinion, sont supérieures en nombre. Il croit découvrir une voie de salut dans la retraite au sud-est, en se rapprochant de la frontière suisse, en prenant Pontarlier pour objectif. Les chefs de corps réunis en conseil ne font aucune objection au plan de Bourbaki, sauf le général Billot, qui conseille de marcher sur Auxonne. C'est donc la retraite par Pontarlier qui paraît préférable. On va s'engager dans une contrée sauvage, couverte de neige, au risque de mourir de faim et de joncher la route de ses morts. Le ministre de la guerre se refusait à croire qu'un projet si périlleux fût venu à la pensée de Bourbaki. Il lui écrit, à la date du 25 janvier :

« Je suis tombé des nues, je l'avoue, à la lecture de vos dépêches. Il y a huit jours à peine, devant Héricourt, vous me parliez de votre ardeur à poursuivre le programme commencé, et aujourd'hui, sans avoir eu à livrer un seul nouveau combat, après avoir fait des mouvements à peine sensibles sur la carte, vous m'annoncez que votre armée est hors d'état de marcher et de combattre, qu'elle ne compte pas 30,000 combattants, que la marche que je vous conseille vers l'ouest ou le sud est impossible, et que vous n'avez d'autre solution que de vous diriger sur Pontarlier. Enfin, vous concluez par me demander mes instructions.

« Quelles instructions voulez-vous que je donne à un général en chef qui me déclare qu'il n'y a pas d'autre parti à prendre ? Puis-je, je vous le demande, prendre la responsabilité d'un de ces échecs qui suivent trop souvent la détermination qu'on impose à un chef d'armée ? Je ne puis que vous manifester énergiquement mon opinion, mais je n'ai pas le droit de me substituer à vous-même, et la décision, en dernier lieu, vous appartient. Or, mon opinion, c'est que vous vous exagérez le mal. Il me paraît impossible que votre armée soit réduite au point que vous dites. Le commandement d'un bon chef ne peut pas, en si peu de temps, laisser une telle démoralisation s'accomplir. Je crois donc que, sous l'impression de votre dernier insuccès, vous voyez la situation autrement qu'elle n'est. En second lieu, je crois fermement que votre marche sur Pontarlier vous prépare un désastre inévitable. Vous serez obligé de capituler, ou vous serez rejeté en Suisse. Quelle que soit la direction que vous preniez pour sortir de Pontarlier, l'ennemi aura moins de chemin à faire que vous pour vous barrer le passage.

« Ma conviction bien arrêtée, c'est qu'en réunissant tous vos corps et vous concertant au besoin avec Garibaldi, vous seriez pleinement en force pour passer soit par Dôle, soit par Mouchard, soit par Gray, soit par Pontailler (sur la Saône). Vous laisseriez ensuite le 24ᵉ corps et le corps Cremer en relations avec Garibaldi et vous continueriez votre mouvement en prenant autant que possible pour objectif les points indiqués dans mes dépêches précédentes, et, si l'état de votre armée ne permettait réellement pas une marche aussi longue, vous vous dirigeriez vers Clagny pour y stationner ou pour vous y embarquer. Remarquez que, dans la position que vous allez prendre, vons ne couvrez pas même Lyon. Telle est, général, mon opinion ; mais, je le répète, c'est à vous seul de décider en dernier ressort, car vous seul connaissez exactement l'état physique et moral de vos troupes et de leurs chefs. »

Deux heures après, nouvelle dépêche, non moins catégorique :

« Plus je réfléchis à votre projet de marcher sur Pontarlier, et moins je le comprends. Je viens d'en parler avec les généraux du ministère, et leur étonnement égale le mien. N'y a-t-il point erreur de nom ? Est-ce bien Pontarlier que vous avez voulu dire, Pontarlier près de la Suisse ? Si c'est là, en effet, votre objectif, avez-vous envisagé les conséquences ? Avec quoi vivrez-vous ? Vous mourrez de faim certainement. Vous serez obligé de capituler ou d'aller en Suisse. Car pour échapper, je n'aperçois nul moyen. Partout vous trouverez l'ennemi devant vous. Le salut, j'en suis

sûr, n'est que dans une des directions que j'ai indiquées, dussiez-
vous laisser vos *impedimenta* derrière vous et n'emmener avec
vous que vos troupes valides. A tout prix, il faut faire une trouée.
Hors de là vous vous perdez. »

La retraite sur Pontarlier commença le 26 janvier, deux jours
avant la chute de Paris. Elle fut lamentable. Des milliers de traînards restaient en route, mourant de faim et de froid. Les chevaux
glissaient dans des fondrières et succombaient; on abandonnait les
convois dans la neige, faute d'attelages. Une foule de soldats débandés cherchaient vainement leurs corps et, au milieu de cette
confusion, ne participaient pas aux distributions de vivres. Mais
toute l'armée n'offrait pas cette désolante image. Des régiments
en grand nombre, sans cesse encouragés par leurs officiers, restèrent intacts pendant cette marche terrible à travers les neiges du
Jura. La division Cremer, à l'arrière-garde, se signala par sa
constance et sa ferme attitude. Le général Bourbaki avait assisté
au défilé de sa malheureuse armée avec une douleur profonde ;
des témoins assurent avoir vu ses yeux gonflés de larmes. Sa tristesse se changea dans la soirée en désespoir. A la vue de cette
armée perdue pour la France et engagée dans des contrées où elle
était condamnée à périr en partie sans combattre, le général fut tout
à coup effrayé de la responsabilité qui allait peser sur lui ; sa raison
se troubla, il prit un pistolet, et quelques instants après le bruit
de sa mort se répandait dans l'armée, mais il n'était que blessé.
Avant de se suicider, il avait désigné lui-même pour son successeur le général Clinchant, soldat jeune et vigoureux, dont on n'a
pas oublié le rôle dans les derniers jours du siége de Metz. Au
moment, d'ailleurs, où Bourbaki attentait à ses jours, l'administration de la guerre avait investi le général Clinchant du commandement suprême. La dépêche qui notifiait cette nomination se croisa
dans la nuit avec celle du général Rolland annonçant au ministre de la guerre le suicide de Bourbaki. Nous raconterons, à la
signature de l'armistice, les tragiques événements qui marquèrent
les derniers jours de l'armée de l'Est et son passage en Suisse.

On ne pouvait raisonnablement plus rien attendre de l'armée
de l'Est, lorsque le général Clinchant en prit le commandement.
Elle était serrée de près par l'ennemi, affaiblie, démoralisée, et le
principal souci du commandement devait être d'atténuer dans la
mesure du possible la catastrophe finale inévitable. Ainsi s'étaient

réalisées les triste prévisions de l'administration de la guerre, au moment où le général Bourbaki lui avait annoncé son projet de retraite vers Pontarlier ; ainsi s'évanouissaient dans l'Est, comme elles s'étaient évanouies à l'Ouest et Nord, les espérances de la France.

Les écrivains spéciaux pourront examiner si la conception de la campagne de l'Est fut sage au point de vue stratégique, s'il n'eût pas été plus prudent de diriger l'armée de Bourbaki de Dijon à Langres, au milieu de pays riches ; ou encore, si Bourbaki n'aurait pas mieux servi la France en réunissant ses forces à celles de Chanzy contre Frédéric-Charles et le duc de Mecklembourg. Mais on reconnaîtra que les lenteurs inouïes qui paralysèrent l'expédition à ses débuts devaient fatalement en compromettre le succès, alors même que la campagne eût été irréprochable au point de vue stratégique. La première condition de succès pour débloquer Belfort et couper les communications de l'Allemagne avec son armée sous Paris, cette première condition était d'agir avec rapidité et de tomber sur de Werder et Treskow sans leur donner le temps de se reconnaître et d'être secourus. On sait ce qui arriva. Bourbaki devait effectuer son mouvement en dix jours ; par suite de l'organisation vicieuse des transports et du défaut d'entente entre les compagnies et l'état-major, il en mit vingt-cinq, soit quinze jours de plus que dans le calcul primitif, quinze jours que de Werder, prévenu, mit à profit pour se fortifier devant Héricourt et pour appeler des renforts. Cette perte de temps excessive fut donc la cause principale de l'insuccès de la campagne. Le rude hiver y eut sa part aussi, et par les souffrances infligées à nos jeunes soldats, et par l'état des routes qui retardait la marche des convois et forçait l'armée à perdre un temps précieux dans l'attente de ses munitions et de ses vivres. Qu'on ajoute encore à ces causes d'insuccès les hésitations de Bourbaki autour de Besançon, la faute grave qu'il commit en ne faisant pas garder les passages de la Saône, son manque de hardiesse quand il aurait dû s'échapper par Mouchard, alors qu'il en était temps encore, et l'on aura l'explication de ce nouveau désastre, le plus grand que la France eût encore essuyé depuis Sedan et Metz.

La cause déterminante de la campagne de l'Est avait été la délivrance de Belfort, de même que l'objectif constant des armées de la Loire et du Nord avait été de faire lever le siége de Paris.

On disait que Belfort était la seule place forte qui eût résisté, la clef de la France, et qu'il fallait à tout prix l'empêcher de succomber. On ne prévoyait pas alors qu'elle pourrait, livrée à ses seules forces, résister aussi longtemps qu'elle l'a fait, et il y avait une sorte d'opinion publique pour la secourir sans retard[1].

La place de Belfort, située entre le sud des Vosges et le nord du Jura, à la jonction des vallées du Doubs, de la Saône et du Rhône, a une importance considérable. Pour la France, elle est une porte ouverte sur l'Allemagne. En tenant Belfort, on peut jeter rapidement une armée dans le grand-duché de Bade, et on ferme le passage à une armée allemande venant d'Alsace et voulant gagner la Bourgogne par la vallée du Doubs. La place, jadis fortifiée par Vauban, est défendue par le fort des Barres et le fort des Perches. Elle était commandée par un homme dont le nom est devenu célèbre, le colonel Denfert-Rochereau, dont le patriotisme ne se démentit jamais dans cette époque où l'on vit tant de défaillances. Si la France vaincue et démembrée a conservé Belfort, c'est au colonel Denfert qu'elle le doit. Les foudroyants revers qui avaient marqué le début de la campagne laissèrent de bonne heure Belfort dans l'isolement, comme une sentinelle perdue. L'investissement de la place fut complet dans les premiers jours de novembre. Sa garnison se composait d'un effectif de 16,200 hommes, composés en grande majorité de gardes nationales mobiles. L'approvisionnement de poudre était de 400,000 kilogrammes; les munitions d'artillerie abondaient. Quant aux provisions de bouche, elles assuraient au siége une longue durée. En outre, grâce à des travaux habilement exécutés et à une vigilance incessante, la garnison put conserver jusqu'au bout du siége les villages du voisinage, d'où elle tira des ressources de tout genre.

Le 4 novembre, un parlementaire prussien se présentait à l'une des portes de la place et faisait passer au commandant une sommation du général de Treskow :

« Très-honoré et honorable commandant,

« Je me fais un honneur de porter très-respectueusement à votre connaissance la déclaration suivante :

---

[1] *La Guerre en province,* par M. Charles de Freycinet, p. 272.

« Je n'ai pas l'intention de vous prier de me rendre la place de Belfort ; mais je vous laisse le soin de juger s'il ne conviendrait pas d'éviter à la ville toutes les horreurs d'un siége, et si votre conscience, votre devoir ne vous permettraient pas de me livrer la place dont vous avez le commandement.

« Je n'ai d'autre intention, en vous envoyant cet écrit, que de préserver autant que possible la population du pays des horreurs de la guerre. C'est pourquoi je me permets de vous prier, dans la limite de vos pouvoirs, de faire connaître aux habitants que celui qui s'approchera de quelque ligne d'investissement à portée de mes canons mettra sa vie en danger.

« Les propriétaires des maisons situées entre la place et notre ligne d'investissement doivent se hâter de mettre tout leur mobilier en lieu sûr, car d'un instant à l'autre je puis être obligé de réduire les maisons en cendres.

« Je saisis cette occasion de vous assurer de mon estime toute particulière, et j'ai l'honneur d'être votre très-dévoué serviteur.

« Général DE TRESKOW,

« Général royal prussien, commandant les forces
prussiennes concentrées devant Belfort. »

Le colonel Denfert chargea le parlementaire de la réponse suivante :

« Général,

« J'ai lu, avec toute l'attention qu'elle mérite, la lettre que vous m'avez fait l'honneur de m'écrire avant de commencer les hostilités.

« En pesant dans ma conscience les raisons que vous me développez, je ne puis m'empêcher de trouver que la retraite de l'armée prussienne est le seul moyen que conseillent à la fois l'honneur et l'humanité pour éviter à la population de Belfort les horreurs d'un siége.

« Nous savons tous quelle sanction vous donnez à vos exercices, et nous nous attendons, général, à toutes les violences que vous jugerez nécessaires pour arriver à votre but ; mais nous

LE COLONEL DENFERT.

Degorce-Cadot, édit. Paris.

Rouge et Cⁱᵉ, imp.

connaissons aussi l'étendue de nos devoirs envers la France et envers la République, et nous sommes décidés à les remplir.

« Veuillez agréer, général, l'assurance de ma considération très-distinguée.

« *Signé :* Denfert-Rochereau. »

Cette fière réponse ne rebuta pas le général de Treskow. Il envoya coup sur coup plusieurs parlementaires, qui se présentaient tantôt sous un motif, tantôt sous un autre, et qui n'étaient pour lui que des espions déguisés. Ces allées et venues avaient fini par donner de l'inquiétude à la population ; en conséquence, le commandant fit savoir au général prussien que, dorénavant, ses parlementaires ne seraient plus reçus, ou le seraient par la seule route de Rappe, au nord-est de la place. L'assiégeant se le tint pour dit.

Alors commence pour la garnison de Belfort la véritable vie de siége. Les troupes se construisent des abris et des baraques, le mauvais temps était venu ; la pluie et la neige tombaient sans cesse. Mobiles, francs-tireurs et soldats apprenaient l'art de la guerre en poussant d'aventureuses rencontres dans les environs. Une sortie importante fut dirigée sur Bessoncourt. Ce village, situé en avant du fort de la Justice, avait été signalé au commandant comme un lieu de concentration des troupes ennemies. Deux mille hommes, accompagnés par une batterie d'artillerie, partirent pour les en débusquer. C'était la première fois que ces jeunes soldats allaient au feu ; un régiment de mobiles de la Haute-Saône prend la fuite. Les officiers se mettent à la tête des autres bataillons, qui hésitent ; plusieurs d'entre eux se font tuer. Les Prussiens recevaient des renforts et tenaient dans le village. La retraite fut sonnée. Nous eûmes dans cette journée trois officiers blessés, trois tués et cent trente hommes tués, blessés ou disparus. Vers la fin de novembre, une surprise nocturne livra aux Prussiens l'importante position du Mont. Cette colline, couverte de bois, n'avait malheureusement pas d'ouvrages de défense, et c'est à peine si les troupes qui l'occupaient avaient eu soin de se construire des abris. Attaquées dans l'obscurité de la nuit, elles durent céder le terrain, mais non sans avoir engagé avec l'assaillant une vive fusillade. La perte du Mont causa de sérieuses inquiétudes aux habitants de Belfort. De cette hauteur, l'ennemi pouvait bombarder la place. Le bombardement commence le 3 décembre à huit heures du matin. Les batteries ennemies, à trois mille mètres de distance, tiraient à la fois sur le fort de Bellevue, sur les Barres, sur le Château et jusque dans les faubourgs. Des guetteurs avaient été installés dans ces ouvrages dès les premiers coups; ils prévenaient à son de trompe de l'arrivée des obus, et l'on avait le temps de s'en garer.

Ce fait étant prévu, on s'était préparé dans les caves des logements sûrs; la population civile s'y réfugia, en proie à une panique fort naturelle à la vue des premiers projectiles. La frayeur fut, du reste, promptement calmée. Le préfet du Haut-Rhin s'était refugié dans Belfort après l'occupation de Colmar. Il publia la proclamation que voici :

« Citoyens,

« L'heure du péril est venue, et avec elle l'heure des dévouements.

« Je connais trop votre patriotisme pour avoir besoin de lui faire un suprême appel. La population civile et la population militaire, unies par les liens d'une entière et légitime confiance, seront dignes l'une de l'autre dans la lutte qu'elles seront appelées à soutenir.

« L'histoire dira un jour que les lâchetés et les trahisons de Sedan et de Metz ont été rachetées par le courage de Belfort; elle dira qu'il ne s'y est rencontré ni un soldat ni un habitant pour trouver, au jour du danger, les sacrifices trop grands et la résistance trop longue; elle dira enfin que tous, sans hésitation et sans défaillance, nous avons serré nos rangs au pied de votre Château; c'est pour nous aujourd'hui plus qu'une forteresse, c'est la France et l'Alsace, c'est deux fois la Patrie.

« Citoyens, que chacun de nous remplisse son devoir, à ce cri qui était autrefois un gage de la victoire et qui la ramènera sous nos drapeaux :

« Vive la République !

« Le préfet du Haut-Rhin,

« GROSJEAN.

« Belfort, le 3 décembre 1870. »

Le général de Treskow croyait en avoir bientôt fini ; il télégraph ait à Berlin : « *Belfort peut tenir cinq jours au plus.* » Belfort devait tenir plus de deux mois. Personne ici ne parlait de capituler. Les habitants vivaient dans les caves sans murmurer, heureux de donner à la France un témoignage de leur profond attachement. La garnison, de jour en jour plus aguerrie, était soutenue par l'exemple de tous les officiers et du commandant en chef, aussi modeste que brave. Le tir de l'ennemi faisait beaucoup plus de bruit que de mal. Nos pièces, entourées de petits pare-éclats, abritaient les canonniers contre les obus à balles. Un son de trompe avertissait du danger.

Les fausses nouvelles se répandent à Belfort, comme dans toutes les places assiégées. La moindre rumeur prend une importance exagérée, les esprits inquiets s'ouvrent à tous les bruits. Le plus souvent, par suite d'un calcul perfide de l'ennemi, ce qu'on annonçait aux assiégés, c'étaient des victoires de l'armée française. Alors les esprits s'exaltaient, et quand la vérité était connue, la déception produisait un dangereux abattement. Cette fièvre engendre à la longue une lassitude profonde et brise les ressorts des cœurs les mieux trempés. Le commandant en chef mit en garde la garnison contre ces mensonges destinés, disait-il, à produire la démoralisation en faisant naître des espérances qui pourraient être démenties le lendemain. Il disait qu'à sa connaissance l'ennemi ne laissait pénétrer dans le pays envahi d'où ces bruits provenaient aucun journal, ni français, ni suisse, ni même allemand. Tous les bruits qui circulent doivent donc être regardés comme émanant du quartier général ennemi et être tenus pour suspects jusqu'à plus ample informé.

Sur ces entrefaites, l'ennemi s'empara du village de Danjoutin et fit prisonniers les 800 hommes qui le gardaient et qui, s'étant mal gardés, furent surpris et enveloppés pendant une nuit obscure. Le commandant supérieur ordonna l'arrestation des officiers qui avaient pu s'échapper et leur comparution devant un conseil de guerre [1].

Dans la journée du 8 janvier, le découragement produit par la

---

[1] Au sujet de cette triste affaire le commandant publia l'ordre du jour suivant :

« Le commandant supérieur a été vivement affecté par la perte de la plus grande partie du détachement de Danjoutin, qui a été fait prisonnier de guerre sans qu'on pût lui porter secours. La faute doit d'abord en être attribuée aux deux compagnies de

perte de Danjoutin fit place à une grande joie. Un douanier parvenu dans la place apportait une dépêche du consul de France à Bâle et cette dépêche annonçait l'arrivée prochaine de Bourbaki à la tête d'une armée de 150,000 hommes. Quelques jours après, de grands mouvements sont en effet signalés autour de la place dans l'armée assiégeante ; la ligne du blocus s'élargit ; le bombardement se ralentit. On entend le canon du côté d'Héricourt ; c'est Bourbaki ! La délivrance paraît d'autant plus certaine, que l'on a reçu la nouvelle de la victoire de Villersexel. L'émotion des habitants de Belfort ne saurait se décrire. On était haletant. A chaque coup de canon : « Ils avancent, disait-on, ils arrivent ! » et l'on croyait à tout instant voir poindre sur les hauteurs le drapeau tricolore. On entendait le bruit strident des mitrailleuses ; à la nuit, le gouverneur ordonna à toutes les pièces qui ne lançaient pas de projectiles, de tirer cinq coups à blanc comme salve de réjouissance. Cette salve dura quelques minutes, attira l'attention générale et fut entendue jusqu'en Suisse [1].

Dès l'aube, la canonnade recommença au loin. L'observateur placé au sommet de la tour de la Miotte signala qu'il apercevait des batteries françaises en position à mi-côte du mont Vaudois, mais c'était une erreur. Ces émotions poignantes durèrent toute la journée ; mais déjà l'on n'espérait plus avec la même ardeur ;

Saône-et-Loire placées près du passage à niveau du chemin de fer. Les hommes et les officiers de ces compagnies ont manqué à leur devoir en ne résistant pas à outrance à la colonne ennemie qui les a assaillis ; leur devoir strict était de tenir jusqu'au dernier, pour assurer la retraite de leurs camarades. Le conseil de guerre sera appelé à apprécier la conduite des officiers en cette circonstance.

« Le capitaine de la compagnie du Haut-Rhin, cantonnée au moulin entre le Fourneau et Danjoutin, a également manqué à tous ses devoirs en ne se portant pas avec la partie de ses forces disponible au secours du village de Danjoutin, aussitôt qu'il entendait la fusillade. Servant de renfort, d'après mes instructions formelles, il ne pouvait hésiter à se porter en avant, au lieu de se replier honteusement sans combat sur le Fourneau, en laissant sans secours les compagnies placées dans le village.

« Enfin les commandants des Hautes et Basses-Perches ont montré avec quelle négligence ils plaçaient leurs grand' gardes et leurs sentinelles, par l'impossibilité où ils sont restés pendant plusieurs heures de savoir au juste ce qui se passait et de pouvoir m'en rendre compte. Le commandant supérieur pense que cet exemple leur servira de leçon pour l'avenir, etc.

« Enfin les compagnies du 1er bataillon du 16e régiment, appelées à marcher pour la reprise du village, ont mis, à se réunir en armes sur la place, beaucoup trop de temps. Il est indispensable que les troupes déploient plus de diligence en cas d'alerte, si elles veulent être en mesure d'agir efficacement.

(Voir aux pièces justificatives divers documents sur cette affaire.)

[1] *La Défense de Belfort*, écrite sous le contrôle de M. le colonel Denfert-Rochereau, page 299.

le doute entrait dans les esprits ; on songeait que l'armée française avancerait plus vite, si elle avait brisé tous les obstacles qui lui barraient le passage. Le colonel Denfert avait pris toutes ses précautions pour se porter en force sur le point où les mouvements de l'ennemi indiqueraient la présence de nos troupes. Cette seconde journée laissait cependant quelque espoir. Le lendemain, la canonnade s'éloigna ; la neige, tombant à gros flocons assourdissait le bruit. Il fallut se rendre bientôt à la douloureuse évidence ; l'armée française reculait. Le siége de Belfort entrait dans une nouvelle période, plus active de la part de l'assaillant, non moins énergique de la part de la vaillante population civile et de la garnison. Nous raconterons la fin du siége à la signature de l'armistice.

I

ARMÉE DU NORD.

Proclamation du général Faidherbe après la bataille de Saint-Quentin.

Douai, 21 janvier.

« Soldats,

« C'est un devoir impérieux pour votre général de vous rendre justice devant vos concitoyens ; vous pouvez être fiers de vous-mêmes, car vous avez bien mérité de la patrie.

« Ce que vous avez souffert, ceux qui ne l'ont pas vu ne pourront jamais se l'imaginer. Et il n'y a personne à accuser de ces souffrances : les circonstances seules les ont causées.

« En moins d'un mois, vous avez livré trois batailles à un ennemi dont l'Europe entière a peur ; vous lui avez tenu tête, vous l'avez vu reculer maintes fois devant vous ; vous avez prouvé qu'il n'est pas invincible et que la défaite de la France n'est qu'une surprise amenée par l'ineptie d'un gouvernement absolu.

« Les Prussiens ont trouvé dans de jeunes soldats à peine habillés, et dans des gardes nationaux, des adversaires capables de les vaincre. Qu'ils ramassent nos traînards et qu'ils s'en vantent dans leurs bulletins, peu importe ! Ces fameux preneurs de canons n'ont pas encore touché à une de vos batteries. Honneur à vous ! Quelques jours de repos, et ceux qui ont juré la ruine de la France nous retrouveront devant eux.

« *Le général commandant en chef l'armée du Nord,*

« *Signé :* FAIDHERBE. »

II

ARMÉE DES VOSGES.

VICTOIRE DE DIJON.

A la suite des brillantes affaires de Dijon, Garibaldi adressa à ses troupes les ordres du jour suivants :

I

« A l'armée des Vosges,

« Dans trois rencontres vous avez battu l'ennemi trois fois, et la France dans la détresse a senti que ses nobles enfants ne l'abandonnaient pas à la merci de l'étranger. Le jour où les circonstances m'emmèneront loin de vous, je raconterai avec orgueil les vicissitudes de vos fatigues et de vos combats, et votre dévouement à la cause sacrée des peuples. Je dirai surtout que, lorsque les revers de nos armées et le destin semblaient vouloir fermer à la République toutes les voies de salut, vous, nos braves frères d'armes, vous avez montré la même fière contenance que dans les jours de prospérité.

« La France, croyez-moi, délivrée des corrupteurs et des traîtres, se relèvera bientôt retrempée par l'adversité, et, reprenant son poste entre les grandes nations du monde, elle vous retrouvera sur son sentier, prêts à combattre encore.

« *Signé* : GARIBALDI. »

II

« Aux braves de l'armée des Vosges,

« Eh bien ! vous les avez revus les talons des terribles soldats de Guillaume, jeunes fils de la liberté ! Dans deux jours de combats acharnés, vous avez écrit une page bien glorieuse pour les annales de la République, et les opprimés de la grande famille humaine salueront en vous, encore une fois, les nobles champions du droit et de la justice.

« Vous avez vaincu les troupes les plus aguerries du monde, et cependant vous n'avez pas exactement rempli les règles qui donnent l'avantage dans la bataille.

« Les nouvelles armes de précision exigent une tactique plus rigoureuse dans les lignes de tirailleurs ; vous vous massez trop, vous ne profitez pas des accidents de terrain et vous ne conservez pas le sang-froid indispensable en présence de l'ennemi, de sorte que vous faites toujours peu de prisonniers ; vous avez beaucoup de blessés, et l'ennemi, plus astucieux que vous, maintient, malgré votre bravoure, une supériorité qu'il ne devrait pas avoir.

« La conduite des officiers envers les soldats laisse beaucoup à désirer : à quelques exceptions près, les officiers ne s'occupent pas assez de l'instruction des miliciens, de leur propreté, de la bonne tenue de leurs armes, et enfin de leurs procédés envers les habitants qui sont bons pour nous et que nous devons considérer comme des frères.

« Enfin soyez diligents et affectueux entre vous, comme vous êtes braves ; acquérez l'amour des populations dont vous êtes les défenseurs et les soutiens, et bientôt nous secouerons jusqu'à l'anéantir le trône sanglant et vermoulu du despotisme, et nous fonderons sur le sol hospitalier de notre belle France le pacte sacré de la fraternité des nations.

« *Signé* : E. GARIBALDI. »

A ces encouragements le général joignait d'utiles conseils pratiques :

« Dans ces trois jours de combats glorieux, notre jeune armée a vu fuir l'ennemi devant elle. Un drapeau prussien conquis par les braves de la 4e brigade soutenue par la 5e et par quelques pièces d'artillerie et la magnifique contenance de notre droite seront présentés comme gage de bravoure et de dévouement à la sainte cause du droit et de l'honneur à laquelle nous avons consacré toute notre existence.

« Je su is vraiment fier de vous avoir pour frères d'armes, et, vous aimant comme mes enfants, je voudrais que vous profitassiez des conseils dictés par ma vieille expérience, ce qui rendrait vos services beaucoup plus utiles :

« 1° Il faut à votre vaillance ajouter le sang-froid indispensable pendant le combat, et ne pas perdre la tête, ce qui déshonorerait surtout les miliciens de la République.

« 2° Je vous répète qu'il faut éviter les agglomérations confuses, si fatales pour nous causer un grand nombre de blessés.

« 3° Il ne faut jamais tirer un coup de fusil ou de canon sans voir l'ennemi, et le bien viser à peu de distance, et avec la presque certitude de l'atteindre.

« 4° Il vous faut bien apprendre à vous former en lignes de tirailleurs et profiter des accidents et des plis de terrain. »

UNE DÉPUTATION AUPRÈS DE GARIBALDI.

Dans la nuit du 21 au 22 janvier une députation se présentait devant le chef d'état-major de Garibaldi, et demandait à être introduite auprès du général en chef. De quoi s'agissait-il ?

Voici le récit du chef d'état-major lui-même :

« Un notaire de Messigny, village situé entre Hauteville et la route de Langres, où le général commandant l'attaque avait tout son quartier général, était arrivé avec un sauf conduit prussien, avait traversé nos avant-postes, et, après avoir causé avec le maire et le préfet, venait, accompagné par ces messieurs et le général Pélissier, dire à Garibaldi que le commandant des forces prussiennes, ayant reçu des renforts considérables, se proposait, dès le lendemain à huit heures, de bombarder la ville, et qu'il conjurait Garibaldi de se retirer et de céder la place pour éviter une terrible effusion de sang.

« Le notaire s'était engagé sur l'honneur à être de retour à Messigny avant 7 heures 1/2 du matin, pour rapporter au commandant des forces prussiennes la réponse des autorités de Dijon et de Garabaldi.

« Le général prit des mains du notaire le papier sur lequel était écrit le sauf-conduit prussien, regarda son chef d'état-major d'une façon que ne pouvaient pas comprendre ceux qui ne vivent pas dans son intimité et dit :

« — C'est bien, monsieur, est-ce là tout ce que vous avez à me dire ?

« — Oui, général, répondit le notaire.

« — Eh bien, ajoute Garibaldi, vous pouvez vous en retourner, pour ne pas manquer à votre parole. Dites à celui qui vous a remis ce sauf-conduit que je l'attends, et que s'il ne vient pas, j'irai le chercher. » (*Garibaldi et l'armée des Vosges*, par le général Bordone.

Proclamation du général Bossak Hauké en prenant le commandement de la 1re brigade de l'armée des Vosges.

« Citoyens, officiers et soldats de la 1re brigade, le général Garibaldi, commandant en chef de l'armée des Vosges, dans son ordre du jour du 19 octobre, m'a nommé votre commandant.

« Citoyens, à cette heure si honorable pour moi, une des plus solennelles de ma carrière de soldat de la liberté et de la démocratie, je désire vous adresser quelques paroles. On dit que vous n'avez pas d'officiers superieurs pour vous commander. Il n'en est rien : vous avez parmi vous et dans vos rangs ce qui vous manque, c'est-à-dire la possibilité et l'occasion d'en produire.

« Vous avez maintenant la possibilité et l'occasion, car le gouvernement n'a-t-il pas placé à votre tête Garibaldi, le général en chef de la plus illustre démocratie européenne. l'homme de vertu et de courage invincible ? De son côté le général Garibaldi, ayant reçu les pleins pouvoirs de la République, a appelé, sans aucune distinction de nationalité les hommes de la démocratie militante qui ont fait preuve de courage ; je suis du nombre. D'autres vous diraient : Ai-je quelque droit à votre confiance ?

« Moi, je vous dirai seulement que, colonel de l'armée régulière, j'ai été général en chef des trois palatinats dans la dernière insurrection de Pologne en 1863 et 1864; j'ai été nommé aujourd'hui commandant de la 1re brigade de l'armée des Vosges. Citoyens, officiers et soldats ! je ne doute pas que nous tous de la 1re brigade, nous ne sachions nous rendre dignes de notre général en chef, et je puis dès lors crier : Vivent la 1re brigade, l'armée des Vosges et la République !

« *Signé :* BOSSAK-HAUKÉ. »

III

SIÉGE DE BELFORT.

Affaire de Danjoutin.

La perte du village de Danjoutin était, à plusieurs égards, un grave et fâcheux événement. Tous les rapports s'accordent à en rejeter la responsabilité sur deux compagnies de Saône-et-Loire qui, mal gardées par leurs avant-postes, aperçurent trop tard l'ennemi et se replièrent en désordre. Les Prussiens mirent à profit cette panique en séparant le village de la place. Les hommes abandonnés dans l'intérieur de Danjoutin furent tous faits prisonniers. Ils étaient au nombre de 698, officiers et soldats.

On a vu que le colonel Denfert avait fait emprisonner aussitôt les officiers des deux compagnies, causes du désastre. L'instruction de l'affaire ne put malheureusement pas être poursuivie par suite de l'absence des témoins à charge, tous prisonniers. L'affaire fut donc ajournée après le siége : mais alors le ministre de la guerre ne jugea pas à propos de donner suite à l'enquête.

Voici sur cette importante affaire des témoignages intéressants à consulter.

I

Lettre de M. Guigembre, capitaine de francs-tireurs, pris à Danjoutin, au capitaine Thiers.

« Versailles, le 18 juillet 1871.

« Mon cher capitaine,

« Puisque vous écrivez la relation sérieuse du siége de Belfort, je crois de mon devoir de vous donner quelques explications sur l'affaire de Danjoutin, où près de sept cents hommes ont été pris, lâchement abandonnés par deux compagnies de Saône-et-Loire.

« Ci-joint l'ordre que vous connaissez, qui m'a été adressé le lendemain du jour où vous avez fait sauter le viaduc de Dannemarie en nous repliant. Cet ordre dit : « Si « les compagnies étaient forcées de se replier, elles prendront position en arrière de « l'épaulement formé par le talus du chemin de fer. »

« Craignant, mon cher capitaine, de vous importuner par un trop long récit, je me bornerai à vous dire que, lorsque l'attaque du haut du village a été entendue, et que le commandant Gély est venu me voir de l'autre côté de la Savoureuse, où je me tenais avec ma compagnie, celle de Kœchlin et les éclaireurs de Martin, le commandant Gély me demanda si j'apercevais l'ennemi du côté de Botans ou du côté de Bavilliers; sur ma réponse négative, il me recommanda de me tenir prêt à recevoir ses ordres et me dit qu'à tout prix il fallait garder la position que j'occupais.

« A peine le commandant Gély était-il retourné à l'extrémité du pont, que du bois de Bavilliers déboucha une troupe formée en bataille, que j'évaluai environ à trois cent cinquante hommes ; elle s'avança dans le pré, dans la direction de la maison Meyer (dite Maison-Rouge), incendiée, dans la journée de la veille ; elle fit alors une légère conversion à droite, occupant la route de front.

« A deux cent cinquante mètres à peu près, le lieutenant Martin les reçut par un feu de barricade des mieux nourris, auquel ils ne répondirent pas et se replièrent en désordre.

« Jusqu'au lendemain à neuf heures et demie, ils tentèrent ainsi quatre assauts qui, tous furent repoussés de la même manière; mais nous y perdîmes plus de monde qu'à la première attaque.

« Je vous signale là, comme mémoire, la conduite de M. Arcier, mon lieutenant, qui sur mon ordre avec dix hommes, monta au-dessus des grottes et rampa jusqu'à cinquante mètres du Grand'Bois, dont il ramena un Allemand prisonnier, qui avait eu l'audace de s'avancer jusqu'au deuxième arbre fruitier où je venais de poser une sentinelle double.

« Il n'était pas minuit que la portion du village occupée par les compagnies Charrollais et Jandard était occupée par les Prussiens. A ce moment, on amena cinq prisonniers allemands qui venaient d'être pris au milieu du village et qui nous avouèrent avoir pu entrer dans le village presque sans coup férir, nos soldats ayant déjà fui. (Ceci me fut confirmé par le capitaine qui s'est le premier élancé du Bosmont avec sa compagnie vers la tranchée qui venait d'être abandonnée par le capitaine Charrollais et sa compagnie.) C'est à cette heure que Greuzard (aide major de Saône-et-Loire) tombait ; deux de mes hommes se dévouant pour aller le chercher tombèrent sous le feu de l'ennemi : c'est un éclaireur de Martin qui, malgré cela, put le rapporter seul ; il n'eut pas de chance, il fut tué vers neuf heures du matin.

« Je dois signaler (toujours comme mémoire) la belle conduite du maître d'école de Danjoutin qui soigna environ soixante à quatre-vingts blessés entassés dans les granges et maisons Millet et Livrey. A partir de onze heures du soir nous étions complétement dépourvus de docteurs et d'infirmiers ; presque tous, Prussiens et Français, moururent faute de soins.

« Il résulte donc des principaux renseignements que je viens de vous donner, que lorsque le commandant Gély vint me demander quelques hommes dévoués (à minuit) pour aller à Belfort, la ligne de retraite ordonnée par le colonel Denfert par le talus du chemin de fer était prise et occupée formidablement par les Prussiens.

« Aucun des cinq francs-tireurs ne revint: je pus en reconnaître deux tués le lendemain près du moulin et du cimetière, j'ai perdu les autres.

« De mon côté, vers trois heures du matin, j'en envoyai un par la Gare, le long de la Savoureuse, le nommé Viry ; il fut tué et a dû avaler le billet que je lui avais donné pour le colonel Desgaret : je lui avais recommandé, s'il était pris, de le manger.

« Je me résume, et ma conviction est : que le malheur qui est arrivé à Danjoutin retombe entièrement sur la tête des deux compagnies qui nous ont lâchement abandonnés sans presque tirer un coup de fusil, et je vous affirme que j'attends avec impatience la tradition en conseil de guerre des coupables, afin de pouvoir éclairer la justice autant qu'il sera possible de le faire.

« *Signé :* GINGLMBRE. »

II

Rapport du commandant Gély sur l'affaire de Danjoutin.

Rastadt, 12 janvier 1871.

J'ai l'honneur de vous envoyer, par l'intermédiaire du général commandant à Lyon, mon rapport sur la malheureuse affaire de Danjoutin.

J'ai eu l'honneur de vous écrire, à la date du 5, que l'ennemi faisait tant dans le bois de Bavilliers que dans celui du Bosmont, des travaux qui m'inquiétaient pour la sécurité du poste de Danjoutin. Je n'ai pas voulu alors vous demander l'évacuation de ce poste, pensant que vous aviez des raisons majeures pour le conserver ; mais vous ne devez pas ignorer, mon colonel, que je vous avais dit à plusieurs reprises, et principalement le jour de l'attaque du bois de Bavilliers, que les troupes que j'avais sous mes ordres étaient d'une solidité fort douteuse, et qu'il était difficile, avec de pareils soldats, d'affirmer la réussite d'une entreprise. Je ne pensais pourtant pas alors qu'ils eussent assez peu de cœur pour abandonner leur poste, du moins en partie, sans que je vous aurais demandé avec instance de me faire relever d'un commandement aussi difficile.

Le 6 au matin, l'ennemi a démasqué deux batteries : une de trois pièces, dans le Bosmont, et à 800 mètres de Danjoutin ; l'autre de deux mortiers dans le bois de Bavilliers. Ces pièces, jointes à celles d'Andelnans, ont tiré sur le village pendant toutes les journées du 6 et du 7. Vers huit heures du soir, le feu ayant à peu près cessé, j'ai supposé que nous pourrions être attaqués pendant la nuit; j'ai de suite donné l'ordre au commandant Artaud de prévenir les quatre compagnies de Saône-et-Loire de se tenir en éveil, d'avoir une section entière dans les tranchées et l'autre prête à marcher au premier signal d'attaque.

Sur la rive droite de la Savoureuse, le capitaine Kœchlin, commandant une compagnie du Haut-Rhin, devait occuper les maisons situées en avant de la Maison-Rouge, les compagnies de francs-tireurs, les maisons situées en aval du pont et la compagnie d'éclaireurs devait leur servir de soutien.

Prévoyant le cas où l'ennemi pourrait arriver en force par la tranchée du chemin de fer, j'avais prescrit au capitaine Meyer, commandant une compagnie du Haut-Rhin, résidant à la Forge, de se porter au premier signal d'attaque au secours de la compagnie placée au passage à niveau.

Ces précautions prises, j'avais le droit d'attendre que chacun resterait à son poste et repousserait énergiquement une attaque de l'ennemi faite même avec des forces supérieures.

A minuit, de grands cris sont partis du côté du Bosmont et du bois de Bavilliers, l'ennemi nous attaquait avec trois bataillons; sur la rive droite de la Savoureuse, le capitaine Kœchlin perdait les maisons qui font face à la Maison-Rouge, mais il se maintenait avec les éclaireurs et les francs-tireurs des deux côtés du pont et empêchait l'ennemi de pousser plus avant. Le capitaine la Loyère (Saône-et-Loire), placé avec sa compagnie en face de la route d'Andelnans, a conservé sa position et fait éprouver de grandes pertes à l'ennemi.

Il n'en a malheureusement pas été de même au centre, où se trouvait la 7e compagnie de Saône-et-Loire, commandée par le capitaine Jandard et le lieutenant Martinet. Ces deux officiers au lieu d'être à leur poste étaient dans une maison, les sous-officiers et soldats avaient successivement quitté les tranchées, et quand l'ennemi s'est présenté, quelques bons soldats ont pu lui répondre, mais il leur a été impossible de garder la position; la compagnie entière a été prise dans les maisons. A la gauche, la 6e compagnie commandée par le capitaine Charrolais, ayant pour lieutenant M. Chardonnet et pour sous-lieutenant M. Carré, a lâchement abandonné son poste à la première attaque et a permis à l'ennemi de pénétrer en forces dans le village, soit par le chemin de fer, soit par la route de Méroux. J'ai l'honneur, mon colonel, de vous demander que les officiers de ces deux compagnies soient traduits devant une cour martiale et jugés conformément à nos lois militaires.

L'ennemi s'étant rendu maître de la partie est du village, il ne m'était plus possible de laisser la compagnie du capitaine la Loyère en face de la route d'Andelnans où elle n'aurait pas tardé à être cernée. J'ai fait poster cette compagnie derrière de petits murs placés au centre du village, de manière à arrêter la marche de l'ennemi. La première compagnie de Saône-et-Loire, capitaine Sicard, réunie à celle du capitaine la Loyère, ont pu pendant une partie de la nuit résister à l'ennemi et le maintenir dans les maisons dont il s'était déjà emparé. Prévoyant que de nouvelles forces ennemies ne tarderaient pas à être dirigées sur le village, j'ai eu un moment l'intention de l'évacuer, en faisant attaquer les maisons situées en face de la Maison-Rouge pour pouvoir gagner la gare. Avant de prendre une pareille résolution, j'ai dû consulter le commandant Artaud et les officiers qui étaient près de moi. Ils ont tous été d'avis qu'il ne pouvait pas manquer de nous arriver des secours de la ville au point du jour et que nous devions garder le poste que vous nous aviez confié. Ce n'est qu'à regret que je me suis rendu à leur avis. Vers le point du jour, une vive fusillade engagée dans la direction de la route du Fourneau m'a fait espérer qu'il nous arrivait des renforts sérieux qui nous permettraient de reprendre nos positions. Peu d'instants après, le feu cessait et je voyais avec douleur que nous étions réduits à nos propres forces. A ce moment, l'ennemi a jeté sur nous de nouvelles troupes, nos compagnies leur ont tenu tête pendant trois heures, mais non pas sans pertes sérieuses, le lieutenant Martin était tué, le capitaine Kœchlin et un lieutenant de Saône-et-Loire blessés. Deux maisons étaient remplies de blessés et pour comble de malheur le docteur lui-même était sérieusement blessé.

J'ai voulu alors tenter une retraite par la route de Montbéliard, en faisant attaquer le poste de la Maison-Rouge et les maisons voisines, mais les hommes, complétement démoralisés, criaient qu'on ne pouvait plus se défendre et mettaient la crosse en l'air.

Peu d'instants après, nous étions entièrement cernés.

Je ne vous dirai pas tout ce que j'ai souffert, quand j'ai vu qu'il n'y avait plus de résistance possible avec de pareils soldats, et qu'il ne nous restait plus qu'à nous rendre.

Vous le comprenez, vous, mon colonel, qui avez le cœur bien français.

POURQUOI, MON DIEU, LES BALLES M'ONT-ELLES ÉPARGNÉ?

J'ai l'honneur d'être. etc.

LIVRE QUATRIÈME.

CAPITULATION DE PARIS.

Pendant que se passaient à l'ouest, au nord et dans l'est les événements que l'on vient de raconter, Paris marchait à sa chute d'un pas rapide. Au lendemain de la malheureuse bataille de Montretout, le 20 janvier, la ville assiégée n'avait plus devant elle que dix jours de vivres, en faisant entrer dans ce calcul les réserves du département de la guerre. Les Parisiens ne se savaient pas si près du bord de l'abîme, quoiqu'ils fussent réduits à manger un pain absolument détestable : ils s'étaient faits à la pensée que les ressources de la ville étaient inépuisables ; le siége durait depuis plus de quatre mois et cette prolongation inespérée de résistance, dont le terme se rapprochait sans cesse, semblait avoir plongé les esprits dans un optimisme obstiné. Beaucoup de gens étaient convaincus que si le gouvernement faisait fouiller les caves, il y trouverait d'immenses approvisionnements cachés par des accapareurs. On peut dire, en conséquence, et quoique cela paraisse invraisemblable, que la question des vivres laissait la

population presque indifférente, pendant qu'en revanche elle était
le tourment du gouvernement. Quand on a été mis au courant de
cette bizarre disposition d'esprit, on est moins surpris d'entendre
les Parisiens réclamer de nouveau des engagements militaires:
ils ne voulaient pas admettre que la bataille du 19 janvier fût le
dernier mot du siége ; la garde nationale, qui s'était vaillamment
battue à Montretout et à Buzenval, voulait retourner au feu ; mais
il n'en était pas de même de l'armée régulière et des mobiles :
de ce côté régnait un découragement profond. Il convient de dire,
en outre, que la population parisienne ignorait encore à ce moment la retraite de Chanzy sur la Mayenne, et de Faidherbe sous
le canon de Lille. De la campagne de l'Est, elle n'avait appris
que le succès remporté par Bourbaki devant Villersexel. La triste
vérité n'allait pas tarder à être connue. En attendant, le murmure
était universel contre le gouverneur de Paris. Les clubs, les journaux, les maires, la population presque tout entière se prononçaient sur son compte avec la dernière sévérité : les plus modérés
l'accusaient de faiblesse et d'incapacité; le plus grand nombre
l'accusait de trahison, car c'était une trahison, aux yeux de bien
des gens, d'avoir bercé Paris de mensonges, de promesses illusoires et de l'avoir conduit insensiblement au bord de l'abîme.
Toutes les phrases pompeuses du général revenaient à la mémoire
avec l'amertume de l'ironie. On allait jusqu'à dire que depuis la
bataille de Montretout sa raison s'était troublée, ce qui était
d'ailleurs une erreur. Le gouverneur de Paris était profondément
abattu, mais il voyait très-nettement la situation, et il songeait à
en sortir le plus honorablement possible. Au surplus, s'il était,
en tant que commandant suprême, l'objectif de toutes les accusations, ses collègues du gouvernement partageaient son impopu-
larité. Les agitateurs que nous avons vus au 31 octobre préparaient dans l'ombre une nouvelle émeute. Une société portant le
nom d'*Alliance républicaine* adressait « au peuple de Paris »
un appel ainsi conçu :

« Les revers continus de l'armée de Paris, le défaut de mesures décisives,
l'action mal dirigée succédant à l'inertie, un rationnement insuffisant, tout
semble calculé pour lasser la patience.

« Et cependant le peuple veut combattre et vaincre.

« S'y opposer serait provoquer la guerre civile, que les républicains en-
tendent éviter.

« En face de l'ennemi, devant le danger de la patrie, Paris assiégé, isolé, devient l'unique arbitre de son sort.

« A Paris de choisir les moyens qui dirigeront à la fois son administration et sa défense.

« A Paris de les élire, non par voie plébiscitaire ou tumultuaire, mais par scrutin régulier.

« L'*Alliance républicaine* s'adresse à l'ensemble des citoyens ;

« Invoque le péril public ;

« Demande que, dans les quarante-huit heures, les électeurs de Paris soient convoqués afin de nommer une assemblée souveraine de deux cents représentants élus proportionnellement à la population ;

« Demande encore que le citoyen Dorian constitue la commission chargée de faire les élections.

« *Vive la République une et indivisible !* »

Cet appel, émané de comités suspects, demeura sans effet. On désirait bien la destitution du général Trochu et son remplacement par un chef plus hardi et plus jeune : encore même les gens sensés voyaient-ils dans ce changement une satisfaction donnée à l'opinion publique irritée plutôt que la promesse de nouvelles opérations militaires ; mais à aucun prix, on ne voulait une révolution complète, car substituer un gouvernement inconnu à celui qui existait, et cela à la dernière heure du siège, au moment d'engager des négociations avec l'ennemi, c'eût été une entreprise folle, sans aucun profit pour la défense et propre à déshonorer les derniers jours d'un glorieux siège par les horreurs de la guerre civile.

Les maires de Paris demandaient, comme leurs administrés, la destitution du général Trochu. Quant aux membres du gouvernement, ils comprirent eux-mêmes que résister au vœu général, c'était courir au-devant d'une sédition. Ils abordèrent donc cette grave question dans la séance du 20 janvier, sous le coup d'un accablement que les mauvaises nouvelles du dehors étaient venues augmenter.

En effet, au début de la séance, M. Jules Favre donnait lecture de deux dépêches : l'une du général Trochu écrivant du mont Valérien qu'il faudrait un armistice de deux jours pour relever les morts et les blessés de la bataille de Montretout ; l'autre, de M. de Chaudordy, annonçant que le général Chanzy avait été battu près du Mans, et que son armée avait perdu 10,000 prisonniers et un grand nombre de fuyards. Après de telles nouvelles,

que peut-on raisonnablement espérer? Tout espoir de secours
extérieur est décidément perdu. Que doit faire Paris?

M. Jules Ferry dit qu'il faut opter entre deux partis : trouver
un général capable de tenter un nouvel effort, ou reconnaître que
ce suprême effort est inutile, et, dans ce cas, négocier. A son
avis, il faudrait faire une dernière sortie, ne fût-ce que pour convaincre la garde nationale de son impuissance. M. Picard pense
qu'il faut commencer par exiger du général Trochu qu'il donne sa
démission; on chargera les généraux de lui choisir un successeur,
mais, en même temps, on négociera avec la Prusse en la menaçant
de recommencer la lutte, si ses exigences sont inacceptables.
M. Arago voit une contradiction entre la nomination d'un nouveau
général et l'ouverture des négociations. Il propose à ses collègues
de livrer une nouvelle bataille, après laquelle Paris choisira des
délégués qui traiteront avec les Prussiens en son nom. On voit
poindre ici pour la première fois l'idée de la retraite du gouvernement et de la nomination d'un pouvoir nouveau, auquel on lais-
serait la tâche ingrate de signer la capitulation. Une autre question,
plus grave encore, se présente pour la première fois : en allant à
Versailles, est-ce qu'on traitera pour Paris tout seul ou pour la
France entière? L'opinion qui prévaut, c'est que Paris ne doit
engager que lui. Quant au pouvoir appelé à traiter avec l'ennemi
au nom de Paris, on convient que ce ne peut être que le gouvernement existant. En effet, si le gouvernement se refusait à accepter la responsabilité de la capitulation, il aurait l'air de déserter
son devoir; il faudrait procéder à des élections, mais qui voudrait briguer les suffrages de ses concitoyens pour se voir
chargé ensuite de la plus triste mission? Au surplus, les Parisienne manqueraient pas de dire aux membres du gouvernement :
Vous avez été investis de pouvoirs réguliers par le plébiscite du
3 novembre; vous avez constamment refusé de vous associer
aucun de vos concitoyens ; vous avez voulu porter seuls la responsabilité de la conduite des opérations pendant le siége ; gardez-
la jusqu'au bout.

A travers ces questions d'ordre différent on paraissait oublier
le principal objet de la séance, c'est-à-dire le général Trochu,
lorsqu'une dépêche annonça que le club Favier se disposait à
marcher en armes sur l'Hôtel-de-Ville. Les membres du gouvernement pensèrent que l'irritation des esprits s'apaiserait si l'on

annonçait dans le *Journal officiel* du lendemain que le général Trochu avait résigné ses fonctions de commandant en chef : mais il fallait d'abord obtenir le consentement du général. Trochu commença par opposer un refus catégorique aux prières de ses collègues. Il répugnait à sa légitime fierté, à sa dignité de commandant en chef de céder devant le tumulte des factions. Il regardait le mandat qu'il avait reçu des électeurs comme un de ceux qu'on ne peut résigner, surtout à l'heure du danger suprème [1].

Les maires de Paris étaient accourus au Louvre pour supplier le général de se retirer, au nom du salut de la cité. Des explications orageuses furent échangées; les maires articulèrent le grief que l'on croyait avoir contre le gouverneur. Sur ce terrain le débat devait être passionné ; comment d'ailleurs une discussion sur un pareil sujet et à pareille heure aurait-elle pu rester calme? Est-ce qu'on n'était pas à quelques jours de la capitulation? Est-ce que, d'un instant à l'autre, on n'était pas exposé à entendre gronder l'émeute dans la rue? Le général Trochu se retrancha constamment derrière la fermeté qu'un commandant de place se doit à lui-même de montrer devant les injonctions de la foule soulevée. Il répondit qu'il n'avait pas recherché le pouvoir, que sa vie durant le siége n'avait été qu'une longue suite de tribulations et de chagrins, mais qu'ayant accepté la mission de défendre Paris, il se croyait obligé de garder son poste jusqu'au dernier jour de la résistance. Il voulait bien cependant consentir à remettre le commandement au général qui penserait qu'au point où on en était arrivé une sortie était encore possible, et qui prendrait sur lui de la diriger. En faisant cette concession, le général savait pertinemment qu'il ne s'engageait à rien, car, dans un conseil de guerre tenu la veille, tous les officiers présents avaient déclaré que les troupes étaient épuisées de fatigue et prêtes à désobéir, que, seule, la garde nationale demandait une nouvelle opération militaire, mais qu'une sortie tentée avec la garde nationale seule aboutirait à une défaite complète, à une déroute même, peut-être à un massacre ; qu'il était donc plus sage de se résigner à la triste réalité et de renoncer à une entreprise aussi dangereuse qu'inutile.

Cette délibération importante s'était prolongée jusqu'à une heure avancée de la nuit, et enfin le général Trochu avait cédé

---

[1] *Gouvernement de la Défense nationale*, par Jules Favre, t. II, p. 350.

aux instances de ses collègues en conservant seulement le titre de président du gouvernement, lorsqu'une grave nouvelle vint jeter l'émoi dans l'Hôtel-de-Ville. Gustave Flourens, enfermé à Mazas pour sa participation au 31 octobre, s'était échappé de sa prison et marchait, disait-on, sur l'Hôtel-de-Ville à la tête de cinq ou six cents hommes criant sur leur passage : *A bas le gouvernement! Vive la Commune!* Le fait de l'évasion de Flourens était exact, mais il n'était pas vrai qu'il eût pris avec ses hommes le chemin de l'Hôtel-de-Ville : il s'était porté avec eux sur la mairie de Belleville et s'en était emparé sans coup férir. Une fois maître de cette position, il espérait bien porter des coups décisifs au gouvernement dont il n'avait pas encore pu avoir raison, quoiqu'il l'eût tenu sous les fusils de ses tirailleurs pendant la mémorable nuit du 31 octobre. Le plan caressé par Flourens consistait à s'emparer de Paris en un tour de main. A peine arrivé dans la mairie du 20ᵉ arrondissement, il avait ordonné aux chefs de bataillon de l'arrondissement de prendre position sur le boulevard de Puebla. Il voulait, dit-il, dès qu'il aurait eu ces bataillons à sa disposition, s'emparer avec l'un de l'état-major de la garde nationale; avec les autres, de l'Hôtel-de-Ville et de la Préfecture de police. Il était temps encore de tout sauver, de réorganiser l'armée révolutionnairement en trois jours, puis de marcher contre les Prussiens et de vaincre [1]. Flourens fut obligé de renoncer à ce beau projet, bien digne d'un cerveau malade. La mairie du 20ᵉ arrondissement était reprise le lendemain. On dit que pendant le court séjour qu'ils y avaient fait, les gardes nationaux avaient gaspillé deux mille rations de pain [2]. Flourens a

---

[1] Voir l'ouvrage de Flourens : *Paris livré.*

[2] Le fait se trouve affirmé dans le télégramme suivant du commandant du 2ᵉ secteur :

« Paris, le 22 janvier 1871, 11 h. 48 du matin

Général Callier, commandant 2ᵉ secteur, à maire de Paris.

« Le passage de Flourens a la mairie du vingtième arrondissement a coûté environ 2,000 rations de pain supprimées ou emportées.

« La commission municipale est dans le plus grand embarras; elle compte sur vous pour obtenir le remplacement de ces 2,000 rations, soit par l'Hôtel-de-Ville, soit par une intendance quelconque.

« C'est un besoin d'ordre public et des plus urgents!

« Pour copie conforme :

« *Le ministre de l'intérieur par intérim,*

« JULES FAVRE. »

nié le fait, et son témoignage est digne de foi ; mais il est vraisemblable qu'il n'a pas été informé de tout ce qui se passait autour de lui, pendant qu'il formait le plan de campagne dont il est
parlé plus haut.

Cependant, au centre de la ville, la nuit s'achève sans incident
notable, et Paris, à son réveil, apprend par le *Journal officiel*
que le titre et les fonctions de gouverneur sont supprimés ; que
le général Vinoy est nommé commandant en chef de l'armée de
Paris, et que le général Trochu conserve seulement la présidence du gouvernement.

Le général Vinoy apportait dans l'exercice des nouvelles
fonctions dont il était brusquement revêtu, un dévouement incontestable et un désintéressement méritoire. Il n'ignorait pas, en
effet, que le siége touchait à sa fin et que, pour un commandant
en chef, il n'y avait d'autre perspective qu'une capitulation certaine et une guerre civile probable. Il accepta cependant et annonça sa nomination par l'ordre du jour que voici :

Le général Vinoy à l'armée de Paris.

« Le gouvernement de la Défense nationale vient de me placer
à votre tête ; il fait appel à votre patriotisme et à mon dévouement ; je n'ai pas le droit de m'y soustraire. C'est une charge bien
lourde : je n'en veux accepter que le péril, et il ne faut pas se
faire d'illusions.

« Après un siége de plus de quatre mois, glorieusement soutenu par l'armée et par la garde nationale, virilement supporté
par la population de Paris, nous voici arrivés au moment critique.

« Refuser le dangereux honneur du commandement dans une
semblable circonstance serait ne pas répondre à la confiance qu'on
a mise en moi. Je suis soldat et ne sais pas reculer devant les
dangers que peut entraîner cette grande responsabilité.

« A l'intérieur, le parti du désordre s'agite, et cependant le
canon gronde. Je veux être soldat jusqu'au bout ; j'accepte ce
danger, bien convaincu que le concours des bons citoyens, celui
de l'armée et de la garde nationale, ne me feront pas défaut pour
le maintien de l'ordre et le salut commun.

« Général VINOY. »

Le général Trochu s'était rendu fameux par cette phrase :
« Le gouverneur de Paris ne capitulera pas. » La note du *Journal officiel* annonçait que les fonctions de gouverneur étaient
supprimées. C'était pour M. Trochu le moyen d'esquiver un engagement solennel; mais sa démission, communiquée à la population dans des termes semblables, fit l'effet d'une indigne comédie. Quant à l'ordre du jour du général Vinoy, il n'était rien
moins que rassurant; il disait franchement : « Nous voici arrivés
au moment critique, » et ce langage était malheureusement trop
clair. Les murmures éclatèrent de toutes parts. On disait que ce
n'était pas la peine de renvoyer le général Trochu pour le remplacer par un général qui, pas plus que lui, n'était disposé à se
battre. On rappelait avec aigreur que le général Vinoy avait été
sénateur du second Empire. Les exaltés du 31 octobre crurent le
moment favorable pour tenter un nouveau coup de main.

Dans la nuit du 21 au 22 janvier, — nuit de l'évasion de Flourens, — le gouvernement avait été informé qu'un mouvement
insurrectionnel éclaterait le lendemain. Le général Clément Thomas, commandant en chef de la garde nationale, écrivit aussitôt
à tous les chefs de bataillon pour faire appel à leur patriotisme
et conjurer la guerre civile avec leur aide [1]. En même temps,
le général Vinoy télégraphiait aux commandants des secteurs :
« Tout annonce pour demain, dès le matin, une journée grave.
Ayez vos hommes prêts de bonne heure, le plus tôt possible, et

---

[1] L'appel du général Clément Thomas était ainsi conçu :

A LA GARDE NATIONALE.

« Cette nuit, une poignée d'agitateurs a forcé la prison de Mazas et délivré plusieurs
prévenus, parmi lesquels M. Flourens.

« Ces mêmes hommes ont tenté d'occuper la mairie du vingtième arrondissement et
d'y installer l'insurrection.

« Votre commandant en chef compte sur votre patriotisme pour réprimer cette coupable sédition.

« Il y va du salut de la cité.

« Tandis que l'ennemi la bombarde, les factieux s'unissent à lui pour anéantir la
défense.

« Au nom du salut commun, au nom des lois, au nom du devoir sacré qui nous
ordonne de nous unir tous pour défendre Paris, soyons prêts à en finir avec cette criminelle entreprise !

« Qu'au premier rappel, la garde nationale se lève tout entière, et les perturbateurs
seront frappés d'impuissance.

« *Le commandant supérieur des gardes nationales,*

« CLÉMENT THOMAS.

« Paris, ce 22 janvier 1871.

tenez-les à votre disposition. » Les mobiles du Finistère étaient appelés dans l'intérieur de Paris. On se voyait dans la douloureuse nécessité d'enlever ces troupes aux avant-postes, où elles étaient en face de l'ennemi, pour les faire rentrer en ville, où la guerre civile menaçait d'éclater ! Cela dit tout. Le général d'Exéa fut chargé de veiller sur le quartier de Belleville; des troupes placées sous les ordres du général de Courty vinrent de Puteaux aux Champs-Élysées, attendant les événements.

C'était un dimanche; des groupes s'étaient formés vers midi sur la place de l'Hôtel-de-Ville; on y discutait, avec une extrême animation, la démission du général Trochu, et l'on y donnait libre carrière aux sentiments amers que faisait naître la suppression des fonctions de gouverneur votée tout exprès pour dégager le général Trochu de l'engagement pris par lui de ne pas capituler. La douleur se lisait sur tous les visages ; le pressentiment de la capitulation se trouvait au fond de tous les cœurs. La grille de l'Hôtel-de-Ville était fermée. Cependant l'officier préposé à la garde du palais laissa pénétrer deux députations qui demandaient à s'entretenir avec les membres du gouvernement. Le gouvernement, instruit par les événements du 31 octobre, ne siégeait pas ce jour-là à l'Hôtel-de-Ville; il s'était réuni au ministère de l'instruction publique, rue Grenelle-Saint-Germain. Les délégués furent reçus par M. Gustave Chaudey, adjoint au maire de Paris ; ils demandèrent que le gouvernement fît place à la Commune : ils se répandent en accusations contre le général Trochu, ils veulent des généraux jeunes et décidés. M. Chaudey leur répond que leurs réclamations seraient transmises au gouvernement. Les délégués se retirent.

Au même instant, deux ou trois cents hommes du 101e bataillon de la garde nationale débouchent sur la place de l'Hôtel-de-Ville au bruit des tambours, s'ouvrent un passage à travers la foule et prennent position devant la grille du palais. A voir ces visages résolus, les curieux se demandent non sans quelque inquiétude ce qui va se passer. Tous les regards se portent alternativement des gardes nationaux à l'Hôtel-de-Ville. De ce côté, tous les factionnaires sont rentrés. On voit seulement quelques officiers bretons se promener entre la grille et le bâtiment. En moins de temps qu'il n'en faut pour le raconter, les gardes nationaux se sont disséminés par petits groupes devant la façade

du palais. Tout à coup l'un d'eux tire un coup de fusil sur les
officiers. L'adjudant-major Bernard, du bataillon du Finistère,
est atteint aux deux bras et à la tête et tombe baigné dans son
sang. D'autres coups de fusil éclatent au signal donné. A ce
bruit, il se fait dans la foule un mouvement de terreur. Au
même instant, les fenêtres de l'Hôtel-de-Ville s'ouvrent rapidement et les mobiles, abaissant leurs armes, font feu sur les
assaillants. La foule s'enfuit en désordre, épouvantée, et en un
instant il ne reste sur la place que des morts et des blessés,
ceux-ci se traînant dans la boue pour se mettre à l'abri des balles, car la fusillade n'avait pas cessé. Un certain nombre d'insurgés s'étaient postés dans les maisons qui font face à l'Hôtel-
de-Ville; de là et des encoignures des rues adjacentes ils tirent
sur les fenêtres du palais pendant que d'autres commencent à
élever des barricades.

L'arrivée de la garde républicaine et du général Clément
Thomas mit un terme à cette lutte déplorable, dominée par le roulement lointain des canons prussiens qui bombardaient les forts et
la ville de Saint-Denis. Les insurgés s'enfuirent pour la plupart,
jetant leurs armes dans la rue ; quelques-uns furent pris dans
les maisons où ils s'étaient retranchés. On releva sur la place cinq
morts et dix-huit blessés. Il y avait parmi eux des curieux, des
femmes et l'un des chefs de l'insurrection, Théodore Sapia,
commandant d'un bataillon de la garde nationale, arrêté par ses
propres soldats au 31 octobre pour avoir voulu leur distribuer des
cartouches et depuis acquitté en conseil de guerre. La lutte avait
duré vingt minutes à peine. Lorsque le bruit s'en fut répandu
dans le reste de la ville, un grand nombre de bataillons de la garde
nationale prirent spontanément les armes pour marcher au
secours du gouvernement et pour en finir avec ces émeutiers qui
venaient de souiller de sang la glorieuse histoire du siége. Ce
jour-là, Paris comprit que tout était irrévocablement perdu : l'é-
meute dans ses murs, la famine à ses portes ; c'en était fait décidément. Pendant qu'ils attaquaient l'Hôtel-de-Ville, les insurgés
avaient envoyé un bataillon au parc d'artillerie de la garde nationale, où se trouvaient soixante pièces de canon. Quelques
artilleurs voulaient livrer les pièces et marcher sur l'Hôtel-de-
Ville pour prêter main-forte à l'émeute. L'énergique attitude des
officiers, du lieutenant-colonel Juillet Saint-Lager et des capi-

taines Siebecker et Giraud ne permit pas la consommation de ce crime. Ces vaillants patriotes défendirent leurs pièces, le revolver au poing. Pour ce fait, ils furent, le soir même, condamnés à mort par le comité central de l'insurrection. On songe avec effroi aux scènes que Paris aurait vues, si les soixante pièces du parc Notre-Dame étaient tombées aux mains des séditieux.

Après avoir échoué dans leur attaque contre l'Hôtel-de-Ville, quelques gardes nationaux s'étaient répandus dans la cité en criant : *Aux armes ! on assassine nos frères !* On leur imposa silence. Dans la soirée, on lisait sur les murs la proclamation suivante :

« Citoyens,

« Un crime odieux vient d'être commis contre la patrie et contre la République.

« Il est l'œuvre d'un petit nombre d'hommes qui servent la cause de l'étranger.

« Pendant que l'ennemi nous bombarde, il ont fait couler le sang de la garde nationale et de l'armée sur lesquelles ils ont tiré.

« Que ce sang retombe sur ceux qui le répandent pour satisfaire leurs criminelles passions.

« Le gouvernement a le mandat de maintenir l'ordre, l'une de nos principales forces en face de la Prusse.

« C'est la cité tout entière qui réclame la répression sévère de cet acte audacieux et la ferme exécution des lois.

« Le gouvernement ne faillira pas à son devoir. »

Les clubs furent fermés ; deux conseils de guerre nouveaux vinrent s'ajouter à ceux qui fonctionnaient déjà. Les deux journaux *le Réveil*, dirigé par M. Delescluze, et *le Combat*, de M. Pyat, accusés d'excitation à la guerre civile, furent supprimés. L'arrestation de MM. Delescluze et Pyat demandée en conseil du gouvernement par le préfet de police, fut votée par six voix contre trois. La question des subsistances s'imposait plus menaçante d'heure en heure ; d'après les données de la caisse de la boulangerie, la provision de farine devait être épuisée le 15 janvier ; le temps matériel pour traiter avec l'ennemi semblait donc devoir manquer; on serait obligé de faire appel aux provisions de l'armée; mais même avec les fournitures de l'administration militaire, on ne pouvait se flatter que de tenir quelques jours de plus [1]. En conséquence, le gouvernement aborde nettement le terrible problème. On revient encore une fois sur le point de savoir qui doit traiter : si ce sera le gouvernement ou une délégation spéciale nommée par la population à cet effet. Un débat s'engage. MM. Simon, Arago, Magnin, Picard se déclarent partisans de la nomination de mandataires spéciaux; cet avis est combattu par MM. Clément Thomas, Favre et Trochu. M. Jules Favre fait observer que le gouvernement a le devoir de traiter; que des élections, dans l'extrémité où l'on se trouvait réduit, apprendraient à l'ennemi que la défense est aux abois. M. Trochu dit que si on fait des élections, on ne peut faire autrement que d'en expliquer le but; or, quand on saura qu'on est nommé pour capituler, personne ne consentira à se laisser élire; c'est donc au gouvernement de traiter. M. Jules Favre est chargé par ses collègues de se rendre à Versailles. Tout d'abord, cette démarche au quartier général prussien doit rester enveloppée du plus profond mystère, car dans l'état de fièvre où est Paris le seul mot de capitulation pourrait provoquer une nouvelle émeute. Il est convenu que M. Jules Favre se présentera à Versailles en adversaire qui n'est

---

[1] Aux raisons impérieuses tirées de la disette des subsistances, il convient d'ajouter celles qui se tiraient de l'état sanitaire de Paris. Les décès avaient atteint le chiffre exorbitant de cinq mille environ par semaine. Du 14 au 20 janvier la mortalité avait suivi la progression suivante :

CAUSES DES DÉCÈS DU 14 AU 20 JANVIER 1871.

Variole...	382	41	en plus.
Scarlatine...	8	3	en moins.
Rougeole....	44	1	en plus.
Fièvre typhoïde..	375	74	—
Érysipèle........	18	8	—
Bronchite......	598	141	—
Pneumonie.....	126	36	—
Diarrhée	137	6	en moins.
Dyssenterie....	42	4	
Choléra............	0	0	
Angine couenneuse...	13	9	en moins.
Croup................	27	7	en plus.
Affections puerpérales...	15	4	—
Autres causes...........	2,382	93	—
Total......	4,405	483	en plus.

pas encore accablé et qui vient s'enquérir des conditions d'un armistice concernant Paris seulement; qu'en aucun cas, M. Jules Favre ne doit parler pour la France entière, et qu'aussitôt après avoir reçu les ouvertures de M. de Bismarck, il reviendra dans Paris conférer avec ses collègues.

Après avoir reçu de M. de Bismarck le laisser-passer nécessaire pour franchir les lignes prussiennes, M. Jules Favre sortit de Paris, accompagné de son gendre et d'un officier d'ordonnance du général Trochu, versé dans la connaissance de la langue allemande. Le bruit de ce voyage s'étant répandu, les trois voyageurs prirent un chemin détourné de peur d'être arrêtés en route, et, traversant en voiture le bois de Boulogne, ils arrivèrent à six heures du soir au pont de Sèvres. Il était nuit, il pleuvait; les éclairs du bombardement illuminaient de temps en temps l'horizon. Spectacle plus morne encore : Saint-Cloud brûlait; d'immenses gerbes de feu tourbillonnaient dans les airs; l'incendie éclairait les collines environnantes d'une lueur sinistre et les flammes se reflétaient dans les eaux du fleuve. La riante petite ville brûlait depuis trois jours; les Allemands avaient arrosé les maisons de pétrole le lendemain de la bataille de Montretout, sans motif, pour l'infernal plaisir de punir Paris de sa longue résistance; ils activèrent le feu tous les jours suivants avec un acharnement sauvage; l'ouverture des négociations ne les arrêta point. Même après le 25 janvier, alors que la paix était virtuellement conclue, les incendiaires allemands continuaient de ravager Saint-Cloud. Ils ne devaient s'arrêter qu'après avoir fait de cette ville un monceau de cendres et de ruines fumantes. M. Jules Favre et ses compagnons contemplaient ce lugubre spectacle, lorsqu'une barque, se détachant de la rive opposée, s'approcha du bord où ils attendaient. Une voiture les emporta de Sèvres à Versailles, où ils arrivèrent à huit heures. Le négociateur du gouvernement de la Défense nationale se rendit aussitôt à l'hôtel qu'habitait M. de Bismarck.

Le chancelier prussien attendait M. Jules Favre. Celui-ci ouvrit l'entretien en retraçant le tableau de la situation de Paris : il montra la grande cité, après quatre mois de siége, plus exaltée que jamais et bien décidée à résister jusqu'à la dernière extrémité. Le général Trochu s'est vu contraint d'abandonner le commandement, et le gouvernement tout entier a été menacé d'être emporté dans une insurrection, parce que le peuple parisien le soupçonnait de partager le découragement du général. Toutefois le gouvernement parisien est résolu à épargner à la population les malheurs qui résulteraient d'une lutte indéfinie ; c'est pourquoi il désire savoir quelles seraient les conditions du quartier général allemand, dans le cas où Paris mettrait bas les armes ; la connaissance de ces conditions , si elles étaient acceptables, pourrait amener une solution moins sanglante.

M. de Bismarck fit tout d'abord à son interlocuteur une réponse à laquelle celui-ci ne s'attendait pas : « Vous arrivez trop tard, lui dit-il, nous avons traité avec votre empereur. » Et comme il voyait à ces mots l'étonnement se peindre sur le visage de M. Jules Favre, il continua d'un air satisfait : « Vous ne pouvez ni ne voulez vous engager pour la France : or nous voulons terminer la guerre, et nous choisissons le moyen le plus efficace. » Entrant ensuite dans la voie des récriminations, l'homme d'État prussien, avec une désinvolure singulière, s'avise de donner des leçons de patriotisme au gouvernement de la Défense nationale. Il le blâme d'avoir cru qu'il était possible de refaire des armées après la capitulation de Sedan : il s'étend dans les considérations à perte de vue sur la valeur respective des jeunes soldats français et des soldats aguerris de l'Allemagne, et il prouve — preuve toujours facile au vainqueur — que les armées françaises devaient être battues. M. Jules Favre laissait parler le diplomate prussien, qui n'aurait pas montré une si belle assurance au lendemain de la bataille de Coulmiers. M. de Bismarck ne tarda pas à revenir à la véritable question : « Nous sommes, dit-il, en face de trois combinaisons : l'empereur, le prince impérial avec un régent, ou le prince Napoléon, qui se présente aussi. Nous avons également la pensée de ramener le Corps législatif. — Puisque nous parlons de la possibilité de constituer un gouvernement, interrompit M. Jules Favre, je ne saurais comprendre pourquoi vous n'appliqueriez pas les principes qui nous régissent, en laissant à la France le soin de prononcer sur elle-même par une asssemblée librement élue. C'est là précisément la solution que j'ai toujours poursuivie, que je regrette amèrement de n'avoir pu faire prévaloir. Je viens aujourd'hui encore vous demander les moyens de l'appliquer. »

Après avoir fait quelques difficultés, au fond peu sincères et peu sérieuses, M. de Bismarck ayant paru accepter l'idée de la convocation d'une assemblée, l'entretien se trouva ramené à la situation de Paris et aux conditions qui lui seraient faites par le roi de Prusse, au cas où il déposerait les armes. M. de Bismarck pose comme première condition l'entrée de l'armée allemande dans Paris. C'est, suivant lui, une récompense qui lui est due. Quand, dit-il, rentré chez moi, je rencontrerai un pauvre diable marchant sur une seule jambe, il dira : La jambe que j'ai laissée sous les murs de Paris me donnait le droit de compléter ma conquête ; c'est ce diplomate, qui a tous ses membres, qui m'en a empêché. » Il ajouta : « Nous ne pouvons nous exposer à froisser à ce point le sentiment public. Nous entrerons dans Paris, mais nous ne dépasserons pas les Champs-Élysées, et nous y attendrons les événements ; nous laisserons armés les soixante bataillons de la garde nationale qui ont été primitivement constitués et qui sont animés de sentiments d'ordre. »

M. Jules Favre combattit vivement cette prétention ; il objecta que la présence de soldats prussiens dans Paris pouvait amener de graves conflits ; que le peuple parisien était trop surexcité par plus de quatre mois de siége pour se contenir ; qu'au surplus, la Prusse ne trouverait pas un pouvoir civil qui consentît à gouverner avec les canons et les corps ennemis aux Champs-Elysées, et qu'enfin il faudrait, ou ne pas entrer dans Paris, ou, dans le cas contraire, l'occuper en entier, le gouverner et l'administrer comme une ville conquise. Dans le second cas, la Prusse devrait se charger du désarmement de la cité, de sa police et des grands services publics ; dans le premier, l'armée allemande se bornerait à occuper les forts ; un gouvernement nommé par Paris se chargerait d'administrer la ville et de la ravitailler, et la garde nationale conserverait ses armes. Quant à la ville, elle payerait une contribution de guerre ; un armistice serait conclu et il serait procédé à l'élection d'une assemblée qui se réunirait à Bordeaux, et trancherait la question de paix ou de guerre, ainsi que celle de gouvernement. En dehors de ces conditions, M. Jules Favre, ne voyait aucune entente possible, et Paris continuerait à se battre, tant qu'il aurait un morceau de pain.

A cet endroit de l'entretien, M. de Birmarck témoigna le désir de causer avec le roi. La suite de la conférence fut renvoyée au lendemain. A la reprise du débat, le diplomate prussien re-

vint encore une fois sur la possibilité pour l'Allemagne de traiter avec Napoléon III, si les négociations avec le gouvernement de
la Défense nationale n'aboutissaient pas ; il manifesta de nouveau
la crainte de voir la délégation de Bordeaux repousser la convention conclue avec le gouvernement de Paris. M. Jules Favre
l'ayant rassuré à cet égard, les deux négociateurs abordèrent ensemble les points en discussion. Le principe de l'armistice et la
convocation d'une assemblée étaient admis. La garnison de Paris
serait considérée comme prisonnière de guerre, mais elle ne
serait pas conduite en Allemagne. On formerait deux camps
retranchés, l'un dans la plaine de Gennevilliers, l'autre à Saint-
Maur ; les officiers, séparés de leurs troupes et désarmés, devaient
être internés à Saint-Denis. Ces dernières conditions ne parurent
pas acceptables à M. Jules Favre ; les généraux Trochu et Vinoy,
auxquels il en référa, partagèrent son avis et le chargèrent de
réclamer la conservation de trois divisions de troupes régulières
dont la mission serait de maintenir l'ordre, de concert avec la
garde nationale. La discussion sur ce point fut longue et pénible.
M. de Moltke, spécialement chargé de résoudre la question militaire,
consentit enfin à accorder la conservation d'une seule division
qui, jointe aux forces de la gendarmerie et de la police, formerait
un effectif de dix-huit mille hommes pour maintenir l'ordre dans la
ville. Quant à l'entrée des troupes allemandes dans Paris, énergiquement repoussée par M. Jules Favre, elle était impérieusement
demandée par l'état-major prussien. C'était une satisfaction, une
récompense promise aux soldats qui, depuis bientôt cinq mois,
faisaient le siége de la grande cité. « Que dirait l'Allemagne, s'écriait M. de Bismarck, si nous renoncions à prendre possession
de notre conquête ? Respectueuse envers son souverain, elle accablerait ses ministres, elle nous accuserait de faiblesse et de
sentimentalisme. Elle n'aurait pas assez d'anathèmes à nous lancer, si nous enlevions à son armée l'honneur de franchir votre
enceinte. Supposez vos soldats arrivés aux portes de Berlin, aucune puissance ne les aurait empêchés d'y faire une entrée
triomphale. Croyez que nous n'avons pas perdu le souvenir
du passé. » Le négociateur français s'obstina fièrement dans
son refus, préférant, dit-il, briser les négociations commencées.
Tout ce qu'il put obtenir, c'est que l'armée allemande n'entrerait
pas dans Paris pendant l'armistice.

Quant à la garde nationale, M. de Bismarck avait imaginé une combinaison qui consistait à conserver les soixante bataillons formés par l'empire et à désarmer les autres. M. Jules Favre refusa de se soumettre à ces conditions doublement inacceptables : d'abord parce que les anciens cadres avaient été brisés par la formation des régiments de guerre, et ensuite, parce que, pour procéder au désarmement de tous les autres bataillons, le gouvernement ne disposait pas de forces suffisantes. Dans l'état des esprits, si une condition était de nature à provoquer un conflit immédiat, c'était d'infliger à la garde nationale l'humiliation du désarmement. Ceux qui ont reproché à M. Jules Favre d'avoir laissé la garde nationale armée et d'avoir ainsi rendu possible l'insurrection du 18 mars, ceux-là connaissent mal la situation de Paris à la fin du mois de janvier, ou bien ils doivent oser dire hautement, qu'il fallait faire désarmer la garde nationale par les Prussiens. Enfin, relativement à l'indemnité de guerre que Paris devait payer, le chiffre convenu fut de deux cents millions.

M. de Bismarck avait commencé par trouver que deux cents millions « ce n'était pas assez » : il en voulait cinq cents, sous le prétexte que « cela lui ferait un compte plus rond. » Il transigea à deux cents. Les négociations furent terminées le 26 janvier ; il ne restait plus qu'à régler des détails militaires, des mesures de police et à rédiger la convention définitive. Au moment où M. Jules Favre montait en voiture pour rentrer dans Paris, M. de Bismarck dit au négociateur français qu'au point où en étaient les choses une rupture était devenue presque impossible ; on pourrait donc cesser le feu d'un commun accord. Une pareille proposition devait être favorablement accueillie par M. Jules Favre. Il fut convenu qu'à minuit le dernier coup de canon serait tiré et qu'il le serait par le canon français. Cette convention ne fut pas rigoureusement exécutée quant à la dernière clause [1]. A minuit, un silence solennel succéda tout à coup au fracas de l'artillerie, et l'on ne vit plus à l'horizon d'autres lueurs que celle de l'incendie de Saint-Cloud, qui durait toujours. Tous les cœurs se remplirent de sombres pressentiments. Le dernier espoir s'était évanoui dans le bruit du dernier coup de canon. Le gouvernement avait convoqué les représentants de la presse au ministère de

---

[1] Un obus allemand tomba encore dans le fort d'Aubervilliers à minuit trente-cinq minutes. Le fait est attesté par le vice-amiral La Roncière Le Noury.

l'intérieur ; il leur dévoila toute la vérité, il mit sous leurs yeux les preuves de la détresse publique, il les adjura d'inviter le peuple au calme. Cet appel fut entendu ; à quoi auraient servi les récriminations ? Le patriotisme commandait de se soumettre à l'inévitable épreuve avec dignité. La ville qui avait lutté plus de quatre mois avec honneur, se devait à elle-même de tomber noblement, quand tout espoir de conjurer sa chute était irrévocablement perdu. Même chez les hommes les plus exaltés, chez ceux dont il y avait lieu de craindre une dernière révolte, ce sentiment de respect pour le deuil de Paris s'imposa de lui-même ; ce n'était plus en face du gouvernement qu'on se trouvait, mais en présence de l'étranger et de l'étranger vainqueur. La résignation fière et silencieuse était de rigueur. Les plus violents l'avaient ainsi compris. Le gouvernement, ayant été averti que Flourens se remuait pour provoquer une nouvelle émeute, envoya M. Dorian à Belleville, avec mission de représenter au fougueux révolté les dangers auxquels une échauffourée exposerait les habitants de Paris. De ces dangers, le plus grand était la famine. Qu'une manifestation éclate, que le ravitaillement de Paris soit de ce fait retardé de quelques jours seulement, et le pain manquera à la population. Flourens, Millière, tous les chefs du mouvement projeté écoutèrent M. Dorian avec respect, promirent de rester calmes et tinrent loyalement leur promesse.

Il fallait maintenant avertir la population qui, soupçonnant la vérité, était livrée à de mortelles angoisses, et dans beaucoup de quartier, à une sombre irritation. Une note parut à cet effet dans le *Journal officiel*. Il y était dit que le gouvernement, tant qu'il avait pu compter sur l'arrivée d'une armée de secours, n'avait rien négligé pour prolonger la défense ; que les armées de province sont encore debout, il est vrai, mais qu'elles ont été rejetées, l'une, celle de Faidherbe, sous les murs de Lille, l'autre, celle de Chanzy, sur les bords de la Mayenne, tandis que la troisième, avec Bourbaki, opère au loin sur les frontières de l'Est. D'aucune de ces armées un secours n'est à espérer pour la délivrance de Paris.

Dans cette situation, que peut et que doit faire le gouvernement ? Négocier avec l'ennemi ; les négociations sont entamées. Il est trop tôt encore pour que le gouvernement les fasse connaître dans tous leurs détails. Mais il est acquis dès maintenant que le principe de la souveraineté nationale sera sauvegardé par la réunion d'une assemblée ; que l'armistice demandé et obtenu a pour but la convocation de celte assemblée; que pendant cet armistice, l'armée allemande occupera les forts, mais n'entrera pas dans Paris ; que, enfin, la garde nationale, laissée intacte, gardera la ville avec une division de l'armée, et qu'aucun des soldats de l'armée de Paris ne sera emmené prisonnier hors du territoire.

Quelques heures après, on lisait affichée sur les murs la proclamation suivante :

« Citoyens,

« La convention qui met fin à la résistance de Paris n'est pas encore signée, mais ce n'est qu'un retard de quelques heures.

» Les bases en demeurent fixées telles que nous les avons annoncées hier :

« L'ennemi n'entrera pas dans l'enceinte de Paris;

« La garde nationale conservera son organisation et ses armes ;

« Une division de douze mille hommes demeure intacte ; quant aux autres troupes, elles resteront dans Paris, au milieu de nous, au lieu d'être, comme on l'avait d'abord proposé, cantonnées dans la banlieue. Les officiers garderont leur épée.

« Nous publierons les articles de la convention aussitôt que les signatures auront été échangées, et nous ferons en même temps connaître l'état exact de nos subsistances.

« Paris veut être sûr que la résistance a duré jusqu'aux dernières limites du possible. Les chiffre que nous donnerons en seront la preuve irréfragable, et nous mettrons qui que ce soit au défi de les contester.

« Nous montrerons qu'il nous reste tout juste assez de pain pour attendre le ravitaillement, et que nous ne pouvions prolonger la lutte sans condamner à une mort certaine deux millions d'hommes, de femmes et d'enfants.

« Le siége de Paris a duré quatre mois et douze jours; le bombardemen un mois entier. Depuis le 15 janvier, la ration de pain est réduite à 300 grammes ; la ration de viande de cheval, depuis le 15 décembre, n'est que de 30 grammes. La mortalité a plus que triplé. Au milieu de tant de désastres, il n'y a pas eu un seul jour de découragement.

« L'ennemi est le premier à rendre hommage à l'énergie morale et au courage dont la population parisienne tout entière vient de donner l'exemple. Paris a beaucoup souffert ; mais la République profitera de ses longues souffrances, si noblement supportées. Nous sortons de la lutte qui finit retrempés pour la lutte à venir. Nous en sortons avec tout notre hon-

neur, avec toutes nos espérances, malgré les douleurs de l'heure présente ;
plus que jamais nous avons foi dans les destinées de la patrie.

« Paris, le 28 janvier 1871.

« Les membres du gouvernement. »

Tous les voiles étaient déchirés, la montagne d'illusions s'é-
croulait : Paris allait donc ouvrir ses portes ! Paris, malgré sa
constance, malgré l'abnégation qu'il avait mise à manger du pain
noir, Paris était vaincu et à la merci de l'armée allemande. Le
désespoir de la population ne connut plus de bornes. Si un grand
nombre de citoyens envisageait le dénoûment de la lutte avec
une tristesse calme, la douleur chez les autres empruntait les termes les plus violents. Nous avons dû constater maintes fois que,
très-sérieusement, beaucoup d'individus s'étaient accoutumés à la
pensée que les vivres de Paris étaient loin d'être épuisés ; cette
opinion se fit jour dans les discours tenus sur divers points de
Paris : des orateurs prétendirent que les provisions restant au
ministère du commerce et à l'assistance publique permettaient de
tenir encore un mois. Cette erreur se répandit aussitôt dans la
ville ; en sorte que l'on put accuser le gouvernement de traiter
avec l'ennemi avant d'y être contraint par la nécessité. Des ras-
semblements s'étaient formés sur les boulevards ; les femmes pleuraient, maudissaient le général Trochu et accablaient d'imprécations M. Jules Favre, le négociateur de l'armistice. Des bataillons
de garde nationale, tambour en tête, défilaient dans les rues, allant
vers l'Hôtel-de-Ville protester contre la capitulation. Parfois un officier, montant sur une borne, exhortait la foule à résister au gouvernement. On se joindrait aux braves marins sous le commandement
de l'amiral Saisset ; on ne se rendrait pas ; en ferait plutôt sauter
les forts de Paris. Dans la nuit qui suivit cette fiévreuse journée,
on entend tout à coup sonner le tocsin à l'église Saint-Laurent;
des gardes nationaux courent aux armes, les colonels Brunel
et Piazza avaient été désignés pour se mettre à la tête de la manifestation. Mais c'est en vain que la cloche de l'église Saint-
Laurent sonne dans les ténèbres et que les hommes les plus exaltés
vont de porte en porte, à travers les rues noires, appelant leurs
camarades aux armes. Ils sont et restent une poignée ; la folie de leur
tentative frappe les esprits les moins prévenus ; les chefs reconnus
comme Flourens et Millière désavouent le mouvement. Il n'est plus

LA TROISIÈME RÉPUBLIQUE FRANÇAISE

M. CASIMIR PERIER.

Degorce-Cadot, édit. Paris.

Rouge et C⁰, imp.

temps. Les agitateurs vont et viennent inutilement à travers la grande ville, qui, pour la première fois depuis plus d'un mois, n'entend plus le fracas des obus. Brunel et Piazza furent arrêtés le lendemain[1]. Des députations d'officiers de garde nationale se présentaient à l'Hôtel de Ville et au ministère des affaires étrangère, dont les troupes gardaient les abords. On leur répondait : « Nous n'avons plus de pain. » C'était la seule réponse du gouvernement : quelle autre réponse eût-il fait dans l'extrémité où il se trouvait réduit ? Le texte de la convention signée à Versailles fut accompagné dans le *Journal officiel* d'une note sur l'état des subsistances, qui se terminait par ces mots : « On dira peut-être : Pourquoi avoir tant tardé de parler? » A cette question, il y a à répondre que le devoir était de prolonger la résistance jusqu'aux dernières limites et que la révélation de semblables détails eût été la fin de toute résistance,

La délégation de Bordeaux avait été informée des négociations engagées à Versailles par une dépêche de M. Jules Favre, ainsi conçue :

« Versailles, 28 janvier, 11 h. 15 m. soir.

« M. Jules Favre, ministre des affaires étrangères, à la délégation de Bordeaux.

« Nous signons aujourd'hui un traité avec M. le comte de Bismarck.

« Un armistice de vingt et un jours est convenu.

« Une Assemblée est convoquée à Bordeaux pour le 15 février.

« Faites connaître cette nouvelle à toute la France, faites exécuter l'armistice, et convoquez les électeurs pour le 8 février.

« Un membre du gouvernement va partir pour Bordeaux.

« JULES FAVRE. »

---

[1] A l'occasion de cet essai de soulèvement, le général Clément Thomas publia la proclamation suivante :

« La nuit dernière, des officiers de la garde nationale ont tenté de réunir leur troupe et de prendre des dispositions militaires en dehors de tout commandement.

« Le général, tout en ressentant aussi vivement la douleur patriotique qui les a éga-

Nous aurons à revenir bientôt sur cette dépêche : c'est de la convention signée par M. Jules Favre que nous devons nous occuper tout d'abord. L'article 1er détermine que la durée de l'armistice sera de vingt et un jours et trace la ligne de démarcation qui devra séparer les armées belligérantes, en stipulant une réserve expresse pour les trois départements du Doubs, du Jura et de la Côte-d'Or. Les opérations militaires continueront dans ces départements, indépendamment de l'armistice. Comment le négociateur français avait il pu consentir à exclure l'armée de l'Est du bénéfice de l'armistice ? Par quel inconcevable oubli avait-il négligé d'en prévenir la délégation de Bordeaux ? Ce sont des questions que nous aurons bientôt à examiner.

Le général en chef avait prescrit aux commandants des forts de ramener leurs troupes dans Paris, après avoir coupé les fils des torpilles et pris toutes les mesures nécessaires pour écarter tout danger d'explosion. M. de Bismarck craignait tellement une surprise qu'il avait dit à M. Jules Favre que les troupes allemandes ne pénétreraient dans les forts qu'en obligeant les maires, les rédacteurs de journaux, les membres du gouvernement à les y précéder. Il s'était pourtant relâché sur ce point, sentant luimème le ridicule de ses exigences. On sait que la défense des forts avait été confiée dès le début du siège aux marins, rudes soldats élevés à l'école du devoir et qui ne cessèrent de donner l'exemple de la bravoure et du patriotisme, soit qu'il fallût, comme au Bourget, aborder les travaux de l'ennemi la hache à la main, soit qu'il fallût déployer le plus rare sang-froid sous la pluie de fer du bombardement. La population parisienne ne s'y était pas

rés, ne saurait partager leurs illusions, et il a la douleur de prévenir la garde nationale qu'en cédant à de tels entraînements elle compromettrait un armistice honorable et l'avenir de Paris et de la France entière.

« Quelque douloureux qu'il puisse être pour un chef de calmer les ardeurs de la troupe placée sous son commandement, et de blâmer comme une faute les actes qu'elles inspirent, le commandant supérieur n'hésite pas à le faire dans cette circonstance.

« Il rappelle à la garde nationale que de son attitude, du calme et de la dignité avec lesquels sera supportée la douleur qui nous atteint, dépendent aujourd'hui l'ordre dans Paris dont elle va être la garnison, et le ravitaillement de cette grande ville dont l'éternel honneur sera d'avoir prolongé la lutte au milieu des plus cruelles privations et jusqu'au complet épuisement de ses ressources.

« Paris, le 28 janvier 1871. »

« *Le général commandant supérieur,*

« CLÉMENT THOMAS. »

trompée ; elle s'était prise d'une véritable admiration pour ses intrépides défenseurs ; à ses yeux, les marins personnifiaient l'honneur du siége. Quand ces braves furent contraints par l'armistice d'abandonner ces remparts mutilés où ils avaient vu tomber leurs amis, quand ils apprirent que ces pièces pu'ils avaient fidèlement servies allaient être livrées à l'ennemi, la révolte du patriotisme gronda dans leurs cœurs. Au fort de Montrouge, un capitaine de frégate, M. Larret de Lamalignie se brûla la cervelle. Un vieux matelot breton se tua auprès du canon dont il ne voulait pas se séparer. Son nom doit être recueilli avec respect : il s'appelait François Deldroux. Le mouvement d'évacuation commença le 29 à neuf heures du matin. Le vice-amiral La Roncière Le Noury, commandant en chef, avait obtenu pour ces braves qu'ils ne remettraient pas directement les forts aux troupes allemandes [1]. Cet office douloureux fut rempli par l'officier de l'armée faisant fonction de commandant de place. Le matériel de guerre accumulé dans les forts fut remis aux Allemands, en vertu de l'article 3 de la convention. Il se composait, au témoignage du *Moniteur officiel* de Versailles, de treize cent cinquante-sept canons en parfait état et de six cent deux pièces de campagne appartenant à l'armée de Paris. Les canons qui garnissaient les remparts de la ville furent descendus dans les fossés de l'enceinte.

---

[1] Voici la lettre adressée par le vice-amiral La Roncière Le Noury au général Vinoy :

« Mon général,

« D'après les termes reproduits ce matin au *Journal officiel*, les forts de Paris doivent être occupés par l'armée allemande. J'ignore la forme qui doit présider à notre évacuation ; mais permettez-moi d'insister auprès de vous pour que les plus grands adoucissements soient apportés aux sentiments si douloureux qu'éprouvent nos marins. Puisque la cruelle nécessité leur en fait un devoir, ils sauront se résigner. Ils abandonneront, en courbant tristement la tête, des remparts qu'ils défendaient au nom de la patrie et où bien des leurs sont tombés bravement. Mais si les lois de la guerre ne s'y opposent pas absolument, permettez qu'ils se retirent avant l'arrivée des vainqueurs.

« Je connais les nobles sentiments de nos hommes ; plusieurs officiers sont venus hier me les exprimer en leur nom. Il n'a pas dépendu d'eux que les forts restassent inviolés. Faites qu'ils ne voient pas l'affreuse réalité, et veuillez ordonner que ces forts soient rendus par les autorités qui nous y ont reçus à notre arrivée, c'est-à-dire le commandant de place, les agents du général de l'artillerie.

« Votre cœur de soldat a déjà compris les sentiments que j'ai le devoir de vous exprimer. Je n'insisterai pas ; mais jusqu'au dernier moment je compterai sur une solution qui constituera pour nos braves marins la dernière récompense qu'ils ambitionnent.

« Je suis, etc., etc.

« *Signé :* DE LA RONCIÈRE LE NOURY. »

(*La Marine au siége de Paris*, page 390.)

Lorsque les marins rentrèrent à Paris, silencieux et tristes, la foule se découvrit avec respect sur leur passage. A voir la douleur peinte sur ces mâles visages, les cœurs les plus endurcis se sentaient remués. Dans des moments pareils, la patrie n'est pas un vain mot. Les marins furent casernés à l'École militaire. Ce même jour, la flotille rentrait à Paris et mouillait à l'île des Cygnes.

Les troupes désarmées revenaient dans l'intérieur de la cité : fantassins, mobiles, pêle-mêle, couverts de vêtements usés, sordides et de peaux de mouton, erraient au hasard, sombres, fatigués, mécontents, aspirant au jour du retour dans leurs foyers. La ville avait un aspect désordonné qui serrait le cœur; toutes les poitrines étaient oppressées. Aux espérances tenaces avait succédé l'abattement lugubre. Le rayon qui transfigure la souffrance et la misère s'était évanoui. Le pain noir et gluant, n'étant plus maintenant que le pain de la capitulation, paraissait odieux. Le grand vainqueur de Paris, la famine, avait achevé son œuvre. A quand le ravitaillement?

L'article 8 de la convention donnait toutes facilités au gouvernement français pour faire arriver des vivres dans Paris. Les directeurs des chemins de fer furent immédiatement convoqués; les voies étaient coupées, les ponts détruits, beaucoup de viaducs abattus. Il fallait donc rétablir les moyens de communication et amener de fort loin les approvisionnements; car les provinces voisines avaient été épuisées par les contributions de toute nature frappées par l'ennemi. Il y avait d'autres difficultés provenant de la défiance de l'armée allemande et entraînant mille retards sous les motifs les plus frivoles tirés de la consigne militaire. Le temps pressait cependant; quatre jours encore, et le pain manquerait à Paris. Les ingénieurs en chef se hâtèrent de conduire leurs ouvriers sur le terrain; on travailla nuit et jour. Pendant qu'on réparait les ponts et qu'on reliait entre elles les voies interceptées, d'immenses achats étaient faits par télégrammes dans les principales villes d'Europe. M. Magnin, ministre du commerce, se rendait à Dieppe pour presser les arrivages; des émissaires étaient envoyés de toutes parts avec mission de faire affluer les approvisionnements. Les membres du gouvernement, en proie aux plus vives angoisses, craignaient que les premiers convois n'arrivassent trop tard. Ils eurent la joie d'être trompés dans leurs calculs. Dans la journée du 4 février, un convoi chargé de denrées de toute nature entrant dans la gare du Nord. C'était un présent de la généreuse population de Londres au peuple de Paris. Des larmes de reconnaissance accueillirent ce cadeau. Les denrées furent distribuées entre les divers arrondissements de la ville. Le même jour, un autre convoi arrivé de Lille apportait six mille quintaux de farines et un wagon de charbon. Dès ce moment, la famine n'était plus à craindre. Le rationnement cessa peu à peu.

Du reste, le nombre des consommateurs diminuait de jour en jour dans des proportions considérables. Aussitôt que les portes de Paris furent ouvertes, des milliers de personnes se précipitèrent au dehors ; on allait revoir ses parents, ses amis, retrouver ceux dont on avait été séparé pendant près de cinq mois ; on avait besoin de respirer un autre air, d'aller au loin chercher du repos, d'oublier les douleurs du siége, de fuir la présence de l'ennemi, de s'arracher du sein de la cité héroïque et malheureuse où grondaient sourdement les orages du désespoir. Le phénomène inverse se produisait pour tous ceux qui avaient passé cette sombre période hors des murs de Paris. Ceux-là voulaient contempler la vaste cité dans l'appareil de la guerre, voir ses blessures, ses maisons incendiées par le bombardement, ses forts broyés par l'artillerie, surprendre en quelque sorte Paris sous les armes. On ne s'était jamais imaginé que la ville frivole pût offrir ce lamentable et grandiose spectacle.

Rassuré contre la famine et contre un soulèvement populaire, le gouvernement vit se dresser devant lui des difficultés d'un autre genre. Contrairement aux décisions prises à l'Hôtel de Ville, au moment de nouer des négociations avec l'ennemi, M. Jules Favre avait traité non-seulement pour Paris, mais pour la France entière. La délégation de Bordeaux n'avait pas été consultée ; c'était une grave faute, qu'on peut sans doute attribuer à la nécessité où avait été M. Jules Favre de traiter avec toute la célérité possible, de peur d'exposer Paris aux horreurs de la faim ; mais cette faute devait entraîner des conséquences telles, que le négociateur français aurait certainement reculé, s'il avait pu les apercevoir à travers le trouble dont il était agité. C'est ainsi que M. Jules Favre avait accepté la ligne de démarcation assignée par l'état-major prussien aux troupes françaises et aux troupes allemandes. Or, il n'avait aucune donnée sur les positions occupées par nos armées au moment où il traitait; il avait donc accepté sans discussion et sans enquête les renseignements de M. de Bismarck. On a quelque peine à s'expliquer que M. Jules Favre n'ait pas eu l'idée d'en référer au gouvernement de Bordeaux. Il en résulta que les Prussiens occupèrent, grâce à l'armistice, des régions où ils ne s'étaient pas avancés pendant la guerre. Les généraux français furent surpris, consternés; nous entendrons tout à l'heure leurs protestations et leurs plaintes.

Ce ne fut pas encore la plus grave faute de M. Jules Favre. L'article 1er de la convention excluait des bénéfices de l'armistice les armées belligérantes opérant dans les départements de la Côted'Or, du Doubs et du Jura, c'est-à-dire l'armée des Vosges et l'armée de l'Est qui, en ce moment même, en marche vers la frontière suisse et harcelée par l'ennemi, se voyait exposée aux plus grands périls. M. Jules Favre ne comprit pas que l'exception demandée par M. de Bismarck pour l'armée de l'Est cachait un piége abominable. La pensée ne lui vint pas d'interroger la délégation de Bordeaux, de lui demander pourquoi les autorités allemandes stipulaient une réserve pour l'armée de Bourbaki, de savoir enfin si les Prussiens avaient un intérêt à continuer les hostilités dans cette région. Il poussa plus loin l'oubli de son devoir. En annonçant à la délégation de Bordeaux la signature de l'armistice, il ne fit aucune mention de la position exceptionnelle créée à la malheureuse armée de Bourbaki [1].

Sa dépêche, expédiée de Versailles, 28 janvier, 11 heures 15 du soir, dépêche que nous mettrons encore une fois sous les yeux du lecteur, était ainsi conçue :

« Nous signons aujourd'hui un traité avec M. de Bismarck.

« Un armistice de vingt et un jours est convenu.

« Une assemblée convoquée à Bordeaux pour le 15 février.

« Faites connaître cette nouvelle à toute la France; faites exécuter l'armistice et convoquez les électeurs pour le 8 février.

---

[1] Dans son ouvrage le Gouvernement de la Défense nationale, t. II, p. 403, M. Jules Favre écrit relativement à la réserve stipulée pour l'armée de l'Est : « Mon anxiété était affreuse. Il fut convenu que la solution serait réservée jusqu'à l'arrivée des nouvelles qui, malheureusement, ne devaient nous parvenir que par l'intermédiaire de l'ennemi. » Ainsi donc, de l'aveu de M. Jules Favre, « son anxiété était affreuse », et il ne consultait pas la délégation de Bordeaux ! Et il n'avertissait pas ses collègues de l'exception qui causait ses anxiétés ! Et il avait la candeur de ne pas soupçonner dans cette réserve une perfidie tudesque, un odieux gue'-apens !

« Un membre du gouvernement va partir pour Bordeaux [1]. »
Le membre du gouvernement envoyé de Paris, M. Jules Simon,
devait partir immédiatement. Il ne quitta Paris que le surlende-
main. La délégation de Bordeaux resta quarante-huit heures sans
soupçonner la vérité. Le réveil devait être d'autant plus cruel, la
révolte d'autant plus éclatante que le gouvernement de province
espérait encore dans le génie de la France et de la révolution,
sous les coups répétés de l'adversité. Voici, en effet, la dépêche
que M. Gambetta avait adressée à M. Jules Favre à la nouvelle
que Paris allait succomber :

« . . . . . Nous ignorons encore quelle est la vérité officielle,
et, jusqu'à ce que nous ayons reçu de vous l'assurance que vous
êtes décidés à une si lamentable fin, nous tenons les bruits anglais
pour mal fondés, et nous y voyons une nouvelle manœuvre de
M. de Bismarck. Toutefois la situation intérieure de Paris appa-
raît comme fortement troublée ; l'expulsion du général Trochu de
toutes ses fonctions et commandements militaires et sa conservation, dès lors inexplicable, à la tête du gouvernement, le choix
ridicule d'un sénateur de soixante-quinze ans pour présider aux
suprêmes efforts de l'héroïque capitale, la suppression du droit
de réunion et des journaux révolutionnaires, ainsi que les tentatives faites sur Mazas et l'Hôtel-de-Ville, tout accuse clairement que dans la population, comme dans le gouvernement, il
n'y a plus ni accord, ni fermeté, ni clairvoyance.

[1] Deux jours auparavant le ministre de l'intérieur à Bordeaux avait fait publier l'avis
suivant :

« Bordeaux, 27 janvier, 4 heures.

« La délégation du gouvernement est informée par ses agents à l'étranger que le
Times publie, sur la foi de ses correspondants, que des négociations auraient été entamées entre Paris et Versailles au sujet du bombardement de Paris et d'une prétendue
reddition éventuelle de la capitale.

« La délégation du gouvernement n'accorde aucun crédit à ces allégations de correspondants du *Times*, car il est impossible d'admettre que des négociations de cette nature et de cette importance aient été entamées au préalable. Les ballons arrivés
jusqu'à présent n'ont fait prévoir rien de semblable.

« Un ballon est signalé aujourd'hui près de Rochefort sans qu'on sache encore s'il
a atterré. Aussitôt que de nouvelles dépêches lui seront parvenues, le gouvernement
s'empressera de les faire connaître.

« *Le directeur général délégué,*
« C. LAURIER. »

« Je ne puis croire cependant que ces négociations pour la reddition de notre capitale aient pu être entamées sans qu'on ait fait ce gigantesque et puissant effort qu'on promet et qu'on annonce depuis quatre mois, et qui n'a pu être retardé, incessamment ajourné, que par incapacité ou esprit de méfiance, mais qu'il faut faire, pour pouvoir arborer avec honneur, s'il échoue, le drapeau parlementaire. L'initiateur de la révolution et le premier moteur de la défense de la France ne peut être supprimé qu'en appelant la province au devoir, comme à l'honneur de le venger, et cet appel ne peut être adressé au pays et écouté par lui qu'à la condition que Paris, comme c'est sa tradition et son rôle, se sera réellement sacrifié pour la patrie et pour la République. Mais si, au contraire, cette province, qui depuis trois mois prodigue son sang et son or, supporte l'invasion et l'incendie de ses villes, apprenait, — ce qui paraît être la triste et cruelle vérité, — que Paris a été systématiquement amolli, énervé, découragé par ceux qui le gouvernent, et dont le mandat n'était sacré que parce qu'il avait pour but d'organiser et d'employer les forces militaires et révolutionnaires de Paris, c'est l'indignation chez les uns, la défaillance chez les autres, qui feraient place à l'enthousiasme qu'excitait parmi eux le gouvernement du 4 septembre. Que dira cette province, si surtout elle apprend que ce chef militaire introduit dans le gouvernement civil, et doté de la prépotence, n'était qu'un discoureur infatigable et un militaire irrésolu, que ses collègues le connaissent sous cette double face, et qu'ils ont préféré, pour ne pas blesser cette présomption personnelle, laisser capituler Paris et compromettre la France ; qu'ils ont poussé l'inertie, la culpabilité, par leur solidarité avec ce chef, jusqu'à ce point de rester sourds aux réclamations unanimes de l'opinion parisienne... et c'est ainsi que vous vous êtes laissé conduire jusqu'aux derniers jours, subissant, vous républicains, un pouvoir personnel, méconnaissant la première règle de la tradition révolutionnaire qui est de subordonner les chefs militaires, quels qu'ils soient, à la magistrature politique et civile. A ces fautes, vous allez en ajouter une autre, et, après vous être laissé traîner en longueur par le général Trochu, vous allez, si les renseignements anglais sont véridiques, vous laisser mener jusqu'à vos derniers grains de blé par les lenteurs habiles et calculées de notre ennemi le plus redoutable, M. de Bismarck. Mais non, ces

renseignements sont faux ; je n'y crois pas, je n'y veux pas
croire : vous changerez les généraux qui manquent de cœur, et ce
ne sera qu'après une grande bataille perdue que vous vous rési-
gnerez sous la force.

. . . .

« Quant à la guerre et a la situation militaire où nous sommes
placés depuis nos derniers revers, je n'ai que peu de choses à
vous dire : dans le Nord, Faidherbe, dont la contenance et le
patriotisme, ainsi que les talents militaires, sont au-dessus de tout
éloge, répare ses pertes et refait ses troupes, en couvrant d'ailleurs les places du Nord ; il ne pourra guère rien tenter avant le
1er février. J'ai fait passer au général Chanzy, dont la situation
est un peu dégagée, les nobles paroles que vous me chargez de lui
transmettre ; elles seront la plus belle récompense due au plus
intrépide et au plus confiant de nos chefs militaires ; il a reçu des
renforts et pourra, je pense, sortir bientôt de ses positions de
retraite. Les lignes de la Loire et du Cher sont actuellement
le théâtre d'une opération militaire confiée au 20ᵉ corps et
qui pourra permettre à Chanzy une offensive plus prompte.
Nous réoccupons, avec les forces tirées de Nevers, une partie
d'Auxerre et Laval. Garibaldi a remporté une véritable victoire en avant de Dijon, dans une bataille qui a duré trois
jours et qui a mis plus de 10,000 Prussiens hors de combat. Un
drapeau ennemi, pour la première fois, est resté entre nos mains.
Malheureusement l'armée de l'Est est dans une situation critique.
A la suite de cette marche glorieuse, marquée par cinq journées
et cinq succès : Villersexel, Arcey, Montbéliard et Lizaine, Bourbaki est venu le deuxième jour devant Héricourt. Accablé par le
nombre, il s'est vu forcé de reculer. Il aurait promptement perdu
l'esprit, sa tête s'est égarée, et se voyant poursuivi et presque
cerné, il s'est tué d'un coup de pistolet. Un jour avant ce douloureux événement, il avait demandé à être remplacé, et désigné
pour son successeur le général Clinchant. C'est lui qui vient de
prendre le commandement de l'armée et qui cherche à la sauver
des étreintes de l'ennemi et de la mauvaise situation où elle se
trouve. Certes, le tableau est sombre, et la fortune nous est bien
contraire ; cependant il ne faut pas se laisser aller au découragement, car plus que jamais j'ai la conviction que la prolongation
de la lutte, en nous ramenant la fortune, épuisera nos envahis-

seurs, et, s'ils savaient bien qu'il faudra arroser de sang allemand chaque motte de terre française pour la conquérir et la garder, ils sentiraient l'impossibilité de s'acharner à la lutte, à l'extermination de la France.

« Donnons-leur, à force de constance dans les revers et d'activité dans l'organisation de nos forces, la conviction que nous resterons inflexibles dans la politique de la guerre à outrance, et nous aurons gagné sur eux une grande victoire. Le printemps viendra, et ils n'auront pas réalisé le fruit de leur conquête ; et, au milieu de l'Europe inquiète et jalouse, ils n'auront pas obtenu de sanction pour l'œuvre de la force. Nous les condamnerons à une occupation aussi ruineuse pour eux que pour nous, et nous n'aurons pas compromis l'intégrité de la France, et à la première occasion de trouble ou de conflit européen, nous serons l'allié nécessaire de tous ceux qui auront à se venger des prétentions germaniques.....

« Au moment de finir, nous recevons à l'instant une dépêche de Londres qui annonce votre retour de Versailles à Paris, avec les conditions de la capitulation. La précision de la dépêche ne laisse guère de doute dans mon esprit, et je reste muet devant une telle catastrophe. Le ballon que vous avez lancé ce matin, 27 janvier, est passé au-dessus de Niort, de Rochefort, vers le milieu du jour ; il est probablement allé à l'Océan, et nous sommes sans nouvelles officielles de vous. Tout, jusqu'à la nature, conspire contre la France. L'expiation est rude, le châtiment démesuré ; seul, le souffle de la révolution française peut encore nous sauver, C'est lui que j'appelle et que j'invoque. C'est par lui seul que je compte vivifier ce qui reste encore dans le pays de vitalité et d'énergie.

« Vive la France ! Vive la République !

« Léon GAMBETTA. »

La délégation de Bordeaux s'empresse de donner avis de l'armistice à tous les chefs de corps ; elle leur écrit que la suspension d'armes convenue doit durer vingt et un jours ; qu'ils aient, en conséquence, à suspendre immédiatement les hostilités et à se concerter avec les chefs des forces ennemies qui se trouvent en leur présence. « Conformez-vous, ajoutait la dépêche, aux règles suivies en pareil cas. Les lignes des avant-postes respectifs des forces en présence sont déterminées sur-le-champ et avec précision par l'indication des localités, accidents de terrain et autres points de repère. Aucun mouvement des armées en avant des lignes ainsi déterminées ne peut être effectué pendant toute la durée de l'armistice. Il en est de même du ravitaillement et de tout ce qui est nécessaire à la conservation de l'armée [1]. »

Quels étaient les ordres donnés le même jour et pour ainsi dire au même instant par les généraux prussiens? Qu'on en juge par la proclamation du général de Manteuffel :

« Soldats de l'armée du Sud!

« Paris a capitulé! Un armistice est conclu entre la garnison de la ville et les première et deuxième armées. Seule, celle du Sud doit continuer ses opérations jusqu'à ce qu'elle ait obtenu un succès définitif.

« En avant! »

Aussitôt après avoir reçu la dépêche de la délégation qui lui annonce l'armistice, Garibaldi transmet à son avant-garde l'ordre de suspendre sa marche. Ces troupes venaient de s'emparer de la position de Mont-Rolland. Les Prussiens, menacés sur leurs derrières, avaient évacué Dôle. Garibaldi marchait sur Bourg et Lons-le-Saunier pour dégager l'armée de l'Est. A la nouvelle de l'armistice, il s'arrête, non sans douleur [2], et envoie des officiers à la recherche d'un commandant prussien. La nuit se passe dans les recherches; on ne rencontre que des officiers subalternes qui se déclarent sans qualité pour traiter. Enfin, le lendemain, après des allées et venues inutiles, le général Garibaldi reçoit une réponse : les autorités allemandes disent n'avoir reçu aucun ordre pour cesser les hostilités; elles vont en référer au général Manteuffel, qui se trouve dans les environs de Besançon. Que se passait-il cependant au moment où ces négociations traînaient en longueur? Les Prussiens réoccupaient Dôle et y amassaient des

---

[1] Dépêche du 29 janvier.

[2] M. de Freycinet, délégué à la guerre, répondait à une dépêche de M. Bordone qui exprimait ces sentiments pénibles :

« Je comprends votre déception après des débuts si heureusement inaugurés, mais je vous prie de croire que je n'ai pas été consulté sur la question de l'armistice.

« S. DE FREYCINET. »

troupes. Garibaldi, inquiet, s'adresse au ministre de la guerre. Depuis deux jours, croyant à l'armistice, il est resté immobile, son avant-garde a Mont-Rolland, le gros de son armée entre Dijon et Pesmes; autour de lui, les troupes prussiennes continuent leurs mouvements de concentration; qu'est-ce que cela veut dire? Le ministre de la guerre était malheureusement dans l'impossibilité de répondre à cette question. Il n'avait reçu de M. Jules Favre que la dépeche qu'on a déjà citée; il ne connaissait pas encore le texte de la convention, et ignorait toujours qu'une réserve eût été stipulée pour l'armée de l'Est. Le 30 janvier, M. Gambetta écrit à M. Jules Favre : « J'ai reçu le télégramme par vous adressé à la délégation de Bordeaux, le 28 janvier, à onze heures un quart du soir, et parvenu à destination à trois heures du matin, le 29; nous l'avons porté sans commentaires, en le certifiant conforme, à la connaissance du pays tout entier. Depuis lors, nous n'avons rien reçu. Le pays est dans la fièvre; il ne peut pas se contenter de ces trois lignes. Le membre du gouvernement dont vous annoncez l'arrivée, et dont vous n'avez pas dit le nom, n'est pas encore signalé par voie télégraphique, ni autrement, aujourd'hui 30 janvier à deux heures. Cependant il nous est impossible, en dehors de l'exécution pure et simple de l'armistice par les troupes et dont nous avons assuré le respect, de prendre les mesures administratives que comporte la convocation des électeurs, en l'absence de toutes explications de votre part et sans connaitre le sort de Paris. »

C'est par une dépeche de M. de Bismarck que la délégation de Bordeaux connut enfin la vérité. La communication tardive du chancelier prussien fut comme un coup de foudre. M. de Bismarck avait gagné les deux jours dont les armées allemandes avaient besoin pour disperser l'armée des Vosges et l'armée de l'Est. Pendant deux jours, maître des voies de communication et du télégraphe, servant d'intermédiaire entre Paris et Bordeaux, il avait laissé le gouvernement de province dans l'ignorance de ce qui s'était passé à Versailles. Le bénéfice de ce silence calculé était obtenu. Maintenant M. de Bismarck pouvait parler. Il trouva donc une âpre volupté à dévoiler à M. Gambetta l'affreuse réalité. Il lui écrivit un résumé de la convention conclue à Versailles. La délégation de Bordeaux se refusait à croire au sacrifice de nos deux cent mille hommes des armées de l'Est. Mais quelques heures plus tard, le texte même de la convention arrivait à Bordeaux par les soins du général Chanzy, qui en avait reçu communication du prince Frédéric-Charles. Il fallut se rendre à l'évidence.

Que s'était-il passé pendant ces deux fatales journées dans les montagnes du Jura? Quel sort l'armistice avait-il fait à l'armée de Bourbaki, maintenant commandée par le général Clinchant? Nous reprenons ici notre récit interrompu.

Lorsque, dans la soirée du 27 janvier, le général Clinchant reçut le commandement de l'armée de l'Est, cette armée, on s'en souvient, marchait sur Pontarlier, enfonçant dans les neiges et harcelée par 140,000 Allemands, qui étaient presque parvenus à la cerner. On avait promis au général Clinchant qu'il trouverait à Pontarlier des vivres dont il avait grand besoin, et qu'après les avoir épuisés, il lui serait facile de les renouveler par les chemins de fer de la Suisse. Cette promesse était malheureusement illusoire. Les approvisionnements n'étaient pas arrivés. Au lieu donc de se fortifier autour de Pontarlier et d'y attendre l'ennemi de pied ferme, le commandant en chef résolut de poursuivre sa route vers le sud et d'échapper par la rapidité de sa marche à l'étreinte prussienne. Deux routes courant au fond des vallées du Jura s'offraient à lui : l'une accessible aux voitures, par Mouthe et Saint-Laurent, l'autre praticable seulement pour l'infanterie et la cavalerie, par Mouthe et la Chapelle-aux-Bois; l'une et l'autre conduisaient à Gex. Si l'armée atteignait ce dernier point, elle était sauvée et continuait sa retraite sur Lyon.

Après avoir acquis la certitude que ces routes étaient encore libres, Clinchant donna l'ordre du départ. La tête des colonnes s'engagea dans les défilés. Sur ces entrefaites, la nouvelle de l'armistice se répandait dans les rangs de l'armée. L'arrière-garde de l'armée de l'Est se défendait en ce moment dans le village de Chaffois, en avant de Pontarlier. Le commandant en chef, informé officiellement par M. Gambetta de la signature d'un armistice, ordonne à ses troupes de suspendre le feu et envoie un parlementaire au-devant des lignes ennemies pour leur communiquer la nouvelle. L'ennemi cesse le feu, de son côté; mais tandis que des pourparlers sont engagés, l'infanterie prussienne pénètre dans le village, entoure nos soldats trop confiants, les désarme et les fait prisonniers. Cette odieuse perfidie, dont le succès avait été favorisé par l'excès de bonne foi de nos soldats, fut commise par les Prussiens comme un acte autorisé par les lois de la guerre. Ils en rougirent cependant, puisqu'ils rendirent, quelques jours après, les prisonniers et les armes; mais ils gardèrent le village, ce qui était pour eux le point essentiel.

Le général Clinchant s'était empressé d'envoyer un parlementaire auprès du général Manteuffel, commandant en chef de l'armée allemande. L'officier chargé de cette mission perdit beaucoup de temps en attendant une réponse ; et cependant les troupes allemandes marchaient toujours et accomplissaient leurs mouvements. La tâche leur était rendue facile par l'immobilité des troupes françaises ; aussitôt qu'on avait reçu la nouvelle de la conclusion d'un armistice, tout mouvement avait cessé. Le général Clinchant, dévoré d'inquiétude, télégraphie au ministre de la guerre, à Bordeaux. On lui répond que l'armistice est formel, et que les mouvements des Prussiens en sont la violation ; et en même temps, de Bordeaux, on écrit au gouvernement de Paris pour obtenir des explications sur ce qui se passe. Cet échange de communications et de dépêches dure quarante-huit heures. Enfin, le 31 janvier, vers trois heures, le général Manteuffel apprend au commandant en chef de l'armée de l'Est que l'armistice ne s'applique pas à son armée. Une dépêche, arrivant de Bordeaux, dévoile l'affreuse vérité. On a perdu deux jours ; les Prussiens ont profité de l'ignorance où étaient Clinchant et le gouvernement pour s'emparer des défilés du Jura et couper la retraite à notre malheureuse armée. Sous peine de laisser entre leurs mains nos 80,000 hommes, leurs bagages et leur matériel, il faut se jeter en Suisse [1]. Le désespoir au cœur, Clinchant écrit au ministre de la guerre :

[1] Cette résolution fut annoncée aux troupes par l'ordre du jour que voici :

« Soldats de l'armée de l'Est,

« Il y a peu d'heures encore, j'avais l'espoir, j'avais même la certitude de vous conserver à la défense nationale, votre passage jusqu'à Lyon était assuré à travers les montagnes du Jura.

« Une fatale erreur nous a fait une situation dont je ne veux pas vous laisser ignorer la gravité. Tandis que notre croyance en l'armistice, qui nous avait été notifié et confirmé a plusieurs reprises par notre gouvernement, nous recommandait l'immobilité, les colonnes ennemies continuaient leur marche, s'emparaient des défilés déjà en nos mains et coupaient ainsi notre ligne de retraite.

« Il est trop tard aujourd'hui pour accomplir l'œuvre interrompue : nous sommes entourés par des forces supérieures; mais je ne veux livrer à la Prusse ni un homme ni

« Verrières-Françaises, 1er février.

« Tout ce que vous écriviez à J. Favre, je l'ai tenté inutilement près de
Manteuffel. Il m'a refusé une suspension d'armes de trente-six heures pour
que le gouvernement puisse élucider la question. L'ennemi ayant continué
les hostilités malgré nos protestations, et menaçant de couper ma retraite
même vers la Suisse, ce qui entraînerait la perte de l'armée et de tout le matériel, j'ai dû me rendre à la dure nécessité de franchir les frontières.

« Le matériel a presque effectué son passage à l'heure qu'il est. Le général Billot couvre la retraite avec trois divisions du 18e corps. Je vous
enverrai aujourd'hui le texte de la convention que j'ai conclue avec la
Suisse.

« *Signé :* CLINCHANT. »

Le 1er février, le général Clinchant signait avec le général
suisse Herzog une convention aux termes de laquelle l'armée française pouvait pénétrer sur le territoire helvétique avec tout son
matériel. Ainsi furent sauvés 85,000 hommes, 11,000 chevaux et
202 pièces de canon. Un grand nombre de voitures tombèrent cependant aux mains de l'ennemi avant d'avoir pu atteindre le
rayon défendu par le fort de Joux. De terribles combats signalè-
rent les dernières heures de cette sombre lutte. Le 18e corps,
commandé par le général Billot, et la division Cremer protégeaient
la retraite, arrêtant les masses prussiennes qui se ruaient par les
défilés pour faire du butin et des prisonniers. Au col de Cluse et
à Oye, non loin du fort de Joux, ces braves troupes firent cruellement expier leur audace aux Allemands. Dans ces vallées tor-
tueuses, aux brusques tournants, on se battait à vingt pas. C'est
à Cluse que tomba l'intrépide colonel Achilli, du 44e de marche.
Chargé de défendre, avec une poignée d'hommes, les derniers
échelons du Jura, le colonel Achilli ayant entendu des murmures s'approche des mécontents : « Qu'avez-vous donc ? leur dit-il ;
vous restez en France, les autres passent en Suisse, et vous
vous plaignez ? — C'est qu'ici nous allons nous faire tuer, re-

un canon. Nous irons demander à la neutralité suisse l'abri de son pavillon ; mais je
compte, dans cette retraite sur la frontière, sur un effort suprême de votre part : dé-
fendons pied à pied les derniers échelons de nos montagnes, protégeons les défilés de
notre artillerie et ne nous retirons sur un sol hospitalier qu'après avoir sauvé notre
matériel, nos munitions et nos convois.

« Soldats, je compte sur votre énergie et sur votre ténacité. Il faut que la patrie
sache bien que nous avons tous fait notre devoir jusqu'au bout, et que nous ne déposons
les armes que devant la fatalité.

« Pontarlier, 31 janvier. »

pondent les soldats. — Eh bien! réplique le colonel : *c'est ce que je vous disais! vous resterez en France!* » Quelques instants après avoir prononcé ces paroles sublimes, le colonel Achilli tombait, atteint d'une balle au ventre et rendait le dernier soupir. Ce brave, dont l'histoire doit pieusement conserver le nom, se battait avec deux blessures ouvertes, dont l'une reçue à Juranville, l'autre à Villersexel. C'est également au combat de la Cluse qu'une autre parole digne d'être recueillie fut prononcée par le général Robert. Le feu venait de cesser; les Français étaient cernés par des forces supérieures. Un officier allemand s'avance : « Général, dit-il, vous êtes enveloppés, et vous n'avez plus rien à faire. — Il nous reste, répond le général Robert, à mourir honorablement pour notre pays. » L'auteur de cette belle réponse ne mourut pas, mais il repoussa l'ennemi. Un autre fait d'armes, digne d'une mention spéciale, fut accompli par le général Pallu de la Barrière. Le 2 février, à la tête d'une poignée d'hommes, le général s'était jeté dans les montagnes, refusant d'entrer en Suisse. Pendant le jour, sa colonne se battait; la nuit, usant de ruse, elle se dérobait à la surveillance des troupes ennemies. Les hommes, enrhumés, étouffaient leur toux. Les marches forcées, les chemins impraticables, la privation de sommeil, la neige, rien ne peut lasser le courage de ces soldats intrépides dont l'odyssée ne dura pas moins de huit jours. La petite troupe put enfin déboucher sur la vallée de la Valserine, justement fière d'avoir conservé ses armes à travers ces héroïques aventures.

En pénétrant sur le territoire helvétique, les pieds meurtris et gelés, en proie à d'inexprimables souffrances, nos infortunés soldats avaient reçu le plus touchant accueil. La France se montrerait ingrate, si elle oubliait jamais le souvenir de l'hospitalité que la petite république offrit à ses enfants malheureux. Les dames suisses, les femmes du peuple, rivalisant de dévouement, coururent au-devant des convois chargés de fiévreux et de malades, leur ouvrirent leurs maisons, leur prodiguèrent les soins les plus délicats. Ces mères songeaient aux mères françaises; elles traitaient les infortunés jetés dans leurs vallées comme elles auraient voulu que leurs propres enfants fussent traités, si le sort les eût accablés des mêmes rigueurs. Le gouvernement suisse avait demandé 15 millions pour venir au secours de nos compatriotes; la Suisse souscrivit 100 millions. L'Allemagne, haineuse et jalouse, s'irritait de cette hospitalité touchante ; elle osa à la fois railler la Suisse et insulter nos soldats[1]. Les lourdes plaisanteries, les menaces des pédants d'outre-Rhin, laissèrent le peuple helvétique indifférent, ou plutôt elles ne firent que resserrer les liens d'amitié qui s'étaient promptement formés entre nos soldats et leurs généreux hôtes[2].

Telle fut la triste fin de cette campagne de l'Est sur laquelle on avait fondé de grandes espérances. Nous avons essayé de dégager les causes de son insuccès ; il faut mettre au premier rang la lenteur du déplacement de l'armée entre Bourges et Besançon, et en second lieu les difficultés occasionnées par l'état des routes pour la marche des convois de vivres et de munitions. L'armée de Bourbaki avait perdu quinze jours avant d'être concentrée dans le Jura ; pour surcroît de malheur, quand elle fut prête à marcher, le manque d'approvisionnements lui commanda maintes fois l'immobilité ; ses convois enfonçaient dans la neige et n'arrivaient pas en temps utile à l'endroit désigné. Les malheureuses circonstances qui se rattachent à la conclusion de l'armistice achevèrent sa perte. Ce n'est pas assez que le négociateur français l'exclue imprudemment du bénéfice de la suspension d'armes ; elle n'est pas prévenue de cette exception, que la Prusse a demandée ; le gouvernement de province n'en est pas informé davantage. Pendant que le général français suspend la marche de ses troupes, les Prussiens, perfidement, pressent leurs opérations. Clinchant reste immobile quarante-huit heures ; ce temps suffit à l'ennemi pour lui couper la retraite et l'obliger à se jeter en Suisse. Seules, la division du général d'Ariès, la division de cavalerie du général

---

[1] Le *Journal d'Ulm* disait : « Tant mieux pour la Suisse, si la *canaille* de l'armée de Bourbaki est chez elle, la Suisse verra comment il est facile de traiter de telles gens, et ce qui lui en coûtera ; » le journal l'*Helvétie* répondait bravement, en républicain parlant à un esclave : « Que les rédacteurs du pays des Sept-Souabes se rassurent : les quatre-vingt mille Français (et davantage s'il le fallait !) seront mieux traités dans notre riche et libre Suisse que ne le sont les mangeurs de saucisses et de choucroute de Knodel et de Nudel dans leur propre pays ! » (J. Claretie, *Histoire de la Revolution de* 1870-71, t. I, p. 547.)

[2] Qu'on en juge par les lignes suivantes d'un écrivain suisse :

« Les dames qui ont soigné des malades s'y sont attachées comme à des enfants dociles. Oui, tous ces rudes soldats du Nord et du Midi, de l'Alsace et de la Lorraine, Bretons, Normands, Tourangeaux, blessés, gelés, tremblants de fièvre, suffoqués de pleurésie, étouffés de catarrhes, ont été chez nous des enfants bons et dociles. Ils sont partis, et nous les regrettons, médecins, infirmiers, malades. De douces relations d'estime s'étaient nouées entre eux et nous. »

Longuerue et une partie de la cavalerie du 20e corps, qui s'étaient engagées dans la nuit du 31 janvier au 1er février à travers les défilés de Jura, échappèrent à l'ennemi. Il est permis de conclure de ce fait que toute l'armée de l'Est aurait pu suivre la même route, si elle eût été informée en temps opportun de l'exception qui la concernait. L'oubli du négociateur français fut donc la cause directe de la catastrophe suprême.

C'est pour ne pas abandonner Belfort, comme le demandait M. de Bismarck, que M. Jules Favre avait consenti à exclure l'armée de l'Est de l'armistice. Cette armée étant refoulée en Suisse, perdue pour la France, la vaillante forteresse devait fatalement déposer les armes. Elle eut, du moins, l'honneur de n'être pas prise d'assaut. Du milieu des ruines du bombardement, elle défia l'ennemi jusqu'au jour où elle reçut du gouvernement l'ordre d'ouvrir ses portes. On se souvient des émotions de l'héroïque place quand le canon de Bourbaki s'était fait entendre devant Héricourt. La garnison s'était préparée à se porter au-devant de l'armée de secours. Vaine attente ! le bruit cessa : Bourbaki reculait, refoulé sur Besançon. Dès lors, les jours de la résistance étaient comptés. L'assiégeant renforce ses batteries de siège et ouvre le feu de ses canons Krupp placés à Danjoutin. La garnison de Belfort réparait pendant la nuit les dégâts occasionnés dans ses ouvrages; des combats quotidiens étaient livrés à l'ennemi de plus en plus menaçant. Après Danjoutin, il s'empare de Pérouse ; une parallèle fut ouverte devant les Perches. Le bombardement atteignit son plus haut degré d'intensité. Dix ou douze mille projectiles tombaient quotidiennement sur la place. Toutes les maisons de la ville étaient atteintes. Belfort ressemblait à un monceau de ruines. La population vivait au fond des caves.

Le 1er février, le bruit se répandit que Paris avait capitulé, que l'armée allemande avait occupé ses forts et qu'un armistice de trois semaines avait été signé à Versailles entre M. Jules Favre et M. de Bismarck. On refusait de croire à cette nouvelle, dans la crainte qu'elle ne dissimulât un piége de l'assiégeant pour semer le découragement parmi les esprits. Des personnes dignes de foi venues du dehors ayant confirmé l'exactitude de ce triste récit, le colonel Denfert écrivit au général de Treskow la lettre suivante :

« Dans l'intérêt de l'humanité, je désirerais connaître les événements qui se sont passés en France dans ces derniers jours. Je viens donc vous prier de vouloir bien autoriser un des officiers de mon état-major à traverser les lignes prussiennes pour se rendre à Bâle. Dans le cas où vous croiriez devoir accéder à ma demande, je vous prierais de vouloir bien envoyer un sauf-conduit au nom de M. Châtel, capitaine d'état-major, pour partir de la place et pour y rentrer. »

Le général de Treskow s'empressa d'accorder le sauf-conduit, et M. Chatel se rendit à Bale auprès du consul français, qui devait lui apprendre la triste vérité. Le gouverneur de Belfort connut toute l'étendue des malheurs de la France avant le retour de son envoyé. Il crut devoir demander un armistice au général de Treskow, au nom de l'humanité. Le général prussien répondit qu'il avait pour mission de s'emparer de la forteresse le plus tôt possible et qu'en conséquence toute perte de temps lui était interdite. Le bombardement continua ; l'assiégeant poussa ses travaux d'approche ; le 4 février, il fallut évacuer les Perches qui furent occupées par les Prussiens. De cette position, l'ennemi, dominant le château, était maître de Belfort ; il subit en s'y installant des pertes sensibles ; mais la perte des Perches était le coup de grâce pour la place. Le général de Treskow écrit au gouverneur qu'il va recommencer son attaque avec la dernière énergie. Il sait, dit-il, que ses projectiles vont coûter énormément de sang, que beaucoup d'habitants seront atteints, et il considère comme son devoir d'inviter le gouverneur à lui rendre la place. Sa lettre se terminait par ces mots : « Il dépendra de vous seul d'éviter, par la conclusion d'une capitulation honorable, une plus longue effusion de sang, et je suis tout disposé, en considération de votre défense jusqu'ici si héroïque, à vous faire des conditions très-favorables. Je suis obligé de m'en rapporter à vous pour savoir s'il vous conviendra d'accepter ma proposition. Mais, d'un autre côté, ce sera aussi sur vous que retombera la responsabilité, dans le cas où vous m'y contraindriez, de réduire Belfort en un monceau de cendres, et d'ensevelir les habitants sous les décombres. »

Le colonel Denfert ne fit aucune réponse à la sommation du général prussien, mais il écrivit au capitaine Thiers, l'un de ses officiers les plus distingués : « Je viens de recevoir du général de Treskow une sommation insolente de rendre la place, sous la menace d'un bombardement formidable dont nous n'avons eu aucune idée jusqu'ici, et qui commencera si je n'ai pas répondu d'ici à douze heures par une proposition acceptable de capitulation.

« Naturellement, je ne répondrai rien.

« Vous pouvez donc vous attendre, ainsi que tout le monde, et en particulier le château, à un bombardement énergique demain matin et après, jusqu'au jour prochain où tout cessera, puisque l'Assemblée nationale est réunie depuis hier. »

On était alors, en effet, au 13 février, et l'Assemblée venait de se réunir à Bordeaux. Ce même jour, le général de Treskow faisait parvenir au colonel Denfert une dépêche conçue en ces termes :

« Le commandant de Belfort est autorisé, vu les circonstances, à consentir à la reddition de la place. La garnison sortira avec les honneurs de la guerre et emportera les archives de la place. Elle ralliera le poste français le plus voisin.

« Pour le ministre des affaires étrangères,

« Signé : Picard.

« Contre-signé : Bismarck. »

Le feu cessa de part et d'autre dans la soirée. Belfort avait tiré les derniers coups de canon seize jours après que tout le reste de la France était rentré dans le silence. Le siége de la place avait duré cent trois jours, dont soixante-treize d'un bombardement qui avait jeté sur la ville plus de cinq cent mille projectiles. Cette belle résistance avait sauvé à la France, ouverte maintenant de tous côtés, la porte du Midi et son dernier boulevard en Alsace. La garnison était diminuée du cinquième de son effectif [1].

Le colonel Denfert publia la proclamation suivante :

« Citoyens et soldats,

« Le gouvernement de la Défense nationale m'a donné, en vue des circonstances, l'ordre de rendre la place de Belfort. J'ai dû en conséquence traiter de cette reddition avec M. le général de Treskow, commandant en chef de l'armée assiégeante.

« Si les malheurs du pays n'ont pas permis que la résistance vigoureuse offerte par la garnison, la garde nationale et la généralité de la population reçût la récompense qu'elle méritait, nous avons pu du moins avoir la satisfaction de conserver à la France notre garnison, qui va rallier, avec armes et bagages et libre de tout engagement, le poste français le plus voisin.

[1] La défense de Belfort, écrite sous le contrôle du colonel Denfert-Rochereau, page 463.

« Connaissant l'esprit qui anime les habitants de la ville, au milieu desquels je demeure depuis plusieurs années, je comprends mieux que personne l'amertume de la situation qui leur est faite. Cette situation est d'autant plus pénible qu'on prétend nous faire craindre qu'au mépris des principes et des idées modernes, le traité de paix que nous allons subir ne consacre une fois de plus le droit de la force et n'impose à l'Alsace tout entière la domination étrangère.

« Mais je reste convaincu que la population de Belfort conservera toujours les sentiments français et républicains qu'elle vient de manifester avec tant d'énergie. En consultant du reste l'histoire même du siècle présent, elle y puisera la légitime confiance que la force ne saurait prévaloir contre le droit.

« Vive la France ! Vive la République !

« *Le colonel commandant,*

« DENFERT-ROCHEREAU.

« Belfort, le 16 février 1871. »

La petite garnison française sortit de Belfort le 17 février par détachements de mille hommes et fut dirigée sur Besançon. Les populations saluaient au passage ces soldats rayonnants de gloire sous leurs vêtements en lambeaux. Quatre-vingt mille Prussiens n'avaient pu vaincre cette poignée de braves. Leur longue résistance avait conservé Belfort à la France ; l'histoire du siége de cette place héroïque est une page qui se détache irréprochable et pure sur le sombre tableau de cette guerre. Les Prussiens entrèrent dans Belfort le 18 février. « On avait mal à l'âme, » dit un témoin sincère [1]. L'ennemi trouva les rues et les places désertes. Les femmes de Belfort, dignes par leur courage de leurs sœurs de Strasbourg et de Paris, pleuraient dans leurs maisons en ruine en entendant passer les fifres allemands. Elle regrettaient la musique du canon. Tant qu'on se bat l'espérance est permise.

Le drapeau français flottait encore sur une forteresse d'Alsace, sur les remparts de Bitche, que défendait le 54ᵉ de ligne. Tous les efforts des Allemands avaient échoué contre la vaillante petite place. La ville fut bombardée, brûlée, mais elle ne se rendit, comme Belfort, que sur l'ordre du gouvernement français. Investie depuis le mois d'août, depuis sept mois, par les Bavarois, Bitche, assise dans les rochers, se gardait à la France. Quand l'heure

---

[1] *Impressions et souvenirs du siége de Belfort,* par un volontaire de l'armée de Belfort, page 145.

de la reddition fut venue, la guerre étant terminée, la garnison
sortit avec les honneurs de la guerre, emportant ses armes, ses
bagages et son matériel. Au moment du départ et de la séparation, les femmes furent admirables de patriotisme : elles eurent
recours, pour exprimer leur amour pour la France, à une idée
délicate et touchante comme le cœur féminin sait en trouver sous
le coup des grandes et pures émotions. Elles voulurent offrir aux
soldats français qui les quittaient un drapeau tricolore brodé de
leurs mains. Le commandant de la garnison devait remettre le
drapeau au chef de l'État, avec prière de le déposer au musée
d'artillerie jusqu'au jour où une armée française pourra le rapporter
en triomphe sur les remparts de Bitche. La remise du drapeau
eut lieu le 15 mars sur la place de Bitche ; la garnison avait été
convoquée à la touchante cérémonie par un ordre du jour du commandant :

« Officiers, sous-officiers et soldats de la garnison, vous êtes appelés à
vous réunir aujourd'hui, à une heure de l'après-midi, au camp retranché,
pour recevoir des délégués de Bitche un drapeau qui vous est offert par les
habitants de la ville, et que leurs filles ont voulu broder de leurs mains.

« Ce drapeau, glorieux témoignage de votre courage et de votre patience
pendant les sept mois de siége ou de blocus de la place, sera présenté au
chef de l'État, auquel je demanderai qu'il soit déposé au musée d'artillerie
jusqu'au jour ou il pourra être rapporté ici par une armée française valeu-
reuse et triomphante.

« C'est un gage que la France voudra restituer un jour à une population
aussi malheureuse, aussi dévoue et si éminemment française de cœur et
d'âme sur laquelle le joug de l'étranger va s'appesantir.

« Conservons tous le souvenir de cette cérémonie touchante, pour le
faire passer au besoin comme une tradition vivante et ineffaçable dans le
cœur de nos enfants.

« N'oublions jamais que nous allons laisser ici des Français, des frères
malheureux, dont le cœur reste plein d'espérance et de foi dans l'avenir.

« Après réception du drapeau, la garnison défilera devant MM. les délégués de la ville et rentrera sans s'arrêter dans ses logements.

« Une compagnie du 54e de marche, casernée au château, reconduira le
drapeau chez le commandant de la place, où il restera déposé en attendant
les dispositions à prendre pour le départ de la garnison.

Le lieutenant-colonel commandant la place,

« TESSIER.

« Bitche, le 15 mars 1871. »

Lorsque tout le monde fut réuni, le chef de la municipalité remit le drapeau entre les mains du commandant Tessier. « Je vous offre ce drapeau, dit-il, travail de nos enfants. En vous serrant les mains au nom de toute notre population si française par le cœur, je ne vous dis pas adieu, mais au revoir. » Les sanglots étouffaient la voix du patriote. Les soldats, les habitants de Bitche pleuraient. Quelques instants après, la garnison sortait de la place, et on la saluait des cris répétés de : Vive la France ! Vive la République !

On a vu le sort fait à l'armée de l'Est par l'armistice ; tournons-nous maintenant vers l'Ouest et le Nord. La ligne de démarcation des troupes consentie par M. Jules Favre et proposée par l'état-major allemand attribuait aux Prussiens des positions plus avantageuses que ne l'étaient celles qu'ils occupaient au moment de la suspension d'armes. Les perfidies de M. de Bismarck avaient ici encore plein succès. Il aurait fallu, pour les combattre, que M. Jules Favre connût exactement la situation de chacune de nos armées de province et qu'il prît à cet effet conseil de la délégation départementale. Malheureusement, pressé par la famine qui menaçait Paris, le négociateur ne s'adressa point au gouvernement de Bordeaux. Il accepta tout ce que voulut M. de Bismarck, et celui-ci ne mit aucun scrupule dans ses exigences. Tandis que dans l'est Garibaldi menacé se voyait contraint d'abandonner Dijon et de se retirer sur Autun et Chagny pour couvrir la route de Lyon, dans l'ouest le général Chanzy s'étonnait de la délimitation assignée aux troupes allemandes. Une conférence à Marolles fut rendue nécessaire entre les officiers français et les officiers prussiens ; Argentan et Lisieux, que les Prussiens voulaient occuper sans aucun droit, furent déclarés neutres, mais Honfleur resta aux mains de l'ennemi malgré les protestations du général Loysel, que cet arrangement mettait dans un isolement dangereux au cas où les hostilités viendraient à recommencer. Dans la Seine-Inférieure nous ne gardions que le Havre ; nous perdions la moitié d'Indre-et-Loire et du Loiret ; l'ennemi s'emparait des lignes du Cher et de la Vienne, de la Bourgogne, d'une partie du Morvan et de la moitié de l'Yonne. Dans le Nord, Abbeville était compris dans le rayon d'occupation des troupes allemandes. Bref, nos armées étaient refoulées à des limites telles que la plupart des positions défendues jusqu'ici avec ténacité se trouvaient irrévocablement perdues, et que la reprise des hostilités, de notre part, était par là même rendue à peu près impossible [1].

Après six mois de lutte, la France déposait les armes, accablée par les coups de la fortune. Déclarée le 15 juillet 1870, effectivement engagée le 2 août suivant par l'escarmouche de Sarrebruck, la guerre fut terminée le 1ᵉʳ février 1871, sauf dans le rayon de Belfort, où le canon gronda jusqu'au 13 février. Dans cet intervalle, fécond en événements mémorables, la France avait mis sur pied plus d'un million d'hommes ; ses soldats avaient déployé les brillantes qualités qui ont établi leur renommée dans l'univers ; des actions d'éclat dignes de passer à la postérité avaient illustré ses armes : témoin Reischoffen, témoin Bazeilles, témoin Châteaudun, Strasbourg, Belfort, témoin Coulmiers, Josnes et Beaugency, témoin enfin ce grand siége de Paris, où l'on vit tous les cœurs confondus dans le même attachement à la gloire du nom français. Si quelques ombres ternissent le tableau du siége de Paris, faut-il ne voir que les ombres ? Faut-il oublier le spectacle du désintéressement de la grande cité, à cause des égarements d'une poignée d'individus ? Soyons justes, d'ailleurs, même envers ces hommes que nous n'avons pas hésité à condamner au cours de ce récit : la suite des événements et la chute finale de Paris ont assez montré que, sous leurs revendications violentes, il y avait le sentiment exact des dangers que courait la ville assiégée avec un chef militaire sans énergie. Les événements postérieurs à la capitulation ne doivent pas nous empêcher de faire cette constatation en passant.

Comment donc se fait-il que la France soit sortie vaincue de cette lutte, au cours de laquelle elle n'avait épargné ni le sang de ses enfants, ni les prodigieuses ressources de son sol et de son industrie ? Les causes de sa défaite sont diverses ; mais celle qui les domine toutes, c'est qu'elle n'était pas prête à faire la guerre, lorsque le gouvernement impérial la jeta dans cette criminelle aventure. Ses arsenaux sont vides, ses cadres dégarnis. Elle n'arrive pas à mettre en ligne trois cent mille hommes, quand l'Allemagne pouvait, par une mobilisation rapide, lui en opposer cinq cent mille, et ces deux cent cinquante mille hommes, envoyés à la frontière à la fin de juillet, furent disséminés de Sierck à

---

[1] *La guerre en province*, par Ch. de Freycinet, page 319.

Strasbourg, sur un espace d'environ 100 kilomètres. Vers le milieu d'août, le maréchal Bazaine livre deux batailles, dont l'une, celle de Gravelotte, la plus grande du siècle après Leipzig, lui ouvre la route de Verdun et de Châlons. Il s'enferme dans Metz : fatale résolution qui prive la France de sa plus belle armée. Les cent quatre-vingt mille combattants de Gravelotte et de Saint-Privat resteront désormais inactifs, et par une fatalité révoltante, ils ne déposeront les armes que pour permettre à Frédéric-Charles de courir sur la Loire à la rencontre des vainqueurs de Coulmiers. Ainsi Bazaine fut le mauvais génie de la France à Metz et sur la Loire, et sa fatale influence se retrouve au fond de nos plus grands malheurs. Lorsque des considérations plus politiques que stratégiques envoient l'armée de Châlons au secours de Bazaine enfermé dans Metz, le maréchal Mac-Mahon avertit le commandant en chef de l'armée du Rhin de sa marche périlleuse. L'ennemi le poursuit et le presse à travers l'Argonne ; une bataille décisive est imminente. Si le maréchal Bazaine n'accourt pas à la tête de son armée, c'en est fait peut-être de l'armée de Châlons. Bazaine ne vint pas. Acculée dans l'entonnoir de Sedan, l'armée de Châlons succomba sous des forces trois fois supérieures. Cette catastrophe consommée, la France se trouvait sans soldats, et toutes ses routes étaient ouvertes à l'invasion. L'Empire s'écroulait sous le poids de ses fautes et de la malédiction universelle, mais en tombant il ne laissait rien derrière lui pour la défense du pays. Le gouvernement de la Défense nationale dut tout créer. Nous avons raconté en temps opportun les efforts gigantesques du gouvernement du 4 septembre, merveilleusement secondés par le pays tout entier. Les causes qui empêchèrent cet élan de patriotisme d'aboutir ont été sommairement indiquées dans le cours de cet ouvrage au fur et à mesure que les événements se déroulaient. Il ne sera peut-être pas inutile de les résumer ici, avant d'aborder les questions qui se rattachent à la réunion de l'Assemblée à Bordeaux et à la conclusion de la paix. Quelle qu'ait été d'ailleurs l'issue de la résistance entreprise par le gouvernement de la Défense nationale, l'honneur de ce gouvernement consiste à n'avoir pas désespéré de la France après la capitulation de Sedan et à n'avoir pas courbé la tête devant un vainqueur insolent. La France tout entière — c'est une justice à lui rendre — s'associa au cri de guerre poussé par les hommes que la révolution du 4 septembre porta au pouvoir. L'opinion publique était si unanime alors dans la résistance, que les ministres de Napoléon III eux-mêmes, quelques heures avant leur chute, appelaient la nation aux armes. Si l'avenir restait obscur, le devoir du moins paraissait clair.

L'insuffisance du nombre de soldats que nous pouvions mettre en ligne doit être comptée parmi les causes qui ont assuré le succès définitif de l'ennemi. Dans les premiers jours de février 1871, c'est-à-dire au moment de la conclusion de l'armistice, la France avait environ 500,000 hommes sous les armes ; elle comptait, en outre, près de 300,000 hommes, mobilisés surtout, dans les camps, en Algérie et dans les dépôts. Le nombre de bouches à feu s'élevait à 1,232. Toutefois ce relevé, fort respectable à première vue, s'applique seulement à la dernière période, aux derniers jours de la guerre. En réalité, pendant toute la durée de la lutte, l'ensemble des armées en campagne ne dépassa jamais une moyenne de 300,000 hommes [1]. On sait combien ces troupes improvisées laissaient à désirer sous le rapport de la discipline et de l'armement. Jetés presque sans transition de leurs foyers sur les champs de bataille, ces soldats possédaient une éducation militaire nécessairement insuffisante ; le temps matériel leur manquait pour se pénétrer de l'esprit de corps, pour connaître leurs officiers et acquérir cette cohésion qui est dans une armée le fruit de la vie en commun. L'autorité des officiers était faible, et trop souvent, dans les moments les plus critiques, elle fut méconnue. Les chefs de corps se virent dans l'obligation de faire des exemples sévères : d'Aurelles de Paladines au camp de Salbris, Chanzy dans sa retraite de la Loire à la Mayenne, instituèrent des cours martiales. Le soldat français, toujours plein d'ardeur si la fortune sourit à ses armes, s'abandonne vite au découragement si des revers le forcent à la retraite. Voilà pourquoi peut-être il faut regretter que le général d'Aurelles n'ait pas profité de l'élan imprimé à ses troupes par la victoire de Coulmiers, pour continuer sa marche sur Paris. Ce moment de pleine espérance ne se retrouva plus.

L'armement des troupes contribua, pour sa part, à notre échec final. Au point de vue de l'artillerie, notre infériorité vis-à-vis de l'ennemi fut constante. Les Allemands comptaient 3 à 4 pièces

---

[1] Telle est l'évaluation de M. Ch. de Freycinet, très-bien en situation de connaître la vérité.

par 1,000 hommes ; nous en possédions à peine 2. C'est seulement
vers la fin de la guerre que nous eûmes environ 1,300 pièces pour
450,000 hommes. Or, on sait que l'artillerie joua un rôle prépon-
dérant pendant toute la durée de la campagne. Notre infériorité
fut surtout très-sensible à la bataille d'Héricourt. Bourbaki perdit cette journée par manque de canons et par l'insuffisance du calibre de ceux dont il disposait. Quant aux fusils, la supériorité du
chassepot sur le fusil à aiguille prussien resta toujours incontestable ; mais, outre que les feux de mousqueterie ont rarement décidé d'une bataille, la plupart de nos soldats étaient armés de
fusils ancien modèle. On fabriquait par mois 30,000 chassepots et
dans le même temps on mettait sous les drapeaux 150,000 hommes ; plus des deux tiers recevaient forcément de vieux fusils. Le
nombre des chassepots était considérable à l'ouverture de la
guerre, mais ils avaient été transportés, pour la plus grande partie,
soit à Strasbourg, soit à Metz. Les vieux fusils éveillaient la défiance des troupes. C'est par ce défaut de confiance dans leurs
armes qu'on a expliqué la panique des mobilisés bretons, cette
panique folle qui amena la perte de la bataille du Mans par l'a-
bandon du plateau de la Tuilerie. Rappellerons-nous les défectuo-
sités de l'équipement, le manque d'officiers d'état-major, l'irrégularité des transports, les mauvaises distributions de l'intendance,
provenant tantôt de l'ignorance des lieux, tantôt de la mauvaise organisation des chemins de fer, tantôt du déplorable
état où la neige et le verglas avaient mis les routes ? La nature
aussi fut contre nous dans cet impitoyable hiver. Les montagnes
du Jura, les bords de la Loire, de la Scarpe, de la Seine et de la
Marne, les coteaux de Champigny, la plaine Saint-Denis n'eurent
rien à envier aux inclémences du ciel de la Russie. L'âpre hiver
éprouva plus cruellement les enfants d'un climat tempéré que les
soldats aguerris des pays du nord.

Selon les règles de la science militaire, les armées improvisées
de la France devaient donc succomber contre un ennemi plus nombreux, plus aguerri, mieux armé, enflammé par des victoires
inespérées. Les généraux qui avaient refoulé dans le bas-fond de
Sedan l'armée de Châlons, qui avaient enfermé dans Metz l'armée de Gravelotte et l'avaient forcée à mettre bas les armes, qui
avaient abattu, dans l'espace de deux mois, la vieille puissance
militaire de la France, ces généraux devaient regarder avec un

étonnement mêlé de pitié ce peuple courant confusément aux armes à la voix de quelques patriotes. Ils se flattaient de faire rentrer dans la poussière ces armées de paysans, comme ils se flattaient de prendre Paris en se montrant sous ses murs. L'expérience dissipa ces illusions. Les règles de la science militaire parurent mesquines et mensongères, quand ces soldats, vieux de deux mois dans la vie des camps, culbutèrent les Bavarois à Coulmiers, quand sous les ordres de Chanzy ils livrèrent les mémorables combats de Josnes et de Beaugency ; quand ils livrèrent avec Faidherbe la bataille de Bapaume, quand les troupes méprisées de Garibaldi chassèrent, avec leurs vieux fusils, les Prussiens de Dijon. Il serait donc téméraire d'affirmer que la lutte était sans espoir, malgré les vices d'organisation et d'armement, malgré les fautes de l'intendance, malgré l'inexorable hiver.

Il faut pousser les investigations plus avant.

Nos revers n'auraient-ils pas leur source dans la préoccupation constante du gouvernement de province relativement au déblocus de Paris? Nous avons déjà indiqué, au cours de cet ouvrage, la faute commise à la veille de l'investissement de Paris. Le gouvernement considéra la grande cité comme le boulevard et le centre de la résistance nationale ; il s'enferma presque tout entier dans ses murs ; il y appela 100,000 gardes mobiles de province. Ainsi, pendant qu'on enlevait aux départements leur force principale, on introduisait 100,000 bouches nouvelles dans une ville menacée d'un siège et exposée à souffrir tôt ou tard de la famine. On envoyait, il est vrai, dans les départements une délégation animée du plus pur patriotisme, mais manquant de jeunesse, d'énergie, de cette confiance qui soutient et qui entraîne. On avait laissé dans Paris le ministre de la guerre, dont la présence et l'activité eussent été si utiles au milieu du désarroi militaire où se trouvait le pays, et le ministre des affaires étrangères que les raisons les plus impérieuses invitaient à se tenir en communication incessante avec les cours européennes. Ce fut, nous le répétons, une grande faute.

L'absence de direction énergique en province ne devait pas tarder à porter ses fruits. L'esprit de solidarité nationale tendait à s'affaiblir. Dans l'Ouest, dans le Midi surtout, des groupes de départements se formaient pour l'organisation de la résistance locale. Des esprits trop prompts à s'alarmer purent croire un moment que l'unité nationale courait des périls sérieux. Ces prévisions pessimistes ne se réalisèrent pas ; mais qui peut assurer que la désagrégation du pays n'eût pas été très-menaçante, sans l'arrivée de M. Gambetta ? Les conséquences immédiates de la faute commise par le gouvernement furent donc conjurées. Mais les conséquences éloignées subsistèrent : Paris, en concentrant sur lui-même tout l'effort et tout l'intérêt de la résistance, liait la destinée de la France entière à la sienne propre. Il devenait l'objectif des armées levées en province ; en tombant, il entraînait tout le pays dans sa chute. C'est peut-être dans cette malheureuse conception qu'on découvre la cause principale de nos revers.

Dans cette situation, voici le phénomène qui, fatalement, devait se produire. Comme il fallait épargner à Paris les horreurs de la famine, comme il fallait arriver sous ses murs avant l'épuisement des subsistances, en un mot, le débloquer à temps, la préoccupation dominante de la délégation provinciale fut de savoir combien de temps Paris pourrait tenir. Or, à cet égard, on resta toujours dans les à peu près. Le gouvernement de Paris ne put jamais fournir au gouvernement de Tours une date précise, car il ignorait l'état des ressources accumulées dans l'intérieur de la ville. La limite assignée à la résistance varia sans cesse. Le *Journal officiel* avait commencé par annoncer, dans les premiers jours du siége, que l'approvisionnement assurait une résistance de deux mois, ce qui portait vers le 20 novembre environ l'échéance fatale. Peu de temps après, sur de nouvelles évaluations, le gouvernement croit reconnaître qu'il est resté en deçà de la vérité. Alors M. Jules Favre prévient M. Gambetta que Paris est en mesure de tenir jusqu'au milieu de décembre. Le 16 novembre, M. Jules Favre écrit :

« Nous avons à manger, mal, mais à manger jusqu'en janvier ; mais en calculant le délai nécessaire au ravitaillement, prenez le 15 décembre comme limite extrême de notre résistance. »

Nouvel avis au 23 novembre :

« Nous allons agir énergiquement ; mais la limite extrême de nos subsistances est du 15 au 20 décembre ; il faut quinze jours au moins pour ravitailler Paris. Il faut donc lui laisser ce délai. Prenez cette limite pour base de vos calculs.

Le 21 novembre :

« Le général Trochu vous donnera certainement ses instructions militaires, je ne puis usurper son domaine. Il me semble cependant qu'une concentration puissante de forces doit être opérée par vous avec le plus de rapidité possible. Nous touchons à la crise suprême. Quelle que soit notre abnégation, nous ne pouvons échapper à la nécessité de manger, et, comme je vous l'ai écrit, notre limite est au 15 décembre. A ce moment-là, nous aurons encore devant nous un stock de riz, six jours environ, c'est-à-dire ce qui est nécessaire d'une manière absolue pour se ravitailler. Il faut d'ici là être débloqués [1]. »

Par suite de ces communications, l'armée de la Loire quittait précipitamment ses positions fortifiées autour d'Orléans. Elle prenait la route de Fontainebleau pour donner la main au général Ducrot, dont la sortie était annoncée pour le 1er décembre. Les généraux Chanzy, Borel, d'Aurelles, signalaient les dangers d'un mouvement hâtif ; mais comment rester immobile, quand l'armée de Paris livrait bataille sur la Marne? On sait le reste. Ducrot retarde son attaque de vingt-quatre heures contre Champigny, parce que les ponts jetés sur la Marne sont trop courts ; ensuite, il perd une journée après avoir livré sa première bataille de Champigny. Pendant ce temps, l'armée de la Loire est coupée en deux par Frédéric-Charles, et nous perdons Orléans. Les armées de province, obligées pour sauver Paris, de marcher avant l'heure, avant d'avoir complété leur armement et leur instruction, étaient donc exposées aux plus redoutables aventures. C'est par suite de cette fausse conception qu'elles ont échoué. Qui oserait dire que leur destinée n'eût pas été plus heureuse, si, libres de toute préoccupation quant au déblocus de Paris, elles avaient eu le temps de se préparer, de s'armer, de se discipliner, et si elles avaient eu la faculté de choisir l'heure et le terrain de leurs opérations?

Si l'on objecte que les armées de province devaient trouver un puissant appui dans l'armée de Paris, on oublie que le concert nécessaire pour la bonne conduite des opérations n'existait pas, par suite de l'irrégularité des communications. Le plus mémorable et le plus triste exemple de cette irrégularité est présent à toutes les mémoires. Le 21 novembre, le général Trochu expédie

---

[1] Au reçu de ces dépêches, le délégué à la guerre, M. de Freycinet, écrivait au général d'Aurelles de Paladines à Orléans :

« Nous ne pouvons demeurer éternellement à Orléans. *Paris a faim et nous réclame.* »

par ballon une dépêche annonçant pour le 29 une grande sortie
du général Ducrot sur la Marne, et il invite l'armée de la Loire
à marcher sur Fontainebleau, où les deux armées doivent opérer
leur jonction. Le sort des deux armées est en jeu dans cette importante opération. Par une fatalité à jamais déplorable, le ballon
est emporté par une tempête au fond de la Norwége ; la dépêche
arrive à Tours seulement le 30 novembre, avec six jours de retard. Mis en demeure de partir immédiatement, puisque l'armée
de Paris doit déjà être engagée, les généraux de l'armée de la
Loire, d'Aurelles de Paladines, Borel, Chanzy, signalent le péril
de cette marche en avant. Mais on ne peut pas refuser de tendre
la main à l'armée parisienne. On donne sur-le-champ les ordres
du départ. Le sort de la France a dépendu peut-être du coup
de vent qui chassa jusqu'en Norwége le ballon du 24 novembre.

Ce n'est point ici le lieu d'examiner si Paris, avec ses
200,000 hommes de bonnes troupes, était en mesure d'opérer sa
délivrance sans le secours des armées de province. Professant la
théorie qu'une place ne se sauve jamais elle-même, si une armée
extérieure ne lui tend la main, le général Trochu attendit du
dehors son salut, tout comme si Paris avait été une place ordinaire. Au commencement du siége, mesurant par la pensée la
grandeur de la tâche, le général Trochu avait dit à ses collègues : « Ce que nous entreprenons là est une folie héroïque. »
Ce scepticisme n'abandonna jamais le gouverneur de Paris pendant les cinq mois d'investissement. Au rebours de la province,
dirigée par des patriotes enthousiastes, comme M. Gambetta, et par
des généraux tenaces et confiants, comme Chanzy et Faidherbe,
Paris fut défendu par des généraux qui ne crurent jamais au
succès et par un gouvernement qui, par crainte de la guerre civile,
laissait Trochu conduire insensiblement la ville à sa perte. Le
général Trochu avait-il sous ses ordres une armée capable de faire
une trouée ? Il l'a toujours nié, et il y aurait évidemment quelque
exagération à prétendre que la garde nationale fût tout entière
composée de bons soldats, malgré la belle conduite de quelques-
uns de ses bataillons à Buzenval et à Montretout. Mais pourquoi
le général Trochu ne formait-il pas une bonne armée avec les bons
éléments de la garde nationale ? Les mobiles arrivés de province
au commencement du siége n'étaient-ils pas devenus des soldats

sur qui on pouvait compter? Au surplus, même en laissant de côte
la garde nationale, l'armée de Paris bien dirigée aurait pu harceler
sans cesse l'ennemi, lui infliger des pertes sensibles et certainement
l'empêcher de détacher du cercle d'investissement les corps d'armée qui se portèrent successivement contre Chanzy, contre
Faidherbe et, en dernier lieu, contre Bourbaki. M. Trochu se
borna à livrer quelques combats sans suite, sans plan, non pour
débloquer Paris, mais pour donner satisfaction à l'opinion publique, qui se montrait inquiète. Il fallait à Paris un homme de résolution; ce fut un homme de résignation qu'on rencontra, un
homme qui parlait beaucoup et agissait peu, un critique, un
mystique jeté par la fortune au milieu d'événements extraordinaires et qui resta toujours au-dessous de sa tâche.

PIÈCES JUSTIFICATIVES

I

CONVENTION POUR L'ARMISTICE.

C'est le cœur brisé de douleur que nous deposons les armes. Ni les souffrances, ni la mort dans le combat n'auraient pu contraindre Paris à ce cruel
sacrifice. Il ne cède qu'à la faim. Il s'arrête quand il n'a plus de pain.
Dans cette cruelle situation, le gouvernement a fait tous ses efforts pour
adoucir l'amertume d'un sacrifice imposé par la nécessité. Depuis lundi soir
il négocie; ce soir a été signé un traité qui garantit à la garde nationale
tout entière son organisation et ses armes; l'armée, déclarée prisonnière
de guerre, ne quittera point Paris. Les officiers garderont leur épée. Une
Assemblée nationale est convoquée. La France est malheureuse, mais elle
n'est pas abattue. Elle a fait son devoir; elle reste maîtresse d'elle-même.

Voici le texte de la convention signée ce soir à huit heures, et rapportée
par M. le ministre des affaires étrangères. Le gouvernement s'est immédiatement occupé de régler toutes les conditions du ravitaillement, et
d'expédier les agents, qui partiront dès demain matin.

CONVENTION.

Entre M. le comte de Bismarck, chancelier de la Confédération germanique, stipulant au nom de S. M. l'empereur d'Allemagne, roi de Prusse,
et M. Jules Favre, ministre des affaires étrangères du gouvernement de la
Défense nationale, munis de pouvoirs réguliers,

Ont été arrêtées les conventions suivantes :

Art. 1er. Un armistice général, sur toute la ligne des operations militaires en cours d'exécution entre les armées allemandes et les armées françaises, commencera pour Paris aujourd'hui même, pour les départements dans un délai de trois jours ; la durée de l'armistice sera de vingt et un jours, à dater d'aujourd'hui, de manière que, sauf le cas où il serait renouvelé, l'armistice se terminera partout le 19 février à midi.

Les armées belligérantes conserveront leurs positions respectives, qui seront séparées par une ligne de démarcation. Cette ligne partira de Pont-l'Évêque, sur les côtes du département du Calvados, se dirigera sur Lignières, dans le nord-est du département de la Mayenne, en passant entre Briouze et Fromentel ; en touchant au département de la Mayenne à Lignières, elle suivra la limite qui sépare ce département de ceux de l'Orne et de la Sarthe, jusqu'au nord de Morannes, et sera continuée de manière à laisser à l'occupation allemande les départements de la Sarthe, Indre-et-Loire, Loir-et-Cher, du Loiret, de l'Yonne, jusqu'au point où, à l'est de Quarré-les-Tombes, se touchent les départements de la Côte-d'Or, de la Nièvre et de l'Yonne. A partir de ce point, le tracé de la ligne sera réservé à une entente qui aura lieu aussitôt que les parties contractantes seront renseignées sur la situation actuelle des opérations militaires en exécution dans les départements de la Côte-d'Or, du Doubs et du Jura. Dans tous les cas, elle traversera le territoire composé de ces trois départements, en laissant à l'occupation allemande les départements situés au nord, à l'armée française ceux situés au midi de ce territoire.

Les départements du Nord et du Pas-de-Calais, les forteresses de Givet et de Langres, avec le terrain qui les entoure à une distance de 10 kilomètres, et la péninsule du Havre jusqu'à une ligne à tirer d'Étretat dans la direction de Saint-Romain, resteront en dehors de l'occupation allemande.

Les deux armées belligérantes et leurs avant-postes de part et d'autre se tiendront à une distance de 10 kilomètres au moins des lignes tracées pour séparer leurs positions.

Chacune des deux armées se réserve le droit de maintenir son autorité dans le territoire qu'elle occupe, et d'employer les moyens que ses commandants jugeront nécessaires pour arriver à ce but.

L'armistice s'applique également aux forces navales des deux pays, en adoptant le méridien de Dunkerque comme ligne de démarcation, à l'ouest de laquelle se tiendra la flotte française, et à l'est de laquelle se retireront, aussitôt qu'ils pourront être avertis, les bâtiments de guerre allemands qui se trouvent dans les eaux occidentales. Les captures qui seraient faites après la conclusion et avant la notification de l'armistice seront restituées, de même que les prisonniers qui pourraient être faits de part et d'autre dans l'intervalle indiqué.

Les opérations militaires sur le terrain des départements du Doubs, du Jura et de la Côte-d'Or, ainsi que le siège de Belfort, se continueront, indépendamment de l'armistice, jusqu'au moment où on se sera mis d'accord sur la ligne de démarcation dont le tracé à travers les trois départements mentionnés a été réservé à une entente ultérieure.

Art. 2. L'armistice ainsi convenu a pour but de permettre au gouvernement de la Défense nationale de convoquer une Assemblée librement élue qui se prononcera sur la question de savoir : si la guerre doit être continuée, ou à quelles conditions la paix doit être faite.

L'Assemblée se réunira dans la ville de Bordeaux.

Toutes les facilités seront données par les commandants des armées allemandes pour l'election et la réunion des députés qui la composeront.

Art. 3. Il sera fait immédiatement remise à l'armée allemande, par l'autorité militaire française, de tous les forts formant le périmètre de la defense extérieure de Paris, ainsi que de leur matériel de guerre. Les communes et les maisons situées en dehors de ce périmètre ou entre les forts pourront être occupées par les troupes allemandes, jusqu'à une ligne à tracer par des commissaires militaires. Le terrain restant entre cette ligne et l'enceinte fortifiée de la ville de Paris sera interdit aux forces armées des deux parties. La manière de rendre les forts et le tracé de la ligne mentionnée formeront l'objet d'un protocole à annexer à la présente convention.

Art. 4. Pendant la durée de l'armistice, l'armée allemande n'entrera pas dans la ville de Paris.

Art. 5. L'enceinte sera désarmée de ses canons, dont les affûts seront transportés dans les forts à désigner par un commissaire de l'armée allemande [1].

Art. 6. Les garnisons (armée de ligne, garde mobile et marins) des forts et de Paris seront prisonnières de guerre, sauf une division de douze mille hommes que l'autorité militaire dans Paris conservera pour le service interieur.

Les troupes prisonnières de guerre déposeront leurs armes, qui seront réunies dans des lieux désignés et livrées suivant règlement par commissaires suivant l'usage ; ces troupes resteront dans l'intérieur de la ville, dont elles ne pourront pas franchir l'enceinte pendant l'armistice. Les autorités françaises s'engagent à veiller à ce que tout individu appartenant à l'armée et à la garde mobile reste consigné dans l'intérieur de la ville. Les officiers des troupes prisonnières seront désignés par une liste à remettre aux autorités allemandes.

À l'expiration de l'armistice, tous les militaires appartenant à l'armée consignée dans Paris auront à se constituer prisonniers de guerre de l'armée allemande, si la paix n'est pas conclue jusque-là.

Les officiers prisonniers conserveront leurs armes.

Art. 7. La garde nationale conservera ses armes ; elle sera chargée de la garde de Paris et du maintien de l'ordre. Il en sera de même de la gendarmerie et des troupes assimilées, employées dans le service municipal, telles que garde républicaine, douaniers et pompiers : la totalité de cette catégorie n'excédera pas trois mille cinq cents hommes.

Tous les corps de francs-tireurs seront dissous par une ordonnance du gouvernement français.

Art. 8. Aussitôt après la signature des présentes et avant la prise de possession des forts, le commandant en chef des armées allemandes donnera toutes facilités aux commissaires que le gouvernement français enverra, tant dans les départements qu'à l'étranger, pour préparer le ravitaillement et faire approcher de la ville les marchandises qui y sont destinées.

---

[1] Dans le protocole, cette condition du transport des affûts dans les forts a été abandonnée par les commissaires allemands, sur la demande des commissaires français.

Art. 9. Après la remise des forts et après le désarmement de l'enceinte et de la garnison stipulés dans les articles 5 et 6, le ravitaillement de Paris s'opérera librement par la circulation sur les voies ferrées et fluviales. Les provisions destinées à ce ravitaillement ne pourront être puisées dans le terrain occupé par les troupes allemandes, et le gouvernement français s'engage à en faire l'acquisition en dehors de la ligne de démarcation qui entoure les positions des armées allemandes, à moins d'autorisation contraire donnée par les commandants de ces dernières.

Art. 10. Toute personne qui voudra quitter la ville de Paris devra être munie de permis réguliers délivrés par l'autorité militaire française et soumis au visa des avant-postes allemands. Ces permis et visas seront accordés de droits aux candidats à la députation en province et aux députés de l'Assemblée.

La circulation des personnes qui auront obtenu l'autorisation indiquée ne sera admise qu'entre six heures du matin et six heures du soir.

Art. 11. La ville de Paris payera une contribution municipale de guerre de la somme de deux cents millions de francs. Ce payement devra être effectué avant le quinzième jour de l'armistice. Le mode de payement sera déterminé par une commission mixte allemande et française.

Art. 12. Pendant la durée de l'armistice, il ne sera rien distrait des valeurs publiques pouvant servir de gages au recouvrement des contributions de guerre.

Art. 13. L'importation dans Paris d'armes, de munitions ou de matières servant à leur fabrication sera interdite pendant la durée de l'armistice.

Art. 14. Il sera procédé immédiatement à l'échange de tous les prisonniers de guerre qui ont été faits par l'armée française depuis le commencement de la guerre. Dans ce but, les autorités françaises remettront, dans le plus bref délai, des listes nominatives des prisonniers de guerre allemands aux autorités militaires allemandes à Amiens, au Mans, à Orléans et à Vesoul. La mise en liberté des prisonniers de guerre allemands s'effectuera sur les points les plus rapprochés de la frontière. Les autorités allemandes remettront en échange, sur les mêmes points, et dans le plus bref délai possible, un nombre pareil de prisonniers français, de grades correspondants, aux autorités militaires françaises.

L'échange s'étendra aux prisonniers de condition bourgeoise, tels que les capitaines de navires de la marine marchande et les prisonniers français civils qui ont été internés en Allemagne.

Art. 15. Un service postal pour des lettres non cachetées sera organisé entre Paris et les départements, par l'intermédiaire du quartier général de Versailles.

En foi de quoi les soussignés ont revêtu de leurs signatures et de leur sceau les présentes conventions.

Fait à Versailles, le 28 janvier 1871.

Signé : Jules Favre.   Bismarck.

II

Le gouvernement a annoncé qu'il donnerait la preuve irréfragable que Paris a poussé la résistance jusqu'aux extrêmes limites du possible. Aujourd'hui que la convention relative à l'armistice est signée, le gouvernement peut remplir sa promesse

... Lorsque, le 8 septembre, le *Journal officiel* répétant une déclaration affichée sur les murailles par M. Magnin, ministre du commerce, affirmait que les approvisionnements en viandes, liquides et objets alimentaires de toute espèce seraient largement suffisants pour assurer l'alimentation d'une population de deux millions d'âmes pendant deux mois, cette assertion était généralement accueillie par un sourire d'incrédulité. Or, quatre mois et vingt jours se sont écoulés depuis le 8 septembre.

... Le 27 janvier, — c'est-à-dire huit jours après la dernière bataille livrée sous nos murs et presque au moment où nous apprenions les insuccès de Chanzy et de Faidherbe, — il restait en magasin 42,000 quintaux métriques de blé, orge, seigle, riz et avoine. ce qui, réduit en farine, représente, à cause du faible rendement de l'avoine, 35,000 quintaux métriques de farine panifiable. Dans cette quantité sont compris 11,000 quintaux de blé et 6,000 quintaux de riz cédés par l'administration de la guerre. laquelle ne possède plus que dix jours de vivres pour les troupes, si on les traite comme des troupes en campagne, savoir : 12,000 quintaux de riz, blé et farine, et 20,000 quintaux d'avoine. Telle était la situation de nos approvisionnements en céréales à l'heure de l'ouverture des négociations.

En temps ordinaire, Paris emploie à sa subsistance 8.000 quintaux de farine par jour, c'est-à-dire 2,000,000 de livres de pain ; mais, du 22 septembre au 18 janvier, sa consommation a été réduite à une moyenne de 6,300 quintaux de farine par jour, et depuis le 18 janvier, c'est-à-dire depuis le rationnement, cette consommation est descendue à 5,000 quintaux, soit un sixième de moins environ que la quantité habituelle, nous pourrions dire nécessaire.

En partant de ce chiffre de 5,300 quintaux, le total de nos approvisionnements représente une durée de sept jours.

A ces sept jours, on peut ajouter *un jour* d'alimentation fournie par la farine actuellement distribuée aux boulangers ; *trois* ou *quatre* jours auxquels subviendront les quantités de blés enlevées aux détenteurs par tous les moyens qu'il a été possible d'imaginer, et l'on arrive ainsi à reconnaître que nous avons du pain pour huit jours au moins, pour douze jours au plus.

Il n'est pas inutile de dire que, depuis trois semaines, il n'existe plus de provision en farine. Nos moulins ne fournissent chaque jour que la farine nécessaire au lendemain. Il eût suffi de quelques obus tombant sur l'usine Cail pour mettre instantanément en danger l'alimentation de toute la ville.

En ce qui concerne la viande, la situation peut se caractériser par un seul mot : depuis l'épuisement de nos réserves de boucherie, nous avons vécu en mangeant du cheval. Il y avait 100,000 chevaux à Paris. Il n'en reste plus que 33,000, en comprenant dans ce chiffre les chevaux de la guerre.

Ces 33,000 chevaux, d'ailleurs, ne sauraient être tous abattus sans les plus graves inconvénients. Plusieurs services, indispensables à la vie, seraient suspendus : ambulances, transport des grains, des farines et des combustibles, services de l'éclairage et des vidanges, pompes funèbres, etc. Il nous faudra, d'autre part, beaucoup de chevaux pour le camionnage, quand le ravitaillement commencera. En réalité, une fois ces diverses nécessités satisfaites, le nombre des animaux disponibles pour la boucherie ne dépassera pas 22,000 environ.

En ce moment nous consommons, avec l'armée, 650 chevaux par jour, soit 25 à 30 grammes par habitant, après le prélèvement des hôpitaux, des ambulances et des {fourneaux. *Vingt-cinq* grammes de viande de cheval, *trois cents* grammes de pain, voilà la nourriture dont Paris se contente à l'heure qu'il est. Dans dix jours, quand nous n'aurons plus de pain, nous aurons consommé 6,500 chevaux de plus, et il ne nous en restera que 26,500.

Nous pouvons, il est vrai, y joindre 3,000 vaches réservées pour le dernier moment, parce qu'elles fournissent du lait aux malades et aux nouveaux-nés. Mais, alors, comme il faudra remplacer le pain absent, la ration de viande devra être quadruplée, et nous serons obligés de tuer 3,000 chevaux par jour. Nous vivrions ainsi pendant une semaine environ

Mais nous n'en viendrons pas à cette extrémité, précisément parce que le gouvernement de la Défense nationale s'est décidé à négocier. On dira peut-être : « Pourquoi avoir tant tardé? Pourquoi n'avoir pas révélé plus tôt ces vérités terribles ? » A cette question, il y a à répondre que le devoir était de prolonger la résistance jusqu'aux dernières limites, et que la révélation de semblables détails eût été la fin de toute résistance.

..... Nous avons le ferme espoir, nous avons la certitude que la famine sera épargnée à deux millions d'hommes, de femmes, de vieillards et d'enfants. Le devoir sacré de pousser la résistance aussi loin que les forces humaines le comportent nous a obligés de tenir tant que nous avons eu un reste de pain. Nous avons cédé, non pas à l'avant-dernière heure, mais à la dernière.

III

CIRCULAIRE AUX PRÉFETS ET SOUS-PRÉFETS A LA NOUVELLE DE LA CAPITU-
LATION DE PARIS.

Intérieur à préfets et sous-préfets.

CITOYENS,

Bordeaux, 31 janvier, 4 heures

L'étranger vient d'infliger à la France la plus cruelle injure qu'il lui ait été donné d'essuyer dans cette guerre maudite, châtiment demesuré des erreurs et des faiblesses d'un grand peuple.

Paris inexpugnable à la force, vaincu par la famine, n'a pu tenir en respect plus longtemps les hordes allemandes. Le 28 janvier, il a succombé. La cité reste encore intacte, comme un dernier hommage arraché par sa puissance et sa grandeur morale à la barbarie.

Les forts seuls ont été rendus à l'ennemi. Toutefois Paris, en tombant, nous laisse le prix de ses sacrifices héroïques. Pendant cinq mois de privations et de souffrances, il a donné à la France le temps de se reconnaître, de faire appel à ses enfants, de trouver des armes et de former des armées, jeunes encore, mais vaillantes et résolues, auxquelles il n'a manqué, jusqu'à présent, que la solidité qu'on n'acquiert qu'à la longue. Grâce à Paris, si nous sommes des patriotes résolus, nous tenons en main tout ce qu'il faut pour le venger et nous affranchir.

Mais, comme si la mauvaise fortune tenait à nous accabler, quelque chose de plus sinistre et de plus douloureux que la chute de Paris nous attendait.

On a signé, à notre insu, sans nous avertir, sans nous consulter, un armistice dont nous n'avons connu que tardivement la coupable légèreté, qui livre aux troupes prussiennes les départements occupés par nos soldats, et qui nous impose l'obligation de rester trois semaines pour réunir en repos, en les tristes circonstances où se trouve le pays, une Assemblée nationale.

Nous avons demandé des explications à Paris, et gardé le silence, attendant, pour vous parler, l'arrivée promise d'un membre du gouvernement, auquel nous étions déterminés à remettre nos pouvoirs. Délégation du gouvernement, nous avons voulu obéir, pour donner un gage de modération et de bonne foi; pour remplir ce devoir qui commande de ne quitter le poste qu'après en avoir été relevé; enfin, pour prouver à tous, amis et dissidents, par l'exemple, que la démocratie n'est pas seulement le plus grand des partis, mais le plus grand des gouvernements.

Cependant personne ne vient de Paris, et il faut agir, il faut, coûte que coûte, déjouer les perfides combinaisons des ennemis de la France.

La Prusse compte sur l'armistice pour amollir, énerver, dissoudre nos armées : la Prusse espère qu'une Assemblée, réunie à la suite de revers successifs, et sous l'effroyable chute de Paris, sera nécessairement tremblante et prompte à subir une paix honteuse.

Il dépend de nous que ces calculs avortent, et que les instruments mêmes qui ont été préparés pour tuer l'esprit de résistance le ramènent et l'exaltent.

De l'armistice, faisons une école d'instruction pour nos jeunes troupes, employons ces trois semaines à préparer, à pousser avec plus d'ardeur que jamais l'organisation de la défense, de la guerre.

À la place de la Chambre réactionnaire et lâche que rêve l'étranger, installons une Assemblée vraiment nationale, républicaine, voulant la paix si la paix assure l'honneur, le rang et l'intégrité de notre pays, mais capable de vouloir aussi la guerre, et prête à tout plutôt que d'aider à l'assassinat de la France.

Français !

Songeons à nos pères, qui nous ont légué une France compacte et indivisible, ne trahissons pas notre histoire, n'aliénons pas notre domaine

traditionnel aux mains des barbares. Qui donc signerait? Ce n'est pas
vous, légitimistes, qui vous battez si vaillamment sous le drapeau de la
République pour défendre le sol du vieux royaume de France; ni vous,
fils des bourgeois de 1789, dont l'œuvre maîtresse a été de sceller les
vieilles provinces dans un pacte d'indissoluble union; ce n'est pas vous,
travailleurs des villes, dont l'intelligent et généreux patriotisme sait toujours représenter la France dans sa force et son unité, comme l'initiatrice
des peuples modernes; ni vous, enfin, ouvriers propriétaires des campagnes, qui n'avez jamais marchandé votre sang pour la défense de la
Révolution, à laquelle vous devez la propriété du sol et votre titre de citoyens !

Non, il ne se trouvera pas un Français pour signer cet acte infâme.
l'étranger sera déçu; il faudra qu'il renonce à mutiler la France, car, tous
animés du même amour pour la mère-patrie, impassibles dans les revers,
nous redeviendrons forts et nous chasserons l'étranger.

Pour atteindre ce but sacré, il faut dévouer nos cœurs, nos volontés,
notre vie, et, sacrifice plus difficile peut-être, laisser là nos préférences.

Il faut nous serrer tous autour de la République, faire preuve surtout
de sang-froid et de fermeté d'âme ; n'ayons ni passion ni faiblesse, jurons
simplement comme des hommes libres de défendre envers et contre tous
la France et la République.

Aux armes !

Vive la France !

Vive la République !

LÉON GAMBETTA.

IV

RÉPONSE DU GOUVERNEMENT DE PARIS A LA CIRCULAIRE DE LA DÉLÉGATION.

Au peuple français.

FRANÇAIS,

Paris a déposé les armes à la veille de mourir de faim.

On lui avait dit : Tenez quelques semaines, et nous vous délivrerons. Il a
résisté cinq mois, et, malgré d'héroïques efforts, les départements n'ont pu
le secourir.

Il s'est résigné aux privations les plus cruelles. Il a accepté la ruine, la
maladie, l'épuisement. Pendant un mois, les bombes l'ont accablé, tuant les
femmes, les enfants. Depuis plus de six semaines, les quelques grammes
de mauvais pain qu'on distribue à chaque habitant suffisent à peine à l'empêcher de mourir.

Et quand, ainsi vaincue par la plus inexorable nécessité, la grande cité
s'arrête pour ne pas condamner deux millions de citoyens à la plus terrible
catastrophe ; quand, profitant de son reste de force, elle traite avec l'ennemi

au lieu de subir une reddition à merci, au dehors, on accuse le gouvernement de la Défense nationale de coupable légèreté, on le dénonce, on le
rejette.

Que la France nous juge, nous et ceux qui nous comblaient hier de témoignages d'amitié et de respect, et qui aujourd'hui nous insultent !

Nous ne relèverions pas leurs attaques si le devoir ne nous commandait
de tenir jusqu'à la dernière heure, d'une main ferme, le gouvernail que
le peuple de Paris nous a confié au milieu de la tempête. Ce devoir, nous
l'accomplirons.

Lorsqu'à la fin de janvier, nous nous sommes résignés à essayer de traiter,
il était bien tard. Nous n'avions plus de farine que pour dix jours, et nous
savions que la dévastation du pays rendait le ravitaillement tout à fait in-
certain. Ceux qui se lèvent aujourd'hui contre nous ne connaîtront jamais
les angoisses qui nous agitaient.

Il fallait cependant les cacher, aborder l'ennemi avec résolution, paraître
encore prêts à combattre et munis de vivres.

Ce que nous voulions, le voici :

Avant tout, n'usurper aucun droit. A la France seule appartient celui de
disposer d'elle-même. Nous avons voulu le lui réserver. Il a fallu de longues
luttes pour obtenir la reconnaissance de sa souveraineté. Elle est le point
le plus important de notre traité.

Nous avons conservé à la garde nationale sa liberté et ses armes.

Si, malgré nos efforts, nous n'avons pu soustraire l'armée et la garde
mobile aux lois rigoureuses de la guerre, au moins les avons-nous sauvées
de la captivité en Allemagne et de l'internement dans un camp retranché,
sous les fusils prussiens.

On nous reproche de n'avoir pas consulté la délégation de Bordeaux ? On
oublie que nous étions enfermés dans un cercle de fer que nous ne pouvions briser.

On oublie, d'ailleurs, que chaque jour rendait plus probable la terrible
catastrophe de la famine, et cependant nous avons disputé le terrain pied à
pied, pendant six jours, alors que la population de Paris ignorait et devait
ignorer sa situation véritable, et qu'entraînée par une généreuse ardeur elle
demandait à combattre.

Nous avons donc cédé à une nécessité fatale.

Nous avons, pour la convocation de l'Assemblée, stipulé un armistice,
alors que les armées qui pouvaient nous venir en aide étaient refoulées loin
de nous.

Une seule tenait encore, nous le croyions du moins. La Prusse a exigé la
reddition de Belfort. Nous l'avons refusée, et, par là même, pour protéger
la place, nous avons pour quelques jours réservé la liberté d'action de son
armée de secours. Mais, ce que nous ignorions, il était trop tard. Coupé en
deux par les armées allemandes, Bourbaki, malgré son héroïsme, ne pouvait
plus résister, et, après l'acte de généreux désespoir auquel il s'abandonnait, sa troupe était forcée de passer la frontière.

La convention du 28 janvier n'a donc compromis aucun intérêt, et Paris
seul a été sacrifié.

Il ne murmure pas. Il rend hommage à la vaillance de ceux qui ont combattu loin de lui pour le secourir. Il n'accuse pas même celui qui est aujour-
d'hui si injuste et si téméraire, M. le ministre de la guerre qui a arrêté le

A. THIERS.

Degorce-Cadot, édit. Paris.

Rouge et Cⁱᵉ, imp.

général Chanzy voulant marcher au secours de Paris et lui a donné l'ordre de se retirer derrière la Mayenne.

Non ! tout était inutile, et nous devions succomber. Mais notre honneur est debout et nous ne souffrirons pas qu'on y touche.

Nous avons appelé la France à élire librement une Assemblée qui, dans cette crise suprême, fera connaître sa volonté.

Nous ne reconnaissons à personne le droit de lui en imposer une, ni pour la paix ni pour la guerre.

Une nation attaquée par un ennemi puissant lutte jusqu'à la dernière extrémité ; mais elle est toujours juge de l'heure à laquelle la résistance cesse d'être possible.

C'est ce que dira le pays consulté sur son sort.

Pour que son vœu s'impose à tous comme une loi respectée, il faut qu'il soit l'expression souveraine du libre suffrage de tous. Or nous n'admettons pas qu'on puisse imposer à ce suffrage des restrictions arbitraires.

Nous avons combattu l'Empire et ses pratiques ; nous n'entendons pas les recommencer en instituant des candidatures officielles par voie d'élimination.

Que de grandes fautes aient été commises, que de lourdes responsabilités en dérivent, rien n'est plus vrai ; mais le malheur de la patrie efface tout sous son niveau ; et, d'ailleurs, en nous rabaissant au rôle d'hommes de parti pour proscrire nos anciens adversaires, nous aurions la douleur et la honte de frapper ceux qui combattent et versent leur sang à nos côtés.

Se souvenir des dissensions passées quand l'ennemi foule notre sol ensanglanté, c'est rapetisser par ses rancunes la grande œuvre de la délivrance de la patrie. Nous mettons les principes au-dessus de ces expédients.

Nous ne voulons pas que le premier décret de convocation de l'Assemblée républicaine en 1871 soit un acte de défiance contre les électeurs.

A eux appartient la souveraineté ; qu'ils l'exercent sans faiblesse, et la patrie pourra être sauvée.

Le gouvernement de la Défense nationale repousse donc et annule au besoin le décret illégalement rendu par la délégation de Bordeaux, et il appelle tous les Français à voter, sans catégories, pour les représentants qui leur paraîtront les plus dignes de défendre la France.

Vive la République ! Vive la France !

Paris, le 4 février 1871.

Les Membres du gouvernement :
Général Trochu, Jules Favre, Emmanuel Arago, Jules Ferry, Garnier-Pagès, Eugène Pelletan, Ernest Picard, Jules Simon.

Les Ministres
Dorian, général Le Flô, J. Magnin, F. Hérold.

LIVRE QUATRIÈME.

PAIX DE BORDEAUX.

M. Jules Favre, on s'en souvient, avait prévenu la délégation qu'un membre du gouvernement parisien allait partir pour la province afin de faire exécuter l'armistice et procéder aux élections fixées au 8 février. On n'était pas sans pressentir de sérieuses difficultés. La délégation de province n'avait pas dissimulé l'irritation que lui causait la convention de Versailles [1] ; elle se

---

[1] Voir la proclamation de M. Gambetta aux pièces justificatives du présent chapitre.

M. Laurier avait adresse aux préfets une circulaire où on lisait les instructions suivantes :

Intérieur à préfets et sous-préfets.

« ... La politique soutenue et pratiquée par le ministre de l'intérieur et de la guerre est toujours la même.

« Guerre à outrance ! résistance jusqu'à complet épuisement !

« Employez donc toute votre énergie à maintenir le moral des populations.

« Le temps de l'armistice va être mis à profit pour renforcer nos trois armées en hommes, en munitions, en vivres.

montrait justement sévère pour la facilité de M. Jules Favre à se contenter des renseignements de source exclusivement prussienne ; elle lui en voulait de n'avoir pas consulté avant de signer un acte de cette importance ; d'avoir traité pour la France entière, quand on pouvait ne traiter que pour Paris ; d'avoir causé la ruine de l'armée de l'Est ; d'avoir laissé tracer pour nos troupes des lignes de démarcation qui donnaient tout l'avantage aux Allemands et nous mettaient hors d'état de continuer la guerre, au cas où il faudrait recommencer les hostilités. M. Gambetta avait dénoncé la « coupable légèreté » de la convention de Versailles ; il n'avait voulu voir dans l'armistice qu'une trêve pendant laquelle on devait se préparer à la lutte à outrance, jusqu'à « complet épuisement. » Il s'écriait, en prévision des exigences de l'ennemi, que pas un Français n'aurait le courage de signer une paix infâme, et terminait sa proclamation par ces mots : Aux armes ! aux armes !

On voit, par ce langage, combien les vues du gouvernement de Bordeaux différaient de celles du gouvernement parisien. Il est vrai que la proclamation de M. Gambetta n'exprimait pas le sentiment dominant du pays. La France était lasse de la guerre. Les revers qui avaient successivement frappé Chanzy, Faidherbe et Bourbaki avaient fait évanouir tout espoir. Le nombre des fuyards allait croissant ; les paysans donnaient asile aux soldats et mobiles qui désertaient leur poste ; les autorités elles-mêmes favorisaient l'indiscipline par leur faiblesse vis-à-vis des déserteurs ; les départements qui n'avaient pas encore souffert de l'invasion voyaient approcher avec effroi le moment où les Allemands les frapperaient à leur tour d'écrasantes contributions de guerre. En somme, le sentiment de lassitude était général ; les passions politiques s'en mêlant, il s'était formé un irrésistible courant d'opinion favorable à la paix. Beaucoup de gens en avaient

---

« ... Ce qu'il faut à la France, c'est une Assemblée qui veuille la guerre et soit décidée à tout pour la faire.

« Le membre du gouvernement qui est attendu arrivera, sans doute, demain matin.

« Le ministre s'est fixé un délai qui expire demain à trois heures.

« Vous recevrez demain une proclamation aux citoyens, avec l'ensemble des décrets et des mesures qui, dans sa pensée, doivent parer aux nécessités de la situation actuelle.

« Donc, patience ! courage ! fermeté ! union ! discipline !

« Vive la République !

« *Signé* : C. LAURIER. »

voulu à Paris de prolonger la guerre par sa résistance ; ils avaient accueilli sans douleur la nouvelle de sa capitulation.

Cette divergence de vues ne pouvait manquer de faire naître des complications entre les gouvernements de Paris et de Bordeaux. Il y eut encore une autre cause de conflit, bien plus grave : la délégation avait cru devoir proscrire du scrutin les auteurs directs de la guerre, c'est-à-dire les ministres, députés et fonctionnaires du gouvernement impérial. A cet effet, elle rendit le décret suivant :

« Les membres du gouvernement de la Défense nationale, délégués pour représenter le gouvernement et en exercer les pouvoirs,

« Considérant qu'il est juste que tous les complices du régime qui a commencé par l'attentat du 2 decembre pour finir par la capitulation de Sedan, en léguant à la France la ruine et l'invasion, soient frappés momentanément de la même déchéance politique que la dynastie à jamais maudite dont ils ont été les coupables instruments ;

« Considérant que c'est là une sanction de la responsabilité qu'ils ont encourue en aidant et assistant avec connaissance de cause l'ex-empereur dans l'accomplissement des divers actes de son gouvernement qui ont mis la patrie en danger.

« Décrètent :

« Art. 1er. Ne pourront être élus représentants du peuple à l'Assemblée nationale les individus qui, depuis le 2 décembre 1851 jusqu'au 4 septembre 1870, ont accepté les fonctions de ministre, sénateur, conseiller d'État et préfet.

« Art. 2. Sont également exclus de l'éligibilité à l'Assemblée nationale les individus qui, aux assemblées législatives qui ont eu lieu depuis le 2 décembre 1851 jusqu'au 4 septembre 1870, ont accepté la candidature officielle, et dont les noms figurent dans les listes des candidatures recommandées par les préfets aux suffrages des électeurs et ont été au *Moniteur officiel* avec les mentions :

« Candidats du gouvernement ;

« Candidats de l'administration ;

« Candidats officiels.

« Art. 3. Sont nuls, de nullité absolue, les bulletins de vote portant les noms des individus compris dans les catégories ci-dessus désignées.

« Ces bulletins ne seront pas comptés dans la supputation des voix.

« CRÉMIEUX, GAMBETTA, GLAIS-BIZOIN, FOURRICHON. »

Ce décret était, à vrai dire, inutile. Ou la France était guérie du bonapartisme, et dans ce cas à quoi bon proscrire du scrutin des hommes odieux au suffrage universel ? ou les dures expériences que l'on venait de faire par la faute de l'Empire n'avaient pas porté leurs fruits, et alors à quoi bon engager avec les électeurs une lutte nécessairement inégale, propre à piquer et à irriter les amours-propres et à créer des conflits qui devaient, quoi qu'on fît, tourner à l'avantage du corps électoral? Le décret était, en outre, dangereux, car il pouvait amener une intervention de l'autorité prussienne dans les affaires intérieures et intimes du pays. C'est, en effet, ce qui arriva. Sous prétexte que l'article 2 de cette convention stipulait que l'Assemblée serait librement élue, M. de Bismarck s'empressa de dénoncer le décret de la délégation comme illégal ; il l'accusa de préparer une Assemblée qui, n'étant pas l'image exacte du pays, n'aurait pas toute l'autorité désirable pour trancher la question de paix ou de guerre. Il écrivit à M. Jules Favre :

« Versailles, le 3 février 1871.

« On me communique d'Amiens le contenu d'un décret émanant de la délégation du gouvernement de la Défense nationale à Bordeaux, qui exclut formellement de la faculté d'être nommés députés à l'Assemblée tous ceux qui ont servi l'Empire en qualité de ministres, sénateurs, conseillers d'État ou préfets, ainsi que toutes les personnes qui ont figuré comme candidats du gouvernement au *Moniteur* depuis 1851.

« J'ai l'honneur de demander à Votre Excellence si elle croit que l'exclusion décrétée par la délégation de Bordeaux est compatible avec les dispositions de l'article 2 de la convention, d'après lequel l'Assemblée doit être librement élue.

« Permettez-moi de vous rappeler les négociations qui ont précédé la convention du 28 janvier. Dès le début, j'exprimai la crainte qu'il serait difficile, dans les circonstances présentes, d'assurer la liberté entière des élections et de prévenir toutes tentatives contre la liberté des élections. Inspiré par cette appréhension, à laquelle la circulaire de M. Gambetta semble donner raison aujourd'hui, j'ai posé la question, s'il ne serait pas plus juste de convoquer le Corps législatif qui représente une autorité légalement élue par le suffrage universel. Votre Excellence déclina cette proposition en me donnant l'assurance formelle qu'aucune pression ne serait exercée sur les électeurs, et que la plus entière liberté resterait assurée aux élections.

« Je m'adresse à la loyauté de Votre Excellence pour la prier de décider si l'exclusion prononcée par le décret en question contre des catégories entières de candidats est compatible avec la liberté des élections telle qu'elle a été garantie par la Convention du 28 janvier.

« Je crois pouvoir espérer avec certitude que ce décret, dont l'application me paraîtrait se trouver en contradiction avec les stipulations de la convention, sera immédiatement révoqué, et que le gouvernement de la Défense nationale adoptera les mesures nécessaires pour garantir l'exécution de l'article 2, en ce qui concerne la liberté des élections. Nous ne saurions reconnaître aux personnes élues sous le régime de la circulaire de Bordeaux les privilèges accordés aux députés à l'Assemblée par la convention d'armistice.

« *Signé :* BISMARCK. »

Il écrit en même temps à M. Gambetta, sans le traiter d'*Excellence :*

A M. *Léon Gambetta.* — *Bordeaux.*

Versailles, le 3 février 1871.

« Au nom de la liberté des élections stipulée par la convention d'armistice, je proteste contre les dispositions émises en votre nom pour priver du droit d'être élus à l'Assemblée des catégories nombreuses de citoyens français. Des élections faites sous un régime d'oppression arbitraire ne pourront pas conférer les droits que la convention d'armistice reconnaît aux députés librement élus.

« *Signé :* BISMARCK. »

Sur ces entrefaites, M. Jules Simon, délégué du gouvernement de Paris, arrivait à Bordeaux, ayant reçu pleins pouvoirs pour assurer l'exécution de l'armistice. Dès qu'il eut connaissance du décret de la délégation, il voulut l'annuler comme portant atteinte à la liberté électorale. Dans ce conflit, l'opinion publique était partagée. Le gouvernement de Paris fut un moment plongé dans de vives alarmes. Dans les séances des 3 et 4 février, divers avis furent proposés : il fut successivement question de désavouer hautement M. Gambetta, de le révoquer et de transférer à Bourges le siége du gouvernement. Enfin, on s'arrêta à un parti plus sage : il fut décidé que MM. Arago, Garnier-Pagès et Pelletan se rendraient à Bordeaux pour prêter main-forte à M. Jules Simon, dont la situation devenait de plus en plus critique. M. Gambetta aplanit toutes les difficultés en donnant sa démission, afin de ne pas prolonger une querelle pénible à tous égards sous les yeux de l'étranger. Avant de se retirer il adressa aux préfets une dernière circulaire où il leur recommandait de faire loyalement exécuter l'armistice et d'assurer les élections de l'Assemblée pour le jour indiqué.

Cet acte se terminait qu'on s'est plu à appeler la « dictature » de M. Gambetta. Du mois d'octobre 1870 au mois de février 1871,

M. Gambetta n'avait eu qu'une pensée : sauver la France livrée aux Prussiens par le gouvernement impérial. Sa voix passionnée avait secoué ce pays prompt à l'abattement, et surpris d'ailleurs par des revers extraordinaires : avec une célérité prodigieuse, M. Gambetta avait levé des armées, acheté un immense matériel de guerre, ranimé l'espoir dans les cœurs découragés par la capitulation de Sedan et achevés par la capitulation de Metz. Nous avons cherché ailleurs à expliquer pourquoi ces vastes efforts sont demeurés infructueux. Le vigoureux athlète abandonnait la scène en butte à des attaques inqualifiables, systématiquement dénigré par des partis qui ne pouvaient pas s'accoutumer à n'être pas à la tête du gouvernement, qui étaient jaloux de voir la République recueillir la gloire de la résistance à l'étranger, gloire réelle en dépit de tous les revers. Depuis longtemps, des journaux sans patriotisme avaient pris à tâche de déverser le blâme sur tous les actes de la Défense : ils exploitaient sans mesure et sans pudeur les fautes inévitables en un pareil moment, et jetaient un voile sur tous les faits qui honoraient les efforts du gouvernement. C'était un parti pris de décourager le pays, de grossir les difficultés, d'amoindrir les chances heureuses qui pouvaient rester encore à la France au milieu de la tempête. Le temps a déjà fait justice de ces passions et de ces haines étroites ; malgré le dénigrement et l'envie, M. Gambetta est resté la personnification du patriotisme, et l'on peut dire hardiment — en laissant de côté les erreurs et les fautes inévitables dans ces tragiques circonstances — que le rôle de M. Gambetta pendant la guerre paraîtra toujours plus honorable au fur et à mesure que les passions des contemporains s'apaiseront pour faire place à l'équitable jugement de l'histoire.

Les élections du 8 février devaient se ressentir du trouble des esprits : un désaccord complet éclata entre Paris et les départements. Ceux-ci votèrent en masse pour les partisans de la paix ; Paris, aigri, irrité, bouillant encore de la capitulation, choisit de préférence des hommes décidés à voter la continuation de la guerre. Les membres du gouvernement furent tous repoussés, à l'exception de M. Jules Favre. On était loin de ce plébiscite de novembre où l'immense majorité des électeurs parisiens avait donné un blanc-seing aux hommes de l'Hôtel-de-Ville. Quelques-uns parmi les élus étaient des ennemis déclarés du gouvernement ; leurs titres à la confiance publique leur venaient de l'opposi-tion qu'ils avaient faite au général Trochu ; d'autres avaient pris part à l'insurrection du 31 octobre, il semblait qu'on voulût les dédommager de n'avoir pas écouté les conseils qu'ils donnaient alors. On n'en serait pas venu là, disait-on, si on avait suivi le mouvement insurrectionnel du 31 octobre. Le nombre des électeurs inscrits était de 547,858, dont le huitième exigé par la loi pour être élu était de 68,482. Le chiffre des votants fut de 328,970 ; celui des abstentions 218,888. Paris avait à nommer, en vertu de la loi, quarante-trois députés. Les candidats élus furent les suivants :

Louis Blanc	216,530	Marc Dufraisse	101,688
Victor Hugo	213,686	Greppo	101,018
Gambetta	202,399	Langlois	95,851
Garibaldi	200,239	Frébault	95,322
Edgar Quinet	197,172	Clémenceau	95,144
Rochefort	135,671	Vacherot	94,621
Saisset	154,379	Floquet	93,579
Delescluze	154,142	Jean Brunet	91,914
Joigneaux	153,260	Cournet	91,656
Schœlcher	149,994	Tolain	89,132
Félix Pyat	145,872	Littré	87,868
Henri Martin	139,120	Jules Favre	81,722
Pothuau	139,230	Arnaud (de l'Ariége)	79,955
Gambon	136,219	Léon Say	76,675
Lockroy	134,583	Ledru-Rollin	75,784
Dorian	128,180	Tirard	73,207
Ranc	126,533	Razoua	74,415
Mulot	117,483	E. Adam	73,245
Brisson	115,594	Millière	73,121
Thiers	103,226	Peyrat	72,480
Sauvage	102,672	Farcy	69,968
Martin Bernard	102,336		

Viennent ensuite dans l'ordre le plus bizarre :

MM. Asseline, Tridon et Corbon, avec 65,000 voix ; Arthur Arnould, avec 64,000 voix ; Roger du Nord et André Murat, 63,000 ; Lefrançais et Vitet ,62,000 ; Oudet, Krantz, 61,000 ; Desmarest, Chanzy, Regnard, Jules Miot, 60,000 ; Solacroup, Jaclard, 59,000 ; Assi, Denormandie, Varlin, 58,000 ; Salicis, 57,000 ; Johannard, 56,000 ; Claparède, 55,000 ; Vinoy, 54,000 ; Sebert et Uhrich, 53,000 ; Blanqui, Guéroult, 52,000 ; Grévy, 51,000 ; Alfred André, Courbet, Bouruet-Aubertot, 50,000 ; Vaillant, Theisz, 49,000 ; Dereure, Hébrard, 47,000 ; Cochin, Coquerel, 46,000 ; Chalain, 45,000 ; Faidherbe, Breslay, Pernolet, 44,000 ; Lamothe-Tenet, Vautrain, Léo Meillet, 43,000 ; G. Flourens, 42,000 ; Ranvier, 40,000 ; d'Haussonville, Ernest Picard, 39,000; de Pressensé, Lanfrey, 38,000 ; Michelet, H. Sainte-Claire-Deville, Fleuriot de Langle, Dietz-Monin, 37,000 ; Hauréau, 36,000 ; Albert, La Roncière Le Noury, 35,000 ; Dupont de Bussac, 34,000 ; Eudes, Poulizac, 33,000 ; de Beaurepaire, Madier de Montjau, Pothier, 32,000 ; Jules Simon, 31,000 ; Bertholet, Bonvalet, Pindy, 30,000 ; Carnot, Despois, 29,000; Amouroux, Havard, Tony Révillon, Tenaille-Saligny, 28,000 ; Cail, Barthélemy Saint-Hilaire, docteur Robinet, 26,000; J. de Lasteyrie, John Lemoinne, 25,000 ; de Crisenoy, 24,000; Briosne, Dufaure, Mégy, 23,000 ; Jacques Durand, Émile Duval, 22,000 ; Cluseret, 21,000.

Les membres du gouvernement furent plus heureux en province qu'à Paris. Impopulaires dans la ville qui les avait vus à l'œuvre pendant un long siége, ils recueillirent, dans divers départements, le bénéfice d'une résistance qui, pour l'honneur de la France, ne comptait pas que des détracteurs. L'Aisne, le Rhône, l'Ain et Seine-et-Oise, donnaient quatre nominations a M. Jules Favre ; M. Emmanuel Arago était élu dans les Pyrénées-Orientales ; M. Jules Simon, dans la Marne; M. Pelletan, dans les Bouches-du-Rhône ; M. Jules Ferry, dans les Vosges. Le général Trochu, populaire encore en province, parce qu'on l'y connaissait peu, passait à la fois dans la Loire, le Morbihan, la Vendée, les Côtes-du-Nord, les Bouches-du-Rhône et le Tarn. Quant à M. Gambetta, il était élu dans dix départements, La Seine, le Bas-Rhin, la Meurthe, la Moselle, la Côte-d'Or, les Bouches-du-Rhône, le Var, Seine-et-Oise, à Oran et à Alger. Le général Garibaldi était élu à Alger, à Nice, dans la Côte-d'Or et dans la Loire. Le prince de Joinville et le duc d'Aumale deviennent députés, le second de la Loire, le premier de la Manche et de la Haute-Marne, quoiqu'ils fussent sous le coup d'une loi d'exil. Quant aux bonapartistes, ils obtenaient quelques nominations en Corse; dans tout le reste de la France, on les avait repoussés hautement comme les auteurs de la guerre et les ouvriers de la défaite du pays. Le décret rendu par la délégation de Bordeaux et retiré de suite n'aurait eu aucune utilité dans l'état des esprits. Les bonapartistes étaient appréciés selon leurs mérites.

M. Thiers était élu dans vingt-huit départements. L'ancien ministre de la monarchie de Juillet avait été désigné à l'opinion publique beaucoup moins par sa réputation d'homme d'État que par le rôle qu'il avait joué dès le moment où le gouvernement impérial s'était décidé à faire la guerre. On n'avait pas oublié ses protestations éloquentes devant le Corps législatif, et ses avertissements, hélas! réalisés maintenant. On avait encore présentes à la mémoire les injures dont les feuilles officieuses avaient poursuivi le clairvoyant patriote. N'était-on pas allé jusqu'à le traiter d'agent prussien? Plus tard, après la chute de l'Empire, M. Thiers s'était chargé d'une mission délicate auprès des principales cours de l'Europe. La France avait suivi avec anxiété son pèlerinage à Londres, à Vienne, à Saint-Pétersbourg, à Florence, à la recherche d'un allié. Plus tard encore, après avoir échoué dans sa mission, M. Thiers, revenu à Tours, avait pris vis-à-vis du gouvernement l'attitude attristée d'un homme qui juge que tous les efforts tentés pour sauver le pays seraient inutiles, et qu'il serait plus sage de traiter que de lutter, dût-on, pour traiter, se voir contraint à d'énormes sacrifices d'argent, de sang, et à des sacrifices plus pénibles encore pour l'amour-propre national. M. Thiers avait eu le triste privilége de prévoir notre échec final; il ne croyait pas aux armées improvisées. Ici encore, on lui avait fait un mérite de sa clairvoyance! Quand le moment de traiter fut venu, on pensa qu'il était l'homme de France le mieux qualifié pour liquider la situation. Aucun homme d'État français ne pouvait être mieux vu des cours d'Europe; aucun ne jouissait auprès d'elles d'une autorité pareille à la sienne. C'est ainsi que M. Thiers fut nommé dans vingt-huit départements, y compris celui de la Seine.

Les députés de Paris avaient publié des professions de foi. Il n'en fut pas de même pour la plupart des députés de province. D'ailleurs, les questions politiques jouaient dans l'élection un rôle secondaire, on peut même dire nul. Ce que la masse des électeurs demandait aux candidats, ce n'était pas un programme politique, mais une opinion sur la paix ou la guerre. Quiconque se déclarait partisan de la paix était presque sûr du succès. L'article 2 de la convention était ainsi conçu : « L'armistice convenu a pour but de permettre au gouvernement de la Défense nationale de convoquer une Assemblée librement élue qui se prononcera sur la question de savoir si la guerre doit être continuée, ou à quelles conditions la paix doit être faite. » Cet article déterminait nettement le 'mandat de l'Assemblée. C'est ainsi que l'entendait l'immense majorité des électeurs ; c'est ainsi que l'avait compris la presse monarchique elle-même [1].

L'Assemblée se réunit pour la première fois en séance publique,

---

[1] Voici à cet égard des déclarations catégoriques :

La *Gazette de France* du 1ᵉʳ février 1871 s'exprimait ainsi : « Personne n'est prêt ; personne ne sera prêt..... Des élections accomplies sans entente, sans discussion préalables, c'est-à-dire à l'aveuglette, manqueront de sincérité ; l'Assemblée sera dépourvue de toute autorité. Il est évident pour qui veut raisonner, pour qui examine loyalement la situation de plus de trente de nos départements, où les électeurs ne pourront que très-difficilement exercer leur droit de vote, sans presque aucune garante de liberté, pour qui se rend compte de la façon hâtive, précipitée, dont les élections auront lieu partout ailleurs, que les députés élus pourront tout au plus recevoir le mandat de traiter avec la Prusse. Si la future Assemblée devait recevoir les pouvoirs constituants, le délai qui nous est accordé ne serait évidemment pas suffisant... »

Le lendemain, 2 février, la *Gazette de France* revenait sur la même question en ces termes :

« C'est le couteau sur la gorge que nous allons voter. L'Assemblée que le pays va nommer ne peut et ne doit être autre chose que le syndicat de notre faillite ; elle ne peut être autre chose. Ce serait une singulière prétention de vouloir que, sous le coup de nos défaites et en présence de l'ennemi occupant plus d'un tiers de notre territoire, elle eût la mission de bâcler une constitution. Au nom du bon sens, au nom du plus ardent patriotisme, nous protestons énergiquement contre une telle prétention. »

Le *Français* disait à son tour, le 10 février :

« Dès maintenant, il est constant qu'on ne saurait donner l'espèce de comédie électorale, grotesque et lugubre, à laquelle la France vient d'assister, pour une manifestation sérieuse du suffrage universel. »

L'*Univers*, du 30 janvier :

« Pour nous, après avoir donné les raisons qui font une obligation à la future Assemblée de ne se prononcer que sur la question pour laquelle elle est spécialement réunie, nous devons constater que la plupart des journaux partagent notre opinion. Non, la Chambre élue dans les douloureuses circonstances où nous sommes, ne peut d venir constituante. »

La *Patrie*, du 30 janvier 1871 :

« Le délai pour les élections est insuffisant. Comment, d'ici au 5 février, les candidats éloignés de leurs départements pourront-ils circuler sur tant de lignes rompues, arriver et préparer leurs élections ? Tant de choses à faire en cinq jours c'est impossible. »

La *Liberté*, du 4 février :

« Le mandat de nos futurs représentants est limité à la paix ou à la guerre : il est impératif en ce sens que la guerre est impossible ; il est restreint en ce sens qu'on ne peut en si peu de jours choisir des constituants. »

Le *Soir*, enfin, disait le 28 février .

« Nous ne voulons plus ni surprises, ni coups d'État, ni arrière-pensées, ni trompe-l'œil d'aucune sorte... Ce n'est pas une Chambre nommée à la hâte, dans un pays envahi, par des électeurs tenant à la main le fusil, qui peut avoir qualité pour édifier un gouvernement stable... »

le 13 février, dans le grand théâtre de Bordeaux. Tous les députés n'étaient pas présents : un grand nombre, vu l'état des routes, n'avait pas eu le temps d'arriver. Il fut décidé que, pour ne pas perdre de temps, on commencerait immédiatement la vérification des pouvoirs de ceux qui étaient présents, sauf pour les élections qui soulevaient des difficultés d'un caractère spécial, comme celles du duc d'Aumale et du prince de Joinville. Il en fut de même pour les fonctionnaires nommés sans avoir satisfait à la loi qui les rendait inéligibles, s'ils n'avaient pas donné leur démission six mois au moins avant l'ouverture du scrutin. La vérification des pouvoirs se poursuivit quelques jours durant sans donner lieu à des débats sérieux ; les députés étaient pressés de se trouver en mesure de constituer un gouvernement et d'aborder la question capitale de paix ou de guerre qui tenait les esprits dans une pénible attente.

Au début de cette première séance, M. Jules Favre s'était levé, et au nom de ses collègues, avait déposé les pouvoirs du gouvernement de la Défense nationale. D'une voix émue, il fit un appel à la concorde et au patriotisme, et dit aux représentants qui l'écoutaient dans des sentiments fort divers, qu'il était prêt, avec ses collègues, à répondre de tous les actes du gouvernement qui avait traversé le long orage de la guerre. « Nous sommes, leur dit-il, vos justiciables, et nous attendons de vous, dans l'examen de nos actes, une entière loyauté. » Le président, en acceptant la démission du gouvernement, prononça quelques paroles banales sur la résolution de l'Assemblée de faire son devoir avec fermeté et générosité. Il était entendu toutefois que les ministres actuels rempliraient leurs fonctions jusqu'au jour où un nouveau pouvoir aurait été constitué.

Les passions qui commençaient à fermenter dans l'Assemblée se manifestèrent dans l'incident relatif à la démission du général Garibaldi. L'ex-commandant en chef de l'armée des Vosges, jugeant son rôle terminé avec la guerre, avait écrit au président de l'Assemblée la lettre suivante :

« Citoyen Président de l'Assemblée nationale,

« Comme un dernier devoir rendu à la cause de la République française, je suis venu lui porter mon vote, que je dépose entre vos mains.

« Je renonce aussi au mandat de député dont j'ai été honoré par divers départements.

« Je vous salue.

« G. GARIBALDI.

« Bordeaux, le 13 février 1871 [1]. »

Cette lettre, si naturelle, excita des murmures. La présence de Garibaldi au sein d'une Assemblée française était, aux yeux de certains représentants, un véritable scandale ; on apportait à l'endroit du patriote italien toutes les haines cléricales. Garibaldi, cependant, n'avait-il pas été élu par les départements de la Seine, des Alpes-Maritimes, d'Alger, de la Côte-d'Or et de la Loire ? Le général savait fort bien qu'en sa qualité d'étranger il lui était interdit de siéger dans une Assemblée française ; aussi donnait-il sa démission dès la première séance. La justice, à défaut de la simple politesse, aurait dû assurer au commandant en chef de l'armée des Vosges le respect de tous les Français réunis dans le théâtre de Bordeaux. Il n'en fut pas ainsi, et lorsque, la séance étant levée, Garibaldi voulut monter à la tribune et faire ses adieux à l'Assemblée, et sans doute aussi à la France, on refusa de l'écouter, sous le puéril prétexte que le règlement s'oppose à ce qu'un discours soit prononcé quand le président a déclaré que la séance est levée. Garibaldi, à la sortie du théâtre, fut acclamé par

---

[1] M. Ledru-Rollin adressait, quelques jours après, sa démission en ces termes :

« Paris, le 18 février 1871.

« Sous la main de l'ennemi, au milieu des nécessités désastreuses, inéluctables où nous a jetés une série de perfidies et de trahisons, le vote des dernières élections ne pouvait et n'a pu présenter les conditions d'indépendance et de spontanéité qui sont l'essence même du suffrage universel.

« Puisqu'il m'a été donné de présider à son organisation première, il m'était imposé de faire, en son nom, cette réserve qui, isolée aujourd'hui, sera, contre ce qui va s'accomplir de déchirant et de funeste, la protestation unanime de l'avenir.

« Cette réserve, c'est pour la mieux caractériser, pour la rendre plus saisissable et plus tangible, c'est pour dégager plus irrémissiblement la grande et tutélaire institution du suffrage universel, que je n'ai pas hésité à immoler une fois de plus l'homme au principe.

« Il ne me reste donc, après avoir préalablement refusé toute candidature, qu'à donner ma démission de député, pour les départements des Bouches-du-Rhône, de la Seine et du Var ;

« Ce que je fais ici.

« J'ai l'honneur, etc.

« Signé : LEDRU-ROLLIN. »

la foule que les procédés de l'Assemblée avaient émue. Le lendemain il quittait la France et retournait à Caprera. Cet incident causa dans toute la France, et notamment dans Paris, une pénible impression. L'Assemblée commençait mal. Le président avait dû faire évacuer les tribunes d'où, au milieu du tumulte soulevé par la demande de Garibaldi, un Méridional avait jeté ces mots : *Majorité rurale!* qui furent le lendemain dans toutes les bouches.

Dans la séance du 17 février, l'Assemblée procédait à la constitution de son bureau définitif, et offrait le fauteuil de la présidence, par 519 voix sur 538 votants, à M. Jules Grévy, député du Jura, connu par ses convictions républicaines. M. Grévy avait obtenu la presque unanimité des suffrages, quoique républicain, à cause de sa modération, de son respect pour la légalité, et aussi sans doute à cause de la clairvoyance politique dont il avait fait preuve au sein de l'Assemblée que dispersa le coup d'État de Décembre. C'est lui qui, à cette époque, avait proposé à l'Assemblée de garder en ses mains la force armée, au lieu de l'abandonner au président Louis-Napoléon Bonaparte, qui s'en servit pour consommer son crime. Aux yeux des représentants réunis à Bordeaux, M. Grévy représentait l'homme du droit et de la loi.

Le fait saillant de cette séance fut le dépôt de la proposition suivante :

« Les représentants du peuple soussignés proposent à l'Assemblée nationale la résolution suivante :

« M. Thiers est nommé chef du pouvoir exécutif de la République française.

« Il exercera ses fonctions sous le contrôle de l'Assemblée nationale, avec le concours des ministres qu'il aura choisis et qu'il présidera.

> « *Signé :* DUFAURE, Jules GREVY, VITET, Léon DE MALEVILLE, Lucien RIVET, le comte Mathieu DE LA REDOURE, Barthélemy SAINT-HILAIRE. »

Cette proposition fut adoptée dans la séance suivante à la presque unanimité, sauf par certains députés siégeant à l'extrême gauche qui crurent devoir protester contre les termes du rapport présenté par M. Victor Lefranc, à cause des réserves que ce travail paraissait contenir relativement à la République. Le paragraphe contre

lequel M. Louis Blanc s'éleva au nom de ses amis contenait, en
effet, des restrictions : « Considérant, y était-il dit, qu'il importe,
en attendant qu'il soit statué sur les institutions de la France,
de pourvoir immédiatement aux nécessités du gouvernement et à
la conduite des négociations, etc. » La République n'était donc
pas acceptée à titre définitif : l'Assemblée prévoyait un jour où
il serait statué sur les institutions de la France, mais elle n'osait
pas affirmer qu'elle se chargerait elle-même de ce soin ; elle ne
parlait pas de son pouvoir constituant ; elle était encore trop rapprochée de son berceau pour émettre une prétention injusti-
fiable.

Aussitôt après le vote, les ambassadeurs d'Angleterre, d'Italie
et d'Autriche reconnaissaient, au nom de leur pays, le gouvernement que l'Assemblée venait de donner à la France. M. Thiers
composait son ministère comme suit : *Justice*, M. Dufaure ; *affaires
étrangères*, M. Jules Favre ; *intérieur*, M. Ernest Picard ; *guerre*,
le général Leflô ; *marine*, vice-amiral Pothuau ; *instruction publique*, M. Jules Simon ; *commerce*, M. Lambrecht ; *travaux publics*,
M. de Larcy ; le portefeuille des finances fut donné à M. Pouyer-
Quertier. M. Thiers présenta ses ministres à l'Assemblée en ces
termes : « Dans l'intérêt de l'unité d'action, vous m'avez laissé
le choix de mes collègues ; je les ai choisis sans autre motif de
préférence que l'estime publique universellement accordée à leur
caractère, à leur capacité ; et je les ai pris, non dans l'un des
partis qui nous divisent, mais dans tous, comme l'a fait le pays
lui-même en vous donnant ses votes et en faisant figurer souvent
sur la même liste les personnages les plus divers, les plus opposés en apparence, mais unis par le patriotisme, les lumières et la
communauté des bonnes intentions. » M. Thiers avait voulu former un ministère de conciliation ; de ses ministres, quatre étaient
républicains : MM. Jules Favre, Ernest Picard, Jules Simon et
le général Leflô ; trois passaient pour dévoués à M. Thiers, en
dehors de toute question politique ; seul M. de Larcy était notoirement connu comme légitimiste ardent. En le faisant entrer dans
le ministère, M. Thiers donnait satisfaction à un groupe dont l'importance numérique dans la Chambre était considérable, eu égard
à sa faible influence sur le pays.

Au moment d'exercer les pouvoirs dont l'Assemblée l'avait
investi, M. Thiers devait exposer ses vues politiques et dire com-

ment il entendait gouverner dans la situation critique où se trouvait la France. Le programme de l'illustre homme d'État était simple et dicté par le bon sens et le patriotisme. Il consistait à reléguer au second plan les questions politiques pour courir au plus pressé, au relèvement du pays. Sur ce terrain, tous les représentants pouvaient et devaient être d'accord ; la politique, au contraire; les aurait immédiatement divisés. M. Thiers parla à l'Assemblée en ces termes :

« Dans une société prospère, régulièrement constituée, cédant paisiblement, sans secousse, au progrès des esprits, chaque parti représente un système politique et les réunit tous dans une même administration ; ce serait, en opposant des tendances contraires qui s'annuleraient réciproquement ou se combattraient, ce serait aboutir à l'inertie ou au conflit.

« Mais, hélas ! une société régulièrement constituée, cédant doucement au progrès des esprits, est-ce là notre situation? (*Mouvement.*)

« La France, précipitée dans une guerre sans motif sérieux, sans préparation suffisante, a vu une moitié de son sol envahie, son armée détruite, sa belle organisation brisée, sa vieille et puissante unité compromise, ses finances ébranlées, la plus grande partie de ses enfants arrachés au travail pour aller mourir sur les champs de bataille, l'ordre profondément troublé par une subite apparition de l'anarchie, et, après la reddition forcée de Paris, la guerre, suspendue pour quelques jours seulement, et prête à renaître si un gouvernement estimé de l'Europe, acceptant courageusement le pouvoir, prenant sur lui la responsabilité de négociations douloureuses, ne vient mettre un terme à d'effroyables calamités !

« En présence d'un pareil état de choses, y a-t-il, peut-il y avoir deux politiques? Et, au contraire, n'y en a-t-il pas une seule, forcée, nécessaire, urgente, consistant à faire cesser le plus promptement possible les maux qui nous accablent?

« Quelqu'un pourrait-il soutenir qu'il ne faut pas le plus tôt, le plus complétement possible, faire cesser l'occupation étrangère au moyen d'une paix consciencieusement débattue et qui ne sera acceptée que si elle est honorable? (*Très-bien ! très-bien ! — Applaudissements sur plusieurs bancs.*)

« Débarrasser nos campagnes de l'ennemi qui les foule et les dévore; rappeler des prisons étrangères nos soldats, nos officiers, nos généraux prisonniers; reconstituer avec eux une armée disciplinée et vaillante; rétablir l'ordre troublé; remplacer ensuite et sur-le-champ les administrateurs démissionnaires ou indignes; reformer par l'élection nos conseils généraux, nos conseils municipaux dissous..... (*Très-bien ! très-bien !*) reconstituer ainsi notre administration désorganisée; faire cesser des dépenses ruineuses; relever sinon nos finances, — ce qui ne saurait être l'œuvre d'un jour, — du moins notre crédit, moyen unique de faire face à des engagements pressants; renvoyer aux champs, aux ateliers, nos mobiles, nos mobilisés; rouvrir les routes interceptées, relever les ponts détruits, faire renaître ainsi le travail partout suspendu, le travail qui seul peut procurer le moyen de vivre à nos ouvriers, à nos paysans! (*Oui ! oui ! très-bien !*)

y a-t-il quelqu'un qui pourrait nous dire qu'il y a quelque chose de plus pressant que tout cela? et y aurait-il, par exemple, quelqu'un ici qui oserait discuter savamment des articles de constitution pendant que nos prisonniers expirent de misère dans des contrées lointaines, ou pendant que nos populations mourantes de faim sont obligées de livrer aux soldats étrangers le dernier morceau de pain qui leur reste ? (*Sensation marquée.*)

« Non, non, messieurs, pacifier, réorganiser, relever le crédit, ranimer le travail, voilà la seule politique possible et même concevable en ce moment. A celle-là tout homme sensé, honnête, éclairé, quoi qu'il pense sur la monarchie ou sur la république, peut travailler utilement, dignement ; et n'y eût-il travaillé qu'un an, six mois, il pourra rentrer dans le sein de la patrie le front haut, la conscience satisfaite. (*Très-bien! très-bien!*)

« Ah! sans doute, lorsque nous aurons rendu à notre pays les services pressants que je viens d'énumérer, quand nous aurons relevé du sol où il gît le noble blessé qu'on appelle la France, quand nous aurons fermé ses plaies, ranimé ses forces, nous le rendrons à lui-même, et, rétabli alors, ayant recouvré la liberté de ses esprits, il verra comment il veut vivre. (*Vive approbation.*)

« Quand cette œuvre de réparation sera terminée, et elle ne saurait être bien longue, le temps de discuter, de peser les théories de gouvernement sera venu, et ce ne sera plus un temps dérobé au salut du pays. Déjà un peu éloignés des souffrances d'une révolution, nous aurons retrouvé notre sang-froid ; ayant opéré notre reconstitution sous le gouvernement de la République, nous pourrons prononcer en connaissance de cause sur nos destinées, et ce jugement sera prononcé, non par une minorité, mais par la majorité des citoyens, c'est-à-dire par la volonté nationale elle-même. (*Nouvelle approbation.*)

« Telle est la seule politique possible, nécessaire, adaptée aux circonstances douloureuses où nous nous trouvons. C'est celle à laquelle mes honorables collègues sont prêts à dévouer leurs facultés éprouvées; c'est celle à laquelle, pour ma part, malgré l'âge et les fatigues d'une longue vie, je suis prêt à consacrer les forces qui me restent, sans calcul, sans autre ambition, je vous l'assure, que celle d'attirer sur mes derniers jours les regrets de mes concitoyens (*Murmures sympathiques. — Vifs applaudissements.*) et, permettez-moi d'ajouter, sans même être assuré après le plus complet dévouement, d'obtenir justice pour mes efforts. Mais n'importe ! devant le pays qui souffre, qui périt, toute considération personnelle serait impardonnable.

« Unissons-nous, messieurs, et disons-nous bien qu'en nous montrant capables de concorde et de sagesse, nous obtiendrons l'estime de l'Europe, avec son estime son concours, de plus le respect de l'ennemi lui-même, et ce sera la plus grande force que vous puissiez donner à vos négociateurs pour défendre les intérêts de la France dans les graves négociations qui vont s'ouvrir.

« Sachez donc renvoyer à un terme qui ne saurait être bien éloigné les divergences de principes qui nous ont divisés, qui nous diviseront peut-être encore; mais n'y revenons que lorsque ces divergences, résultat, je le sais, de convictions sincères, ne seront plus un attentat contre l'existence et le salut du pays. (*Bravos prolongés et double salve d'applaudissements.*)

Le programme exposé dans ce discours et accepté par l'Assemblée prit le nom de *pacte de Bordeaux*. Les partis se turent par patriotisme, suivant les conseils de M. Thiers. Il importait, avant tout, de savoir si l'on allait signer la paix, et à quelles conditions il serait possible de l'obtenir d'un arrogant vainqueur.

Une commission était nommée, et on la chargeait d'accompagner à Versailles les négociateurs qui allaient s'aboucher avec M. de Bismarck. MM. Thiers, Jules Favre et Ernest Picard étaient les trois négociateurs choisis.. La commission se composait des députés suivants : Benoist-d'Azy, Teisserenc de Bort, de Mérode, Desseligny, Victor Lefranc, Laurenceau, Lespérut, Saint-Marc Girardin, Barthélemy Saint-Hilaire, d'Aurelle de Paladines, La Roncière-le-Noury, Pouyer-Quertier, Vitet, Batbie, amiral Saisset. Ces quinze commissaires n'avaient point charge de se mêler aux négociations, mais de tenir l'Assemblée au courant des entretiens avec l'autorité prussienne, de donner leur avis à l'Assemblée et de lui faire un rapport.

L'Assemblée suspendit ses séances au départ des négociateurs et décida de se proroger jusqu'à leur retour, c'est-à-dire jusqu'au moment où les conditions de la paix seraient connues. Avant cette suspension de ses travaux, la Chambre avait voté la nomination de huit commissions, composées chacune de quarante-cinq membres, et chargées d'ouvrir une vaste enquête sur l'état de la France au sortir des bouleversements d'une guerre longue et désastreuse. Ces commissions devaient porter leurs investigations sur les points suivants :

1° L'état des forces militaires ; 2° l'état de la marine ; 3° l'état des finances ; 4° l'état des chemins de fer, routes, rivières et canaux ; 5° l'état des communications postales et télégraphiques ; 6° l'état des départements envahis ; 7° l'état de l'administration intérieure ; 8° l'état du commerce général de la France.

De ces diverses enquêtes, dont quelques-unes pouvaient exiger de longues recherches, la plus importante et la plus pressée était celle qui avait trait aux ressources militaires du pays. Quoique l'opinion de la plupart des députés fût faite à l'avance, puisqu'ils avaient été nommés comme partisans déclarés de la paix, tous cependant désiraient être fixés sur les moyens militaires que la France disposait encore, alors que les négociations s'ouvraient à Versailles. La commission qui devait éclairer sa religion sur cette grave question divisa en trois parties l'objet de ses études : la première s'occupa du *personnel*, la seconde du *matériel*, la troisième des *services administratifs*. Le rapport, confié au vaillant amiral Jauréguiberry, était prêt le 26 février et soumis aux députés. Les conclusions de ce travail étaient loin d'être favorables à la continuation de la guerre. En voici la substance :

Les forces militaires de la France présentent un effectif total de 534,452 hommes, disséminées dans les divisions territoriales, les dépôts, les camps régionaux d'instruction ou en Algérie. Mais sur ces 534,452 soldats, combien peuvent entrer en ligne? 53,087 seulement. Les autres ne sont ni équipés, ni instruits, ni armés, et ne doivent pas compter. « Nous possédons encore, il est vrai, dans nos armées, disait l'amiral, 14,474 marins ou soldats d'infanterie de marine et quelques centaines de zouaves remarquables par leur courage et par leur fermeté. Reste glorieux de 55,000 combattants, ce petit nombre témoigne hautement de la valeur et du dévouement de ces troupes d'élite. » La cavalerie et l'artillerie offraient un effectif de 53,000 hommes en bon état, mais les chevaux avaient beaucoup souffert du froid et du manque de fourrage. Le rapporteur, après avoir compté tous les hommes réunis sous les drapeaux, ne trouvait, en dehors des armes spéciales, que 220,000 hommes capables d'opposer quelque résistance, et il disait en terminant :

« Cette résistance sera-t-elle couronnée du succès que nous désirons si ardemment ? Nous n'osons même pas l'espérer, car il ne faut pas se le dissimuler, pour vaincre des armées aussi nombreuses, aussi bien organisées que le sont, à tous égards, celles contre lesquelles nous sommes appelés à lutter, il est indispensable que nos troupes soient, non-seulement instruites et bien armées, mais surtout animées d'un esprit de ténacité indomptable, d'un mépris du danger, d'un sentiment exalté de patriotisme que malheureusement toutes ne possèdent pas. »

L'amiral Jauréguiberry n'était certes pas suspect de souhaiter la paix à tout prix ; nul n'avait plus bravement que lui payé sa dette à la patrie. A Villepion, à Loigny, au Mans, il s'était couvert de gloire.

Cependant les négociateurs français discutaient à Versailles les préliminaires de la paix. M. de Bismarck exigeait une cession de territoire, une indemnité pécuniaire, une satisfaction pour l'orgueil de l'armée allemande. Quant à la cession territoriale, le diplomate prussien demandait l'Alsace et la Lorraine tout entière, notre colonie de Pondichéry, et, par-dessus le marché, l'abandon d'une partie de notre flotte. Sur la question d'argent, ses prétentions n'étaient pas moins exorbitantes : la Prusse voulait se faire donner comme indemnité de guerre une somme de *dix milliards*. Enfin, il fallait, pour contenter l'amour-propre de l'armée allemande, que les Prussiens entrassent dans Paris. Après avoir entendu l'énoncé de ces prétentions inattendues, M. Thiers se leva, disant que jamais un Français ne consentirait à subir de si dures exigences et qu'apparemment la Prusse désirait la continuation de la guerre. Devant cette résistance, M. de Bismarck modifia ses prétentions : il descendit de dix milliards à sept, puis à cinq ; quant à la cession territoriale, il consentit à laisser à la France Nancy et le département de la Meurthe ; il cessa de demander une partie de la flotte et la colonie de Pondichéry ; mais M. Thiers, pour conserver Belfort, dût consentir à l'entrée des troupes allemandes dans Paris. Son opposition sur ce point resta vaine ; l'état-major prussien tenait à l'entrée de son armée dans la ville prise après un siége de plus de quatre mois ; seulement il fut convenu que l'armée allemande se bornerait à occuper le quartier des Champs-Élysées, ce qui était entrer dans Paris aussi peu que possible. Quant au payement d'une indemnité de cinq milliards, il fut convenu qu'un milliard serait versé dans les caisses allemandes pendant l'année 1871, et que le reste serait acquitté dans un espace de trois ans. Aussitôt les préliminaires acceptés par l'Assemblée, l'armée allemande devait sortir de Paris et évacuer les forts de la rive gauche de la Seine, puis les départements de l'Orne, du Calvados, de la Sarthe, d'Eure-et-Loir, du Loiret, de Loir-et-Cher, d'Indre-et-Loire et de l'Yonne, et tous les départements du nord-ouest, jusqu'à la rive gauche de la Seine. Après le versement d'un demi-milliard devaient être évacués les départements suivants : Somme, Oise, les parties des départements de la Seine-Inférieure, de Seine-et-Oise, de Seine-et-Marne, situées sur la rive droite de la Seine, ainsi que les forts situés sur la même rive. Enfin il était stipulé qu'après le payement de deux milliards, l'occupation allemande n'embrasserait plus que les départements de

la Marne, des Ardennes, de la Haute-Marne, de la Meuse, des
Vosges, de la Meurthe, ainsi que la forteresse de Belfort avec son
territoire, qui devaient, d'après les termes du traité, servir de
gage pour les trois milliards restants.

L'armée française devait se retirer derrière la Loire en attendant la signature du traité de paix définitif [1].

L'Assemblée reprit ses séances le 28 février, pour entendre la
lecture des préliminaires de paix. On en connaissait déjà les dispositions principales : la perte de l'Alsace et d'une partie de la
Lorraine, l'entrée des Prussiens dans Paris, l'écrasante indemnité
de guerre. La douleur et l'indignation se partageaient les cœurs.
Les députés de l'Est, voyant approcher le moment de la séparation,
laissaient éclater alternativement leur colère et leurs larmes. Dans
Paris, la perspective de l'entrée des Prussiens jetait une exaltation
naturelle qui se traduisait par des projets de résistance. On parlait de s'opposer à l'entrée des Prussiens les armes à la main et
de recommencer la guerre. Paris avait-il été pris d'assaut? l'ennemi
avait il forcé ses portes ? Il avait attendu la reddition de la cité par
la famine ; il l'avait bombardée sans pitié, ne pouvant la vaincre.
La dernière humiliation qu'il voulait lui infliger, celle de sa présence dans ces murs inviolés, n'était pas tolérable. S'ils entrent,
disait-on, on se battra. On oubliait, en parlant ainsi, que l'ennemi
avait commencé par occuper les forts et qu'il n'aurait fallu qu'un
coup de fusil tiré sur les Allemands pour faire foudroyer la ville et
les monuments.

C'est au milieu de ces orages que l'Assemblée se réunit le 28 février ; elle voulait avoir signé la paix le 1er mars. M. Thiers
monta à la tribune, et au milieu d'un solennel silence il lut le
texte du projet de loi présenté par le gouvernement.

« Le chef du Pouvoir exécutif de la République française propose à
l'Assemblée nationale le projet de loi dont la teneur suit :

« L'Assemblée nationale, subissant les conséquences de faits dont elle
n'est pas l'auteur, ratifie les préliminaires de paix dont le texte est ci-
annexé, et qui ont été signés à Versailles, le 26 février 1871, par le chef du
Pouvoir exécutif et le ministre des affaires étrangères de la République
française, d'une part ;

« Et d'autre part, par le chancelier de l'empire germanique, M. le comte
Otto de Bismarck-Schœnhausen, le ministre d'État et des affaires étran-

---

[1] Voir aux *pièces justificatives* le texte des préliminaires de paix.

gères de S. M. le roi de Bavière, le ministre des affaires étrangères de
S. M. le roi de Wurtemberg, et le ministre d'État représentant S. A. R. le
grand-duc de Bade ;

« Et autorise le chef du Pouvoir exécutif et le ministre des affaires
étrangères à échanger les ratifications. »

« Je demande l'urgence, ajouta M. Thiers : des raisons de la
plus haute gravité exigent que le traité soit discuté, mais qu'on
perde le moins de temps possible pour échanger les ratifications.
Les ratifications seront le signal du retour de nos prisonniers et
de l'évacuation de notre territoire, Paris compris. »

L'auditoire, en proie à la plus vive émotion, écoute ensuite la
lecture des préliminaires de paix faite par M. Barthélemy Saint-
Hilaire, lecture entrecoupée par des cris de douleur, d'indignation, de colère, et qui soulève l'Assemblée. La discussion s'engage
sur la demande d'urgence du chef du Pouvoir exécutif. M. Tolain,
député de Paris, s'oppose à la déclaration d'urgence : « Nous
sommes encore, dit-il, sous le coup écrasant des propositions
honteuses qui viennent de nous être faites... Il faut que le traité
soit étudié par chacun de nous d'une manière approfondie, et, puisque l'armistice est prorogé jusqu'au 12 mars, nous avons tout le
temps nécessaire pour nous livrer à cet examen. » L'urgence,
réplique aussitôt M. Thiers, ne signifie pas qu'on délibérera sans
examiner complétement le traité. Une proposition telle que celle
que nous venons de vous faire est certainement une des plus
graves qu'on puisse présenter à un grand pays. Nous le savons,
et notre douleur nous l'a assez appris... (Mouvement.) Mais il
il faut que l'examen commence tout de suite, et quand il sera
commencé, ce n'est pas nous, soyez-en sûrs, qui voudrions res-
treindre la discussion et empecher qui que ce soit de dire sur ce
traité tout ce qu'il pense. Non, tout au contraire! Mais ce qui
importe avant tout, c'est que cette discussion ne soit pas différée

« Quant au mot que je repousse, continue l'orateur en s'ani-
mant, c'est celui de « propositions honteuses. » — Pas un de nous
ne serait capable de vous en faire une semblable. Mais nous
sommes dans une situation malheureuse, et s'il y a de la honte,
la honte sera pour ceux qui, à tous les degrés, à toutes les épo-
ques, auront contribué aux fautes qui ont amené cette situation.
(Vives marques d'approbation.)

« Quant à moi, devant le pays et devant Dieu, je déclare que je suis étranger à ces fautes-là. » (*Applaudissements prolongés.*)

L'urgence est déclarée : les députés se réunissent le même jour dans leurs bureaux pour examiner les bases du traité. La lecture du rapport, la discussion et le vote sont renvoyés à la séance du lendemain 1er mars.

La séance s'ouvre par la lecture du rapport, rédigé par M. Victor Lefranc, au nom de la commission chargée par l'Assemblée de suivre les négociations de Versailles. Le rapporteur raconte les angoisses des négociateurs ; il les a partagées ; mais il faut se résigner aux sacrifices qu'imposent les circonstances, et, quoi qu'il en coûte au patriotisme, signer la paix dont les préliminaires sont soumis aux représentants. « Cette signature est douloureuse, messieurs ; l'âme se révolte avant de vous conseiller d'y souscrire, et ce n'est pas trop de toutes les forces de la conscience pour examiner librement s'il est possible de l'éloigner de vous. » Le plus cruel des sacrifices est l'abandon de l'Alsace et d'une partie de la Lorraine, de ces provinces si françaises, qui veulent rester françaises, qui supplient la France de ne pas consentir à la séparation impie qu'on lui demande, que, pour leur compte, elles repoussent avec horreur[1]. Les négociateurs ont

---

[1] M. Keller, député de l'Alsace, avait, dans sa séance du 17 février, apporté à la tribune la déclaration suivante aux applaudissements de toute l'Assemblée :

DECLARATION.

I. — L'Alsace et la Lorraine ne veulent pas être aliénées.

Associées depuis plus de deux siècles à la France, dans la bonne comme dans la mauvaise fortune, ces deux provinces, sans cesse exposées aux coups de l'ennemi, se sont constamment sacrifiées pour la grandeur nationale ; elles ont scellé de leur sang l'indissoluble pacte qui les rattache à l'unité française. Mises aujourd'hui en question par les prétentions étrangères, elles affirment, à travers les obstacles et tous les dangers, sous le joug même de l'envahisseur, leur inébranlable fidélité.

Tous unanimes, les citoyens demeurés dans leurs foyers, comme les soldats accourus sous les drapeaux, les uns en votant, les autres en combattant, signifient à l'Allemagne et au monde l'immuable volonté de l'Alsace et de la Lorraine de rester françaises.

II. — La France ne peut consentir ni signer la cession de la Lorraine et de l'Alsace. Elle ne peut pas, sans mettre en péril la continuité de son existence nationale, porter elle-même un coup mortel à sa propre unité en abandonnant ceux qui ont conquis, par deux cents ans de dévouement patriotique, le droit d'être défendus par le pays tout entier contre les entreprises de la force victorieuse.

Une assemblée, même issue du suffrage universel, ne pourrait invoquer sa souveraineté pour couvrir ou ratifier des exigences destructives de l'intégrité nationale. (*Approbation à gauche.*) Elle s'arrogerait un droit qui n'appartient même pas au peuple réuni dans ses comices. (*Même mouvement.*)

Un pareil excès de pouvoir, qui aurait pour effet de mutiler la mère commune,

M. POUYER-QUERTIER.

Degorce-Cadot, édit. Paris.

Rouge et Cⁱ, imp.

épuisé leurs efforts pour épargner ce démembrement à la patrie : ils se sont heurtés à une résistance invincible. De l'Alsace, du moins, la France conserve Belfort, que la Prusse avait voulu garder tout d'abord ; de la Lorraine, on a sauvé les quatre cinquièmes ; on aurait pu la perdre tout entière. Quant à l'indemnité pécuniaire, elle est énorme ; mais il n'a pas été possible aux négociateurs de la réduire au delà du chiffre de 5 milliards. La France, rendue à la paix et au travail, saura tromper l'attente de ses ennemis dont l'espoir, en exigeant d'elle tant d'argent, est moins encore de s'enrichir de ses dépouilles que la réduire pour longtemps à l'impuissance. « Faut-il, s'écrie M. Victor Lefranc, faut-il recommencer la lutte après les désastres de nos armées, après les insuffisances de la levée en masse, après l'appel des forces à peine organisées du pays ? Ne serait-ce pas hasarder les dernières énergies de la France sans espoir de les voir triompher ? Ne serait-ce pas pour couvrir contre les conséquences fatales de leurs fautes, l'honneur de ceux qui nous ont

dénoncerait aux justes sévérités de l'histoire ceux qui s'en rendraient coupables. La France peut subir les coups de la force, elle ne peut sanctionner ses arrêts. (*Applaudissements à gauche.*)

III. — L'Europe ne peut permettre ni ratifier l'abandon de l'Alsace et de la Lorraine. Gardiennes des règles de la justice et du droit des gens les nations civilisées ne sauraient rester plus longtemps insensibles au sort de leurs voisines, sous peine d'être, à leur tour, victimes des attentats qu'elles auraient tolérés. L'Europe moderne ne peut laisser saisir un peuple comme un vil troupeau ; elle ne peut rester sourde aux protestations répétées des populations menacées ; elle doit à sa propre conservation d'interdire de pareils abus de la force. Elle sait d'ailleurs que l'unité de la France est, aujourd'hui comme dans le passé, une garantie de l'ordre général du monde, une barrière contre l'esprit de conquête et d'invasion.

La paix faite au prix d'une cession de territoire ne serait qu'une trève ruineuse et non une paix définitive. Elle serait pour tous une cause d'agitation intestine, une provocation légitime et permanente à la guerre... Et quant à nous, Alsaciens et Lorrains, nous serions prêts a recommencer la guerre aujourd'hui, demain, a toute heure, a tout instant. (*Très-bien, sur plusieurs bancs.*)

En résumé, l'Alsace et la Lorraine protestent hautement contre toute cession. La France ne peut la consentir, l'Europe ne peut la sanctionner.

En foi de quoi, nous prenons nos concitoyens de France, les gouvernements et les peuples du monde entier à témoin que nous tenons d'avance pour nuls et non avenus tous actes et traités, vote ou plébiscite qui consentiraient abandon en faveur de l'étranger de tout ou partie de nos provinces de l'Alsace et de la Lorraine. (*Bravo à gauche.*)

Nous proclamons, par les présentes, à jamais inviolable le droit des Alsaciens et des Lorrains de rester membres de la nation française, et nous jurons, tant pour nous que pour nos commettants, nos enfants et leurs descendants, de le revendiquer éternellement et par toutes les voies, envers et contre tous les usurpateurs. (*Bravo ! bravo ! Applaudissements redoublés à gauche.*)

perdus, ou même pour sauver le faux honneur de ceux qui reculent devant les responsabilités... (*C'est cela! très-bien! Voilà la vérité*). Ne serait-ce pas jouer l'honneur même de la France, compromis dans le trouble possible de ces suprêmes convulsions du désespoir » ?

M. Edgar Quinet, dans un discours éloquent et ému, combat les conclusions du rapport. Il suit depuis longtemps d'un œil attentif la politique de la Prusse et de l'Allemagne. Que demandent-elles à la France en lui proposant cette paix ruineuse ? De se mutiler de ses propres mains, de légaliser le vol et la conquête par le suffrage universel. « Jusqu'ici, s'écrie l'orateur, les conquérants se contentaient de mettre la main sur un territoire, de s'en emparer par la force. Ils le gardaient s'ils le pouvaient. C'était le droit de la guerre. Aujourd'hui les prétentions de la Prusse sont toutes nouvelles. Après avoir saisi l'Alsace et la Lorraine, elle prétend faire voter, consacrer cette prise de possession par le suffrage universel. Ce qui n'était jusqu'ici qu'une déprédation deviendrait ainsi le droit consenti par les Français. » Il ne se sent pas la force de dire à des compatriotes, à des Français comme lui : En vertu de mon vote et de mon libre arbitre, vous allez cesser d'être Français. « L'Alsace et la Lorraine ne sont pas seulement des provinces, continue M. Quinet, elles sont les deux boulevards de la France ; elles en sont les deux remparts ; ôtez-les à la France, et elle est ouverte à l'ennemi. Que la Prusse possède ces remparts, et la Prusse peut s'étendre à son gré dans la France centrale ; elle peut déborder, sans trouver d'obstacles, jusqu'à la Marne ; l'ennemi est maître chez vous, il est à perpétuité sur le chemin de Paris, il tient la France à la gorge ! Est-ce là, je vous le demande, une paix ? Non, c'est la guerre à perpétuité sous le masque de la paix. Si c'est là ce que demande la Prusse, il est donc bien vrai qu'elle ne veut pas seulement notre déchéance, mais notre anéantissement.

« Or c'est là ce que je ne signerai jamais ! Si le présent est funeste, sauvons au moins le lendemain ! Nous ne le pouvons qu'en repoussant les préliminaires de paix qui détruisent à la fois le présent et l'avenir ! »

Et le moyen ! le moyen ! s'écrie M. Thiers de sa place.

Après M. Quinet, M. Bamberger, député de la Moselle et Strasbourgeois de naissance, paraît à la tribune.

Ici se place le mémorable incident qui se dénoua par le vote de déchéance de Napoléon III et de sa dynastie. Cette page d'histoire, d'un intérêt dramatique, mérite d'être rapportée dans tous ses détails. On ne peut en donner un récit plus fidèle que le compte rendu du *Journal officiel;* il reflète toutes les passions que soulève dans l'Assemblée indignée le souvenir cyniquement invoqué de l'auteur de la guerre, au moment même où la France pliait sous le poids de malheurs immérités, et que lui seul avait causés !

M. Bamberger. Messieurs, député de la Moselle et Strasbourgeois de naissance, je viens vous adjurer de repousser le traité de paix, ou de honte, qui est apporté devant vous. Je serai bref : vos moments, on vous l'a dit déjà souvent, trop souvent peut-être, sont précieux : d'ailleurs, c'est un arrêt de mort que l'on présente à votre ratification, et les longs discours ne conviennent point aux mourants.

Ce traité constitue, selon moi, une des plus grandes iniquités que l'histoire des peuples et les annales diplomatiques auront à enregistrer. Un seul homme, je le déclare tout haut, un seul homme devait le signer : cet homme, c'est Napoléon III.

Sur un très-grand nombre de bancs. Oui! oui! vous avez raison !

M. Bamberger. Un seul homme dont le nom restera éternellement cloué à l'infamant pilori de l'histoire. (*Applaudissements prolongés.*)

Un membre à droite. Napoléon III n'aurait jamais signé un traité honteux! (*Murmures et réclamations.*)

Voix diverses. Qui dit cela? Le nom! le nom de celui qui dit cela?

Le même membre. Galloni d'Istria! (*Bruit croissant.*)

M. Haentjens. Il vaut mieux blâmer un souverain prussien qu'un souverain prisonnier de nos cruels ennemis. Ce n'est pas M. de Bismarck qu'on blâme en ce moment... (*Interruptions diverses. — Bruit prolongé.*)

M. Bamberger. Mon intention n'est pas de traiter la question au point de vue historique; d'autres, sans aucun doute, s'en acquitteront mieux que nous. (*Nouvelles interruptions.*)

M. Conti et M. Gavini prononcent des paroles que les rumeurs et le bruit empêchent complétement de saisir.

Plusieurs membres à M. Conti. A la tribune! à la tribune! allez dire cela à la tribune !

M. Conti monte à la tribune au milieu d'une vive agitation.

M. Jules Simon, *ministre de l'instruction publique et des cultes, s'adressant à M. Conti.* Parlez! parlez donc! osez défendre l'auteur de toutes nos catastrophes!

M. Langlois se dirige du côté de la tribune.

M. LE PRÉSIDENT. Monsieur Langlois, veuillez reprendre votre place.

M. LE GÉNÉRAL DUCROT prononce avec animation quelques paroles qui n'arrivent pas jusqu'à la sténographie.

M. CONTI. J'ai été provoqué à porter à cette tribune... (Interruptions.)

M. GAVINI. Vous avez poussé M. Conti à la tribune : laissez-le donc parler !

M. JULES SIMON. Oui ! oui, qu'il dise donc quelque chose que d'honnêtes gens puissent entendre ! (Bruit général.)

M. LE PRÉSIDENT. Je supplie l'Assemblée de vouloir bien écouter.

Un membre a gauche. Je demande la parole.

M. LE PRÉSIDENT. Vous n'avez pas la parole.

Je conjure l'Assemblée de garder le calme que commande une si grave et si douloureuse discussion. (Très-bien ! très-bien !)

M. Bamberger cede-t-il la parole à M. Conti ?

M. BAMBERGER. Je la cède provisoirement, monsieur le président, et en réservant mon droit. (Oui ! oui ! très-bien !)

M. LE PRÉSIDENT à M. Conti. Vous avez la parole.

M. CONTI. J'ai été provoqué à porter à cette tribune la protestation que je voulais faire de ma place contre les paroles prononcées par l'honorable préopinant. (Rumeurs.)

Cette protestation, je n'hésite pas à la renouveler ; je le ferai avec conviction et avec courage. (Bruyantes interruptions. — Parlez ! parlez !)

M. LE PRÉSIDENT. Messieurs, puisque vous exigez que l'orateur parle, ayez la patience de l'écouter.

M. CONTI. Cette protestation, je n'hésite pas à la renouveler, et j'espère qu'elle retentira dans le pays tout entier, si elle n'est pas ici accueillie par tout le monde avec une égale faveur. (Nouvelles interruptions.)

Messieurs, dans un debat si douloureux, si poignant, je ne m'attendais pas à des diversions passionnées... (Ah ! ah !), à d'injustes récriminations contre un passé auquel plusieurs d'entre nous se rattachent... (Allons donc ! allons donc ! — Non ! non !)

Vous dites : non ! Est-ce qu'il n'y a pas ici beaucoup de nos collègues qui, comme moi, ont prêté serment à l'Empire... (Bruyantes réclamations.) qui, comme moi, l'ont servi avec devouement et qui, certainement, ne voudront pas répudier leur passé ?... (Nouvelles et bruyantes réclamations.)

Un membre. Et l'empereur, est-ce qu'il n'avait pas prête serment à la République ?

M. DUFAURE, ministre de la justice. Je demande la parole.

M. GAVINI. Je proteste avec M. Conti .. (Le bruit couvre la voix de l'orateur.)

M. LE DUC DE MARMIER. Un serment forcé n'oblige jamais. (Bruit confus.)

M. CONTI. Messieurs, j'étais venu ici dans un esprit de conciliation et de patriotisme associer ma responsabilité à la vôtre. (Exclamations et murmures.)

(Plusieurs membres se lèvent et interpellent l'orateur dans le bruit.)

M. LE PRÉSIDENT, *s'adressant aux interrupteurs.* Messieurs, veuillez vous asseoir! vous n'avez pas la parole!
Continuez, monsieur Conti.

Plusieurs membres. Non! non! Assez! assez!

M. LE PRÉSIDENT. Encore une fois, veuillez ne pas interrompre, ou je serai contraint de vous rappeler a l'ordre. (*Très-bien!*)

M. CONTI. Je disais que, dans un profond esprit de conciliation, j'étais venu, comme la plupart d entre vous, apposer ma responsabilité au bas de l'acte que nous sommes ob'iges de souscrire.

Oui, je crois que l'heure de la paix est venue, que le moment est venu de panser nos plaies, de guérir nos maux; mais à une a nertume déjà si grande, pourquoi venir en joindre une autre? Pour quoi voulez-vous m'empêcher d'attester mes convictions les plus intimes et les plus sinceres ? (*Vives interruptions. — Assez! assez!*)

M. GAVINI. Protestez contre la violence qui vous est faite et descendez de la tribune !

M. LE PRÉSIDENT. Monsieur Gavini, vous n'avez pas la parole.

M. CONTI. Ces interruptions ne me feront pas descendre de la tribune... car je viens défendre des principes, je viens defendre mon pays... (*Exclamations.*), tout ce qu'il a honoré. N'est-ce pas assez d'avoir à voter la mutilation de son pays? Faut-il encore retrancher de son histoire quelques années glorieuses et dont la prospérité ne sera pas oubliée ? (*Vives réclamations et murmures sur un grand nombre de bancs.*)

M. VITET. Allons donc ! glorieuses. Dites honteuses.

M. CONTI. Laissez-moi tenir ce langage. Vous me répondrez. (*Assez! assez!*)

Vos récriminations... (*Bruit.*)

M. GAVINI. Protestez, et descendez de la tribune. Puisqu'on refuse de vous entendre, ne prolongez pas davantage ce douloureux incident. Nous nous joignons à vous !

M. CONTI. Avant de descendre de cette tribune, je dirai ce que j'ai à dire: en attaquant le gouvernement que je defends, vous incriminez la France elle-même qui l'a fonde et soutenu par une serie de plebiscites. (*Bruit général.*)

Oui, messieurs, ce gouvernement pour lequel vous n'avez pas assez d'injures... (*Nouveaux cris : Assez! assez !*)

M. LE MARQUIS DE FRANCLIEU. Descendez de la tribune! Les bourreaux n'ont pas le droit d'insulter les victimes.

M. CONTI. Vous me faites souvenir... (*Assez! assez!*)

M. HAENTJENS. Descendez de la tribune !

M. CONTI. Je n'en descendrai pas, je ne subirai pas cette violence; je dirai toute ma pensee. (*Assez! assez!*)

Est-ce donc là la liberté que vous voulez nous donner? (*Assez! assez!*)

Messieurs, en 1856, l'honorable chef du Pouvoir executif disait... (*Bruit général.*)

M. LE MARQUIS DE FRANCLIEU. Nous ne voulons pas vous entendre !

M. DANIEL WILSON. Il est dommage que Napoléon III lui-même ne soit pas là !

M. CONTI. Après la guerre de Crimée... (*Aux voix ! aux voix !* — *Agitation croissante.*)

M. LE DUC DE MARMIER. M. Bamberger avait la parole. Pourquoi ne reprend-il pas son discours ?

M. LE PRÉSIDENT. Monsieur le duc de Marmier, veuillez garder le silence.

Messieurs, voulez-vous permettre à votre président de présider la séance ? (*Oui ! oui !* — *Écoutons !*)

M. BAMBERGER remonte à la tribune à côté de M. Conti, et sa présence y est accueillie par des applaudissements.

M. LE PRÉSIDENT. Vous n'avez pas la parole en ce moment, monsieur Bamberger. Veuillez descendre de la tribune.

(M. Victor Hugo remplace à la tribune M. Bamberger qui en est descendu. — Des applaudissements éclatent sur plusieurs bancs).

Voix à gauche. Parlez, monsieur Victor Hugo !

M. LE PRÉSIDENT. Si un pareil bruit continue, vous me mettrez dans la nécessité de suspendre la séance. (*Le silence se rétablit.*)

Vous avez demandé que M. Conti montât à la tribune. (*Non ! non !* — *Si !*)

M. DUFAURE, *ministre de la justice.* Ce n'était pas pour faire un discours et une apologie.

M. CONTI. Je comprends bien : c'est toute la mesure de la liberté que vous me laissez ? Je ne puis... (*Interruptions diverses.*) je ne puis pas répondre à toutes les interpellations qui me sont adressées. Cependant... (*Tumulte.*)

M. LE MINISTRE DE LA JUSTICE. Ne nous faites pas perdre notre temps ! M. Bamberger ne vous a pas cédé la parole pour cela.

M. LE PRÉSIDENT. Si l'Assemblée voulait faire silence, elle permettrait au président d'entendre l'orateur, et il l'aurait déjà ramené à la question dont il a paru s'écarter. Je laisse la parole à M. Conti... (*Non ! non !* — *Vives protestations.*)

M. CONTI. Je ne veux pas... (*De nouvelles interpellations sont adressées de divers côtés à l'orateur, au milieu d'un bruit confus.*)

M. SCHŒLCHER. Levez la séance, monsieur le président !

Un membre. Les Prussiens sont chez nous, messieurs ! hâtons-nous ! (*Bruit persistant.*)

M. LE PRÉSIDENT. Je laisse la parole à M. Conti, à qui je ne peux la retirer sans qu'il se soit mis en infraction au règlement. Je ne la lui laisse qu'à la condition qu'il se renfermera strictement dans la question et qu'il ne provoquera pas les émotions de l'Assemblée. (*Mouvements en sens divers.*)

M. CONTI. Je ne mérite pas le reproche indirect que M. le président m'adresse : je ne me suis pas écarté de la question ; ce sont les orateurs qui m'ont précédé qui s'en sont écartés en faisant allusion à des faits qui ne sont pas en cause. (*Exclamations et protestations nombreuses et bruyantes.*)

M. Vitet. Comment! qui ne sont pas en cause? Ils sont bien la cause de la guerre.

M. Conti. Après m'avoir obligé à monter à cette tribune pour répondre à des accusations inouïes, vous m'opprimez par vos interruptions et vous attaquez de tous côtés, avec une violence sans exemple, l'Empire que j'ai servi, que je vénère, et que j'ai bien le droit de défendre. Je disais tout à l'heure qu'à une certaine époque... (*Interruption.*)

Un membre. C'est pour le *Moniteur* que l'orateur parle, car on ne l'entend pas.

M. Conti. Je parle pour que la France m'entende, et elle m'entendra. (*Vives réclamations.*)

Une voix à droite. Non, elle ne vous entendra pas! (*Bruit.*)

M. le comte de Douhet. Nous demandons la clôture de l'incident.

M. Conti. Je n'ai jamais vu dans une assemblée une pareille intolérance. (*Nouvelles exclamations.*)

M. Cochery. C'est de l'indignation!

M. Dufaure, *ministre de la justice.* Et quand M. Thiers vous recommandait la paix, vous avez été sur le point de l'arracher de la tribune!

Plusieurs voix à gauche. La déchéance! la déchéance!

M. Paul Bethmont. Il n'y a qu'un moyen de clôre l'incident, c'est de proclamer la déchéance de l'empereur Napoléon et de sa dynastie. (*Oui! oui!*)

(Un grand nombre de députés se lèvent en criant: *La déchéance! la déchéance!*)

M. Target monte à la tribune pour remettre sur le bureau une proposition. Sur l'invitation de M. le président, il en descend aussitôt.

Voix nombreuses. La déchéance!

M. le comte de Douhet. Descendez de la tribune, monsieur Conti! ce sera plus sage que de prolonger cet incident.

M. le Président. Monsieur Conti, vous n'avez eu la parole que par une concession de M. Bamberger qui était à la tribune, et pour donner une explication personnelle; votre explication étant épuisée, je vous engage à descendre de la tribune. (*Oui! oui!*)

M. Conti. Je ne puis que céder à l'intolérance de la Chambre, et, puisque la parole m'est retirée, je descends de la tribune. (*Exclamations diverses. — De vives interpellations sont adressées à M. Conti par plusieurs membres pendant qu'il retourne à sa place.*)

M. le Président. J'invite la Chambre au calme et au silence. Si l'agitation qui règne en ce moment ne s'apaise pas, je serai obligé de suspendre la séance.

Sur divers bancs. Oui! oui! vous ferez bien! — Suspendez la séance!

M. Langlois. Votons la déchéance des Bonaparte! (*Oui! oui! la déchéance!*)

(Un grand nombre de membres se lèvent en criant : *La déchéance ! la déchéance ! — Agitation générale et tumultueuse.*)

M. LE PRÉSIDENT. Puisque le calme ne se rétablit pas, je vais suspendre la séance pendant un quart d'heure. (*Marques d'approbation.*)

(M. le président se couvre et la séance est suspendue à deux heures moins dix minutes.)

La séance est reprise à deux heures et un quart.

M. LE PRÉSIDENT. Je prie l'Assemblée de ne pas se laisser distraire par des émotions, quelque légitimes qu'elles soient, du sentiment de gravité et de calme douloureux qui doit présider à cette délibération. (*Très-bien !*)

Je donne la parole à M. Target pour une motion d'ordre.

M. TARGET. L'Assemblée doit être impatiente de reprendre la discussion du douloureux traité ; mais avant de donner suite à l'incident qui vient de se produire, je propose la motion suivante :

« L'Assemblee nationale clôt l'incident, et dans les circonstances douloureuses que traverse la patrie, en face de protestations et de réserves inattendues, confirme la déchéance de Napoléon III et de sa dynastie, déjà prononcee par le suffrage universel, et le déclare responsable de la ruine, de l'invasion et du demembrement de la France. » (*Acclamations prolongées.*)

Ont signé : MM. Target, Paul Bethmont, Jules Buisson, René Brice, Charles Rolland, Tallon, le duc de Marmier, Pradié, Ricard, Girard, Lambert de Sainte-Croix, Wilson, Charles Alexandre, Baragnon, Léon Say, Victor de Laprade, Farcy, Marcel Barthe, comte d'Osmoy, Wallon, Ch. Rive, comte de Brettes-Thurin, Villain.

(Les membres des diverses parties de l'Assemblée se lèvent en applaudissant et en criant : *Très-bien ! tres-bien ! Bravo ! bravo !*)

M. CONTI. Je demande la parole.

M. GAVINI. Messieurs... (*Non ! non ! c'est voté !*)

Ayez au moins respect des minorités ! (*Interruptions diverses.*)

Je dois protester de toutes les forces de mon âme... (*Nouvelles et plus bruyantes interruptions.*) contre la proposition... (*Assez ! assez !*) Cette Assemblée n'a pas le droit de prononcer sur la question qui lui a été présentée; élue pour une mission spéciale, elle n'est pas constituante... (*Réclamations.*)

Nouveaux cris. Aux voix ! aux voix !

M. GAVINI. Le suffrage universel seul peut détruire l'œuvre qu'il a édictée par quatre plébiscites solennels. Faites appel au suffrage universel, si vous l'osez... (*Aux voix ! aux voix !*) et alors, lorsque le peuple aura prononce, bien criminel celui qui ne se soumettra pas à sa volonte seule souveraine. (*Aux voix ! aux voix ! — Le bruit couvre la voix de l'orateur.*)

Je proteste contre la proposition.

M. DE TILLANCOURT. Aux voix ! et à l'ordre !

M. LE MARQUIS DE LAROCHEJACQUELEIN. Le peuple a prononce en nous voyant ici.

(*M. Gavini descend de la tribune au milieu des cris : Aux voix ! à l'ordre ! — Une vive agitation regne dans l'Assemblée.*)

M. LE PRÉSIDENT. La proposition est la clôture de l'incident.

On a demandé le scrutin public sur cette proposition.

De toutes parts. Non ! non ! C'est inutile !

M. Conti. Vous ne permettez pas de la discuter ?

M. Cochery, *s'adressant à MM. Conti et Gavini.* Vous froissez tous sentiments de l'Assemblée, et à quel moment ! (*Bruit général.*)

M. Thiers, *chef du pouvoir exécutif.* Donnez la parole à M. Conti ! (*Non ! non ! — Oui.*)

Monsieur le président, donnez-leur la parole pour qu'ils justifient les fautes de l'Empire.

Plusieurs membres. Oui ! oui ! qu'ils le fassent, s'ils l'osent !

M. Thiers monte à la tribune au milieu des applaudissements de l'Assemblée.

M. le Président. La parole est à M. Thiers, chef du pouvoir exécutif.

M. Thiers, *chef du pouvoir exécutif.* Messieurs, je vous ai proposé une politique de conciliation et de paix, et j'espérais que tout le monde comprendrait la réserve et le silence dans lesquels nous nous renfermons à l'égard du passé. Mais lorsque ce passé se dresse devant le pays... (*Vive adhésion. Bravos et applaudissements.*)

M. Conti. Je demande la parole.

M. le chef du pouvoir exécutif... lorsque ce passé semble se jouer de nos malheurs dont il est l'auteur... (*Oui ! oui ! Nouveaux bravos.*), le jour où ce passé se dresse devant nous, quand nous voudrions l'oublier, lorsque nous courbons la tête sous ses fautes, permettez-moi de le dire, sous ses crimes... (*Oui ! oui ! c'est vrai !*), savez-vous ce que disent en Europe les princes que vous représentez ? — je l'ai entendu de la bouche des souverains. — Ils disent que ce n'est pas eux qui sont coupables de la guerre, que c'est la France ; ils disent que c'est nous. Eh bien, je leur donne un démenti à la face de l'Europe. (*Applaudissements.*) Non, la France n'a pas voulu la guerre... (*Non ! non !*) c'est vous, vous qui protestez, c'est vous qui l'avez voulue. (*Oui ! oui !*)

M. Conti, *au pied de la tribune,* adresse à l'orateur des paroles qui sont étouffées par les cris : N'interrompez pas ! A l'ordre ! à l'ordre !

(Plusieurs représentants, au pied de la tribune, interpellent vivement M. Conti.)

M. le Président. J'engage MM. les représentants à s'éloigner du pied de la tribune, et à prendre leurs places ; c'est une condition du silence et de l'ordre dans la discussion. (*C'est vrai ! — Très-bien !*)

M. Thiers, *chef du pouvoir exécutif.* Vous avez méconnu la vérité. Elle se dresse aujourd'hui devant vous, et c'est une punition du ciel de vous voir ici, obligés de subir le jugement de la nation, qui sera le jugement de la postérité. (*Oui ! oui ! — Vifs applaudissements.*)

Vous venez soutenir ici l'innocence du maître que vous serviez. Je respecte toujours toutes les douleurs : ce n'est pas l'individu que j'attaque.

M. Conti. Il n'y paraît guère.

M. le chef du pouvoir exécutif. Vous voulez soutenir l'innocence du maître que vous avez servi. Si l'Assemblée écoute mon conseil, elle vous laissera la parole.

Venez parler des services rendus à la France par l'Empire : il en est beaucoup de nous ici qui vous répondront à l'instant même. (*C'est vrai ! très-bien !*)

Si l'Assemblée veut clore l'incident... (*Oui ! oui !*), ce sera plus sage et plus digne... (*Assentiment.*) mais si elle ne veut pas clore l'incident, je la supplie de laisser parler à cette tribune les représentants de l'Empire.

Je n'ajoute plus qu'un mot :

Quant au droit national, vous dites que nous ne sommes pas une Constituante ; mais il y a une chose qui ne fait pas question, c'est que nous sommes souverains. (*Oui ! oui ! souverains !*)

Savez-vous pourquoi ? c'est que depuis vingt ans, c'est la première fois que les élections ont été parfaitement libres... (*Acclamations.*) et que le pays a pu dire librement sa volonté. (Réclamations de M. Conti et de M. Gavini.)

M. Ducuing, *s'adressant à MM. Conti et Gavini*. La preuve, c'est que vous avez été nommés !

M. LE CHEF DU POUVOIR EXÉCUTIF. La clôture de l'incident, c'est ce qui serait le plus digne... (*Oui ! oui !*) ; mais si la clôture ne prévalait pas, écoutez alors ceux qui voudraient venir se justifier : nous leur répondrons. Pour moi, je demande la clôture de l'incident. (*Vive adhésion. — Très-bien ! l'ordre du jour !*)

M. Conti. Vous voulez étouffer la discussion ! c'est ainsi que vous procédez. Je demande la parole pour combattre la proposition qui a été faite. (*Exclamations nombreuses.*)

M. LE Président. La clôture de l'incident a été demandée...

M. Louis Blanc. Je demande la parole.

Cris nombreux. La clôture ! la clôture !

M. LE Président. La clôture de l'incident ayant été demandée, je dois la mettre aux voix.

Il m'a été remis une demande de scrutin de division. (*Exclamations.*) Les auteurs de la demande de scrutin persistent-ils ? (*Non ! non !*)

M. Paul Bethmont. Votons par acclamation !

M. LE Président. Je mets aux voix la clôture de l'incident dans les termes où elle a été proposée, et que voici :

« L'Assemblée nationale clôt l'incident, et dans les circonstances douloureuses que traverse la patrie, en face de protestations et de réserves inattendues, confirme la déchéance de Napoléon III et de sa dynastie, déjà prononcée par le suffrage universel, et le déclare responsable de la ruine, de l'invasion et du démembrement de la France. » (*Aux voix ! aux voix !*)

M. Conti. Je demande la parole. (*Non ! non ! assez !*)

M. LE Président. Je mets aux voix la clôture de l'incident dans ces termes.

(La clôture est mise aux voix et adoptée à une très-grande majorité. — Quelques membres se lèvent à la contre-épreuve ; plusieurs autres s'abstiennent.)

M. Cochery. Je constate que cinq membres seulement se sont levés à la contre-épreuve.

M. Daniel Wilson. Il y en a six, pas un de plus ; je demande que cela soit constaté au *Moniteur*.

Cet acte de justice fut un véritable soulagement pour la conscience publique. L'Assemblée ne pouvait, pour flétrir le gouvernement impérial, mieux choisir son moment. Il était juste que la responsabilité du démembrement de la France fût rejetée sur ceux qui, après en avoir été les principaux instruments, ne rougissaient pas d'étaler une arrogance qui était un outrage pour la douleur commune. De sa captivité de Wilhemshöhe, Napoléon III n'avait pas craint, quelques jours auparavant, d'adresser un manifeste au peuple français. Le César tombé, au lieu de s'enfermer dans le silence du remords, redoutait d'être oublié du pays qu'il avait ruiné. « Maintenant, disait-il, que la lutte est suspendue, que la capitale, malgré une résistance héroïque, a succombé, et que toute chance raisonnable de vaincre a disparu, il est temps de demander compte à ceux qui ont usurpé le pouvoir du sang répandu sans nécessité, des ruines amoncelées sans raison, des ressources du pays gaspillées sans contrôle. Les destinées de la France ne peuvent être abandonnées à un gouvernement sans mandat, qui, en désorganisant l'administration, n'a pas laissé debout une seule autorité émanant du suffrage universel. » Tel était le langage qu'osait faire entendre l'homme de Sedan, dont les partisans étaient au nombre de six au sein d'une Assemblée composée de sept cent cinquante membres. Le suffrage universel, auquel il adressait un hommage hypocrite, avait répondu une première fois à ses prétentions en repoussant les hommes de l'Empire. L'Assemblée, aux applaudissements du pays tout entier, venait de répondre au manifeste de Wilhemshöhe en déclarant que Napoléon III était responsable de la ruine, de l'invasion et du démembrement de la France, et en prononçant la déchéance de sa dynastie.

Cet orageux incident était enfin terminé. M. Victor Hugo se lève à son tour pour combattre la paix offerte par la Prusse à la France. Au nom de Paris, M. Victor Hugo repousse cette paix qui arrache à la patrie deux de ses plus belles provinces. « Cette ville, s'écrie-t-il, en parlant de Paris, cette ville, qu'aucune n'égale dans l'histoire, cette ville majestueuse comme Rome et stoi-

que comme Sparte, cette ville que les Prussiens peuvent souiller,
mais qu'ils n'ont pas prise... (Très bien ! très-bien !) Paris nous
a donné un mandat qui aurait son péril, et qui ajoute à sa gloire,
c'est de voter contre le démembrement de la patrie... (Bravos à
gauche !) Paris a accepté pour lui les mutilations, mais il n'en
veut pas pour la France. » Le grand poëte déclare qu'il ne votera
point cette paix, parce qu'une paix honteuse est une paix terrible. M. Vacherot répond froidement que l'on ne fait pas de
politique pratique avec des sentiments, et qu'avant tout il faut
tenir compte des faits et des réalités. « Eh bien ! dit-il, connaissant la situation actuelle, sachant notre état militaire, notre état
financier, notre état moral surtout, je suis de ceux qui pensent
qu'à l'heure qu'il est, la France ne peut être sauvée que par la
la paix. Voilà pourquoi je la voterai. »

M. Louis Blanc demande ensuite, dans un discours très-étendu,
s'il n'y aurait pas lieu d'examiner « si un nouveau système de défense nationale ne nous fournirait pas le moyen de déconcerter
la supériorité des Prussiens dans la science du meurtre et du
carnage ; si nous ne ramènerions pas à nous le succès en faisant de tous les éléments de nos forces un tout homogène, en
substituant la guerre de partisan à la grande guerre (rumeurs),
en évitant les batailles rangées, en opposant aux armées ennemies, si fortes par l'organisation et par le nombre, non plus des
masses d'hommes levés au hasard et indisciplinés, mais un
grand nombre de petits corps mobiles, dont l'action variée, continue, imprévue, aurait pour but de harceler l'ennemi, de l'épuiser et de déjouer sa stratégie savante. »

Le chef du pouvoir exécutif répond aux députés qui préfére-
raient la continuation de la guerre à la paix qu'on leur offre,
que s'il y avait à ses yeux une seule chance de soutenir la lutte,
de la soutenir heureusement, jamais il ne se serait imposé une
douleur « qui a été, dit-il, une des plus grandes de ma vie,
celle de signer les préliminaires du traité que je vous ai apporté ;
c'est la conviction que j'ai de l'impossibilité d'entamer cette lutte
qui m'a contraint à courber la tête sous la force de l'étranger.
Je supplie, ajoute M. Thiers, qu'on ne m'impose pas la nécessité de donner les motifs de ma conviction ; mon silence est un
sacrifice que je fais à la sûreté et à l'avenir de mon pays. Oui, ma
conviction profonde, c'est qu'en faisant la paix aujourd'hui et en

nous soumettant à une grande douleur, c'est l'avenir du pays que nous sauvons, c'est sa future grandeur que nous assurons. Il n'y a que cette espérance et cette espérance seule qui ait pu me décider. »

L'Assemblée, à bout d'émotions et depuis longtemps fixée d'ailleurs, ratifie par 546 voix contre 107 [1] le traité soumis à ses délibérations. Le grand sacrifice était consommé. L'Alsace et une partie de la Lorraine étaient, malgré leurs protestations, violemment séparées de la France. Les députés des deux malheureuses provinces pouvaient, dès ce moment, se considérer comme des étrangers au milieu d'une assemblée française. Ils protestèrent de nouveau contre une spoliation criminelle et firent leurs adieux à la France.

L'honorable M. Grosjean, député de la Moselle, fut leur interprète :

« Messieurs, dit-il, je suis chargé par tous mes collègues des départements de la Moselle, du Bas-Rhin et du Haut-Rhin, présents à Bordeaux, de déposer sur le bureau, après en avoir donné lecture, la déclaration suivante :

« Les représentants de l'Alsace et de la Lorraine ont déposé, avant toute négociation de paix, sur le bureau de l'Assemblée nationale, une déclaration affirmant de la manière la plus formelle, au nom de ces provinces, leur volonté et leur droit de rester françaises.

« Livrés, au mépris de toute justice et par un odieux abus de la force, à la domination de l'étranger, nous avons un dernier devoir à remplir.

« Nous déclarons encore une fois nul et non avenu un pacte qui dispose de nous sans notre consentement. (Très-bien ! très-bien !)

« La revendication de nos droits reste à jamais ouverte à tous et à chacun dans la forme et dans la mesure que notre conscience nous dictera.

---

[1] Voici les noms des 107 :

Adam (Edmond), Albrecht, Amat, Ancelon, André (docteur), Andrieu, Arago (Emmanuel), Arnaud (de l'Ariége), Bamberger, Barbaroux (docteur), Bardon, Berlet (Meurthe), Bernard (Martin), Billot (général), Billy, Blanc (Louis), Bœll, Bœrsch, Brice, Brisson. Brun (Ch), Brunet, Carion, Carnot fils, Chaix, Chanzy (général), Chauffour, Claude (Meurthe), Claude (Vosges), Clémenceau, Coras, Cournet (Seine), Delescluze, Deschange, Dorian, Dornès (Léon), Dubois, Duclerc, Ducoux, Durieu, Esquiros, Farcy (lieutenant de vaisseau), Floquet (Charles), Gambetta, Gambon, Gent, George, Girerd (Cyprien), Grandpierre, Gieppo, Grosjean, Guiter, Hartmann, Humbert (Haute-Garonne), Humbert (Louis Amédée), Jaubert (comte), Joignaux, Jouvenel (baron de), Kable, Keller, Laflize, Lamy, Langlois, Laserve, Laurier, Lefranc (Pierre), Lepère, Lockroy, Loysel (général), Lucet, Mahy (de), Malens, Malon, Marc-Dufraisse, Mazure (général), Melsheim, Millière, Monteil, Moreau, Noblot, Osteermann, Peyrat, Pyat (Felix), Quinet (Elgar), Ranc, Rathier, Razoua, Reuker, Rochefort, Saglio, Saisy (Hervé de), Scheurer-Kestner. Schneegans, Schœlcher, Taberlet, Tachard, Teusch, Tirard, Titot, Tolain, Tridon, Varroy, Victor Hugo, Villain, Viox.

« Au moment de quitter cette enceinte, où notre dignité ne nous permet plus de sieger, et malgre l'amertume de notre douleur, la pensée suprême que nous trouvons au fond de nos cœurs est une pensée de reconnaissance pour ceux qui, pendant six mois, n'ont pas cessé de nous défendre, et d'inalterable attachement à la patrie dont nous sommes violemment arraches. (Marques d'émotion et applaudissements.)

« Nous vous suivrons de nos vœux et nous attendrons avec une confiance entière dans l'avenir, que la France régenérée reprenne le cours de sa grande destinée.

« Vos frères d'Alsace et de Lorraine, séparés en ce moment de la famille commune, conserveront à la France, absente de leurs foyers, une affection filiale, jusqu'au jour ou elle viendra y reprendre sa place. (Nouveaux applaudissements.)

« Bordeaux, le 1er mars 1871. »

Les députés de l'Alsace et de la Lorraine sortirent alors de l'Assemblée, où régnait la plus profonde émotion. A la même heure, mourait dans Bordeaux un patriote obscur dont l'histoire doit conserver le nom, M. Küss, maire de Strasbourg, qui succombait sous le poids de sa douleur. Malade depuis longtemps, lorsqu'il apprit que l'Alsace avait cessé d'etre française, il ferma les yeux pour ne plus les rouvrir : il sembla ne vouloir pas rester plus longtemps dans un monde où se commettaient à la face des peuples indifférents de si criantes iniquités. Une foule immense et recueillie accompagna les restes de cet enfant de l'Alsace. Sur la proposition de M. Pelletan, l'Assemblée avait décidé que les frais des funérailles seraient supportes par la nation.

Le vote de la paix avait été précipité. M. Thiers avait dit au cours des debats que la conduite des négociations l'obligeait à ne pas s'appesantir sur des détails trop douloureux pour le patriotisme. La précipitation de l'Assemblée avait une autre cause : il fallait renvoyer les Prussiens de Paris où, aux termes de l'armistice, ils devaient entrer et rester jusqu'à la ratification des préliminaires de paix. Cette dernière humiliation infligée à la ville irritée offrait les plus grands dangers, mais on sait que M. Thiers s'était brisé contre une résistance insurmontable. L'entrée à Paris était offerte à l'armée allemande comme la récompense suprême de ses longues fatigues : elle devait achever, couronner la campagne. Au prix de cette concession, les négociateurs avaient du moins pu conserver Belfort à la France ; ils avaient, en outre, obtenu que l'armée allemande n'occuperait dans Paris que la partie de la ville comprise entre la Seine, la rue du Faubourg-Saint-Honoré et l'avenue des Ternes, c'est-à-dire le quartier des Champs-Élysées, et que le chiffre des soldats étrangers entrant dans la ville ne dépasserait pas 30,000 hommes.

Le bruit de l'entrée des Prussiens avait soulevé dans Paris une émotion indescriptible. Ce dernier affront était comme la goutte d'eau qui fait déborder le vase. Si l'armée allemande avait emporté Paris d'assaut, le défilé souhaité eût paru naturel, mais c'est par la famine que la ville avait succombé. Le caprice de l'armée allemande ressemblait à une dernière humiliation. Le peuple de Paris ne croyait pas avoir mérité cette suprême offense. Le 26 février, quand la nouvelle de l'entrée des Allemands est officielle, les gardes nationaux se précipitent vers la place Wagram, située dans les quartiers menacés d'être occupés; il y avait sur cette place un parc d'artillerie. Des gardes nationaux, des femmes, des enfants enlèvent les canons et les traînent à l'autre extrémité de Paris, vers la place Royale. « Ainsi, disait-on, ces pièces ne tomberont pas entre les mains des Prussiens. » Le passage de cette artillerie à travers la ville ne fit qu'augmenter la fièvre. Dans les réunions publiques, on jurait de s'opposer par les armes à l'entrée de l'ennemi. Un soir, le dimanche 26 février, le bruit se répand tout à coup que c'est pour cette nuit. 50,000 gardes nationaux courent en armes aux Champs-Élysées et dans le quartier des Ternes. On ne sait pas ce qui serait arrivé si les Prussiens étaient effectivement entrés cette nuit. L'état moral de la population s'exaspérait de jour en jour; des manifestations autour de la colonne de Juillet montaient les imaginations : sur le piédestal de la colonne des orateurs excitaient les bataillons qui défilaient. Un jour, un agent de police déguisé, du nom de Vicentini, est saisi pendant qu'il prend le numéro des bataillons. La foule demande sa mort avec des cris féroces; l'agent de police est entraîné dans le poste voisin, puis on l'en arrache pour le conduire au bord de la Seine. On criait de toutes parts : « A l'eau! à l'eau! c'est un Prussien! » Sur le quai Henri IV, on attache le malheureux Vicentini sur une planche, on lui lie les pieds et les mains, on le jette dans la Seine, et la foule applaudit. Le corps flotte un instant et disparaît. Des mariniers, pour avoir voulu le sauver, furent menacés. Plus de six mille personnes avaient assisté à ce drame lugubre, et personne n'avait osé disputer la victime aux misérables qui demandaient sa mort.

Le gouvernement était dévoré d'inquiétudes. Le 28, jour de la signature des préliminaires, il avait adressé un appel à la population pour lui recommander l'ordre et le calme pendant l'épreuve qu'elle allait subir [1].

Le gouverneur de Paris, général Vinoy, en appelait aussi à l'intelligence et au patriotisme de la garde nationale :

« Le rappel a été battu cette nuit, sans ordre.

« Quelques bataillons, la plupart trompés, ont pris les armes, et ont servi, à leur insu, de coupables desseins.

---

[1] Voici cette note :

« Le gouvernement fait appel à votre patriotisme et à votre sagesse; vous avez dans vos mains le sort de Paris et de la France elle-même. Après une résistance héroïque, la faim vous a contraints de livrer vos forts à l'ennemi victorieux.

« Les armées qui pouvaient venir à votre secours ont été rejetées derrière la Loire. Ces faits, incontestables, ont obligé le gouvernement et l'Assemblée nationale à ouvrir des négociations de paix. Pendant six jours, vos négociateurs ont disputé le terrain pied à pied. Ils ont fait tout ce qui était humainement possible pour obtenir les conditions les moins dommageables.

« Ils ont signé des préliminaires de paix qui vont être soumis à l'Assemblée nationale. Pendant le temps nécessaire à l'examen de ces préliminaires, les hostilités eussent recommencé et le sang aurait inutilement coulé, sans une prolongation d'armistice

« Cette prolongation n'a pu être obtenue qu'à la condition d'une occupation partielle et très-momentanée d'un quartier de Paris. Cette occupation sera limitée au quartier des Champs-Elysées. Il ne pourra entrer dans Paris que trente mille hommes, et ils devront se retirer dès que les préliminaires de la paix auront été ratifiés, ce qui ne peut exiger qu'un petit nombre de jours.

« Si cette convention n'était pas respectée, l'armistice serait rompu.

« L'ennemi, déjà maître de nos forts, occuperait de vive force la cité tout entière. Vos propriétés, vos chefs-d'œuvre, vos monuments, garantis aujourd'hui par la convention, cesseraient de l'être. Ce malheur atteindrait toute la France. Les affreux ravages de la guerre, qui n'ont pas encore dépassé la Loire, s'étendraient jusqu'aux Pyrénées.

« Il est donc absolument vrai de dire qu'il s'agit du salut de Paris et de la France N'imitez pas la faute de ceux qui n'ont pas voulu nous croire lorsque, il y a huit mois, nous les adjurions de ne pas entreprendre une guerre qui devait être funeste.

« L'armée française, qui a défendu Paris avec tant de courage, occupera la rive gauche de la Seine pour assurer la loyale exécution du nouvel armistice.

« C'est à la garde nationale à s'unir à elle pour maintenir l'ordre dans le reste de la cité.

« Que tous les bons citoyens qui se sont honorés à sa tête et se sont montrés si braves devant l'ennemi reprennent leur ascendant, et cette cruelle situation d'aujourd'hui se terminera par la paix et le retour de la prospérité publique.

« THIERS, *chef du pouvoir exécutif de la République française ;* Jules FAVRE, *ministre des affaires étrangères ;* Ernest PICARD, *ministre de l'intérieur.*

« Paris, le 27 février 1871. »

« Il n'en est pas moins constant que l'immense majorité de la garde nationale résiste à ces excitations, et qu'elle a compris les devoirs imposés en ce moment à tout bon citoyen, tout Français digne de ce nom.

« Le gouvernement lui confie sans hésitation la garde de la cité ; il compte sur son dévouement et son intelligence pour maintenir dans ses quartiers un ordre scrupuleux dont elle comprend plus que jamais la nécessité.

« La moindre agitation peut fournir des prétextes et amener d'irréparables malheurs. La garde nationale aidera ainsi la ville de Paris à traverser une crise douloureuse, et elle la préservera de périls que le calme et la dignité peuvent seuls conjurer.

« Les auteurs des désordres seront recherchés activement et mis dans l'impuissance de nuire. Le gouvernement s'est adressé à la population tout entière, et il lui a fait connaître la situation générale.

« Le général commandant supérieur fait appel à la garde nationale, et, au nom des intérêts les plus sacrés de Paris et de la France, il attend d'elle un concours actif, dévoué et patriotique.

« Général VINOY. »

Les organes de la presse faisaient de leur côté une déclaration collective :

« Au moment où l'entrée des Prussiens dans Paris est officiellement annoncée, les directeurs des journaux soussignés, confondus dans un même sentiment de patriotisme, croient devoir insister de nouveau auprès de la population parisienne pour qu'elle conserve, en face de la situation cruelle qui lui est faite, le calme et la dignité que les circonstances commandent impérieusement.

« Ils ont résolu, pour leur part, de suspendre le publication des feuilles qu'ils dirigent pendant l'occupation prussienne. »

Le jour de l'entrée arrive. Les boutiques se ferment, des drapeaux noirs flottent sur les principaux monuments, les rues et les boulevards sont presque déserts. La rue de Rivoli et la rue Royale, à l'endroit où elles débouchent sur la place de la Concorde, sont barrées par des poutres et des planches. Derrière cette barrière, les gardes nationaux font sentinelle. Les Prussiens commencent leur entrée à huit heures du matin ; elle ne fut complète que vers trois heures. Alors la curiosité l'emportant, quelques personnes, beaucoup d'enfants surtout, franchissent les barrières pour voir de près les Allemands : des femmes suspectes furent publiquement fouettées pour leur avoir souri. Les statues de pierre de la place de la Concorde, images des grandes villes de France, disparaissaient sous un voile noir. Le soir, les rues et les boulevards furent littéralement déserts ; on n'y rencontrait, à des intervalles réguliers, que des patrouilles de gardes nationaux. Paris montrait dans son deuil autant de dignité qu'il avait déployé de virilité pendant le siége.

L'occupation cessa le jour du vote des préliminaires de paix par l'Assemblée. Les Prussiens sortirent de la cité, qu'ils sentaient menaçante dans son indifférence. Des feux de paille furent allumés dans les Champs-Élysées : la foule purifiait ainsi les endroits où avaient stationné les troupes allemandes. Ni à l'entrée, ni au départ, les Prussiens ne passèrent sous l'arc de triomphe de l'Étoile.

PIÈCES JUSTIFICATIVES

PRÉLIMINAIRES DE PAIX.

Entre le chef du pouvoir exécutif de la République française, M. Thiers, et

Le ministre des affaires étrangères, M. Jules Favre, représentant de la France, d'un côté ;

Et de l'autre :

Le chancelier de l'empire germanique, M. le comte Otto de Bismarck-Schœnhausen, muni des pleins pouvoirs de S. M. l'empereur d'Allemagne, roi de Prusse ;

Le ministre d'État et des affaires étrangères de S. M. le roi de Bavière, M. le comte Otto de Bray-Steinburg ;

Le ministre des affaires étrangères de S. M. le roi de Wutermberg, le baron Auguste de Waechter ;

Le ministre d'État président du conseil des ministres de S. A. Mgr le grand-duc de Bade, M. Jules Jolly, représentants de l'empire germanique ;

Les pleins pouvoirs des parties contractantes ayant été trouvés en bonnes et dues formes, il a été convenu ce qui suit, pour servir de base préliminaire à la paix définitive à conclure ultérieurement.

Art. 1er. — La France renonce, en faveur de l'empire allemand, à tous ses droits et titres sur les territoires situés à l'est de la frontière ci-après désignée :

La ligne de démarcation commence à la frontière nord-ouest du canton de Cattenom, vers le grand-duché de Luxembourg, suit, vers le sud, les frontières occidentales des cantons de Cattenom et Thionville, passe par le canton de Briey en longeant les frontières occidentales des communes de Montois-la-Montaigne et Roncourt, ainsi que les frontières orientales des communes de Marie-aux-Chênes, Saint-Ail, atteint la frontière du canton de Gorze qu'elle traverse le long des frontières communales de Vionville, Chambley et Onville, suit la frontière sud-ouest resp. sud de l'arrondissement de Metz, la frontière occidentale de l'arrondissement de Château-Salins jusqu'à la commune de Pettoncourt dont elle embrasse les frontières occidentale et méridionale, pour suivre la crête des montagnes entre la Seille et Moncel, jusqu'à la frontière de l'arrondissement de Strasbourg au sud de Garde

La demarcation coïncide ensuite avec la frontière de cet arrondissement jusqu'à la commune de Tanconville dont elle a atteint la frontière au nord ; de là elle suit la crête des montagnes entre les sources de la Sarre blanche et de la Vezouse jusqu'à la frontière du canton de Schirmeck, longe la frontière occidentale de ce canton, embrasse les communes de Saales, Bourg-Bruche, Colroy, la Roche, Plaine, Ranrupt, Saulxures et Saint-Blaise-la-Roche du canton de Saales, et coïncide avec la frontière occidentale des départements du Bas-Rhin et du Haut-Rhin jusqu'au canton de Belfort dont elle quitte la frontière méridionale non loin de Vourvenans pour traverser le canton de Delle, aux limites méridionales des communes de Bourgone et Froide-Fontaine, et atteindre la frontière suisse, en longeant les frontières orientales des communes de Jonchéry et Delle.

La frontière, telle qu'elle vient d'être décrite, se trouve marquée en vert sur deux exemplaires conformes de la carte du territoire formant le gouvernement général d'Alsace, publiée à Berlin en septembre 1870 par la division géographique et statistique de l'état-major général, et dont un exemplaire sera joint à chacune des deux expéditions du présent traité.

Toutefois, le traité indiqué a subi les modifications suivantes de l'œuvre des deux parties contractantes : dans l'ancien département de la Moselle, les villages de Marie-aux-Chênes, près de Saint-Privat-la-Montagne et de Vionville, à l'ouest de Rezonville, seront cédés à l'Allemagne. Par contre, la ville et les fortifications de Belfort resteront à la France avec un rayon qui sera déterminé ultérieurement.

Art. 2. — La France payera à S. M. l'empereur d'Allemagne la somme de cinq milliards de francs.

Le payement d'au moins un milliard de francs aura lieu dans le courant de l'année 1871, et celui de tout le reste de la dette dans un espace de trois années à partir de la ratification du présent article.

Art. 3. — L'évacuation des territoires français occupés par les troupes allemandes commencera après la ratification du présent traité par l'Assemblée nationale siégeant à Bordeaux.

Immédiatement après cette ratification, les troupes allemandes quitteron l'intérieur de la ville de Paris ainsi que les forts situés à la rive gauche de la Seine ; et dans le plus bref délai possible, fixé par une entente entre les autorités militaires des deux pays, elles évacueront entièrement les départements du Calvados, de l'Orne, de la Sarthe, d'Eure-et-Loir, du Loiret, de 'Loir-et-Cher, d'Indre-et-Loire, de l'Yonne, et, de plus, les départements de la Seine-Inférieure, de l'Eure, de Seine-et-Oise, de Seine-et-Marne, de l'Aube et de la Côte-d'Or, jusqu'à la rive gauche de la Seine.

Les troupes françaises se retireront en même temps derrière la Loire, qu'elles ne pourront dépasser avant la signature du traité de paix définitif. Sont exceptées de cette disposition la garnison de Paris, dont le nombre ne pourra dépasser quarante mille hommes, et les garnisons indispensables à la sûreté des places fortes.

L'évacuation des départements situés entre la rive droite de la Seine et es frontières de l'est, par les troupes allemandes, s'opérera graduellement après la ratification du traité définitif et le payement du premier demi-milliard de la contribution stipulée par l'article 2, en commençant par les départements les plus rapprochés de Paris, et se continuera au fur et à mesure que les versements de la contribution seront effectués ; après le premier versement d'un demi-milliard, cette évacuation aura lieu dans les départements suivants : Somme, Oise, et les parties des départements de la Seine-Inférieure, Seine-et-Oise, Seine-et-Marne, situées sur la rive droite de la Seine, ainsi que la partie du département de la Seine et les forts situés sur la rive droite.

Après le payement de 2 milliards, l'occupation allemande ne comprendra plus que les départements de la Marne, des Ardennes, de la Haute-Marne, de la Meuse, des Vosges, de la Meurthe, ainsi que la forteresse de Belfort avec son territoire, qui serviront de gages pour les 3 milliards restants, et où le nombre des troupes allemandes ne dépassera pas 50,000 hommes.

Sa Majesté l'empereur sera disposé à substituer à la garantie territoriale, consistant en l'occupation partielle du territoire français, une garantie financière, si elle est offerte par le gouvernement français dans des conditions reconnues suffisantes par Sa Majesté l'empereur et roi pour les intérêts de l'Allemagne. Les 3 milliards dont l'acquittement, aura été différé porteront intérêt à 5 p. 100, à partir de la ratification de la présente convention.

Art. 4. — Les troupes allemandes s'abstiendront de faire des réquisitions, soit en argent, soit en nature, dans les départements occupés. Par contre, l'alimentation des troupes allemandes qui restent en France aura lieu aux frais du gouvernement français dans la mesure convenue avec l'intendance militaire allemande.

Art. 5. — Les habitants des territoires cédés par la France, en tout ce qui concerne leur commerce et leurs droits civils, seront réglés aussi favorablement que possible lorsque seront arrêtées les conditions de la paix définitive.

Il sera fixé, à cet effet, un espace de temps pendant lequel ils jouiront de facilités particulières pour la circulation de leurs produits. Le gouvernement allemand n'opposera aucun obstacle à la libre émigration des habitants des territoires cédés, et ne pourra prendre contre eux aucune mesure atteignant leurs personnes ou leurs propriétés.

Art. 6. — Les prisonniers de guerre, qui n'auront pas déjà été mis en liberté par voie d'échange, seront rendus immédiatement après la ratification des présents préliminaires. Afin d'accélérer le transport des prisonniers français, le gouvernement français mettra à la disposition des autorités allemandes, à l'intérieur du territoire allemand, une partie du matériel roulant de ses chemins de fer dans une mesure qui sera déterminée par des arrangements spéciaux et aux prix payés en France par le gouvernement français pour les transports militaires.

Art. 7. — L'ouverture des négociations, pour le traité de paix définitif à conclure sur la base des présents préliminaires, aura lieu à Bruxelles, immédiatement après la ratification de ces derniers par l'Assemblée nationale et par Sa Majesté l'empereur d'Allemagne.

Art. 8. — Après la conclusion et la ratification du traité de paix définitif, l'administration des départements devant encore rester occupés par les troupes allemandes sera remise aux autorités françaises ; mais ces dernières seront tenues de se conformer aux ordres que le commandant des troupes allemandes croirait devoir donner dans l'intérêt de la sûreté, de l'entretien et de la distribution des troupes.

Dans les départements occupés, la perception des impôts, après la ratification du présent traité, s'opérera pour le compte du gouvernement français et par le moyen de ses employés.

Art. 9. — Il est bien entendu que les présentes ne peuvent donner à l'autorité militaire allemande aucun droit sur les parties du territoire qu'elle n'occupe point actuellement.

Art. 10. Les présentes seront immédiatement soumises à la ratification de l'Assemblée nationale française siégeant à Bordeaux et de Sa Majesté l'empereur d'Allemagne.

En foi de quoi les soussignés ont revêtu le présent traité préliminaire de leurs signatures et de leurs sceaux.

V. BISMARCK. A. THIERS,

Jules FAVRE.

Fait à Versailles, le 26 février 1871.

Les royaumes de Bavière et de Wurtemberg et le grand-duché de Bade ayant pris part à la guerre actuelle comme alliés de la Prusse et faisant partie de l'empire germanique, les soussignés adhèrent à la présente convention au nom de leurs souverains respectifs.

Comte DE BRAY-STEINBURG, baron DE WAECHTER, MITTNACH, JOLLY.

Versailles, 26 février 1871.

LIVRE SIXIÈME.

INSURRECTION DU 18 MARS.

Les agitateurs du 31 octobre et du 22 janvier avaient vu singulièrement augmenter leurs chances de succès; dans une partie de la population, l'abattement était sans limite; dans l'autre, l'irritation se manifestait par le meurtre abominable de l'agent Vicentini, jeté à la Seine par quelques scélérats devant une foule qui n'avait pas eu la force de s'opposer à ce crime. La garde nationale qui, à deux reprises, avait arrêté les meurtriers par sa ferme attitude se trouvait désorganisée depuis la convention du 28 janvier : un grand nombre de ses officiers s'étaient empressés de quitter Paris pour des raisons de famille ou d'intérêt. Enfin, et c'était ici le fait considérable entre tous, l'entrée des Prussiens

avait mis aux mains de la garde nationale un grand nombre de
canons, autour desquels chaque bataillon montait successivement
la garde. Le comité qui avait pris au commencement du siége
le nom de comité central républicain des vingt arrondissements,
qui, depuis, avait exercé une action plus ou moins occulte sur un
grand nombre de bataillons, sut habilement tirer parti de cette
situation. Le 3 mars, jour où les Prussiens évacuent les Champs-
Élysées, il institue la « fédération républicaine de la garde nationale. » Chaque arrondissement nomme un délégué, et ces délé
gués réunis et munis de pouvoirs mal définis nomment à leur
tour les membres d'un comité central auquel est attribuée la
direction suprême de la garde nationale, avec le droit de choisir
tous ses chefs et le droit de les révoquer. Le 4 mars, le comité
central affirme son existence et fixe son programme dans la proclamation suivante :

« Le comité central de la garde nationale, nommé dans une
assemblée générale de délégués représentant plus de 200 bataillons, a pour mission de constituer la fédération républicaine de
la garde nationale, afin qu'elle soit organisée de manière à protéger le pays mieux que n'ont pu le faire jusqu'alors les armées
permanentes, et à défendre, par tous les moyens possibles, la
République menacée.

« Le comité central n'est pas un comité anonyme; il est la réunion de mandataires d'hommes libres qui connaissent leurs devoirs, affirment leurs droits et veulent fonder la solidarité entre
tous les membres de la garde nationale.

« Il proteste donc contre toutes les imputations qui tendraient
à dénaturer l'expression de son programme pour en entraver
l'exécution. Ses actes ont toujours été signés ; ils n'ont eu qu'un
mobile, la défense de Paris. Il repousse avec mépris les calomnies tendant à l'accuser d'excitation au pillage d'armes et de munitions, et à la guerre civile.

« L'expiration de l'armistice, sur la prolongation duquel le
Journal officiel du 26 février était resté muet, avait excité l'é-
motion légitime de Paris tout entier. La reprise des hostilités,
c'était en effet l'invasion, l'occupation et toutes les calamités que
subissent les villes ennemies.

« Aussi la fièvre patriotique qui, en une nuit, souleva et mit en armes toute la garde nationale ne fut pas l'influence d'une commission provisoire nommée pour l'élaboration des statuts : c'était l'expression réelle de l'émotion ressentie par la population.

« Quand la convention relative à l'occupation fut officiellement connue, le comité central, par une déclaration affichée dans Paris, engagea les citoyens à assurer, par leur concours énergique, la stricte exécution de cette convention.

« A la garde nationale revenaient le droit et le devoir de protéger, de défendre ses foyers menacés. Levée tout entière spontanément, elle seule, par son attitude, a su faire de l'occupation prussienne une humiliation pour le vainqueur.

« Vive la République !

« Arnold, Jules Bergeret, Bouit, Castioni, Chauvière, Chouteau, Courty, Dutil, Fleury, Frontier, Gasteau, Henri Fortune, Lacord, Lagarde, Lavalette, Maljournal, Matté, Mottin, Ostyn, Piconel, Pindy, Prudhomme, Varlin, Henri Verlet, Viard.

« Paris, le 4 mars 1871. »

Cette circulaire fit généralement un effet détestable; on refusait de prendre au sérieux ces inconnus qui prenaient la parole au nom de la garde nationale et se posaient en défenseurs de la République; mais on concevait quelque inquiétude de leur audace. Les signataires de la proclamation repoussaient avec mépris, disaient-ils, les calomnies qui tendaient à accuser le comité d'excitation au pillage d'armes et de munitions et à la guerre civile. Ils jouaient de malheur. Le même jour, des scènes de pillage se produisaient à la mairie des Gobelins.

Le gouvernement ne se doutait pas de la gravité de la situation; il estimait que le bon sens de la population parisienne déjouerait cette crise que, seuls, les membres du comité central semblaient prendre au tragique. On avait vu, pendant le siége, des tentatives du même genre avorter sans l'emploi de la force matérielle; mais les temps étaient changés : il y avait en plus l'irritation causée par la triste issue du siége, et une assemblée qui paraissait s'attacher à ne négliger aucune occasion de froisser les sentiments de Paris. Quoi qu'il en soit, le *Journal officiel* du 4 mars contenait une note relative aux divers incidents qui menaçaient la paix de la cité : « Des gardes nationaux en armes, obéissant non à leurs chefs légitimes, mais à un comité central anonyme qui ne peut leur donner aucun ordre sans commettre un crime sévèrement puni par les lois, se sont emparés d'un grand nombre d'armes et de munitions de guerre, sous prétexte de les soustraire à l'ennemi dont ils redoutaient l'invasion. Il semblait que de tels actes dussent cesser après la retraite de l'armée prussienne. Il n'en a rien été ; hier soir, le poste des Gobelins a été forcé et les cartouches ont été pillées. » L'organe du gouvernement ajoute que ceux qui provoquent ces désordres assument une terrible responsabilité ; qu'ils viennent semer le trouble dans la cité, au moment où, délivrée du contact de l'étranger, elle aspire à reprendre ses habitudes de calme et de travail ; qu'en présence de ces mouvements tumultueux, le gouvernement doit faire appel aux bons citoyens pour étouffer dans leurs germes ces coupables manifestations. « Que tous ceux qui ont à cœur l'honneur et la paix de la cité se lèvent, disait en terminant le ministre de l'intérieur ; que la garde nationale, repoussant de perfides instigations, se range autour de ses chefs et prévienne des malheurs dont les conséquences seraient incalculables. Le gouvernement et le général en chef sont décidés à faire énergiquement leur devoir ; ils feront exécuter les lois ; ils comptent sur le patriotisme et le dévouement de tous les habitants de Paris. »

Les fonctions de commandant supérieur de la garde nationale, laissées vacantes par la démission volontaire du général Clément Thomas, étaient remplies depuis le 3 mars par le général d'Aurelle de Paladines. Le vainqueur de Coulmiers était plutôt, pour les Parisiens, le vaincu d'Orléans, le général privé de son commandement par M. Gambetta, et, pour tout dire d'un mot, un homme qui n'inspirait pas de confiance à ceux qu'il était chargé de commander. Il passait pour inflexible sur le chapitre de la discipline ; on le représentait comme clérical, comme peu sympathique au gouvernement républicain, comme un agent déguisé de la majorité de l'Assemblée réunie à Versailles. A tort ou à raison, le général d'Aurelle eut dès son arrivée à Paris une situation fausse et pénible. Il fit, il est vrai, tous ses efforts pour dissiper les préventions soulevées autour de son nom. Un de ses premiers soins fut d'adresser une proclamation à la garde nationale :

Le président du conseil des ministres, chef du pouvoir exécutif de la République française, vient de me confier le commandement supérieur de la garde nationale de la Seine.

Je sens tout le prix d'un tel honneur. Il m'impose de grands devoirs. Le premier de tous est d'assurer le maintien de l'ordre et le respect des lois et de la propriété.

Pour réussir, j'ai besoin du concours de tous les bons citoyens. Je fais donc appel au patriotisme de la garde nationale et de tous ses officiers.

Pendant le siége de Paris, elle a partagé avec l'armée la gloire et les périls de la défense : c'est à elle, dans les douloureuses circonstances que nous traversons, à donner l'exemple des vertus et à moi de la diriger dans ses nobles efforts.

Ma règle de conduite sera la justice, le respect des droits acquis et de tous les services rendus.

Il est nécessaire que le travail répare le plus tôt possible les malheurs de la guerre. L'ordre seul peut nous ramener à la prospérité.

J'ai la ferme volonté de réprimer avec énergie tout ce qui pourrait porter atteinte à la tranquillité de la cité.

Le général commandant supérieur des
gardes nationales de la Seine,

D'AURELLE.

Le 5 mars 1871.

L'usage veut que les chefs de bataillon de la garde nationale rendent visite à leur commandant en chef. Quelques-uns de ces délégués de la milice citoyenne profitèrent de cet entretien pour dire nettement au général les appréhensions d'une partie de la garde nationale. Le général s'appliqua très-loyalement à rassurer les défiants. Il fit devant eux des déclarations très-fermes; il protesta, au nom du gouvernement, contre l'idée du désarmement de la garde nationale, idée répandue peut-être par les agents du comité central, dans un but facile à deviner; il protesta également contre toutes pensées de restauration monarchique, et affirma son respect pour les institutions républicaines de la France. Somme toute, à la suite de cette entrevue dont les détails furent connus par les journaux, un apaisement sensible s'était fait dans les esprits. Les rapports du gouvernement avec la population parisienne avaient pris une tournure inespérée. Avec des ménagements de part et d'autre, il y avait lieu d'espérer une solution heureuse aux difficultés du moment; le besoin de réconciliation était, en effet, général et sincère.

La grosse difficulté consistait à enlever les canons qui se trouvaient entre les mains de la garde nationale, et que le comité central n'était nullement disposé à rendre. Les pièces transportées dans divers quartiers de Paris à la veille de l'entrée des Prussiens étaient au nombre de 420 environ : on en avait placé 52 aux Buttes-Chaumont ; 171 aux Buttes-Montmartre ; 43 à la Chapelle ; 30 sur la place des Vosges ; les autres étaient réparties entre Belleville, Clichy et Ménilmontant. Ainsi que nous l'avons dit précédemment, les bataillons de chaque quartier venaient tour à tour monter la garde autour des canons ; on y mit au début beaucoup d'empressement et de zèle ; l'ardeur se refroidit peu à peu ; ces factions fatiguaient les gardes nationaux, et la grande majorité soupirait après un arrangement qui donnerait satisfaction à la fois à la garde nationale et au gouvernement. Tel n'était point, il faut le dire, l'avis des principaux meneurs, ni vraisemblablement l'espoir du comité central; mais, quoique jouissant déjà d'une influence réelle, le comité n'était pas assez puissant pour empêcher une solution pacifique, que souhaitaient tous les hommes sensés. Déjà un certain nombre de canons avaient été rendus à l'État; les principaux dépôts existant encore, ceux des Buttes-Chaumont, de la Villette et surtout des Buttes-Montmartre, étaient l'objet de négociations suivies entre les chefs de bataillon, les maires et le commandant supérieur de la garde nationale. Il était permis d'espérer, d'après des symptômes significatifs, que la question serait tranchée à l'amiable. L'un des bataillons de·Montmartre, le 61e, venait de remettre au maire de l'arrondissement, qui l'avait transmis au général d'Aurelle, une note ainsi conçue :

« Comme certains bataillons de la garde nationale seraient disposés à supposer que nous voulons garder les pièces d'artillerie qui leur appartiennent, nous croyons nécessaire de rappeler que les canons n'ont été placés sur la Butte-Montmartre que pour les soustraire aux Prussiens d'abord, et ensuite pour ne pas les laisser à l'abandon.

« Le 61e bataillon, certain d'être en cela l'interprète des sentiments de toute la garde nationale du 18e arrondissement, offre de rendre sans exception les canons et les mitrailleuses à leurs véritables possesseurs sur leur réclamation. »

La démarche du 61e bataillon fut unanimement blâmée par les autres bataillons de Montmartre, qui n'admettaient pas que toute la garde nationale pût etre engagée par quelques-uns de ses membres. Mais l'initiative du 61e bataillon montre, du moins, quels étaient les sentiments d'une ·partie de la garde nationale; elle prouve aussi qu'avec de la prudence et des ménagements, on pouvait arriver à trancher heureusement les difficultés. Il fallait, par des efforts de conciliation, diminuer l'autorité du comité central, ôter tout prétexte de récrimination aux exaltés et aux meneurs, laisser les turbulents s'user dans leurs exagérations même et redoubler de circonspection, d'autant plus que, dans le moment, des négociations étaient engagées entre les maires et le général d'Aurelle. Il était sérieusement question de distribuer les canons entre les divers arrondissements, de former vingt parcs d'artillerie et d'en confier la garde aux bataillons de chaque quartier. Une imprudence du général Vinoy compromit tout. Par un arrêté, inséré au *Journal officiel* du 12 mars, six journaux se trouvaient supprimés. Les journaux ainsi frappés en vertu de l'état de siége étaient : le *Vengeur*, le *Cri du Peuple*, le *Mot d'Ordre*, le *Père Duchêne*, la *Caricature* et la *Bouche de Fer*. Le général Vinoy ne se bornait pas à suspendre ces six journaux ; il décrétait que la publication de tous nouveaux journaux ou écrits périodiques traitant de matières politiques ou d'économie sociale était interdite jusqu'à la levée de l'état de siége par l'Assemblée nationale. L'arrêté du commandant militaire de l'état de siége était pris « sur l'avis du gouvernement. » Le gouvernement était mal inspiré : par la nomination du général d'Aurelle il avait excité des défiances qui, grâce à l'attitude du général, commençaient à se calmer, et quand l'apaisement se fait, on lance un décret qui supprime la liberté de la presse. Certes les journaux frappés, se livraient quotidiennement à de regrettables violences, mais en cela ils usaient de représailles vis-à-vis de l'Assemblée, nous dirons comment tout à l'heure. Au surplus, si les journaux suspendus par l'arrêté du 12 mars se montraient agressifs et passionnés, et si en cela ils servaient, sans le vouloir peut-être, les projets du comité central, ils n'exerçaient pas sur l'opinion publique l'influence qu'on semblait leur accorder. Le *Vengeur* avait pour rédacteur en chef Félix Pyat, le *Cri du Peuple* Jules Vallès, le *Mot d'Ordre* Henri Rochefort, le *Père Duchêne* Vermersch, la *Caricature*, Pilotell ; la *Bouche de Fer*, imitation de la *Lanterne*, de Rochefort, était rédigée par Paschal Grousset.

La suppression des six journaux désola tous les hommes modérés, qui attendaient le dénoûment de la crise par des moyens conciliants ; elle remplit de joie les meneurs, qui souhaitaient un conflit. On fit courir des bruits de coup d'État ; on rappela que le général Vinoy avait joué un rôle en décembre 1851 ; on rapprocha de l'arrêté du 12 mars les actes de l'Assemblée ; les violences qui s'étalaient dans les journaux auxquels on venait d'imposer brutalement silence furent colportées de bouche en bouche dans les quartiers où le comité central recrutait ses principales forces ; le travail de conciliation qui s'était accompli dans beaucoup d'esprits fut tout à coup arrêté ; ceux qui parlaient de rendre les canons n'osèrent plus s'exprimer avec la même liberté, ne sachant pas si l'arrêté du général Vinoy ne justifiait pas toutes les appréhensions auxquelles ils avaient jusqu'alors fermé l'oreille ; les maires de Paris n'eurent plus la même assurance pour démentir les faux bruits qui avaient cours parmi leurs administrés, à qui de perfides agents disaient, tantôt que la garde nationale allait être désarmée, tantôt qu'il était question de supprimer la solde dont les gardes nationaux vivaient en attendant la reprise du travail. En un mot, la mesure prise par le général Vinoy produisit un effet déplorable et remit tout en question : l'autorité du gouvernement s'en trouva plus faible ; plus forte, au contraire, celle du comité central.

Il était réservé à l'Assemblée de mettre le comble à l'irritation et de justifier toutes les défiances.

Les députés élus le 8 février étaient arrivés à Bordeaux très-animés contre le gouvernement de la Défense nationale, très-hostiles au gouvernement de la République issu de la révolution du 4 septembre. Ce n'était point, — on l'a vu par la séance du 1er mars, — ce n'était point par regret pour le gouvernement impérial que les membres de la majorité détestaient le gouvernement de la Défense nationale. Ils lui en voulaient de n'avoir pas convoqué plus tôt une Assemblée nationale, oubliant d'abord qu'au point de vue matériel et moral la convocation des électeurs avait été impossible en pleine invasion, et ensuite que les élections auraient certainement donné à la France une Assemblée en grande majorité républicaine. Les partis monarchiques maudissaient donc un retard qui les avait admirablement servis. Mais la passion ne raisonne pas. Une pensée commune anima les membres de la majorité dès les premières séances, et ce fut une pensée de haine : haine contre les républicains, qui avaient prolongé la guerre jusqu'à la dernière extrémité pour sauver au moins l'honneur du pays ; haine contre Paris, dont la belle et longue résis-

tance n'éveillait parmi les « ruraux » qu'un sourire d'incrédulité. Toutes les vieilles rancunes de la province contre Paris
avaient été apportées à Bordeaux par des hobereaux jetés sans
préparation dans la vie publique. Paris était pour eux la cité révolutionnaire, indigne de rester la capitale de la France. On ne
cachait pas qu'on avait l'intention de défaire l'œuvre de l'histoire,
de briser brutalement le grand travail de centralisation qui avait
donné à Paris son importance exceptionnelle et son étonnant
prestige. L'Assemblée traitait Paris en ville suspecte, se défiait de
tout ce qui venait de lui et déclarait la guerre à la ville républicaine
entre toutes. En toute autre circonstance, cette attitude d'une Assemblée française n'eût paru qu'une boutade de gentilshommes
peu au courant des choses de leur temps et dépaysés dans leur
propre patrie. En face d'une cité rendue nerveuse et maladive par
de grandes souffrances, exaspérée par ses déceptions, surexcitée
par quelques hommes coupables, cette attitude impolitique était
pleine de dangers. Les députés de Versailles eurent-ils conscience de ces dangers? On n'ose pas le croire. C'est ce qui explique sans doute leurs coupables étourderies.

Un jour, l'Assemblée se trouve en présence du général Garibaldi,
envoyé à Bordeaux par quatre départements, y compris celui de
la Seine, qui l'a porté troisième sur sa liste. Le patriote italien, qui
a mis son épée au service de la France dans un moment où la
France était abandonnée de tous ses anciens amis, est insulté
par l'Assemblée : il se retire accompagné par les éclats d'une
joie indécente. La France est indignée de ce spectacle, première
révélation des opinions cléricales de la majorité de l'Assemblée.
Une autre fois, le brave colonel Langlois, député de Paris, proteste contre les accusations jetées à la garde nationale, dont il a été
l'un des chefs intrépides à la bataille de Buzenval. Un membre de
la droite traite M. Langlois d'énergumène et s'écrie qu'il faut l'enfermer dans la maison de fous de Charenton. Des apostrophes de
ce genre, inconnues dans les fastes parlementaires, étonnaient,
irritaient Paris. Dans la séance du 8 mars, M. Victor Hugo
monte à la tribune et l'Assemblée couvre sa voix lorsqu'il veut, en
passant, rendre hommage à Garibaldi. Un gentilhomme campa-
gnard, M. de Lorgeril, apostrophe le grand poëte en ces termes :
« Votre héros n'est qu'un comparse de mélodrame ! » M. Victor Hugo ne peut continuer son discours, l'Assemblée refuse de

l'entendre, et le même grotesque s'écrie : « L'Assemblée refuse la parole à M. Victor Hugo parce qu'il ne parle pas français. » Le député de Paris se borne à répondre à ses interrupteurs : « Vous refusez de m'entendre, cela me suffit ; je donne ma démission. » Quelques instants après, il écrit au président de l'Assemblée la lettre suivante : »

« Il y a trois semaines, l'Assemblée a refusé d'entendre Garibaldi ; elle refuse de m'entendre.

« Je donne ma démission.

« Victor Hugo. »

La retraite de M. Victor Hugo était fàcheuse pour le parti républicain. La disparition d'un orateur tel que lui devait causer une joie sincère à la majorité ; c'était pour elle un adversaire de moins. Quant au parti républicain, il ne pouvait voir dans la retraite de l'auteur des *Chàtiments* qu'un acte irréfléchi. M. Victor Hugo, comme tous ses amis politiques, en entrant dans l'Assemblée savait bien qu'il se trouverait en présence d'adversaires acharnés. C'est pour tenir tête à l'orage que les électeurs le nommaient et non pour abandonner son poste à la première résistance. Ce n'est pas, au reste, dans cette seule circonstance que le parti républicain s'affaiblit par sa propre faute. Dans la séance du 6 mars, MM. Delescluze et Millière, députés de la Seine, avaient déposé une proposition tendant à la mise en accusation des membres du gouvernement de la Défense nationale. Ils les accusaient de trahison. On ne peut pas contester que cette demande ne fût formulée dans l'intérêt de la vérité, mais il était imprudent de tournir une pàture aux haines de la majorité. L'Assemblée montrait déjà une tendance significative à dénigrer tous les actes du gouvernement de la Défense nationale, soit à Paris, soit en province.

Les passions et les préjugés de la majorité allaient se donner libre carrière dans une question fort importante ; celle du siége du gouvernement. Le chef du pouvoir exécutif avait déposé, dans la séance du 6 mars, une proposition relative à la translation de l'Assemblée nationale « dans une ville plus rapprochée de Paris. » Une commission fut nommée et eut à choisir entre Orléans, Fontainebleau et Versailles. Orléans lui parut trop éloigné de Paris ; Versailles en était au contraire trop près ; elle opta pour Fontai-

nebleau : cette ville lui semblait assez éloignée pour assurer le
calme nécessaire aux délibérations de l'Assemblée, et assez rapprochée pour surveiller les événements qui se préparaient à Paris.
L'avis de la commission ne fut pas partagé par le gouvernement.
M. Thiers insista pour la résidence de Versailles, et il eut gain de
cause.

Le débat qui s'engagea sur cet important projet est digne d'être
rappelé, car l'Assemblée par son vote commit une faute dont les
conséquences furent incalculables. Les avertissements ne lui manquèrent pas, du moins ; mais, quoique les voix qui les lui donnaient
fussent autorisées, quoique le chef du pouvoir exécutif en se prononçant pour Versailles eût laissé entendre qu'à ses yeux Paris
était le siege véritable du gouvernement, les députés du 8 février
écoutèrent surtout leurs préjugés et leurs rancunes. Quelques-
uns meme firent l'imprudent aveu qu'ils avaient reçu de leurs
électeurs le mandat impératif de découronner Paris de son titre
de capitale. Le beau rôle et le noble langage furent tout entiers
du côté des députés républicains. M. Louis Blanc porta le premier
la parole. « Pourquoi, dit-il en substance, parler d'Orléans ? Pourquoi parler de Fontainebleau ? Pourquoi parler même de Versailles ? Pourquoi nous condamner à donner à l'Europe le spectacle
d'une Assemblée errante qui, dans le pays meme qu'elle représente, semble en quete d'un refuge et en peine d'un gite ? Serait-
ce que Paris fait peur ?... O mes concitoyens ! songez-y, ne tou-
chez pas, je vous en conjure, a l'unite nationale ; ne mettez pas en
suspicion ce Paris que le comte de Chambord lui-meme appelait
naguère *sa bonne ville de Paris*, la cité de ses ancetres. Ne tou-
chez pas à une ville qui est véritablement la ville sacrée. Croire
que ce puissant Paris baisserait la tete, croire qu'il resterait sans
un battement de cœur sous l'indignité politique dont il serait frappé,
c'est une erreur tellement funeste, tellement féconde en conse-
quences desastreuses, que je frémis, rien que d'y penser. Oter à
Paris son rang de capitale ! mais ce serait réunir tous les habitants de Paris, grands et petits, bourgeois et ouvriers, riches et
pauvres, dans un meme sentiment de colère, et peut-être de colère formidable... »

Paroles prophétiques, qui sont accueillies par quelques rica-
nements. « Vous découronneriez Paris ? poursuit l'orateur ; comme
si cela était possible ! comme si l'on pouvait, au moyen de combi-

naisons artificielles, détruire ce qui résulte de la nature même
des choses ! comme si Paris n'était pas la capitale nécessaire de la
France par son étendue, par le nombre de ses habitants, par sa
splendeur incomparable, par le concours des hommes illustres
en tout genre qu'il attire et qu'il retient, par l'action des idées
dont il est tour à tour le laboratoire et le foyer, par la majesté des
souvenirs qui font, vous ne pouvez pas le nier, tenir en quelque
sorte dans son passé le passé du pays tout entier ! que dis-je ?
comme si la France, oui, toute la France n'était pas dans Paris,
où les départements viennent se réunir et se mêler, ainsi que font
les rivières dans les fleuves où elles se jettent ! Et cette mise en
suspicion de Paris, à quel moment se produirait-elle ?

« Quoi ! c'est le lendemain du jour où tous à Paris, les hommes,
les femmes, les enfants, les vieillards, les femmes surtout, qui ont
été admirables, aussi admirables que les femmes de Sparte, plus
simples et conséquemment plus grandes, ont souffert sans une
plainte, sans un instant de faiblesse et de défaillance, ce qu'on
aurait cru impossible à l'humanité de souffrir ; c'est le lendemain
de ce siége mémorable pendant lequel la population parisienne,
cette population qu'on croyait si frivole, a donné, j'ose le dire,
l'exemple de toutes les vertus qui sont l'honneur de l'espèce humaine, c'est alors qu'on déclarerait que Paris a mérité de cesser
d'être cette capitale qu'il a été pendant des siècles ! Non, cela
n'est pas possible ! Non ! cela ne sera pas ! »

M. Silva, député de la Savoie, abordant la question à un autre
point de vue, presse l'Assemblée de se rendre à Paris, au nom de sa
propre dignité et au nom de l'intérêt de la France : « Nous devons,
dit-il, aller à Paris, parce que notre dignité nous y appelle. S'il
n'y a pas de danger, il n'est pas besoin d'explication, et s'il y en
a, nous devons aller au cœur du danger, parce que nous le con-
jurerons par la dignité de notre attitude, et, s'il le faut, par l'énergie de nos résolutions. On nous a dit : Mais la dignité nationale
répugne à ce que l'Assemblée puisse siéger et délibérer sous le
canon prussien ! Comment donc le canon prussien ! Mais nous
l'affronterons, s'il le faut, nous le subirons comme nous avons
subi le malheureux traité de paix. Lorsqu'il y a le cas de force majeure, la question de dignité est complétement sauvegardée, comme
la question d'honneur a été sauvegardée le jour où, dans notre âme
et conscience, nous avons voté pour la paix... » Puis, répondant à

l'argument tiré de la tyrannie prétendue que Paris aurait toujours exercée sur les départements, M. Silva dit avec un admirable
à-propos : « Si, au lieu de remonter dans la nuit des siècles, je
me contente de faire un retour sur ces dernières années, je me
demande si c'est Paris qui a soutenu l'Empire ; je me demande si
c'est Paris qui a fait le plébiscite ; je me demande si c'est Paris
qui, en définitive, nous a amenés au triste jour où nous nous
trouvons. Évidemment non : Paris est irréprochable, il a fait pour
le mieux, et certes, l'Empire n'aurait pas duré dix-huit ans, —
dix-huit siècles ! si la province avait montré l'énergie et la résolution de Paris. »

Il y avait enfin l'argument tiré de l'émeute possible, des menaces du comité central. « L'émeute, s'écrie l'orateur, voulez-vous
que je vous indique le moyen de la réprimer ! (A droite. Ah ! ah !
voyons !) C'est de la prévenir. Eh bien, il y a du cœur, de l'intelligence chez les Parisiens ; ils nous l'ont bien montré ; allons nous
placer au milieu d'eux, convions-les à notre travail ; disons-leur :
Vous avez défendu la patrie, nous venons la reconstituer, car elle
est mutilée, elle est meurtrie, elle a besoin de se refaire ; nous lui
tendrons la main tous ensemble, et nous travaillerons au salut
commun ! »

Les députés de la majorité ne furent touchés ni par le langage
prophétique de M. Louis Blanc, ni par la logique serrée de
M. Silva. Un des orateurs de la droite, M. Giraud, avoue que la
peur l'empêche de voter la translation du siége du gouvernement
à Paris. « J'ai peur, dit-il, pour mon pays ; j'ai peur pour l'Assemblée nationale, qui est aujourd'hui la dernière planche de salut et le dernier espoir de la France. » — « Messieurs, dit à son
tour M. de Belcastel, quelle est la pensée de la grande majorité
de la France sur ce sujet vital ? La voici, à mon avis : La France
sait que, dix fois en quatre-vingts ans, Paris lui a expédié des
gouvernements tout faits par le télégraphe..... La France sait que
Paris est le chef-lieu de la révolte organisée, la capitale de l'idée
révolutionnaire..... La France ne croit pas que la vie d'un grand
peuple soit enchaînée aux pierres d'une cité choisie et qu'elle
s'abreuve nécessairement aux eaux d'un fleuve consacré. Arrière
cette idolâtrie ! » M. de Belcastel mettait cependant une réserve
dans le jugement qu'il portait sur Paris, en tant que résidence du
gouvernement. « Loin de moi, dit-il, la pensée de vous proposer

définitivement le choix du siége de l'Assemblée. Cette question doit être réservée pour le jour où, selon la parole de l'illustre chef du pouvoir exécutif, la France dira comment elle veut vivre. Eh bien ! ce jour-là, elle dira où son Assemblée, qui est sa représentation, doit vivre. » Un autre député de la droite, M. Fresneau, fit allusion à une industrie toujours florissante à Paris, quand même toutes les autres industries seraient désorganisées, « celle des gens qui font métier de renverser les gouvernements, comme on arrête les diligences au coin d'un bois, et d'empoigner en deux heures la souveraineté de trente millions d'âmes. » Le reproche était étrange dans la bouche d'un homme qui avait ratifié la révolution du 4 septembre en votant la déchéance de l'Empire. Mais la réponse à ce thème banal d'un Paris qui impose les révolutions et qui expédie des gouvernements par le télégraphe, cette réponse était contenue dans le discours de M. Silva. Ce n'était point Paris qui avait soutenu l'Empire, qui avait nommé les candidats officiels, qui avait voté le plébiscite. Qu'avait fait Paris au 4 septembre ? Une révolution preparée par la province.

Les gentilshommes de la droite n'avaient sans doute pas réfléchi à ce fait d'histoire avant de jeter l'anathème à Paris. La passion les emportait et leur fermait les yeux sur les conséquences probables de la faute qu'ils allaient commettre en émettant un vote de défiance à l'égard de Paris. Ce vote restituait au comité central l'autorité que lui enlevaient, au prix des plus grands efforts, les négociations entamées par les maires et les déclarations rassurantes du général d'Aurelle. Ce vote, qui allait être suivi de la suppression de six journaux, fut comme de l'huile qu'on aurait jetée sur le feu.

Un débat de cette importance ne pouvait se terminer sans que le gouvernement eût jugé opportun d'intervenir et de dire les motifs qui avaient dicté sa préférence. Le chef du pouvoir exécutif développa longuement les raisons financières, administratives, politiques, qui mettaient l'Assemblée dans la nécessité de quitter Bordeaux et de se rapprocher de Paris. Le dédoublement du gouvernement entre deux villes éloignées créait de continuels obstacles à la gestion des affaires. Tandis qu'une partie du gouvernement reste à Bordeaux avec l'Assemblée, l'autre est forcément retenue à Paris : d'où découlent de regrettables lenteurs dans l'expédition des affaires. Les ministres, séparés par

une si grande distance, n'ont d'autre moyen de correspondance
que le télégraphe ; « mais quand nous employons le télégraphe, dit
M. Thiers, nous avons pour confident le chancelier de la Confédération du Nord qui, à Versailles, se sert des mêmes fils que
nous. Trois ministres au moins sont obligés de demeurer à Paris : le
ministre des affaires étrangères, chargé de surveiller les détails de
l'évacuation est tenu, à cause de continuelles difficultés, à se mettre
en rapports incessants avec l'autorité allemande à Versailles ; de
son côté, le ministre des finances est contraint d'être à Paris, car
c'est à Paris qu'on trouve les grandes institutions de crédit, à commencer par la Banque de France, avec qui le gouvernement est
à tous moments en relations afin de parer aux nécessitées de l'é-
vacuation et de faire face à tous les besoins d'argent ; un troisième
ministre peut moins encore que les deux autres s'absenter de
Paris : c'est le ministre de l'intérieur. » L'Assemblée redouble d'attention à ces mots.

« Oui, c'est vrai, poursuit M. Thiers, des menaces ont été faites
à l'ordre public ; il ne faut pas se les dissimuler, de même qu'il
ne faut pas non plus se les exagérer. Nous vous tromperions, si
nous voulions vous les dissimuler ; comptez sur notre loyauté ;
vous saurez toujours ce que nous saurons. Mais il ne faut pas non
plus les grossir, ces menaces ; et il y aurait autant de danger à
se les exagérer qu'à chercher à les oublier et à les méconnaitre.
Ce qui s'est passé à Paris est grave, sans doute ; cependant, il est
entré dans les récits qu'on en a fait beaucoup d'erreurs, d'erreurs
involontaires, et, devant ces erreurs involontaires, il faut se conduire avec une patriotique prudence..... » M. Thiers raconte ensuite aux députés les événements par suite desquels une nombreuse artillerie est tombée entre les mains de la population. Il
dit que le général qui commande à la force publique dans Paris
a cru prudent, à l'entrée des Prussiens, de déplacer un grand
nombre de canons déposés dans les quartiers que l'ennemi devait
momentanément occuper en vertu de l'armistice. Une portion de
la population a voulu aider au transport de cette artillerie et, dans
ce mouvement un peu tumultueux, un certain nombre de pièces
ont été traînées dans des lieux élevés. Ce mouvement de la population parisienne n'avait rien de coupable dans sa première impulsion, M. Thiers en est parfaitement convaincu, mais il a été
exploité par des hommes mal intentionnés, de vrais coupables, qui

se sont servis de cet élan de patriotisme pour égarer la population de la capitale. Cependant le chef du pouvoir exécutif constate avec joie que tous les jours cette population s'éclaire et s'aperçoit qu'on a abusé de son patriotisme. « Nous avons, dit-il, l'espérance fondée de l'éclairer entièrement, de la ramener et de pouvoir éviter, je dis le mot, la guerre civile. »

La conséquence logique de l'espoir du gouvernement dans l'apaisement du conflit aurait dû, semble-t-il, pousser le chef du pouvoir exécutif à supplier l'Assemblée de vaincre ses répugnances et de venir courageusement s'établir à Paris, au cœur même du danger. Le sacrifice des préjugés n'était pas trop considérable, si en l'accomplissant on nourrissait l'espoir d'éviter les horreurs de la guerre civile à un pays encore saignant des blessures de la guerre étrangère. Cette hardiesse fit défaut à M. Thiers, pour le malheur de la France [1]. Le gouvernement borna son ambition à dire pourquoi il préférait le séjour de Versailles à celui de Fontainebleau. La translation du siége du gouvernement dans Paris était écartée, parce qu'elle aurait paru emporter la solution des questions politiques réservées par le pacte de Bordeaux. Etrange réserve, quand il s'agissait d'empêcher la guerre civile ! « Entrer à Paris tout de suite, dit M. Thiers, c'était résoudre la question, et nous n'avons pas voulu la résoudre. » Non, ce n'était pas résoudre la question de la forme du gouvernement : mais c'était calmer Paris, faciliter les négociations engagées entre les maires et le comité central, grouper autour du gouvernement tous les hommes résolus à s'opposer à une lutte insensée ; c'était faire déposer les armes à une foule de gardes nationaux égarés par des rumeurs alarmantes et souvent fausses ; c'était pour l'Assemblée et pour le gouvernement remplir un impérieux devoir. Une misérable question d'étiquette l'emporta. Il se rencontra seulement 154 députés pour voter le retour à Paris, et 427 pour le repousser. La peur ne fut jamais 'plus᷄ mauvaise conseillère que dans cette

---

[1] M. Jules Ferry, qui remplissait à Paris les fonctions de préfet de la Seine, télégraphiait au chef du pouvoir exécutif, le 5 mars :

« Au fond de la situation, ici, grande lassitude, besoin de reprendre vie normale, *mais pas d'ordre durable à Paris sans gouvernement et Assemblée.* »

Le même jour il écrit encore :

« Le danger est dans l'abolition générale de tout autorité, *mais l'Assemblée rentrant dans Paris peut seule rétablir l'ordre, par suite le travail dont Paris a tant besoin, sans cela rien de possible. Revenez vite.* »

néfaste séance [1]. L'Assemblée consomma son divorce avec
Paris en votant une loi sur les échances qui précipita dans la
banqueroute une partie du commerce parisien. La guerre avait
fort éprouvé l'industrie de la capitale, et beaucoup de commerçants
se trouvaient dans l'impossibilité de faire face à leurs engagements, si on ne leur accordait un délai assez long pour trouver
dans la reprise des affaires les fonds qui leur étaient nécessaires
pour se libérer. Sans s'inquiéter autrement des conséquences de
son vote, peut-être imparfaitement instruite d'une situation qui
exigeait les plus grands ménagements, l'Assemblée décida que les
effets de commerce souscrits avant ou après la loi du 13 août 1870
et venant à échéance après le 12 avril 1871 ne jouiraient d'aucune
prorogation de délai et seraient exigibles d'après les règles du
droit commun. En outre, elle décréta que les effets de commerce
échus du 13 août au 13 novembre seraient exigibles sept mois
après l'échéance inscrite aux titres avec les intérêts depuis le

---

[1] Au sortir de cette séance les députés de la Seine adressèrent à leurs électeurs
la déclaration suivante :

« Le compte rendu de la séance du 10 mars vous a dit avec quelle énergie nous avons
insisté pour la translation de l'Assemblée nationale à Paris. Nous avions hâte d'être au
milieu de vous.

« Nous avons du moins contribué à déjouer le projet de donner pour résidence à l'Assemblée la ville de Fontainebleau.

« Inutile d'ajouter que si, plus tard, on venait proposer de changer la résidence
provisoire à Versailles en résidence définitive, cette atteinte au droit de Paris, seule
capitale possible de la France, rencontrerait de notre part une résistance inflexible.

« En attendant, et vu l'état déplorable où l'Empire a jeté notre pays, nous croyons
nécessaire d'éviter tout ce qui pourrait donner lieu à des agitations, dont ne manqueraient pas de profiter nos adversaires politiques et les envahisseurs de la France, encore
campés sur son territoire.

« Nous estimons, en outre, que notre présence au poste que vos suffrages nous ont
assigné ne saurait être inutile, soit qu'il s'agisse de consolider la République, soit
qu'il y ait à la défendre.

« Sauvegarder la République, hâter la délivrance du sol français, voilà les deux grands
intérêts du moment.

« La République! Nous la servirons en restant sur la brèche jusqu'à ce que l'Assemblée actuelle, nommée pour trancher la question de paix ou de guerre et pourvoir
aux nécessités résultant de sa décision, fasse place à une Assemblée constituante.

« La France! Nous la servirons en nous gardant de tout ce qui serait de nature à
amener des conflits dont, nous le répétons, nos ennemis du dedans et du dehors n'auraient que trop sujet de se réjouir.

Telle est, chers concitoyens, la ligne de conduite que nous nous sommes tracée.
Nous avons l'espoir que vous l'approuverez.

« PEYRAT, Edmond ADAM, Edgar QUINET, SCHŒLCHER, LANGLOIS, Henri BRISSON,
      GREPPO, TOLAIN, GAMBON, LOCKROY, Jean BRUNET, FLOQUET, TIRARD, CLÉ-
      MENCEAU, Martin BERNARD, FARCY, Louis BLANC. »

jour de cette échéance. Or, l'échéance arrivait le 13 mars, le jour
meme où la loi allait etre promulguée. On a calculé qu'il y eut du
13 au 17 au matin environ *cent cinquante mille protêts* [1].

Dans cette séance historique du 10 mars, M. Thiers, toujours
préoccupé de ménager les susceptibilités de tous les partis, avait
accentué le programme précédemment développé a la tribune,
ce programme qui consistait à réorganiser la France avant d'aborder
les questions constitutives et à laisser l'espérance à tous les partis en réservant l'avenir. On remarque dans ce discours un passage qui mérite d'etre placé sous les yeux du lecteur. Le chef
du pouvoir exécutif donne de nouveau l'assurance à tous les partis qu'aucun d'eux ne sera trompé, que l'avenir appartiendra au
plus sage. Cette promesse, marquée au coin du bon sens, aurait dû
etre suivie de la demande du retour à Paris, et la demande faite
dans ces termes, aurait été, semble-t-il, de nature à calmer toutes
les appréhensions. M. Thiers, comme nous l'avons vu, n'osa pas
s'exposer à un échec. Quoi qu'il en soit, voici les fragments les
plus importants de ce célèbre discours :

« Une des plus grandes questions constitutives, c'est le choix de la capitale. J'ai cru, messieurs, qu'il ne serait pas loyal à nous de vouloir la résoudre sur-le-champ en vous proposant d'aller directement à Paris. Bien que le
canon prussien, au point de vue de la convenance, soit quelque chose, ce
n'est pas lui qui nous a decidés, c'est la loyauté. Qel est notre devoir a
nous ? quel est mon devoir à moi, que vous avez, je le dirai, accable de
votre confiance? C'est la loyauté envers tous les partis qui divisent la
France et qui divisent l'Assemblée.

« Ce que nous leur devons à tous, c'est de n'en tromper aucun, c'est de
ne pas nous conduire de maniere a préparer à votre insu une solution
exclusive qui déshonorerait les autres partis. (*Très-bien !*)

« Non, je le jure devant le pays, et si j'osais me croire assez important
pour parler de l'histoire, je dirais que je jure devant l'histoire de ne tromper aucun de vous, de ne preparer sous le rapport des questions constitutives aucune solution a votre insu, et qui serait de notre part, de ma part,
une sorte de trahison. (*Vifs applaudissements.*)

[1] L'Assemblée a compris, trop tard, la faute qu'elle commit alors. M. Martial Delpit
fait l'aveu suivant dans son rapport parlementaire sur les *causes de l'insurrection du
18 mars:*

« La loi sur les échéances fournit à Paris un nouveau prétexte d'irritation..... Les
échéances fixées au 13 mars plaçaient une grande partie du commerce de Paris en
présence d'une faillite inévitable, c'est a-dire de la ruine et du déshonneur...et les commerçants les plus honnêtes, se détachant d'un gouvernement qui ne les sauvait pas de la
faillite, se désintéressaient de la chose publique et se laissaient dévoyer aux idées
les plus étranges. »

DUFAURE.

Degorce-Cadot. édit. Paris.

Rouge et C⁰, imp.

« Permettez-moi de ne pas reculer devant les noms vrais des partis, et j'espère qu'en m'appuyant sur l'évidence des faits, je n'aurai pas commis une inconvenance.

« Je dirai donc : Monarchistes, républicains, non, ni les uns ni les autres, vous ne serez trompés ; nous n'avons accepté qu'une mission déjà bien assez écrasante : nous ne nous occuperons que de la réorganisation du pays. Nous vous demanderons toujours votre appui pour cette réorganisation, parce que nous savons que si nous sortions de cette tâche limitée, nous vous diviserions et nous nous diviserions nous-mêmes.

« Nous ne travaillerons qu'à cette œuvre déjà bien assez difficile ; mais qu'il me soit permis de dire aux hommes qui ont donné leur vie entière à la République : Soyez justes envers les membres de cette Assemblée qui ne pensent pas comme vous. Sous quelle forme se fera la réorganisation ? Sous la forme de la République.

« Il y a ici beaucoup d'hommes très-respectables qui ont accepté ce mot dans un but d'union. Vous m'avez appelé président du conseil, chef du pouvoir exécutif de la République française ; dans tous les actes du gouvernement, le mot de République française se trouve sans cesse répété. Cette réorganisation, si nous y réussissons, elle se fera sous la forme de la République et à son profit. (*Mouvement.* — *Très-bien ! très-bien ! sur plusieurs bancs.*)

« Maintenant, ne venez pas nous dire : Ne sacrifiez pas la République. Je vous répondrai : Ne la perdez pas vous-mêmes !

« La République est dans vos mains ; elle sera le prix de votre sagesse et pas autre chose. Toutes les fois que vous vous emporterez, toutes les fois que vous soulèverez des questions inopportunes, toutes les fois que, malgré vous, — malgré vous, je le sais, — vous paraîtrez, je dirai les confidents ou les complices, sans le vouloir, — sans le vouloir certainement, — des hommes de désordre, dites-vous bien qu'en acceptant ces apparences de complicité, vous portez à la République le coup le plus violent qu'elle puisse recevoir. (*Mouvement.*)

« Eh ! bien, je vous ai dit que je serais profondément sincère ? Vous le voyez !

« Lorsque le pays sera réorganisé, nous viendrons ici, si nous avons pu le réorganiser nous-mêmes, si nos forces y ont suffi, si dans la route votre confiance ne s'est pas détournée, nous viendrons le plus tôt que nous pourrons, bien heureux, bien fiers d'avoir pu contribuer à cette noble tâche, vous dire : Le pays, vous nous l'aviez confié sanglant, couvert de blessures, vivant à peine ; nous vous le rendons un peu ranimé. C'est le moment de lui donner sa forme définitive, et, je vous en donne la parole d'un honnête homme, aucune des questions qui auront été réservées n'aura été résolue, aucune solution n'aura été altérée par une infidélité de notre part. » (*Bravo ! bravo !* — *Applaudissements.*)

L'Assemblée nationale quitta Bordeaux le 10 mars, après avoir fixé au 20 le jour de sa première réunion à Versailles. Le gouvernement s'était promis de trancher la question des canons pendant l'intervalle de la prorogation ; il se rendit aussitôt à Paris pour voir les choses de plus près. Le mécontentement y était fort vif : les hommes modérés étaient désolés de l'attitude de l'Assemblée et des provocations imprudentes qu'elle jetait à une population nerveuse et maladive ; les exaltés prenaient pour thème de leurs plaintes la loi des échéances, le vote de défiance contre Paris, l'arrêté intempestif du général Vinoy qui supprimait six journaux. Des bruits de coup d'État étaient habilement colportés. Cependant les craintes de la population s'étaient un peu apaisées, parce qu'on croyait à l'efficacité de l'intervention des maires ; on entrevoyait volontiers un dénoûment pacifique au conflit des canons : il y avait un peu de détente dans les esprits.

Les choses en étaient là, lorsque le gouvernement voulut faire enlever les canons rangés sur la place des Vosges. Des artilleurs se présentent devant les grilles de la place et demandent qu'on leur ouvre pour enlever les pièces ; les chevaux et les attelages sont prêts ; un détachement de gardes municipaux débouche sur la place et vient prêter main-forte aux artilleurs. L'officier qui commande les gardes nationaux de service refuse formellement d'ouvrir et laisse à la troupe la responsabilité du sang versé, si elle entend passer outre. Pendant ce temps, l'éveil est donné dans le quartier, les gardes nationaux accourent. Les artilleurs et les gardes municipaux se retirent. Le même jour, les canons de la place des Vosges sont transportés par la garde nationale dans le parc de la rue Basfroi, à Belleville et aux Buttes-Chaumont. Cette attaque imprévue du gouvernement mit le comité central sur ses gardes. Le gouvernement concertait une opération d'ensemble pour la nuit du 17 au 18. Il fit afficher la proclamation suivante :

Habitants de Paris,

Nous nous adressons encore à vous, à votre raison et à votre patriotisme, et nous espérons que nous serons écoutés.

Votre grande cité, qui ne peut vivre que par l'ordre, est profondément troublée dans quelques quartiers, et le trouble de ces quartiers, sans se propager dans les autres, suffit cependant pour y empêcher les élans du travail et de l'aisance.

Depuis quelque temps, des hommes malintentionnés, sous prétexte de résister aux Prussiens, qui ne sont plus dans nos murs, se sont constitués les maîtres d'une partie de la ville, y ont élevé des retranchements, y montent la garde, vous forcent à la monter avec eux, par ordre d'un comité occulte qui prétend commander seul à une partie de la garde nationale, méconnaît ainsi l'autorité du général d'Aurelle, si digne d'être à votre tête, et veut former un gouvernement en opposition au gouvernement légal, institué par le suffrage universel.

Ces hommes, qui vous ont causé déjà tant de mal, que vous avez dispersés vous-mêmes au 31 octobre, affichent la prétention de vous défendre contre les Prussiens, qui n'ont fait que paraître dans vos murs, et dont ces désordres retardent le départ définitif; braquent des canons qui, s'ils faisaient feu, ne foudroieraient que vos maisons, vos enfants et vous-mêmes; enfin, compromettent la République au lieu de la défendre, car, s'il s'établissait dans l'opinion de la France que la République est la compagne nécessaire du désordre, la République serait perdue. Ne les croyez pas, et écoutez la vérité que nous vous disons en toute sincérité.

Le gouvernement, institué par la nation tout entière, aurait pu prendre ces canons dérobés à l'État, et qui en ce moment ne menacent que vous, enlever ces retranchements ridicules qui n'arrêtent que le commerce, et mettre sous la main de la justice des criminels qui ne craindraient pas de faire succéder la guerre civile à la guerre étrangère; mais il a voulu donner aux hommes trompés le temps de se séparer de ceux qui les trompent.

Cependant, le temps qu'on a accordé aux hommes de bonne foi pour se séparer des hommes de mauvaise foi est pris sur votre repos, sur votre bien-être, sur le bien-être de la France tout entière. Il faut donc ne pas le prolonger indéfiniment. Tant que dure cet état de choses, le commerce est arrêté, vos boutiques sont désertes, les commandes qui viendraient de toutes parts sont suspendues, vos bras sont oisifs, le crédit ne renaît pas, les capitaux dont le gouvernement a besoin pour délivrer le territoire de la présence de l'ennemi hésitent à se présenter. Dans votre intérêt même, dans celui de votre cité comme dans celui de la France, le gouvernement est résolu à agir.

Les coupables qui ont prétendu instituer un gouvernement à eux vont être livrés à la justice régulière, les canons dérobés à l'État vont être rétablis dans les arsenaux, et pour exécuter cet acte urgent de justice et de raison, le gouvernement compte sur votre concours. Que les bons citoyens se séparent des mauvais; qu'ils aident à la force publique au lieu de lui résister. Ils hâteront ainsi le retour de l'aisance dans la cité et rendront service à la République elle-même, que le désordre ruinerait dans l'opinion de la France.

Parisiens, nous vous tenons ce langage, parce que nous estimons votre bon sens, votre sagesse, votre patriotisme; mais, cet avertissement donné, vous nous approuverez de recourir à la force, car il faut à tout prix et sans un jour de retard, que l'ordre, condition de votre bien-être, renaisse entier, immédiat, inaltérable.

Signé : THIERS,

Président du conseil, chef du pouvoir exécutif de la République.

DUFAURE, *ministre de la justice;* — E. PICARD, *ministre de l'intérieur;* — POUYER-QUERTIER, *ministre des finances;* — J. FAVRE, *ministre des affaires étrangères;* — LE FLO, *ministre de la guerre;* — POTHUAU, *ministre de la marine;* — LAMBRECHT, *ministre du commerce;* — J. SIMON, *ministre de l'instruction publique;* — DE LARCY, *ministre des travaux publics.*

Paris, le **17 mars 1871**.

Le plan d'attaque avait été arrêté dans un conseil où assistaient M. Thiers, les généraux d'Aurelle et Vinoy, le général Le Flô, ministre de la guerre, qui arrivait de Bordeaux, et le général Valentin, nommé depuis peu à la préfecture de police. Il fut décidé qu'on attaquerait avant le jour les hauteurs que la garde nationale avait couvertes de canons. Les troupes se mettent en marche à quatre heures du matin ; le général Lecomte tourne les buttes Montmartre par le cimetière du Nord et la rue Marcadet. Dans le même temps, le général Paturel les aborde de front ; les deux colonnes se réunissent ; les canons et les gardes nationaux se trouvent enveloppés. C'est à peine si quelques coups de fusil avaient été échangés. Quelques gardes nationaux faits prisonniers sont conduits dans une maison, située rue des Rosiers, n° 6, siége du comité d'arrondissement. Le général Lecomte fait abattre les ouvrages en terre élevés autour des canons et compter les pièces qui sont tombées en son pouvoir. Déjà plus d'une heure s'est écoulée, et les attelages qu'on attend pour emmener les pièces n'arrivent pas. Cependant tout Montmartre s'éveille, les gardes nationaux acccourent pour prêter main-forte à leurs camarades ; la population envahit les rues et, peu à peu, entoure les soldats qui demeurent toujours l'arme au pied. Le général Lecomte, inquiet, voyant ses troupes débordées par une foule qui les supplie de ne pas se servir de leurs armes, veut se dégager, repousser les curieux; il ordonne à ses soldats de croiser la baïonnette. Les soldats hésitent, visiblement émus par les démonstrations fraternelles qu'on leur prodigue. De plus en plus inquiet, le général leur ordonne de faire feu. « Ne tirez pas, » crie la foule. Les soldats abaissent leurs armes ; la plupart lèvent la crosse en l'air. Trois fois, le général Lecomte réitère son commandement. Il n'est pas obéi. La troupe se mutine, jette ses armes et fraternise avec la populace. Quelques instants après, Lecomte est fait prisonnier avec tout son état-major. On le prenait pour le général Vinoy. Il est entraîné dans la maison de la rue des Rosiers, hué sur son passage, et de là conduit au poste du Château-Rouge, commandé en ce moment par les capitaines Garcin et Mayer, du 169° bataillon. Les soldats du 88°, après avoir désobéi à leur chef, s'étaient mêlés pour la plupart aux gardes nationaux; les autres s'étaient dispersés. Il était alors près de huit heures. Depuis quatre heures du matin les canons

étaient restés au pouvoir du général Lecomte, et les attelages
attendus n'avaient pas paru. Cette incroyable incurie décida du
sort de la journée. Condamnées à rester l'arme au pied, les troupes
sont débordées par la foule sur tous les points qu'elles occupent.
Des femmes, des enfants pénètrent dans leurs rangs et les exci-
tent à l'indiscipline. La voix des chefs n'est plus écoutée. Sur la
place Pigalle, le général Susbielle est désobéi comme l'a été le
général Lecomte ; les chasseurs à cheval, auxquels il ordonne de
repousser la populace, refusent d'avancer. Un officier, voulant les
entraîner, s'élance ; il est abattu d'un coup de feu tiré de l'angle
de la rue Houdon. Il tombe, son cheval blessé roule avec lui. Des
femmes armées de couteaux se jettent sur le cheval et le cou-
pent en morceaux. Cette multitude, encore affamée du siége,
cherche sa nourriture sous les balles qu'échangent les gendarmes
embusqués derrière les baraquements du boulevard extérieur et
les gardes nationaux postés dans les rues voisines. Plus heureux
que le général Lecomte, le général Susbielle peut s'échapper
pendant que ses troupes se mêlent à la foule et abandonnent
leurs armes. Cette débandade condamne le général Paturel à
battre en retraite à son tour. Le bruit des tambours battant le
rappel retentit dans toutes les rues de Montmartre ; les gardes
nationaux arrivent en grand nombre et la vue de ce qui se passe,
les récits qu'on leur fait redoublent leur courage. Des barricades
s'élèvent de toutes parts ; les comités commencent à se reconnaître
et à donner des ordres. La tentative du gouvernement a complètement échoué. L'échec subi à Montmartre oblige le général Faron
à évacuer Belleville. Les troupes restées fidèles sont précipitamment ramenées dans l'intérieur de Paris. On avait de sérieuses raisons de craindre qu'elles ne fussent entraînées à leur tour par le
mauvais exemple. A neuf heures du matin, le gouvernement ne pouvait plus conserver le moindre doute sur sa défaite. Partout cependant, à Belleville comme à Montmartre, aux Buttes-Chaumout
comme à la Villette, l'opération avait pleinement réussi au début ;
la troupe avait enveloppé les canons presque sans coup férir ;
partout, les gardes nationaux pris au dépourvu s'agitaient confusément, les comités se trouvaient en plein désarroi ; ils ne
s'étaient pas attendus à cette attaque ; ils n'avaient pris aucune disposition sérieuse pour se défendre. L'imprévoyance du commandement militaire les servit au delà de toute espérance. Ce n'était

pas assez de conquérir les hauteurs de Paris et de s'emparer des canons : il fallait les emmener. C'est à quoi le général Vinoy, commandant en chef de l'expédition, n'avait pas suffisamment pourvu, puisque les attelages n'étaient pas arrivés quatre heures après que les canons étaient tombés au pouvoir de l'armée régulière.

Le gouvernement ne peut plus compter sur les troupes ; il ne voit plus d'espoir de salut que dans l'intervention des bataillons de la garde nationale des quartiers de la bourgeoisie. Mais comment soulever contre l'émeute qui gronde, ces commerçants, ces industriels, ces classes aisées que les provocations de l'Assemblée ont abreuvés d'amertume? Le bruit d'un coup d'État s'était répandu en même temps que la nouvelle de l'attaque imprévue dirigée contre Montmartre ; on avait cru jusqu'à ce moment que le conflit était à la veille de se terminer pacifiquement ; on était fermement convaincu que l'intervention des maires serait toute-puissante. Quand on apprit ce déploiement insolite de troupes, la pensée d'un coup d'État envahit beaucoup d'esprits. Le cabinet s'attache tout d'abord à persuader aux habitants de Paris que ce bruit est sans fondement :

> Gardes nationales de Paris,
>
> On répand le bruit absurde que le gouvernement prépare un coup d'État.
>
> Le gouvernement de la République n'a et ne peut avoir d'autre but que le salut de la République. Les mesures qu'il a prises étaient indispensables au maintien de l'ordre ; il a voulu et il veut en finir avec un comité insurrectionnel dont les membres, presque tous inconnus à la population, ne représentent que les doctrines communistes, et mettraient Paris au pillage et la France au tombeau, si la garde nationale et l'armée ne se levaient pour défendre, d'un commun accord, la patrie et la République.
>
> THIERS, DUFAURE, Ernest PICARD, Jules FAVRE, Jules SIMON, POUYER-QUERTIER, général LE FLO, amiral POTHUAU, LAMBRECHT, DE LARCY.

Paris, le 18 mars 1871.

En même temps le rappel est battu dans l'intérieur de Paris ; mais personne ne se lève, ou à peu près personne. Ils sont très-rares les gardes nationaux qui se rendent au lieu ordinaire des réunions de leur bataillon avec la volonté bien arrêtée de marcher contre l'émeute. Là où les troupes régulières ont échoué, la garde nationale ne se flatte pas de réussir. Une seconde proclamation est lancée par le gouvernement :

« Le gouvernement vous appelle à défendre votre cité, vos foyers, vos familles, vos propriétés.

« Quelques hommes égarés, se mettant au-dessus des lois, n'obéissant qu'à des chefs occultes, dirigent contre Paris les canons qui avaient été soustraits aux Prussiens.

« Ils résistent par la force à la garde nationale et à l'armée.

« Voulez-vous le souffrir ?

« Voulez-vous, sous les yeux de l'étranger, prêt à profiter de nos discordes, abandonner Paris à la sédition ?

« Si vous ne l'étouffez pas dans son germe, c'en est fait de la République et peut-être de la France.

« Vous avez leur sort entre vos mains.

« Le gouvernement a voulu que vos armes vous fussent laissées.

« Saisissez-les avec résolution pour rétablir le régime des lois, sauver la République de l'anarchie, qui serait sa perte ; groupez-vous autour de vos chefs : c'est le seul moyen d'échapper à la ruine et à la domination de l'étranger.

« Le ministre de l'intérieur,

« Ernest PICARD.

« Paris, le 18 mars 1871. »

La population accueille ce pressant appel avec la même indifférence. On ne croyait pas encore que la situation fût aussi grave que le prétendait le gouvernement. Cependant le roulement des tambours, les allées et venues des bataillons armés, les bruits qui se propageaient de rue en rue commençaient à jeter dans la ville une émotion extraordinaire.

Les maires avaient appris en même temps que le reste de la ville l'attaque du général Vinoy et son insuccès. Leur étonnement fut douloureux ; le gouvernement leur avait promis de ne tenter aucune action militaire sans les en prévenir, et voilà comment il avait tenu sa promesse. Ce n'était pas le moment de céder à des froissements d'amour-propre ; il fallait venir au secours du gouvernement en détresse et prévenir d'irréparables malheurs en s'interposant entre l'insurrection et le pouvoir régulier. Une première réunion provoquée par M. Bonvalet, maire du IIIe arrondissement, et par M. Tolain, adjoint à la mairie du XIe arrondissement et représentant du peuple, a lieu vers trois heures à la mairie du IIe arrondissement. La situation est considérée comme très-grave ; mais avant de prendre aucune résolution, on décide d'envoyer une délégation auprès du gouvernement et du général d'Aurelle ; il importe de savoir ce qu'ils pensent de la situation et ce qu'ils comptent faire pour y remédier. Ceux des délégués qui se rendent auprès du chef du pouvoir exécutif ne peuvent pas arriver jusqu'à lui. M. Picard, ministre de l'intérieur, les reçoit et répond qu'il ne peut prendre aucune décision sans l'assentiment de ses collègues. Quant au général d'Aurelle, il paraît, dans sa réponse aux délégués, avoir principalement voulu décliner toute participation à l'attaque du matin. On rapporte qu'il aurait prononcé ces paroles : « Ce sont les avocats qui l'ont voulue. Cependant je leur avais bien dit que cela se terminerait ainsi. Ils ont cru pouvoir compter sur l'armée, et l'armée fraternise avec l'émeute. Réunissez-vous, messieurs, et décidez. Le sort de Paris, que dis-je ? le sort de la France est entre vos mains [1]. »

Une seconde réunion, plus importante, avait lieu à six heures dans la mairie du IIe arrondissement. Tous les maires et un certain nombre de représentants de la Seine y assistaient. Une délégation de douze membres est choisie et va porter au gouvernement les propositions suivantes, qui seules semblent de nature à rallier la grande majorité des habitants de Paris et à calmer l'effervescence qui grandit d'heure en heure :

1° Nomination du colonel Langlois, représentant de Paris, comme commandant en chef de la garde nationale ; 2° nomination de M. Dorian comme maire de Paris ; 3° les élections municipales immédiates ; 4° l'assurance que la garde nationale ne sera pas désarmée.

Cette délégation se rend au ministère des affaires étrangères, où le gouvernement se tient en permanence. M. Jules Favre avait vaguement entendu parler de l'assassinat des généraux Lecomte et Clément Thomas ; il demande aux délégués si la nouvelle est exacte. On lui répond affirmativement. Alors M. Jules Favre in-

---

[1] Ces paroles sont rapportées dans l'*Histoire de la Révolution du 18 mars*, de P. Lanjalley et P. Corriez ; mais elles ne paraissent pas absolument authentiques. Dans sa déposition devant la commission d'enquête sur les causes de l'insurrection, le général d'Aurelle de Paladines a tenu un langage un peu différent. Il cherche moins à dégager sa responsabilité dans les événements du 18 mars et il se borne à affirmer que c'est M. Thiers qui a voulu enlever les canons de force.

digné s'écrie qu'il n'est plus possible au gouvernement de faire aucune concession, qu'on ne parlemente pas avec des assassins et qu'on essayera de nouveau de soulever la garde nationale contre les criminels qui déshonorent Paris.... Ce langage était absolument déplacé dans le moment. Les délégués ne proposaient pas au·gouvernement d'entrer en composition avec les émeutiers, mais de fournir à ses amis les moyens d'arrêter les progrès de l'émeute et de sauver la situation, s'il en était temps encore. Personne n'avait plus d'intérêt à cet accord que le gouvernement. Tout à coup, M. Charles Ferry pénètre dans la salle et annonce que, par ordre du général Vinoy, les troupes viennent d'évacuer l'Hôtel-de-Ville. M. Jules Favre, profondément troublé par cette nouvelle inattendue, promet aux délégués de porter leurs demandes au gouvernement et de leur faire parvenir sa réponse dans la nuit. En effet, à minuit et demi, le secrétaire général du ministre de l'intérieur accourt annoncer aux maires que le gouvernement accepte la nomination du colonel Langlois au commandement supérieur de la garde nationale. Les maires rédigent aussitôt une proclamation. M. Langlois prépare de son côté un ordre du jour à la garde nationale et part pour l'Hôtel-de-Ville, qu'il trouve occupé par le comité central. « Je suis nommé, dit-il, commandant en chef des gardes nationales de la Seine. — Qui vous a nommé? — M. Thiers. — Nous ne reconnaissons pas son autorité. Nous nommerons nous-mêmes notre chef. » M. Langlois se retire et renonce à publier sa proclamation. Les concessions du gouvernement avaient été trop tardives. Du reste, pendant ces négociations nocturnes, on avait décidé d'abandonner Paris à l'émeute et de transporter le siége du pouvoir à Versailles.

Pendant que les maires et les députés tenaient à la mairie du IIᵉ arrondissement la réunion dont on vient de parler, le comité central de la garde nationale prenait ses mesures pour profiter d'une victoire tout à fait inespérée. Il s'assemble, rue des Rosiers, fait battre le rappel dans les quartiers où il domine, nomme Bergeret chef de la légion de Montmartre, et décide de prendre l'offensive. Peu à peu, les bataillons se réunissent; la retraite des troupes régulières enhardit les plus timides; dans quelques heures, les bataillons qui obéissent au comité se seront répandus dans l'intérieur de la ville et en auront occupé toutes les positions importantes.

Au milieu du trouble de cette étrange révolution, un drame horrible s'était accompli sur les hauteurs de Montmartre, dans cette maison de la rue des Rosiers où le général Lecomte avait été amené prisonnier. Gardé pendant quelques heures au poste du Château-Rouge, le général avait été reconduit vers quatre heures au siége du comité central. Quoique protégé par un peloton de gardes nationaux, il avait été insulté dans le trajet; la foule menaçante l'avait couvert de huées; des femmes criaient qu'il fallait le mettre à mort. Arrivé dans la rue des Rosiers, Lecomte est reconnu par des soldats de la ligne qui joignent leurs menaces à celles de la foule. On l'enferme dans une salle du rez-de-chaussée, et l'on procède à la formation du conseil de guerre qui doit le juger. Cette opération prend beaucoup de temps; personne n'en veut faire partie. Enfin, quelques officiers de la garde nationale et un officier garibaldien de l'armée des Vosges composent le conseil. Interrogé, le général Lecomte répond avec fermeté qu'il croit avoir rempli son devoir. Quelques membres du conseil veulent le sauver et cherchent à gagner du temps. On envoie un délégué à la mairie de Montmartre pour informer la municipalité de ce qui se passe à la rue des Rosiers. On fait chercher le comité central, qui s'est dispersé après la réunion du matin; on dit à la foule hurlante qu'il va venir, que lui seul décidera du sort de Lecomte. Mais le comité ne vient pas. La multitude pousse des cris de mort. Des femmes, des enfants, des francs-tireurs, des soldats de ligne, amassés dans la cour de la maison, réclament leur proie avec des exclamations sanguinaires. Cette populace féroce est altérée de sang; elle ne veut plus attendre. Sous ses efforts, le châssis de la fenêtre se brise et livre passage aux plus furieux. Un caporal du 3e bataillon de chasseurs à pied, un soldat du 88e de marche et deux gardes mobiles sont les premiers à porter la main sur le général. L'un des mobiles, lui mettant le poing sur la figure, lui criait : « Tu m'as donné une fois trente jours de prison; c'est moi qui te tirerai le premier coup de fusil ! » Au moment où, pris au collet par ces soldats, le général va être entraîné au dehors, une clameur immense s'élève dans la cour, et les rangs pressés de la populace s'ouvrent pour donner passage à un nouveau prisonnier qu'on amène au comité. On voit apparaître un homme à barbe blanche, vêtu d'un paletot gris : c'est le général Clément Thomas. Quelques gardes nationaux l'avaient reconnu sur la place Pigalle, où il était venu, espérant peut-être exercer quelque influence sur les insurgés. On se rappelle, en effet, que Clément Thomas avait été commandant en chef de la garde nationale, pendant le siége. Mais il n'avait conservé aucun ascendant sur les bataillons des quartiers populeux ; au contraire, il leur était devenu odieux pour avoir flétri leur indiscipline. Clément Thomas est introduit dans la salle où se trouve le général Lecomte ; le conseil constate son identité. On lui reproche violemment d'avoir fait tirer sur le peuple en 1848 et d'avoir fait massacrer inutilement les gardes nationaux à Montretout[1]. Cette dernière accusation, — pour ne parler que de celle-là, — était absolument injuste, puisque le général Clément Thomas était le subordonné du général Trochu. Dans la foule, on faisait courir le bruit qu'on l'avait pris au moment où il dessinait le plan des barricades de Montmartre ; c'était un mensonge. La foule veut qu'on le lui livre à l'instant, sans jugement. Un officier garibaldien fait faire un roulement de tambour et demande au peuple de nommer une cour martiale. On ne l'écoute pas. Il dit alors à ses interrupteurs qu'ils vont commettre un assassinat et souiller la République qu'ils acclament. Des clameurs confuses couvrent sa voix. Clément Thomas est saisi au collet. Un courageux lieutenant de la garde nationale, nommé Meyer, aidé de quelques personnes, essaye de retenir le prisonnier qu'on entraîne ; leurs efforts sont inutiles ; ils retombent épuisés. A peine Clément Thomas a-t-il mis le pied sur les marches de l'escalier qu'un coup de feu part ; une balle traverse son chapeau. On le pousse vers le mur du jardin ; des balles l'atteignent pendant qu'il marche ; le sang coule sur le collet de son paletot. Il s'adosse, chancelant, contre la muraille, saisit son chapeau de la main droite en essayant de se garantir le visage avec le bras gauche, puis, laissant retomber ce bras et regardant en face les assassins qui abaissent leurs fusils, il s'écrie : « Vive la République ! » Un feu de peloton répond aux dernières paroles de l'infortuné républicain qui tombe la face contre terre. On retrouva soixante-dix balles dans son corps.

A son tour, le général Lecomte est amené. Atteint, pendant qu'il s'avance, d'un coup de feu dans les jambes, il tombe sur les genoux ; on le relève ; on le pousse vers le cadavre de Clé-

---

[1] *Histoire de la Révolution du 18 mars*, par P. Lanjalley et P. Corriez. page 36.

ment Thomas. Quelques secondes après, il avait cessé d'exister.

La foule hideuse, satisfaite par ce double assassinat, se disperse et va porter la nouvelle qui, volant de bouche en bouche, provoque dans Paris un frémissement d'horreur.

La rumeur publique accusa les membres du comité central de l'assassinat des deux généraux. Il était peut-être difficile qu'il en fût autrement sous l'empire de l'indignation soulevée dans tous les cœurs par le drame sanglant de la rue des Rosiers. Mais il faut être juste envers tout le monde. Le comité central ne doit pas être accusé d'avoir trempé dans la mort de Lecomte et de Clément Thomas. Ses membres furent dispersés dans les différents quartiers pendant la plus grande partie de la journée ; chacun d'eux s'occupait de son arrondissement. Le comité ne fut pas appelé à délibérer sur le sort des généraux prisonniers. La responsabilité morale de ce double crime retomberait plutôt sur les membres du comité d'arrondissement de Montmartre, plus spécialement chargés de surveiller le quartier, et sur le citoyen Bergeret, commandant en chef de la garde nationale de l'arrondissement. Les membres du comité s'empressèrent de protester contre toute participation à l'acte odieux qui venait de souiller la journée du 18 mars :

« Le comité du XVIIIe arrondissement (Montmartre) proteste en ces termes contre les récits qui lui imputeraient une participation quelconque dans l'assassinat des généraux Clément Thomas et Lecomte :

« Les récits les plus contradictoires se répètent sur l'exécution des généraux Clément Thomas et Lecomte. D'après ces bruits, le comité se serait constitué en cour martiale et aurait prononcé la condamnation des deux généraux.

« Le comité du XVIIIe arrondissement proteste énergiquement contre ces allégations.

« La foule seule, excitée par les provocations de la matinée, a procédé à l'exécution sans aucun jugement.

« Les membres du comité siégeaient à la mairie au moment où l'on vint les avertir du danger que couraient les prisonniers.

« Ils se rendirent immédiatement sur les lieux pour empêcher un accident : leur énergie se brisa contre la fureur populaire ; leur protestation n'eut pour effet que d'irriter cette fureur, et ils ne purent que rester spectateurs passifs de cette exécution. »

Cette protestation ne justifie pas entièrement le comité du XVIIIe arrondissement. Le général Lecomte était prisonnier depuis le matin ; le comité n'aurait-il pas pu le sauver en accourant plus tôt qu'il ne fit à la rue des Rosiers ? Ne manqua-t-il pas à son devoir en négligeant d'appeler Bergeret, le commandant en chef de Montmartre ? Quant à Bergeret, il ne parut pas de toute la journée à la rue des Rosiers. Il est difficile d'admettre qu'il n'eût pas été informé des scènes qui s'y préparaient. Il reste acquis à l'histoire que le général Lecomte fut assassiné par ses propres soldats et que les officiers de la garde nationale le défendirent énergiquement jusqu'au bout, au péril de leur vie ; que le général Clément Thomas tomba victime des haines accumulées pendant le siége contre les chefs militaires. L'un et l'autre reçurent la mort d'une de ces multitudes sans nom qu'une grande cité comme Paris recèle toujours dans son sein et dont les instincts sauvages éclatent au milieu des tourmentes sociales. Les passions politiques ne jouent aucun rôle dans ces débordements sinistres. Clément Thomas avait voué sa vie à la cause de la République ; ce mot fut le dernier qui sortit de sa bouche sous le canon des fusils qui allaient lui donner la mort. Ceux qui le frappaient n'étaient pas des républicains. Amère dérision ! ce républicain honnête et ferme tombait sous les balles d'hommes qui prétendaient avoir pris les armes pour la défense de la République menacée ! Non, ceux qui fusillèrent Lecomte et Clément Thomas étaient d'ignobles assassins, et ce serait leur faire un honneur immérité que d'attribuer à leur crime un mobile politique. Nous rencontrerons encore ces bêtes fauves sur notre chemin en racontant les dernières convulsions de la Commune.

Le récit des crimes commis à Montmartre aurait peut-être secoué l'indifférence publique, si le gouvernement, prenant une résolution virile, avait satisfait à temps aux demandes des maires. Il céda trop tard. Après avoir vu revenir de Montmartre et de Belleville les troupes du général Vinoy, le chef du pouvoir exécutif perdit tout espoir ; il pensa qu'il fallait faire sortir toute l'armée hors de Paris, si l'on ne voulait pas s'exposer à voir tous les régiments lever tour à tour la crosse en l'air. Dès lors, on ne s'occupe plus que d'assurer la retraite sur Versailles. On abandonne successivement tous les points stratégiques ; les commandants de postes reçoivent l'ordre de se retirer si des bataillons insurgés se présentent ; on renonce absolument à soutenir la lutte contre l'insurrection. On ne semblait pas fâché de laisser aux prises avec les insurgés cette bourgeoisie indifférente et lâche qui avait refusé de prendre les armes pour défendre ses foyers. L'a-

bandon où on la laissait prenait le caractère d'un châtiment.
Vers le milieu de la nuit, tous les ministres, le chef du pouvoir
exécutif et toutes les troupes, concentrées à l'École militaire,
prennent le chemin de Versailles. Paris est livré au comité
central.

Quant au comité, il est stupéfait de sa victoire. Il n'avait rien
fait pour la gagner, il se trouvait vainqueur sans avoir combattu ;
il triomphait par l'imprudence du gouvernement, qui attaquait
avec des troupes dont il n'était pas sûr, qui savait bien s'emparer des canons, mais non les enlever rapidement. Certes, l'organisation des troupes laissait beaucoup à désirer au lendemain
d'une guerre malheureuse : les soldats appelés à Paris de divers
points du territoire ne connaissaient pas leurs officiers ; l'esprit
de corps leur faisait défaut ; mais puisque les troupes étaient en
si mauvais état, il fallait temporiser et ne pas recourir à la force ;
ou bien, si l'on prenait le parti contraire, il fallait assurer l'enlèvement rapide des canons et ne pas laisser des troupes peu solides en
contact avec une population qui leur inspirait une sorte de respect,
en raison des souffrances qu'elle avait endurées pendant le siége.
Si les canons avaient été emmenés aussitôt pris, les troupes ne
rencontraient aucune résistance sérieuse ; leur amour-propre se
trouvait engagé : elles auraient défendu les pièces qu'elles
avaient conquises. On objecte que, pour enlever les cent soixante-
onze pièces de Montmartre, il aurait fallu avoir huit cent cinquante chevaux, soit quatre chevaux par pièce de 4 et six chevaux par pièce de 12. Rien n'est plus vrai ; mais c'était prévu :
c'est là un calcul que le commandant militaire avait fait sans con-
tredit avant d'attaquer. S'il l'avait fait, pourquoi ses chevaux
n'étaient-ils pas prêts ? S'il avait négligé de le faire, à quoi son-
geait-il ? et qu'allait-il faire à Montmartre ?

Les causes de la défection des troupes sont multiples : les chefs
militaires avaient perdu leur prestige pendant la campagne ;
les troupes amenées des armées de la Loire et du Nord avaient
beaucoup souffert de la faim et du froid dans la ville même, par
la faute du commandement militaire. Des faits douloureux, reproduits par les journaux, semaient un profond mécontentement
dans les rangs des soldats. Sur le Trocadéro, dans le jardin du
Luxembourg, les troupes campent sur un terrain détrempé par la
pluie et la neige ; le soir, un grand nombre de soldats vont cou-

cher en ville ; ceux qui restent sous la tente murmurent et maudissent les chefs dont l'incurie ne leur donne pas même une botte de paille.

Un journal qui ne pouvait être suspecté de prêcher l'indiscipline, l'*Univers*, racontait les tristes aventures de malheureux soldats de ligne qu'on rencontrait dans les rues, « transis, grelottants, à demi morts de froid, portant avec leur sac des flots de neige qui les pénétrait jusqu'aux os et ne sachant pas encore ce qu'ils allaient devenir, sans logis et sans feu. » L'*Univers* demandait formellement au gouvernement de s'expliquer sur ce fait et il disait : « Quand toute l'armée était aux avant-postes, en face de l'ennemi, elle a souffert sans se plaindre mille tourments et enduré mille privations. Mais aujourd'hui que les nécessités de la défense ne sauraient servir d'excuse à l'incurie administrative, l'ineptie passe le comble, et quand elle vient au point où les choses se sont montrées hier, ces rigueurs inutiles imposées à de malheureux enfants qui auraient droit à plus d'égards ne s'appellent pas seulement de l'insouciance : c'est une cruauté qui approche de la sauvagerie. »

Ces soldats se répandaient en ville ; leurs souffrances excitaient la pitié ; on leur donnait asile, et l'on pouvait prévoir qu'ils refuseraient de tirer sur une population dont l'accueil avait soulagé leur misère.

Le comité central, de son côté, ne négligeait rien pour tirer parti des fautes de l'administration militaire [1]. Le 18 mars, il récolta ce qu'il avait semé.

---

[1] On peut en juger par l'adresse suivante des délégués de la garde nationale à l'armée :

A L'ARMÉE
LES DÉLÉGUÉS DE LA GARDE NATIONALE.

« Soldats, enfants du peuple !

« Il y a à Paris 300,000 gardes nationaux, et cependant on y fait entrer des troupes, que l'on cherche à tromper sur l'esprit de la population parisienne.

« Les hommes qui ont organisé la défaite, démembré la France, livré notre or, veulent échapper à la responsabilité qu'ils ont assumée, en suscitant la guerre civile.

« Ils comptent que vous serez les dociles instruments du crime qu'ils méditent.

« Soldats citoyens ! obéirez-vous à l'ordre impie de verser le même sang qui coule dans vos veines ?

« Déchirerez-vous vos propres entrailles ?

« Non ! vous ne consentirez pas à devenir parricides et fratricides.

« Que veut le peuple de Paris ?

Dans la nuit du 18 au 19 mars, pendant que le gouvernement et les troupes se réfugiaient à Versailles, Charles Lullier, nommé commandant en chef de la garde nationale par le comité central, s'emparait successivement, à onze heures, de l'Hôtel-de-Ville et de la caserne Napoléon, à minuit, de la préfecture de police, à une heure, des Tuileries, à deux heures, de la place Vendôme. Paris se réveilla sous un gouvernement nouveau.

PIÈCES JUSTIFICATIVES.

DOCUMENTS RELATIFS AU 18 MARS.

I.

Déposition de M. Lafond, premier adjoint au maire de la municipalité du XVIIIe arrondissement, devant le 3e conseil de guerre.

(Audience du 11 août 1871.)

« En ma qualité de premier adjoint, je dus diriger l'administration du dix-huitième arrondissement pendant l'absence de M. Clémenceau, que ses fonctions de député de la Seine retenaient à Bordeaux.

Le 27 février, après midi, le bruit se répandit tout à coup que les Prussiens allaient entrer dans la ville.

L'émotion causée par cette rumeur fut considérable. Les gardes nationaux, qui jusqu'alors avaient cru que l'armistice et l'occupation des forts

---

« Il veut conserver ses armes, choisir ses chefs et les révoquer quand il n'aura plus confiance en eux.

« Il veut que l'armée soit renvoyée dans ses foyers, pour rendre au plus vite son concours à sa famille et ses bras au travail.

« Soldats, enfants du peuple, unissons-nous pour sauver la République. Les rois et les empereurs nous ont fait assez de mal. Ne souillez pas votre vie. La consigne n'empêche pas la responsabilité de la conscience. Embrassons-nous à la face de ceux qui, pour conquérir un grade, tenir une place, ramener un roi, veulent nous faire entr'égorger.

« Vive à jamais la République ! »

n'entraîneraient pas l'occupation de Paris, semblèrent ressentir particulièrement l'injure faite à leur ville. Pendant toute l'après-midi et une grande partie de la nuit, je reçus à la mairie de nombreuses députations de gardes qui venaient protester contre l'entrée de l'ennemi, et déclarer qu'ils étaient décidés à ne pas subir cet excès d'humiliation.

Je m'efforçai de les calmer et de les ramener au sentiment d'un patriotisme plus éclairé. Mais leur colère prit une intensité nouvelle en apprenant que le gouvernement avait abandonné un nombre considérable de canons dans la zone de Paris qui devait être occupée par l'ennemi.

Dès ce moment, la foule s'abandonna à son instinct et ne connut plus de contrôle.

On se porta vers les lieux où se trouvaient les canons et on les ramena à force de bras dans l'intérieur de Paris.

Les gardes nationaux de Montmartre amenèrent d'abord sur la place de la mairie les pièces d'artillerie dont ils s'étaient emparés. Mais le nombre des pièces augmentant sans cesse et encombrant la place, on les transporta au pied des buttes sur la place du marché Saint-Pierre, et plus tard, dans un terrain vague, situé sur les buttes mêmes. Les pièces d'artillerie séjournèrent plusieurs jours dans chacun de ces différents endroits, où j'eus occasion de les voir.

Dans la soirée qui précéda l'entrée des Prussiens, l'émotion populaire parut prendre des proportions redoutables. Longtemps j'eus lieu de craindre que nos gardes nationaux ne se laissassent entraîner à attaquer l'ennemi dans le sein même de la ville. Ce malheur fut heureusement évité : les sages conseils prévalurent, et les habitants de l'arrondissement surent réprimer leur colère pendant ces jours d'épreuves.

Après le départ des Prussiens, les gardes nationaux continuèrent à monter la garde autour des canons. Quelques journaux s'en émurent ; ils considéraient cette forteresse improvisée comme une menace pour l'intérieur de Paris. Dans ces conjonctures, le gouvernement crut prudent d'inviter les maires de Paris présents à l'Assemblée de Bordeaux à revenir dans leurs arrondissements.

Le 6 mars, les municipalités furent réunies au ministère de l'intérieur. D'accord avec le ministre, M. Picard, on convint que les maires consacreraient tous leurs efforts à décider la garde nationale à rendre les canons. En ce qui concernait le dix-huitième arrondissement, nous ne doutions pas d'arriver à ce résultat, à la condition d'agir avec beaucoup de prudence, un grand esprit de modération, et de ne rien cacher à la garde nationale de nos démarches, aussi bien que des désirs du gouvernement.

M. le ministre de l'intérieur déclara qu'il s'en rapportait absolument à nous, et qu'il était bien décidé à ne rien faire sans notre assentiment et sans notre concours. Ce résultat fut sur le point d'être obtenu. Les délégués d'un bataillon de la garde nationale de Montmartre nous apportèrent, le 11 mars, une déclaration dans laquelle se trouve la phrase suivante :

« Le 61e bataillon, certain d'être en cela l'interprète de toute la garde nationale du dix-huitième arrondissement, offre de rendre, sans exception, les canons et les mitrailleuses à leurs véritables possesseurs, sur leurs réclamations. »

Cette déclaration fut envoyée par nous, en trois originaux revêtus des signatures, à M. le ministre de l'intérieur, à M. le général commandant la garde nationale de la Seine et à M. le membre du gouvernement de la Défense nationale délégué à la mairie centrale.

Le dimanche matin, 12 mars, un arrêté paru à l'*Officiel*, décrétant la suppression de six journaux radicaux, venait déjouer toutes nos combinaisons.

Cette suppression des journaux, coïncidant avec des condamnations à mort prononcées par le conseil de guerre, pour le mouvement du 31 octobre, rendit notre garde nationale pleine d'anxiété et de défiance.

Dans une visite que je fis, le jour même, avec M. Clémenceau, à M. d'Aurelle de Paladines, ce dernier, après nous avoir remerciés de la lettre des délégués de la garde nationale, nous manifesta l'intention de faire chercher un emplacement assez vaste pour renfermer tous les canons.

« Chaque bataillon de la garde nationale de Paris sera, nous dit-il, à tour de rôle, préposé à leur garde, et c'est votre garde nationale elle-même qui les escortera quand nous irons les chercher. »

Séance tenante, nous recherchâmes ensemble l'emplacement qui pourrait convenir. M. d'Aurelle de Paladines nous répéta de nouveau qu'il entendait ne rien faire sans notre concours. Il parut comprendre le danger qu'il y aurait à froisser de nouveau la garde nationale, et il fut convenu que dès le lendemain il enverrait un de ses aides de camp à la mairie de Montmartre, pour s'entendre avec les délégués de la garde nationale sur l'époque et le mode de la livraison des canons.

Le lendemain matin, on vint nous prévenir que des trains d'attelage stationnaient derrière l'église de la Trinité, destinés sans doute aux canons de Montmartre.

Je courus immédiatement chez M. d'Aurelle de Paladines, je lui fis observer que nous étions seulement convenus de l'envoi d'un officier; que sa nouvelle décision était prématurée et d'autant plus dangereuse que nos gardes nationaux n'étaient pas prévenus. M. d'Aurelle de Paladines, se rendant sans difficulté à mes raisons, envoya sur-le-champ, et en ma présence, contre-ordre aux trains d'attelage.

Le jour même, dans la soirée, nous eûmes une réunion des municipalités au ministère de l'intérieur. Il fut encore beaucoup parlé des canons. Le malentendu du matin y fut expliqué ; M. le ministre de l'intérieur nous manifesta de nouveau son vif désir de voir se terminer cette affaire, l'inquiétude qu'elle lui causait, la nécessité de tranquilliser le plus tôt possible la population, la province et l'Assemblée, par la complète évacuation des buttes.

Nous lui fîmes observer que ce résultat eût été obtenu déjà sans le décret de la veille; que nous espérions l'obtenir sous peu, quand l'émotion populaire serait calmée de nouveau. M. le ministre de l'intérieur nous pria de nous hâter. Mais aussi il nous promit formellement de s'en rapporter à notre sagesse et à notre patriotisme. Il prit l'engagement de ne rien faire de son propre mouvement, d'accepter nos conseils, et dans tous les cas, de ne pas se passer de notre concours.

Cet engagement fut contracté, cette parole fut donnée devant toutes les municipalités réunies.

C'est sur la foi de cet engagement et de cette promesse, j'en fis l'observation personnelle à M. Picard, que, considérant tout péril évité, je crus pouvoir moi-même quitter Paris le lendemain, 14 mars, pour aller chercher ma femme et mon jeune enfant, qui se trouvaient en province depuis le commencement du siège de Paris.

Quand je rentrai, le 20 mars au matin, tout était terminé. Contrairement à mon attente, contrairement à sa promesse, le gouvernement avait, à l'insu de tous, tenté la surprise dont on connaît le résultat.

Je ne doute pas, quant à moi, qu'une sage politique de temporisation n'eût permis d'obtenir la remise des canons sans effusion de sang. »

II

Récit du capitaine Beugnot, prisonnier dans la maison de la rue des Rosiers.

. . . .

« Nous arrivâmes au Château-Rouge, et, après avoir traversé le jardin, je fus amené au pavillon où je devais rendre compte de ma conduite au comité annoncé. On me fit attendre plus d'une demi-heure devant la porte ; une foule de gardes nationaux m'entourait toujours, et devenait d'autant plus menaçante que personne ne donnait plus d'ordres. Le plus forcené était un vieux capitaine de la garde nationale à cheveux et à barbe blanche, décoré de la médaille de Juillet, qui répétait avec délices qu'il faisait des révolutions depuis quarante ans. Il semblait furieux contre moi, et m'annonçait que mon affaire ne serait pas longue ; je commençais à voir clair dans la situation et je ne me dissimulais plus le danger que je courais.

« Il était alors dix heures à peu près ; les uns voulaient me laisser dans le jardin, probablement pour en finir avec moi plus vite ; les autres voulaient me faire monter dans la maison auprès du comité. Ces derniers réussirent, et, après une rixe violente avec leurs camarades, ils m'enlevèrent au premier étage de la maison. Là, je fus introduit dans une chambre où je trouvai un capitaine du 79ᵉ bataillon de la garde nationale qui me reçut, je dois le dire, de la manière la plus courtoise, sans vouloir cependant me dire au nom de qui il me faisait comparaître devant lui, et surtout de quel droit on m'avait arrêté. Il se contenta seulement, d'une manière évasive, mais toujours très-polie, de me dire que son parti avait besoin de garanties pour la journée, et que nous étions des otages ; le grand mot était lâché, et toutes les représailles devenaient possibles contre moi.

« Je demandai son nom à ce capitaine ; il me dit se nommer M. Mayer, être journaliste, avoir un fils au service et prisonnier des Prussiens, et être toujours, ajoutait-il, prêt à adoucir autant qu'il le pourrait les rigueurs de ma position. Il m'annonça aussi que le général Lecomte avait été fait prisonnier par une foule furieuse qui s'était jetée sur lui, que ses troupes l'avaient abandonné, et que, seul, un jeune capitaine du 18ᵉ bataillon de chasseurs à pied de marche, M. Franck, avait voulu l'accompagner, cherchant à le dégager jusqu'au dernier moment. Je m'aperçus, en effet, de la présence du capitaine Franck, que j'avais d'abord pris pour un officier de la garde nationale.

« Nous étions gardés à vue par deux gardes nationaux armés, et nous ne pouvions avoir aucune communication avec le général Lecomte. Sur ces entrefaites arrivèrent d'autres prisonniers faits par les insurgés ; c'étaient M. Pousargues, chef du 18e bataillon de chasseurs à pied, qui était sous les ordres du général Lecomte, et qui, ayant appris que le général avait été fait prisonnier, avait voulu généreusement s'enquérir de son sort, et avait été arrêté ; puis un chef de bataillon du 89e de marche, je crois ; deux capitaines du 115e de ligne abandonnés par leurs hommes à la gare du Nord, et un capitaine du 84e en bourgeois, qui revenait de captivité en Allemagne, et avait été arrêté à sa descente du chemin de fer comme *mouchard*, disait-il. Je restai dans la compagnie de ces messieurs jusqu'à trois heures et demie ; le capitaine Mayer, auquel nous demandions sans cesse de nous montrer enfin ce comité dont tout le monde parlait autour de nous, était fort embarrassé de nous répondre, mais très-attentif pour nous et plein de convenances.

« A ce moment, je me mis à la fenêtre, et je vis se produire dans le jardin un mouvement de mauvais augure : des gardes nationaux formaient la haie, mettant la baïonnette au canon. Tout cela semblait annoncer un départ. Il était évident que nous allions être emmenés du Château-Rouge. Effectivement, le capitaine Mayer vint nous prévenir qu'il avait ordre de nous faire mener aux buttes Montmartre, où se tenait définitivement le comité, qu'on cherchait, nous dit-il, depuis le matin. Je vis bien clairement alors que ce comité n'existait pas, ou bien ne voulait pas s'occuper de nous, et j'en conclus que nous étions bel et bien perdus, que nous allions ajouter un deuxième acte à la tragédie du général Bréa et de son aide de camp, Mangin, lâchement assassinés, le 24 juin 1848, à la barrière Fontainebleau.

« Nous descendîmes ; c'est alors que je vis pour la première fois le général Lecomte qui avait été gardé au secret dans une chambre séparée ; il avait l'air calme et résolu. Nous le saluâmes, et les officiers de la garde nationale en firent autant ; mais les hommes qui faisaient la haie nous injurièrent en nous menaçant d'une fin prochaine. Je n'y étais pour ma part que trop préparé.

« Maintenant commence notre véritable supplice, notre chemin de la croix. Nous traversons, au milieu des huées et des imprécations de la foule, tout le quartier de Montmartre. Nous sommes assez énergiquement défendus par les officiers de la garde nationale, qui cependant devaient savoir que nous exposer ainsi à cette foule furieuse, à leur propre troupe affolée, c'était nous condamner à mort.

« Nous gravissons le calvaire des buttes Montmartre, au milieu d'une brume épaisse, au son de la charge (amère dérision !) que sonnait gauchement un clairon de la garde nationale. Des femmes, ou plutôt des chiennes enragées, nous montrent le poing, nous accablent d'injures et nous crient qu'on va nous tuer.

« Nous arrivons dans ce cortège infernal au haut de la butte et l'on nous fait entrer dans une petite maison située rue des Rosiers : j'ai remarqué le nom de cette rue. Cette maison est composée d'une porte cochère, d'une cour découverte, d'un rez-de-chaussée et a deux étages. La foule veut s'engouffrer avec nous dans la cour, mais tous ne· peuvent pas nous suivre, car ils sont près de deux mille ; on nous tire un coup de fusil au moment où nous entrons dans la cour, mais personne n'est touché.

« On nous bouscule dans une salle étroite et obscure au rez-de-chaussée, et le vieux décoré de Juillet à la barbe blanche nous dit que le comité va statuer sur notre sort. Le général Lecomte demande à voir immédiatement le comité, répétant maintes fois que nous sommes arrêtés depuis le matin sans raison et sans jugement. On lui répond qu'on va le chercher. Le capitaine Mayer, qui nous avait protégés des brutalités des hommes armés du Château-Rouge, n'était pas monté avec nous à la rue des Rosiers. Mais nous eûmes à nous louer grandement, en son absence, du lieutenant Meyer du 79e bataillon, qui nous fit bien souvent un rempart de son corps, et d'un jeune garde national, dont malheureusement le nom m'échappe et qui me défendit vingt fois contre les attaques de la foule.

« Et le comité n'arrivait toujours pas. La foule extérieure, lasse de l'attendre, lui et sa décision, avait brisé les carreaux de la fenêtre, et, à chaque instant, nous voyions un canon de fusil s'abattre vers nous ; mais les officiers de la garde nationale, comprenant toute la gravité de notre situation et revenant trop tard sur la légèreté avec laquelle ils nous avaient fait sortir du Château-Rouge et exposés à la fureur d'une populace qui croyait que chacun de nous avait au moins tué dix hommes de sa main dans la matinée, ces officiers relevaient les armes dirigées sur nos poitrines, parlaient à la foule qui hurlait : « A mort ! » tâchaient de gagner du temps, nous promettaient qu'ils défendraient notre vie au péril de la leur.

« Mais tout cela ne faisait qu'irriter davantage la foule, qui hurlait toujours notre mort.

« Le châssis de la fenêtre se brise sous les efforts du dehors et livre passage aux plus furieux. Dois-je dire que les premiers qui mirent la main sur le général furent un caporal du 3e bataillon de chasseurs à pied, un soldat du 88e de marche et deux gardes mobiles ? Un de ces derniers misérables, lui mettant le poing sur la figure, lui criait : « Tu m'as donné une fois trente jours de prison : c'est moi qui te tirerai le premier coup de fusil. » C'était une scène hideuse, à rendre fou, bien que nous eussions tous fait le sacrifice de notre vie. Il était cinq heures. Une clameur immense domine toutes les autres, une bousculade affreuse se passe dans la cour, et nous voyons tout à coup jeter au milieu de nous un vieillard à barbe blanche, vêtu d'habits bourgeois noirs et coiffé d'un chapeau de haute forme. Nous ne savions pas quel était ce nouveau prisonnier et nous plaignions, sans le connaître, ce vieillard inconnu qui n'avait évidemment plus que quelques instants à vivre. Le lieutenant Meyer me dit que c'est Clément Thomas, qu'il vient d'être arrêté rue Pigalle, au moment où il se promenait en curieux, qu'il a été reconnu par des gardes nationaux et traîné aux buttes Montmartre pour partager notre sort.

« Dès lors, la fureur des gardes nationaux ne connaît plus de bornes ; c'est à peine s'ils n'assomment pas leurs courageux officiers qui nous défendent avec énergie et désespoir, car ils sentent qu'ils deviennent impuissants à nous protéger longtemps. En vain un individu vêtu d'une chemise rouge monte-t-il sur un mur d'où il adjure la foule de nommer une cour martiale qui statuera sur le sort des prisonniers ; en vain leur dit-il qu'ils vont commettre un lâche assassinat et souiller la République qu'ils acclament si haut. Tout est inutile. L'arrivée imprévue du malheureux général Thomas, détesté dans ces bataillons de Montmartre et de Belleville, à cause de sa juste sévérité pendant le siége, cette arrivée nous a tous perdus : la foule, bête, furieuse et déchaînée, veut du sang. Celui de Clément Thomas coule le premier ; on le saisit au collet, malgré la résistance du lieutenant Meyer et de quelques autres citoyens courageux qui retombent épuisés, pendant que nous autres, toujours gardés à vue et couchés en joue à chaque instant, nous ne pouvons bouger.

« Le vieux capitaine décoré de Juillet est puissance à puissance avec le gouvernement vaincu.

« Le malheureux général Lecomte subit quelques instants après le même sort, de la même manière. Il était cinq heures et demie.

« Nous n'avons pas assisté à cette exécution infâme, et nous ne pouvons dire quelles furent les dernières paroles de ces deux nobles et généreuses victimes ; mais tant que les deux généraux restèrent avec nous, ils furent silencieux, calmes, résignés. Ils sont morts comme des soldats (ceux de l'ancienne école) savent mourir.

« Puis, c'était notre tour ; nous étions préparés à la mort, et chacun de nous s'attendait à ouvrir la marche funèbre. Mais nos défenseurs de la garde nationale, après une demi-heure de suprême effort, parvinrent en partie à apaiser la foule qui s'était éclaircie après le meurtre des deux généraux, et obtinrent d'elle de nous ramener à notre prison du Château-Rouge, où nous serions mis à la disposition du comité encore une fois.

« Il est six heures. Nous sortons de cette maison de sang où nous étions depuis deux mortelles heures et d'où chacun de nous ne croyait plus sortir vivant. La garde nationale qui nous escorte et forme la haie autour de nous semble revenue de ses affreux instincts du matin. Le crime odieux qui vient de se commettre pèse sur toutes les consciences et serre bien des gosiers. A peine avions-nous fait quelques pas pour redescendre des buttes que nous voyions accourir effaré, et très-pâle, un homme vêtu de noir et portant en sautoir une écharpe tricolore. « Où menez-vous ces officiers? » s'écrie-t-il. Il croit qu'on nous mène au supplice, et le malentendu qui s'engage entre lui et notre escorte nous fait perdre du temps, ameute encore la foule et manque de nous devenir fatal. Nous demandons quel est cet homme. On nous répond que c'est M. Clémenceau, maire du dix-huitième arrondissement et député de Paris. Depuis, M. Clémenceau a expliqué à la tribune de l'Assemblée nationale sa conduite dans cette journée. Nous tenons seulement à constater qu'il n'a paru, au milieu de ces scènes honteuses et sanglantes, qu'il aurait pu peut-être empêcher, qu'à six heures du soir, après l'assassinat des deux généraux.

« Nous parvenons enfin au Château-Rouge. Au moment où nous allions y entrer, nous rencontrons le capitaine Mayer, porteur d'un papier qu'il dit être l'ordre d'élargissement de tous les prisonniers, y compris les malheureux généraux. Il dit que les nombreuses courses qu'il a eu à faire pour obtenir cet ordre du comité lui ont fait perdre du temps et arriver après le crime accompli. On nous réintègre dans le pavillon du Château-Rouge, et on nous dit d'attendre, toujours gardés à vue par des gardes nationaux, la décision de ce comité invisible. A sept heures, enfin, le lieutenant Meyer revient avec un ordre émanant du comité : c'est un mandat d'amener lancé contre moi, avec ordre de comparution immédiate devant le comité central.

Était-ce un nouvel arrêt de mort ou une lueur d'espérance ? je l'ignorais parfaitement. Mais, après les émotions de cette terrible journée, je n'avais plus rien à apprendre, et je me laissai mener dans une maison située rue de Clignancourt, près du Château-Rouge, où mon sort définitif devait se régler.

« A l'entre-sol de cette maison, je trouvai deux chambres converties en bureaux où deux hommes écrivaient, puis une dernière pièce fort étroite où je fus mis en présence d'un chef de bataillon de la garde nationale nommé Jaclard, qui me sembla embarrassé dans ses questions et peu ferré sur son mandat. Il se contenta de me demander le récit de la journée et parut attacher beaucoup d'importance à mes paroles qu'il fit en partie consigner par écrit. A la suite de cet interrogatoire, il me fit mettre en liberté ; mais c'était une mesure illusoire pour ma propre sûreté, car la rue était pleine de gardes nationaux et de gens encore très-surexcités. Néanmoins, grâce à la nuit, grâce surtout à la présence du lieutenant Meyer et du jeune garde national dont je parlais au début, je pus m'échapper sain et sauf et regagner ma maison. Une heure plus tard, M. le capitaine Franck pouvait également sortir du Château-Rouge ; mais les autres prisonniers, dont le commandant Pousargues faisait encore partie, ne purent s'échapper que le lendemain matin ; car les gardes nationaux qui les avaient séquestrés ne voulaient pas reconnaître les ordres émanés de ce bureau qui m'avait rendu la liberté.

« Tel est le récit parfaitement exact de cette journée du 18 mars pour tout ce qui regarde l'assassinat des deux généraux, les faits de Montmartre et du Château-Rouge. Les officiers de la garde nationale qui étaient les chefs du mouvement insurrectionnel, le matin, virent, vers midi, quelles conséquences affreuses aurait leur conduite, et firent, je dois à la vérité de le dire, tous les efforts possibles pour sauver les deux victimes et les autres prisonniers dont la mort fut certaine pendant deux heures.

« Ce qui est plus triste à constater, c'est que de misérables soldats français ont été les premiers, dans un moment pareil, à tirer sur leur général, seul et désarmé, et que les autorités municipales de Montmartre, ainsi que ce fameux comité dont on nous parlait à chaque instant, ne parurent ni au Château-Rouge, ni à la maison de la rue des Rosiers, et ne firent dans la journée aucun effort apparent pour sauver les apparences. »

III

Lettre de M. Clémenceau, ex-maire du XVIIIe arrondissement.
(Réponse au capitaine Beugnot.)

« Paris, 30 mars 1871.

    « Monsieur le rédacteur,

« Vous avez publié dans votre numéro du 27 courant un récit de la journée du 18 mars par M. le capitaine Beugnot, officier d'ordonnance du ministre de la guerre.

« On me le communique, et j'y relève les deux phrases suivantes :

« Nous tenons seulement à constater que M. Clémenceau n'a paru au mi-
« lieu de ces scènes honteuses et sanglantes, qu'il aurait pu peut-être empê-
« cher, qu'à six heures du soir, après l'assassinat des deux généraux.

« ..... Ce qui est plus triste à constater, c'est que..... les autorités
« municipales de Montmartre ne parurent ni au Château-Rouge, ni à la
« maison de la rue des Rosiers, et ne firent dans la journée aucun effort
« pour sauver les apparences. »

« Je ne m'arrête pas à ce qu'il y a de contradictoire a me reprocher,
d'une part, de n'être venu qu'à six heures à la maison de la rue des Rosiers,
et, d'autre part, de n'y pas être venu du tout.

« Je n'insiste même pas sur une troisième phrase où l'auteur du récit,
qu'une émotion bien naturelle a sans doute empêché de se rendre un compte
exact de la situation, se plaint de ce que les efforts que je fis en sa faveur
faillirent lui être fatals.

« Je veux seulement déclarer que les deux phrases que je viens de citer
renferment un reproche que je n'accepte pas et une insinuation sur laquelle
je serais heureux de voir M. Beugnot s'expliquer.

« Je passai la journée du 18 mars à la mairie où me retenaient de nombreux devoirs, dont le plus impérieux peut-être était de veiller sur le sort
des prisonniers qu'on m'avait amenés le matin. Il est inutile d'ajouter que
je n'avais et ne pouvais avoir aucune connaissance des faits qui étaient en
train de s'accomplir et que rien ne pouvait faire prévoir.

« J'ignorais absolument l'arrestation du citoyen Clément Thomas, que,
sur la foi des journaux, je croyais en Amérique.

« Je savais le général Lecomte prisonnier au Château-Rouge; mais le
capitaine Mayer, dont le nom revient à plusieurs reprises dans le récit de
M. Beugnot, et qui avait été chargé par moi de pourvoir à tous les besoins
du général, m'avait affirmé que la foule n'était point hostile. Enfin, je m'étais
assuré que le Château-Rouge était gardé par plusieurs bataillons de la garde
nationale.

« De nombreux groupes armés défilèrent tout le jour sur la place de la
mairie au son d'une musique joyeuse. Je le répète, rien ne pouvait faire
prévoir ce qui se préparait.

« Vers quatre heures et demie, le capitaine Mayer accourut et m'apprit
que le général Clément Thomas avait été arrêté, qu'il avait été conduit,
ainsi que le général Lecomte, à la maison de la rue des Rosiers, et qu'ils
allaient être fusillés si je n'intervenais au plus vite. Je m'élançai dans la
rue en compagnie du capitaine Mayer et de deux autres personnes. J'esca-
ladai la butte en courant.

« J'arrivai trop tard. J'omets à dessein de dire quels risques j'ai courus
et quelles menaces j'ai bravées au milieu d'une foule surexcitée qui s'en
prenait à moi du coup de force tenté le matin par le gouvernement à mon
insu.

« Je demande seulement à M. le capitaine Beugnot de me dire avec une
netteté parfaite ce que j'aurais dû, ce que j'aurais pu faire, que je n'ai pas
fait.

« Je lui demande surtout de s'expliquer clairement sur la phrase où il
reproche aux autorités municipales de Montmartre « de n'avoir pas fait
« d'efforts apparents pour sauver les apparences. »

LIVRE SEPTIÈME.

LE COMITÉ CENTRAL, LES MAIRES, L'ASSEMBLÉE.

Paris est aussitôt criblé de proclamations du gouvernement qui s'enfuit à Versailles et du gouvernement qui arrive à l'Hôtel-de-Ville. Le 19 mars, la stupéfaction est plus grande que la crainte; on ne comprend rien à la révolution qui vient de s'accomplir; le départ du gouvernement pour Versailles paraît invraisemblable. Un soleil splendide s'est levé sur Paris : la population, avec sa badauderie traditionnelle et son insouciance souvent coupable, se répand dans les rues, commentant les événements, s'arrachant les journaux et se demandant sous quel gouvernement elle va vivre. On accuse hautement le pouvoir d'abandonner la lutte; le gouvernement — encore inconnu — de l'Hôtel-de-Ville retire les bénéfices de la sévérité avec laquelle on juge la tentative de Vinoy et la retraite précipitée des troupes sur Versailles. Les assassinats de la rue des Rosiers jettent une ombre sanglante sur la révolution qui vient de s'accomplir; mais on espère, avec un optimisme qui résulte d'une sorte de lâcheté morale, qu'il n'y aura plus de sang versé, que des deux côtés on se prêtera à des concessions réciproques, que les députés et les maires de Paris continueront plus activement que jamais leur travail de conciliation, et qu'enfin, le patriotisme aidant, le bon sens reprendra ses droits. On ne semble pas fâché que le gouvernement et surtout l'Assemblée aient reçu une leçon ; on s'imagine volontiers que cet échec doit les rendre plus conciliants, quand, au contraire, leur amour-propre est profondément blessé. Quoi qu'il en soit, personne ne veut croire que des Français, appartenant soit à l'Assemblée de Versailles, soit au comité central, auront le courage d'engager la guerre civile sous les yeux des Prussiens.

On lit avidement sur tous les murs une proclamation affichée par le gouvernement et ainsi conçue :

« Gardes nationaux de Paris,

« Un comité prenant le nom de comité central, après s'être emparé d'un certain nombre de canons, a couvert Paris de barricades et a pris possession pendant la nuit du ministère de la justice.

« Il a tiré sur les défenseurs de l'ordre, il a fait des prisonniers, il a assassiné de sang-froid le général Clément Thomas et un général de l'armée française, le général Lecomte.

« Quels sont les membres de ce comité ?

« Personne à Paris ne les connaît ; leurs noms sont nouveaux pour tout le monde. Nul ne saurait même dire à quel parti ils appartiennent. Sont-ils communistes, ou bonapartistes, ou prussiens ? Quels qu'ils soient, ce sont les ennemis de Paris qu'ils livrent au pillage, de la France qu'ils livrent aux Prussiens, de la République qu'ils livreront au despotisme. Les crimes abominables qu'ils ont commis ôtent toute excuse à ceux qui oseraient ou les suivre ou les subir.

« Voulez-vous prendre la responsabilité de leurs assassinats et des ruines qu'ils vont accumuler ? Alors, demeurez chez vous ! Mais si vous avez souci de l'honneur et de vos intérêts les plus sacrés, ralliez-vous au gouvernement de la République et à l'Assemblée nationale.

« *Les ministres présents à Paris,*

« Dufaure, Jules Favre, Ernest Picard, Jules Simon, amiral Pothuau, général Le Flo.

« Paris, le 19 mars 1871. »

Cette proclamation respirait une vive irritation, et cela était naturel ; mais elle contenait des inexactitudes qui n'étaient pas de nature à favoriser un rapprochement ; accuser le comité central de l'assassinat des généraux Lecomte et Clément Thomas, c'était, ou faire preuve d'ignorance, ou commettre une injustice évidente; prétendre que Paris était livré au pillage n'était pas plus juste. On fournissait, sans le vouloir, des armes à ceux qu'on espérait accabler et on amenait les lecteurs de l'affiche à dire que les membres du comité n'avaient pas mérité d'être représentés sous des couleurs si noires. De son côté, le comité porté au pouvoir à l'improviste, et sentant le besoin de ne pas effaroucher les esprits et de se créer des sympathies, public une proclamation très-mesurée, très-modeste et partant très-habile. Il affecte de ne vouloir pas rester le maître; il veut faire croire que toute son ambition se borne à convoquer les électeurs dans leurs comices et à donner la parole à Paris pour la nomination d'un conseil communal; il se vante enfin d'avoir chassé le gouvernement, ce qui n'est pas conforme à la vérité, mais le comité était bien aise de s'attribuer le mérite d'une victoire considérable qu'il avait remportée sans coup férir.

Voici la proclamation du comité au peuple :

« Citoyens,

« Le peuple de Paris a secoué le joug qu'on essayait de lui imposer.

« Calme, impassible dans sa force, il a attendu, sans crainte comme sans provocation, les fous éhontés qui voulaient toucher à la République.

« Cette fois, nos frères de l'armée n'ont pas voulu porter la main sur l'arche sainte de nos libertés. Merci à tous, et que Paris et la France jettent ensemble les bases d'une république acclamée avec toutes ses conséquences, le seul gouvernement qui fermera pour toujours l'ère des invasions et des guerres civiles.

« L'état de siége est levé.

« Le peuple de Paris est convoqué dans ses sections pour faire ses élections communales.

« La sûreté de tous les citoyens est assurée par le concours de la garde nationale.

« *Le comité central de la garde nationale :*

« Assi, Billioray, Ferrat, Babick, Édouard Moreau, C. Dupont, Varlin, Boursier, Mortier, Gouhier, Lavalette, Fr. Jourde, Rousseau, Ch. Lullier, Blanchet, J. Grollard, H. Geresme, Fabre, Barroud, Pougeret.

« Hôtel-de-Ville, Paris, ce 19 mars 1871. »

Cette proclamation est suivie du décret de convocation des électeurs pour le 22 mars. Par cet empressement à donner la parole

au suffrage universel, le comité veut faire croire à son désintéressement. En portant ce décret à la connaissance du public, il
adresse à la population une sorte de compte rendu de ses actes :
« Vous nous aviez, dit-il, — en s'adressant aux gardes nationaux
de Paris, — chargés d'organiser la défense de Paris et de vos
droits ; nous avons conscience d'avoir rempli cette mission ; aidés
par votre généreux courage et votre admirable sang-froid, nous
avons chassé ce gouvernement qui nous trahissait. A ce moment,
notre mandat est expiré et nous vous le rapportons, car nous ne
voulons pas prendre la place de ceux que le souffle populaire vient
de renverser. Préparez donc et faites de suite vos élections communales, et donnez-nous pour récompense la seule que nous ayons
jamais espérée : celle de vous voir établir la véritable république.
En attendant, nous conservons, au nom du peuple, l'Hôtel-de-
Ville. »

Enfin, par une troisième proclamation, qui n'est pas la moins
curieuse de toutes, les membres du comité apprennent aux Parisiens qu'ils n'ont pas l'intention de chercher querelle aux Prussiens ; ils sont décidés à respecter les préliminaires de paix votés
par l'Assemblée de Versailles. Cette déclaration était sage ; mais
on ne pouvait oublier, devant les assurances du comité, que ceux
dont il se disait l'organe avaient tonné contre les préliminaires[1].

On le voit, la préoccupation dominante du comité est de rassurer les esprits et d'empêcher un retour offensif, très-invraisemblable
d'ailleurs, d'une partie de la garde nationale. Étourdis par leur
arrivée au pouvoir, comme certains oiseaux de nuit sont éblouis
par la clarté du soleil, les hommes du 18 mars ne songent qu'à se
faire prendre au sérieux et à se faire accepter. Pour le moment,
leur ambition se borne là ; il n'en sera pas toujours de même.

---

[1] Voici le texte de ce document :

« Citoyens de Paris,

« Dans trois jours vous serez appelés, en toute liberté, à nommer la municipalité
parisienne. Alors, ceux qui, par nécessité urgente, occupent le pouvoir déposeront leurs
titres provisoires entre les mains des élus du peuple.

« Il y a en outre une décision importante que nous devons prendre immédiatement :
c'est celle relative au traité de paix.

« Nous déclarons, dès à présent, être fermement décidés à faire respecter ces préliminaires, afin d'arriver à sauvegarder à la fois le salut de la France républicaine et de
la paix générale.

« *Le délégué du gouvernement au ministère de l'intérieur,*

« V. GRÉLIER. »

Le drapeau rouge flottait sur l'Hôtel-de-Ville ; il ne tarda pas à être hissé sur celles des mairies qui étaient occupées par les délégués du comité central.

Paris commençait à se diviser en deux camps bien tranchés et prenait un aspect étrange : quelques bataillons, fidèles au gouvernement régulier, occupaient la mairie de la Bourse et la gare Saint-Lazare. Les rues étaient sillonnées par des bataillons de fédérés, dont l'état-major s'était installé place Vendôme. Tous les trains de voyageurs étaient arrêtés à leur sortie de Paris, notamment à la hauteur de la gare des Batignolles sur la ligne de Versailles.

En l'absence de l'autorité légale, les maires et les députés étaient devenus les intermédiaires naturels entre l'Assemblée et le comité central, d'autant plus que le ministre de l'intérieur, par une décision prise le 19 mars, avait « délégué l'administration provisoire de Paris à la réunion des maires. » Une première réunion a lieu chez M. Bonvallet, maire du IIIᵉ arrondissement. M. Millière, député de Paris, émet l'avis que si les maires tentent une démarche auprès du comité central, celui-ci leur remettra sans difficulté l'Hôtel-de-Ville et leur laissera le soin de convoquer les électeurs pour la nomination d'un conseil communal. Au cours de la discussion, M. Henri Brisson, représentant de la Seine, flétrit avec énergie toute tentative de sédition en présence de l'étranger : « Maires et députés, nous sommes, dit-il, les représentants élus de la population de Paris et nous sommes décidés à rester sur le terrain de la plus stricte égalité. Nous nous ferons volontiers les interprètes des légitimes réclamations de la population auprès du gouvernement ; mais, nous le déclarons ici, jamais, à aucun prix, jamais nous ne consentirons à prêter les mains à l'insurrection. » Une commission est nommée ; les membres qui la composent se rendent à l'Hôtel-de-Ville afin de se concerter avec le comité central. A la suite de longs débats, le comité central parut ébranlé et demanda à délibérer tout seul ; puis il envoya trois de ses membres, Varlin, Jourde, Arnaud, afin d'obtenir l'appui des maires et des députés pour les élections communales.

Les maires et les députés répondent qu'ils ne peuvent donner leur approbation et leur appui aux élections que si l'Assemblée les sanctionne par une loi. Quant aux rapports réciproques des maires et des membres du comité, il est admis que le comité se réserve le pouvoir militaire et que les représentants des municipalités seront maîtres de l'Hôtel-de-Ville. A ces conditions, les députés s'engagent à demander à l'Assemblée de consentir à la convocation des électeurs. L'entente paraissant établie, maires et députés rédigent une déclaration qui est affichée dans la nuit même sur les murs de Paris[1].

[1] Voici ce document avec les noms de tous les signataires :

RÉPUBLIQUE FRANÇAISE

LIBERTÉ, EGALITÉ, FRATERNITÉ.

« Citoyens,

« Pénétrés de la nécessité absolue de sauver Paris et la République en écartant toute cause de collision, et convaincus que le meilleur moyen d'atteindre ce but suprême est de donner satisfaction aux vœux légitimes du peuple, nous avons résolu de demander aujourd'hui même à l'Assemblée nationale l'adoption de deux mesures qui, nous en avons l'espoir, contribueront, si elles sont adoptées, à ramener le calme dans les esprits.

« Ces deux mesures sont : l'élection de tous les chefs de la garde nationale et l'établissement d'un conseil municipal élu par tous les citoyens.

« Ce que nous voulons, ce que le bien public réclame en toute circonstance, et ce que la situation présente rend plus indispensable que jamais, c'est l'ordre dans la liberté et par la liberté.

« *Vive la France !*

« *Vive la République !*

« Représentants de la Seine :

« Louis BLANC, V. SCHŒLCHER, A. PEYRAT, Edmond ADAM, FLOQUET, Martin BERNARD, LANGLOIS, Édouard LOCKROY, FARCY, H. BRISSON, GREPPO, MILLIÈRE. »

Il y a un certain intérêt historique à publier également les noms des membres des municipalités, signataires de ce document :

Les maires et adjoints de Paris.

1er arrondissement, Ad. Adam, adjoint ; Méline, adjoint.

2e arrondissement, Tirard, maire, représentant de la Seine ; E. Brelay, adjoint ; Chéron, adjoint ; Loiseau-Pinson, adjoint.

3e arrondissement, Bonvalet, maire ; Ch. Murat, adjoint.

4e arrondissement, Vautrain, maire ; Loiseau, adjoint ; Callou, adjoint.

5e arrondissement, Jourdain, adjoint.

6e arrondissement, Hérisson, maire ; A. Leroy, adjoint.

7e arrondissement, Arnaud (de l'Ariége), maire, représentant de la Seine.

8e arrondissement, Carnot, maire, représentant de la Seine.

9e arrondissement, Desmarest, maire.

10e arrondissement, Dubail, maire ; A. Murat, adjoint ; Degouves-Denuncques, adjoint.

11e arrondissement, Mottu, maire, représentant de la Seine ; Blanchon, adjoint ; Poirier, adjoint ; Tolain, adjoint, représentant de la Seine.

12e arrondissement, Denizot, adjoint ; Dumas, adjoint ; Turillon, adjoint.

13e arrondissement, Léo Meillet, adjoint ; Combes.

14e arrondissement, Héligon, adjoint.

De son côté, le comité central publie une proclamation d'un esprit absolument opposé. Elle est adressée au peuple et conçue en ces termes :

« Le nouveau gouvernement de la République vient de prendre possession de tous les ministères et de toutes les administrations.

« Cette occupation, opérée par la garde nationale, impose de grands devoirs aux citoyens qui ont accepté cette tâche difficile.

« L'armée, comprenant enfin la position qui lui était faite et les devoirs qui lui incombaient, a fusionné avec les habitants de la cité : troupes de ligne, mobiles et marins se sont unis pour l'œuvre commune.

« Sachons donc profiter de cette union pour resserrer nos rangs, et, une fois pour toutes, asseoir la République sur des bases sérieuses et impérissables !

« Que la garde nationale, unie à la ligne et à la mobile, continue son service avec courage et dévouement.

« Que les bataillons de marche, dont les cadres sont encore presque complets, occupent les forts et toutes les positions avancées afin d'assurer la défense de la capitale.

« Les municipalités des arrondissements, animées du même zèle et du même patriotisme que la garde nationale et l'armée, se sont unies à elles pour assurer le salut de la République et préparer les élections du conseil communal qui vont avoir lieu.

« Point de divisions ! Unité parfaite et liberté pleine et entière ! »

Le contraste de ces deux proclamations saute aux yeux. Les maires et les députés reconnaissent l'autorité du gouvernement de Versailles et de l'Assemblée, puisqu'ils vont invoquer leur intervention ; tout autre est le langage qu'on tient à l'Hôtel-de-Ville. Ici, on parle du « nouveau gouvernement de la République; » on jette le masque. Le désintéressement du comité central avait été de courte durée. Lorsque MM. Bonvallet et Denizot, délégués des municipalités, se présentent à l'Hôtel-de-Ville pour réclamer l'exécution des engagements pris, on leur répond que le comité, étant responsable des conséquences de la situation, ne peut se dessaisir ni du pouvoir civil ni du pouvoir militaire. Cette réponse inattendue n'empêcha point les députés de poursuivre l'œuvre de conciliation qu'ils avaient commencée. Dès qu'ils furent

15e arrondissement, Jobbé-Duval, adjoint.

16e arrondissement, Henri Martin, maire et représentant de la Seine.

17e arrondissement, François Favre, maire; Malon, adjoint; Villeneuve, adjoint; Cacheux, adjoint.

18e arrondissement, Clemenceau, maire et représentant de la Seine; J.-B. Lafont, Dereure, Jaclard, adjoints.

avertis ˊde ce qui se passait à l'Hôtel-de-Ville, ils soumirent à l'Assemblée un projet de loi portant que les élections municipales seraient faites à Paris dans le plus bref délai ; que le conseil élu se composerait de quatre-vingts membres ; qu'il nommerait lui-même son président avec le titre de maire de Paris. A Versailles, l'irritation allait croissant. Le gouvernement avait invité tous les députés à hâter leur retour pour la séance du 20 mars ; il venait de donner l'ordre à tous les fonctionnaires d'abandonner Paris et de se mettre à la disposition du gouvernement dans le chef-lieu de Seine- et-Oise. En même temps, il adressait à la France une proclamation expliquant les événements accomplis depuis le 18 mars. Ce document n'était pas dicté par un esprit de conciliation. Le comité publiait en même temps une adresse aux départements rédigée par le citoyen Vésinier, dont le but était d'entraîner toutes les grandes villes républicaines dans la voie insurrectionnelle de Paris [1]. Cet appel n'eut aucun effet.

Cependant l'Assemblée se réunit à Versailles, frémissante, stupéfaite, irritée au plus haut point contre Paris, qui la déteste et qui a répondu à ses provocations irréfléchies par une coupable insurrection. M. Grévy ouvre la séance par quelques graves paroles inspirées par les circonstances :

« Messieurs, dit-il, il semblait que les malheurs de la patrie fussent au comble. Une criminelle insurrection, qu'aucun grief plausible, qu'aucun prétexte spécieux ne saurait atténuer, vient de les aggraver encore.

« Un gouvernement factieux se dresse en face de la souveraineté nationale dont vous êtes seuls les légitimes représentants. Vous saurez vous élever avec courage et dignité à la hauteur des grands devoirs qu'une telle situation vous impose.

« Que la nation reste calme et confiante, qu'elle se serre autour de ses élus ; la force restera au droit.

« La représentation nationale saura se faire respecter et accomplir imperturbablement sa mission en pansant les plaies de la France et en assurant le maintien de la République, malgré ceux qui la compromettent par les crimes qu'ils commettent en son nom. »

---

[1] Voir ces deux proclamations aux *Pièces justificatives* du présent chapitre.

M. Clémenceau, député de Paris et maire de Montmartre, dépose le projet de loi dont il a déjà été question et demande l'urgence. « Sans entrer, dit-il, dans l'examen des causes qui ont produit les déplorables événements de Paris, il est un fait sur lequel tout le monde est d'accord : c'est qu'à l'heure qu'il est, il n'y a pas dans Paris d'autre autorité que celle des municipalités, et cette autorité est chancelante encore. Si vous voulez sortir de cette situation terrible qui m'effraye et doit vous effrayer, puisqu'il s'agit du salut de la France, il faut créer une autorité municipale autour de laquelle tous les hommes disposés à rétablir l'ordre puissent se grouper. Cette autorité ne peut sortir que du suffrage des habitants de Paris même. »

M. Picard, ministre de l'intérieur, répond que s'il s'agissait uniquement de savoir si Paris doit avoir un conseil municipal élu, il ne viendrait pas contredire M. Clémenceau. « Mais, dit-il, il y a dans Paris une insurrection très-grave ; est-il possible de faire des élections sous la présidence des inconnus qui tiendraient les urnes ? A ceux qui demandent pour Paris une autorité issue du suffrage universel, je demanderai : Comment reconnaît-on à Paris l'autorité de ceux que Paris a élus, il y a si peu de temps ? Ils lui demandent de renoncer à une insurrection criminelle ; on ne les écoute pas. »

M. Tirard, député de la Seine, réplique que sans doute les élections doivent être libres, que telle est bien la pensée des maires ; mais il y a nécessité absolue d'agir vite : Paris est livré à lui-même. Le gouvernement l'a abandonné...

M. Thiers. Cela est faux.

M. Clémenceau. Vous avez fait un coup de force qui a manqué. (Bruit.)

M. Jules Favre. On n'appelle pas un coup de force l'exécution des lois. (Très-bien ! très-bien !)

M. Tirard. Les circonstances sont tellement graves que je fais appel à la patience, à la modération de ceux mêmes que j'aurais pu blesser. Je répète que je me borne à constater ce fait que Paris a été abandonné...

M. Thiers. C'est Paris qui nous a abandonnés.

M. TIRARD. Vous reconnaîtrez au moins qu'il n'y avait personne dans les ministères...

M. LE MINISTRE DE L'INTÉRIEUR. L'Assemblée sait que c'est par la force que nous en avons été expulsés, après résistance. (*Oui! oui!*)

M. TIRARD. Encore une fois, je me borne à constater un fait, et je ne blâme pas...

Un membre. Et ceux qui égorgent les généraux?

M. TIRARD. Depuis six mois nous sommes sur la brèche; depuis six mois nous avons, durant le siége et depuis, donné assez de gages à la cause du devoir, à la cause de l'ordre, pour n'avoir pas besoin, je pense, de déclarer à cette tribune que nous n'avons rien de commun avec les assassins. (*Longs applaudissements.*)

Il faut savoir en face de quelles difficultés nous nous sommes trouvés depuis six mois, au prix de quels efforts nous avons fait manger à la population de Paris ce que nous lui disions être du pain. Aujourd'hui nous sommes en face d'un péril immense, et si nous pouvions le conjurer au prix de notre vie, pour sauver le pays, nous n'hésiterions pas... Notre vie, il y a longtemps que nous en avons fait le sacrifice, et je suis profondément humilié à la pensée que j'ai à me défendre contre des insinuations... (*Vif mouvement d'approbation.*)

Enfin, M. Tirard termine par ces mots : Messieurs, lorsque des hommes résolus à faire leur devoir, viennent vous dire: Voilà le moyen de sauver Paris! croyez-les, et ne craignez pas qu'on vous accuse de pactiser avec l'émeute!

Le gouvernement, ébranlé par l'accent de sincérité de l'orateur, déclare qu'il ne s'oppose pas à l'urgence.

L'urgence est votée.

Transportés de joie, les députés de Parie annoncent aussitôt la bonne nouvelle à leurs concitoyens :

« Les maires et adjoints de Paris et les représentants de la Seine font savoir à leurs concitoyens que l'Assemblée nationale a, dans sa séance d'hier, voté l'urgence du projet de loi relatif aux élections du conseil municipal de la ville de Paris.

« La garde nationale, ne prenant conseil que de son patriotisme, tiendra, à honneur d'écarter toute cause de conflit, en attendant les décisions qui seront prises par l'Assemblée nationale.

« *Vive la France!*

« *Vive la République!*

« (Suivent les signatures des maires et adjoints de dix-neuf arrondissements de Paris.)

« Les représentants de la Seine :

« Louis BLANC, V. SCHŒLCHER, A. PEYRAT, Edmond ADAM, FLOQUET, Martin BERNARD, LANGLOIS, Édouard LOCKROY, FARCY, H. BRISSON, GREPPO, MILLIÈRE, Edgar QUINET.

« Paris, le 21 mars 1871. »

Cette affiche rassérène les esprits, qui étaient très-montés contre la convocation du comité central. Cette convocation, la plupart des journaux parisiens l'avaient déclarée nulle et non avenue, en engageant les électeurs à n'en pas tenir compte[1]. Cet acte courageux, généralement approuvé, irrita le comité; il y voyait une atteinte à son autorité.

Cependant, un nouveau débat s'engageait dans la séance du 21,

---

[1] Cette protestation était ainsi conçue :

DÉCLARATION DE LA PRESSE
AUX ÉLECTEURS DE PARIS.

« Attendu que la convocation des électeurs est un acte de la souveraineté nationale; que l'exercice de cette souveraineté n'appartient qu'au pouvoir émané du suffrage universel;

« Que par suite, le comité qui s'est installé à l'Hôtel-de-Ville n'a ni droit ni qualité pour faire cette convocation;

« Les représentants des journaux soussignés regardent la convocation affichée pour le 22 courant comme nulle et non avenue et engagent les électeurs à n'en pas tenir compte.

« Le journal des *Débats*, le *Constitutionnel*, le *Moniteur universel*, le *Figaro*, le *Gaulois*, la *Vérité*, *Paris-Journal*, la *Presse*, la *France*, la *Liberté*, le *Pays*, le *National*, l'*Univers*, le *Temps*, la *Cloche*, la *Patrie*, le *Bien Public*, l'*Union*, l'*Avenir libéral*, *Journal des Villes et des Campagnes*, le *Charivari*, le *Monde*, la *France nouvelle*, la *Gazette de France*, le *Petit Moniteur*, le *Petit National*, l'*Électeur libre*, la *Petite Presse*.

« Ont adhéré les journaux suivants :

« *Vérité, Presse, Avenir libéral, Moniteur universel, Temps Ami de la France, Messager de Paris, Peuple Français, Siècle, la Cloche.* »

devant l'Assemblée, au sujet de la proposition de M. Clémenceau. Celui-ci suppliait le gouvernement de se hâter. « Il n'y a, disait-il, qu'un seul moyen de nous sauver : c'est de faire procéder immédiatement aux élections. Le gouvernement demande du temps ; mais le temps, c'est précisément ce qui nous manque. » Cette opinion était aussi celle de MM. Léon Say, Louis Blanc, Tolain, l'amiral Saisset, qui tour à tour supplient l'Assemblée de ne pas perdre une minute. Trois fois M. Thiers monte à la tribune pour dire que la loi sera faite aussitôt que possible ; que l'Assemblée la votera dès qu'elle le pourra ; que Paris aura ses droits ; « mais, ajoute-t-il, ne nous demandez pas de faire l'impossible, car la loi serait faite, que je vous défierais de la mettre à exécution. » Sur ce discours, l'Assemblée passe à l'ordre du jour, c'est-à-dire qu'elle ferme l'oreille aux propositions conciliantes des hommes qui connaissaient mieux qu'elle les sentiments de Paris. Les représentants de la Seine sortent de cette séance la mort dans l'âme ; ils prévoient l'effet déplorable que ce vote aura sur les esprits ; ils songent avec douleur à tout ce que l'entêtement de l'Assemblée et du pouvoir peut occasionner de désastres. Ils s'efforcent, du moins, d'atténuer l'effet de cette fatale séance en adressant à la population les paroles suivantes :

« Paris, 22 mars 1871.

« Citoyens,

« Nous ne doutons pas que vous n'éprouviez, à la lecture de la séance d'hier, le sentiment dont notre âme est saisie. Il n'a pas dépendu de nous que cette séance n'ait eu un autre caractère et de meilleurs résultats.

« Toutefois, nous avons obtenu la reconnaissance formelle du droit de Paris, qui, en conséquence, sera appelé dans le plus bref délai à élire son conseil municipal.

« Dans cette situation, vous comprendrez comme nous la nécessité d'éviter les désastres qui naîtraient en ce moment de tout conflit entre les citoyens.

« Vive la France ! Vive la République !

« Les représentants de la Seine,

« Louis Blanc, Edgar Quinet, V. Schœlcher, A. Peyrat, Edmond Adam, Charles Floquet, Martin Bernard, Langlois, Ed. Lockroy, Farcy, Henri Brisson, Greppo, Millière, Clémenceau, Tirard, Tolain. »

Ce même jour, se passait à Paris une scène déplorable bien

faite pour élargir l'abîme et fermer toute voie à la conciliation. Les « amis de l'ordre, » indifférents ou inactifs jusqu'alors, avaient imaginé de faire dans Paris une grande manifestation pacifique. La veille, ils s'étaient promenés sur le boulevard, portant des drapeaux sur lesquels on lisait : « *Société des amis de l'ordre !* » — « *Vive l'ordre et vive la paix !* » On s'était donné rendez-vous pour le lendemain, 22. A l'heure indiquée, ces mêmes hommes, dont quelques-uns ont un ruban bleu à la boutonnière, se rassemblent, place de l'Opéra. Il y a bientôt sur le boulevard sept ou huit mille personnes. On se met en marche par la rue de la Paix, comme si l'on voulait aller sur la place Vendôme, siége de l'état-major du comité central. Les manifestants avancent péniblement aux cris de : *Vive l'Assemblée nationale !* — *Vive l'ordre !* Les cris de : *Vive la République !* sont rares dans leurs rangs. La place Vendôme et la partie de la rue de la Paix comprise entre la place et la rue Neuve-des-Capucines étaient fortement occupées par des gardes nationaux disposés sur plusieurs lignes, entre lesquelles il y avait des pièces de 12. A l'arrivée des manifestants, les hommes de faction croisent la baïonnette et crient : « On ne passe pas! » Une certaine hésitation se produit dans la colonne des amis de l'ordre. Deux ou trois cents, cependant, plus hardis que les autres, font mine d'avancer. C'est alors au tour des gardes nationaux de fléchir. Tout à coup, du second rang, un coup de fusil est tiré en l'air ; deux autres coups suivent immédiatement ; on se regarde, on hésite : une inquiétude visible agite les rangs des manifestants. D'autres coups de fusil plus serrés éclatent du milieu de la place et tuent indistinctement les « amis de l'ordre » et les gardes nationaux placés au premier rang. En un clin d'œil, la foule se disperse en poussant des cris de terreur et de colère. Il ne reste bientôt plus dans la rue que dix ou douze cadavres et autant de blessés. Cette catastrophe plongea Paris dans la consternation. Les récits publiés par les deux journaux officiels de Paris et de Versailles laissent planer une grande obscurité sur les causes de ce triste conflit. Le journal de Versailles présente la manifestation comme un acte inoffensif; le journal officiel de Paris lui donne le caractère d'une provocation. A l'en croire, on aurait crié : *A bas les assassins ! A bas le comité !* Les gardes nationaux auraient été l'objet des plus grossières insultes : on les aurait appelés *assassins, lâches, brigands,* on aurait saisi leurs fusils pour les leur arracher ; enfin, on aurait dépouillé un officier de son sabre, et les coups de feu n'auraient été tirés qu'en réponse à cette agression violente.

Le récit de ces événements jeta l'Assemblée dans une irritation profonde. L'occasion de laisser éclater sa colère se présenta le lendemain. Une députation des maires s'était rendue à Versailles pour conférer avec le gouvernement sur les élections. Après avoir vu le ministre de l'intérieur, les délégués expriment le désir d'assister à la séance de l'Assemblée. M. Arnaud de l'Ariége, maire, et député de Paris, communique ce désir à ses collègues et les invite à « s'unir de cœur avec Paris pour ne former avec lui qu'une âme nationale et républicaine. » Les rumeurs excitées par ces paroles sont à peine apaisées que les maires font leur entrée dans une tribune, portant l'écharpe tricolore en sautoir. Ils sont accueillis par plusieurs salves d'applaudissements. Les membres de la gauche se lèvent en criant : *Vive la République !* Debout dans la tribune, les maires saluent l'Assemblée et répondent par les cris de : Vive la République ! Vive la France ! Vive l'Assemblée nationale !

A ces cris, tumulte indescriptible sur les bancs de la droite. Cent députés se lèvent criant : *A l'ordre, à l'ordre ! Faites respecter l'Assemblée ; faites évacuer la tribune !* Leurs vociférations demeurant sans effet, ces députés se couvrent, bien que le président, debout à sa place, soit découvert. On crie à gauche : *A bas les chapeaux ! respectez le président !* Les députés de la droite se retirent ; le tumulte est au comble ; le président déclare que la séance est levée. L'accueil fait à ses maires fut, pour Paris, un grief de plus contre l'Assemblée. Ceux-ci, cependant, ne perdent pas courage, et, le 23, ils annoncent à leurs administrés la nomination de l'amiral Saisset comme commandant supérieur de la garde nationale de Paris ; du colonel Langlois comme chef d'état-major général ; du colonel Schœlcher comme commandant en chef de l'artillerie de la garde nationale. L'amiral Saisset était populaire à Paris pour sa belle conduite pendant le siége ; il était représentant de la Seine ; tout récemment encore, on lui avait fait sur les boulevards une ovation enthousiaste. Sa nomination fut parfaitement accueillie, et l'on crut avoir de sérieuses raisons d'espérer que la crise touchait à son terme, lorsque le document suivant fut porté à la connaissance du public :

AUX HABITANTS DE PARIS.

« Chers concitoyens,

« Je m'empresse de porter à votre connaissance que, d'accord avec les députés de la Seine et les maires élus de Paris, nous avons obtenu du gouvernement de l'Assemblée nationale :

« 1° La reconnaissance complète de VOS FRANCHISES MUNICIPALES ;

« 2° L'élection de TOUS LES OFFICIERS de la garde nationale, y compris LE GÉNÉRAL EN CHEF ;

« 3° Des modifications à la loi sur les échéances ;

« 4° Un projet de loi sur les loyers, favorable aux locataires, jusques et y compris les loyers de 1,200 francs.

« En attendant que vous me confirmiez ma nomination, ou que vous m'ayez remplacé, je resterai à mon poste d'honneur pour veiller à l'exécution des lois de conciliation que nous avons réussi à obtenir, et contribuer ainsi à l'affermissement de la République.

« *Le vice-amiral, commandant en chef provisoire,*

« SAISSET.

« Paris, 23 mars 1871. »

Nul ne doutait que le gouvernement n'eût prêté la main à cette combinaison ; les adversaires du comité central avaient enfin trouvé un chef et un centre de ralliement. L'amiral Saisset établit son quartier général au Grand-Hôtel ; il y reçut bientôt de nombreuses députations des gardes nationaux qui lui promettaient leur concours.

Sur ces entrefaites, le comité central ajournait au 26 mars les élections primitivement fixées au 22 ; il avait ressenti un mouvement de mauvaise humeur en voyant la tournure que prenaient les choses ; il sentait le pouvoir lui échapper, et portait contre les maires et les députés des accusations odieuses [1]. Au surplus, le

---

[1] On en jugera par le document suivant :

« Citoyens,

« Votre légitime colère nous a placés, le 18 mars, au poste que nous ne devions occuper que le temps strictement nécessaire pour procéder aux élections communales.

« Vos maires, vos députés, répudiant les engagements pris à l'heure où ils étaient des candidats, ont mis tout en œuvre pour entraver ces élections que nous voulons faire à bref délai.

« La réaction, soulevée par eux, nous déclare la guerre.

« Nous devons accepter la lutte et briser la résistance, afin que vous puissiez y procéder dans le calme de votre volonté et de votre force.

« En conséquence, les élections sont remises au dimanche prochain 26 mars.

« Jusque-là, les mesures les plus énergiques seront prises pour faire respecter les droits que vous avez revendiqués.

« Hôtel-de-Ville, 22 mars 1871. »

comité reconnut bien vite sa maladresse et il s'efforça d'en atténuer les effets par une proclamation conçue dans un esprit beaucoup plus modéré. D'où venait cette modération aux hommes de
l'Hôtel-de-Ville? Du rapprochement qui s'était opéré dans l'intervalle entre eux et les maires. A la suite de longues et labo-
rieuses délibérations, ceux-ci avaient accepté les élections pour
le jour fixé par le comité, dans l'espoir que les résultats du scrutin
seraient meilleurs, grâce à leur intervention.

Les maires n'avaient qu'un souci, éviter l'effusion du sang.
Le 25, aussitôt après avoir pris la résolution dont il vient d'être
parlé, ils envoient des délégués à Versailles pour en donner connaissance au gouvernement. Que répondra celui-ci? Sans attendre
sa réponse, les députés, les maires et les adjoints préviennent
les habitants de Paris du parti auquel ils se sont arrêtés :

« Paris, le 25 mars 1871.

« Citoyens,

« Dans Paris, où le pouvoir législatif a refusé de siéger, d'où le pouvoir
exécutif est absent, il s'agit de savoir si le conflit qui s'est élevé entre des
citoyens également dévoués à la République doit être vidé par la force matérielle ou par la force morale.

« Nous avons la conscience d'avoir fait tout ce que nous pouvions pour
que la loi ordinaire fût appliquée à la crise exceptionnelle que nous traversons.

« Nous avons proposé à l'Assemblée nationale toutes les mesures de
conciliation propres à apaiser les esprits et à éviter la guerre civile.

« Vos maires élus se sont transportés à Versailles et se sont faits l'écho
des réclamations légitimes de ceux qui veulent que Paris ne soit pas
tout à la fois déchu de sa situation de capitale et privé de ses droits municipaux, qui appartiennent à toutes les villes, à toutes les communes de la
République.

« Ni vos maires élus, ni vos représentants à l'Assemblée nationale n'ont
pu réussir à obtenir une conciliation.

« Aujourd'hui, placés entre la guerre civile pour nos concitoyens et une
grave responsabilité pour nous-mêmes, décidés à tout plutôt qu'à laisser
couler une goutte de ce sang parisien que naguère vous offriez tout entier
pour la défense et l'honneur de la France, vous venons vous dire : Termi-
nons le conflit par le vote, non par les armes.

« Votons, puisqu'en votant nous investirons du pouvoir municipal des
républicains honnêtes et énergiques, qui, en sauvegardant l'ordre dans Paris, épargneront à la France le terrible danger des retours offensifs de la
Prusse et les tentatives téméraires des prétentions dynastiques

« Nous avons dit hier à l'Assemblée nationale que nous prendrions sous notre responsabilité toutes les mesures qui pourraient éviter l'effusion du sang.

« Nous avons fait notre devoir en vous disant notre pensée.

« Vive la France ! Vive la République !

« *Les représentants de la Seine présents à Paris,*

« V. Schœlcher, Ch. Floquet, E. Lockroy, G. Clémenceau, Tonin, Greppo. »

En même temps, une affiche signée par les municipalités, par les députés, par le comité central, ne laisse aucun doute sur l'entente qui s'est établie. Le même jour, l'amiral Saisset congédie les bataillons qui s'étaient rangés autour de lui et dont les rangs grossissaient sans cesse, et se retire à Versailles. Ce fut un grand malheur. Le découragement et le dégoût envahirent les hommes qui s'étaient mis avec empressement aux ordres de l'amiral. La garde nationale de l'ordre se trouvait définitivement désorganisée ; les élections eurent lieu le 26[1] ; la Commune entrait en scène.

————

PIECES JUSTIFICATIVES.

————

I

PROCLAMATION DU GOUVERNEMENT A LA FRANCE.

« Versailles, 20 mars 1871.

« Le gouvernement n'a pas voulu engager une action sanglante, alors qu'il y était provoqué par la résistance inattendue du comité central de la garde nationale. Cette résistance, habilement organisée, dirigée par des conspirateurs audacieux autant que perfides, s'est traduite par l'invasion d'un flot de gardes nationaux sans armes et de population se jetant sur les soldats, rompant leurs rangs et leur arrachant leurs armes. Entraînés par ces coupables excitations, beaucoup de militaires ont oublié leur devoir. Vainement aussi la garde nationale avait-elle été convoquée; pendant toute la journée elle n'a paru sur le terrain qu'en nombre insignifiant.

« C'est dans ces conjonctures graves que, ne voulant pas livrer une bataille sanglante

————

[1] Voir le tableau des élections aux *Pièces justificatives.*

dans les rues de Paris, alors surtout qu'il semblait n'être pas assez fortement soutenu par la garde nationale, le gouvernement a pris le parti de se retirer à Versailles, près de l'Assemblée nationale, la seule représentation légale du pays.

« En quittant Paris, M. le ministre de l'intérieur a, sur la demande des maires, délégué à la commission qui serait nommée par eux le pouvoir d'administrer provisoirement la ville.

« Les maires se sont réunis plusieurs fois sans pouvoir arriver à une entente commune.

« Pendant ce temps, le comité insurrectionnel s'installait à l'Hôtel-de-Ville et faisait paraître deux proclamations : l'une pour annoncer sa prise de possession du pouvoir; l'autre pour convoquer les électeurs de Paris dans le but de nommer une assemblée communale.

« Pendant que ces faits s'accomplissaient, le comité de la rue des Rosiers, à Montmartre, était le théâtre du criminel attentat commis sur la personne du général Lecomte et du général Clément Thomas, lâchement assassinés par une bande de sicaires. Le général de Chanzy, qui arrivait de Bordeaux, était arrêté a la gare d'Orléans, ainsi que M. Turquet, représentant de l'Aisne.

« Les ministères étaient successivement occupés; les gares des chemins de fer envahies par des hommes armés se livrant sur les voyageurs à des perquisitions arbitraires, mettant en état d'arrestation ceux qui leur paraissaient suspects, désarmant les soldats isolés ou en corps qui voulaient entrer à Paris. En même temps plusieurs quartiers se couvraient de barricades armées de pièces de canon, et partout les citoyens étaient exposés à toutes les exigences d'une inquisition militaire dont il est impossible de deviner le but.

« Ce honteux état d'anarchie commence cependant à émouvoir les bons citoyens, qui s'aperçoivent trop tard de la faute qu'ils ont commise en ne prêtant pas de suite leur concours actif au gouvernement nommé par l'Assemblée. Qui peut, en effet, sans frémir, accepter les conséquences de cette déplorable sédition, s'abattant sur la ville comme une tempête soudaine, irrésistible, inexplicable? Les Prussiens sont à nos portes, nous avons traité avec eux. Mais si le gouvernement qui a signé les conventions de préliminaires est renversé, tout est rompu. L'état de guerre recommence et Paris est fatalement voué à l'occupation.

« Ainsi sont frappés de stérilité les longs et douloureux efforts à la suite desquels le gouvernement est parvenu à éviter ce malheur irréparable. Mais ce n'est pas tout, avec cette lamentable émeute, il n'y a plus ni crédit, ni travail. La France, ne pouvant pas satisfaire à ses engagements, est livrée à l'ennemi qui lui imposera sa dure servitude. Voilà les fruits amers de la folie criminelle de quelques-uns, de l'abandon déplorable des autres.

« Il est temps encore de revenir à la raison et de reprendre courage. Le gouvernement et l'Assemblée ne désespèrent pas. Ils font appel au pays, ils s'appuient sur lui, décidés à le suivre résolûment et à lutter sans faiblesse contre la sédition. Des mesures énergiques vont être prises; que les départements les secondent en se groupant autour de l'autorité qui émane de leurs libres suffrages. Ils ont pour eux le droit, le patriotisme, la décision : ils sauveront la France des horribles malheurs qui l'accablent.

« Déja, comme nous l'avons dit, la garde nationale de Paris se reconstitue pour avoir raison de la surprise qui lui a été faite. L'amiral Saisset, acclamé sur les boulevards, a été nommé pour la commander. Le gouvernement est prêt à la seconder. Grâce à leur accord, les factieux qui ont porté une si grave atteinte à la République seront forcés de rentrer dans l'ombre; mais ce ne sera pas sans laisser derriere eux, avec les ruines qu'ils ont faites, avec le sang généreux versé par leurs assassins, la preuve certaine de leur affiliation avec les plus détestables agents de l'Empire et les intrigues ennemies. Le jour de la justice est prochain. Il dépend de la fermeté de tous les bons citoyens. Qu'il soit exemplaire ! »

II

PROCLAMATION DU COMITÉ CENTRAL AUX DÉPARTEMENTS.

« Le peuple de Paris, après avoir donné, depuis le 4 septembre, une preuve incontestable et éclatante de son patriotisme et de son dévouement à la République, après avoir supporté avec une résignation et un courage au-dessus de tout éloge les souffrances d'un siège long et pénible, vient de se montrer de nouveau à la hauteur des circonstances présentes et des efforts indispensables que la patrie était en droit d'attendre de lui.

« Par son attitude calme, imposante et froide, par son esprit d'ordre républicain, il a su rallier l'immense majorité de la garde nationale, s'attirer les sympathies et le concours actif de l'armée, maintenir la tranquillité publique, éviter l'effusion du sang, réorganiser les services publics, respecter les conventions internationales et les préliminaires de paix.

« Il espère que toute la presse reconnaîtra et constatera son esprit d'ordre républicain, son courage et son dévouement, et que les calomnies ridicules et odieuses répandues depuis quelques jours en province cesseront.

« Les départements, éclairés et désabusés, rendront justice au peuple de la capitale, et ils comprendront que l'union de toute la nation est indispensable au salut commun.

« Les grandes villes ont prouvé, lors des élections de 1869 et du plebiscite, qu'elles étaient animées du même esprit républicain que Paris ; les nouvelles autorités républicaines espèrent donc qu'elles lui apporteront leur concours sérieux et énergique dans les circonstances présentes, et qu'elles les aideront à mener à bien l'œuvre de régénération et de salut qu'elles ont entreprise au milieu des plus grands périls.

« Les campagnes seront jalouses d'imiter les villes ; la France toute entière, après les désastres qu'elle vient d'éprouver, n'aura qu'un but : assurer le salut commun.

« C'est là une grande tâche, digne du peuple tout entier, et il n'y faillira pas.

« La province, en s'unissant à la capitale, prouvera à l'Europe et au monde que la France tout entière veut éviter toute division intestine, toute effusion de sang.

« Les pouvoirs actuels sont essentiellement provisoires, et ils seront remplacés par un conseil communal qui sera élu mercredi prochain, 22 courant.

« Que la province se hâte donc d'imiter l'exemple de la capitale en s'organisant d'une façon républicaine, et qu'elle se mette au plus tôt en rapport avec elle au moyen de délégués.

« Le même esprit de concorde, d'union, d'amour républicain, nous inspirera tous. N'ayons qu'un espoir, qu'un but : le salut de la patrie et le triomphe définitif de la République démocratique, une et indivisible.

« LES DÉLÉGUÉS AU *Journal officiel.* »

III

ÉLECTIONS COMMUNALES DU 26 MARS 1871.

1er *arrondissement.*		2e *arrondissement.*	
Électeurs inscrits, 22,060.		Électeurs inscrits, 22,858.	
Adam.	7,272	Émile Brelay.	7,025
Méline	7,201	Loiseau-Pinson	6,932
Rochard.	6,629	Tirard	6.386
Barré.	6,294	Chéron.	6,018

3e *arrondissement.*

Électeurs inscrits, 28,133.

Demay	9,004
A. Arnaud	8,912
Pindy	8,095
Murat	5,904
Clovis Dupont	5,661

4e *arrondissement.*

Électeurs inscrits, 32,060.

Arthur Arnould	8,608
Lefrançais	8,619
Clémence	8,163
Gérardin	8,104
Amouroux	7,950

5e *arrondissement.*

Électeurs inscrits, 21,632.

Régère	7,469
Jourde	7,310
Tridon	6,469
Blanchet	5,994
Ledroyt	5,848

6e *arrondissement.*

Électeurs inscrits, 24,807.

Albert Leroy	5,800
Goupil	5,111
Robinet	3,904
Beslay	3,714
Varlin	3,602

7e *arrondissement.*

Électeurs inscrits, 22,092.

Parisel	3,367
Ernest Lefèvre	2,859
Urbain	2,803
Brunel	2,163

8e *arrondissement.*

Électeurs inscrits, 17,825.

Raoul Rigault	2,173
Vaillant	2,145
Arthur Arnould	2,·14
Jules Allix	2,028

9e *arrondissement.*

Électeurs inscrits, 28,801.

Ranc	8,950
Ulysse Parent	4,770
Desmarest	4,232
E. Ferry	3,732
Nast	3,691

10e *arrondissement.*

Électeurs inscrits, 28,801.

Gambon	13,734
Félix Pyat	11,813
Henri Fortuné	11,364
Champy	11,042
Babick	10,934
Rastoul	10,738

11e *arrondissement.*

Électeurs inscrits, 42,153.

Mortier	21,186
Delescluze	20,264
Assi	19,890
Protot	19,780
Eudes	19,276
Avrial	17,914
Verdure	17,351

12e *arrondissement.*

Électeurs inscrits, 19,990.

Varlin	9,843
Geresme	8 896
Theisz	8,710
Fruneau	8,629

13e *arrondissement.*

Électeurs inscrits, 16,597

Léo Meillet	6,531
Émile Duval	6,482
Chardon	4,663
Frankel	4,080

14e *arrondissement.*

Électeurs inscrits, 17,769.

Billioray	6,100
Martelet	5,912
Descamps	5,835

15e *arrondissement.*

Électeurs inscrits, 19,681.

Clément	5,025
Jules Vallès	4,003
Langevin	2,417

16e *arrondissement.*

Électeurs inscrits, 10,731.

Marmottan	2,036
De Bouteiller	1,909

17e *arrondissement.*

Électeurs inscrits, 26,574.

Varlin	9,356
Clément	7,121
Ch. Gérardin	6,142
Chalain	4,543
Malon	4,199

18e *arrondissement.*

Électeurs inscrits, 32,962.

Blanqui	14,953
Theisz	14,950
Dereure	14,661
J.-B. Clément	14,188
Th. Ferré	13,784
Vermorel	13,402
Paschal Grousset	13,359

19e *arrondissement.*

Électeurs inscrits, 28,270.

Oudet	10.065
Puget	9,547
Delescluze	5,846
J. Miot	5,520
Ostyn	5,065
Flourens	4,100

20e *arrondissement.*

Électeurs inscrits, 28,270.

Bergeret	15,290
Ranvier	15,049
G. Flourens	14,089
Blanqui	13,859

IV

Le général commandant la garde nationale le 18 mars était, ainsi que nous l'avons dit, Charles Lullier, homme très-intelligent, très-exalté et moins malfaisant qu'il n'en avait l'air. Arrêté dans la suite par ordre du comité central, parce qu'on le soupçonnait d'être trop modéré, il fut enfermé à la Conciergerie d'où il écrivit là lettre suivante, qui dépeint bien l'homme et la situation de Paris au 18 mars. A ce double titre, nous avons cru devoir faire figurer ce document parmi les pièces justificatives :

« Conciergerie, ce 28 mars 1871.

« Gardes nationaux, citoyens,

« J'ai pris la barre du gouvernail au milieu de la tempête. Tant que le vent a soufflé en foudre, j'ai donné froidement des ordres, sans m'inquiéter des qu'en dira-t-on de l'équipage.

« Aujourd'hui le navire a touché au port; capitaine, je viens rendre compte de mes manœuvres.

« Dans la journée du 18 mars, à peine de retour à Paris, dans cette ville dont m'avait éloigné une insigne fourberie, le comité central me fit rechercher partout et me remit, rue de Barroy, 11, tous ses pouvoirs pour lui assurer le plus rapidement possible, et par tous les moyens que je jugerais convenables, la possession de Paris. Toutes les forces disponibles de la garde nationale étaient, par deux ordres que j'ai encore en main, placées sous mon commandement immédiat.

« Parti avec douze gardes nationaux et trois ordonnances seulement du siége du comité, je ralliai tous les bataillons épars sur ma route, et, après avoir perdu deux de mes ordonnances tuées à mes côtés et avoir vu vingt fois ma vie menacée, je m'emparai successivement, dans la nuit du 18 au 19 mars, de l'Hôtel-de-Ville, de la Préfecture de police, de la place de Paris et des Tuileries [1], que je fis occuper aussitôt et où je laissai un commandant militaire.

« Nommé le lendemain, par le comité, général de division et commandant en chef de la garde nationale de Paris, je fis occuper le jour même et les jours suivants les ministères et les portes de l'enceinte. L'Hôtel-de-Ville, siége du nouveau gouvernement, fut, par mes soins personnels, transformé en camp retranché et abondamment pourvu d'artillerie et de munitions ; ses trois souterrains furent occupés et ses abords gardés au loin. Les sept points stratégiques de la rive droite et les quatre points stratégiques de la rive gauche furent également mis à l'abri de toute surprise.

« Le service des subsistances, organisé par mes soins, mit, dès le 20 mars, 60,000 rations d'excellents vivres de campagne (pain, vin, conserves an-, glaises) à la disposition de la garde nationale et des troupes cantonnées dans les casernes, ayant fait leur soumission au nouveau gouvernement.

« Dans cinq jours, j'ai dormi en tout sept heures et demie, pris trois repas, passé vingt-huit heures à cheval et expédié dans toutes les directions près de 2,500 ordres militaires.

« Le 24, à une heure du matin, brisé, harassé de fatigue, ne tenant plus debout, je viens dire aux membres de la Commune :

« Citoyens, nous sommes maîtres de Paris au point de vue militaire ; je « réponds de la situation sur ma tête ; mais agissons avec une extrême pru- « dence au point de vue politique. »

« Et, pour la quatrième fois, j'ai réclamé l'élargissement du général Chanzy.

« Dès lors, on n'avait plus besoin de moi. Le lendemain, on m'appela au comité ; on fit verrouiller les portes, on me fit entourer d'une trentaine de gardes, et, sans autre formalité, sous prétexte que j'avais délivré un sauf-conduit au citoyen Glais-Bizoin, on me fit jeter en prison comme ayant des communications avec Versailles. Le général de brigade du Buisson, mon chef d'état-major général, et le colonel Valigrane, mon sous-chef d'état-major, ont été en même temps arrêtés.

« Je ne descendrai pas à me disculper. Mon caractère est au-dessus du soupçon. En face d'un inénarrable outrage, je me recueille, et de ma poitrine gonflée s'échappe un seul cri, une invocation suprême à ceux dont j'ai toujours défendu la cause au péril de ma vie.

« Peuple de Paris, j'en appelle à ta conscience. Peuple, j'en appelle à ta justice !

« Charles Lullier. »

[1] Ces postes avaient été abandonnés.

LIVRE HUITIÈME.

LA COMMUNE.

(DU 18 MARS AU 10 AVRIL.)

La Commune était nommée, constituée. Quels étaient les hommes qu'une maladresse du gouvernement venait de porter au pouvoir? La plupart étaient inconnus.

On voit parmi eux des hommes politiques, des journalistes connus pour leurs idées très-avancées : Delescluze, Pyat, Vermorel; des orateurs de clubs, des jacobins, quelques fédéralistes. Peu de membres du comité central ont été élus. On a beaucoup accusé la Société internationale des travailleurs d'avoir eu la main dans le mouvement du 18 mars. La frayeur que cette société inspire a fait commettre ici une erreur. D'abord, dans le comité central, l'Internationale ne comptait que deux membres : Varlin et Avoine fils. Les internationaux sont plus nombreux dans la Commune;

on en compte dix-neuf sur quatre-vingt membres, et ce ne sont pas les plus influents. Les personnages importants de la Commune, ceux qui vont montrer jusqu'au bout une résistance acharnée, Cournet, Delescluze, Eudes, Ferré, Pyat, Ranvier, Raoul Rigault sont des adversaires déclarés de l'Association internationale. Fait encore plus significatif : le président de la Commune, Lefrançais, babouviste déterminé, est notoirement connu pour avoir attaqué dans les clubs l'Internationale et ses tendances. Il n'aurait donc pas été appelé à occuper le fauteuil, si l'Internationale avait eu dans la Commune une influence prépondérante. Venus de divers points de l'horizon, ayant des aspirations différentes et des programmes dissemblables, les membres de la Commune avaient été réunis comme par le hasard.

On peut prévoir, dès le principe, que l'harmonie et l'unité leur feront défaut quand ils sortiront du nuage de la phrase pour mettre leur gouvernement à l'œuvre.

En attendant, la première chose à faire est de proclamer la Commune avec une grande solennité. Le jour de la cérémonie est fixé au 28 mars. Les bataillons fidèles arrivent sur la place de l'Hôtel-de-Ville, tambours en tete, enseignes déployées, au milieu d'une foule immense, plus curieuse que sympathique. C'est en souriant que le peuple de Paris voit arriver le cortége sur l'estrade élevée pour la circonstance. Il ne prend pas encore au sérieux ce gouvernement du hasard, maître pourtant de la capitale, des palais, des ministères et obéi par des milliers de gardes nationaux. Le fond de la pensée de la foule, c'est que tout s'arrangera et que cet appareil théâtral n'est qu'un enfantillage dont il vaut mieux rire que pleurer. Les membres de la Commune prennent les choses plus au tragique. Ceints de l'écharpe rouge, les uns en habit noir et en cravate blanche, les autres en uniforme galonné de gardes nationaux, ils apparaissent sur l'estrade au roulement des tambours, aux acclamations des bataillons dévoués. Le canon tonne, les fanfares éclatent ; mille cris de *Vive la Commune! Vive la République!* fendent l'air. Après quelques courtes harangues sur la victoire du peuple, il est donné lecture du résultat des élections, le nom des élus est proclamé et le citoyen Assi s'écrie : « Au nom du peuple, la Commune de Paris est déclarée. »

Le programme du gouvernement est tracé par le citoyen Beslay, doyen d'âge, dans la séance d'installation. Socialiste proudhonien et l'un des fondateurs de l'Internationale, le citoyen Beslay est un homme d'une honnêteté reconnue. Il est de ceux qui croient qu'une société peut se régénérer au moyen d'une formule magique. Jugeant les autres d'après lui-même, il leur prête généreusement ses propres aspirations. « Citoyens, dit-il, depuis cinquante ans les routiniers de la vieille politique nous bernaient avec les grands mots de décentralisation et de gouvernement du pays par le pays; grandes phrases qui ne nous ont rien donné. Plus vaillants que vos devanciers, vous avez fait comme le sage qui marchait pour prouver le mouvement; vous avez marché, et l'on peut compter que la République marchera avec vous! *Paix et travail!* voilà notre avenir! voilà la certitude de notre revanche et de notre régénération sociale, et ainsi comprise, la République peut encore faire de la France le soutien des faibles, la protectrice des travailleurs, l'espérance des opprimés dans le monde et le fondement de la République universelle. L'affranchissement de la commune est donc l'affranchissement de la République elle-même; chacun des groupes va retrouver son indépendance et sa complète liberté d'action :

« La commune s'occupera de ce qui est local ;

« Le département s'occupera de ce qui est régional ;

« Le gouvernement s'occupera de ce qui est national ;

« Et, disons-le hautement, la commune que nous fondons sera la Commune modèle .... Voilà, à mon avis, citoyens, la route à suivre : entrez-y hardiment et résolument : Ne dépassons pas cette limite fixée par notre programme, et le pays et le gouvernement seront heureux et fiers d'applaudir à cette révolution, si grande et si simple, et qui sera la plus féconde révolution de notre histoire. »

Le citoyen Beslay était sincère sans doute en résumant le programme de la Commune dans ces deux mots : *paix* et *travail*, et en délimitant ses attributions aux affaires locales, de son ressort immédiat; mais cette double utopie, permise à un pouvoir solidement établi, ne l'était pas à la Commune, constituée par surprise, ayant en face d'elle un pouvoir légal, avec qui la lutte était inévitable à bref délai. Paix et travail, quelle ironie ! Il n'y avait pas moins d'ironie, involontaire sans doute, dans la promesse que la. Commune bornerait son gouvernement aux affaires municipales, à l'administration des intérêts de la cité. Les actes officiels ne devaient pas tarder à montrer au citoyen Beslay qu'il est des courants auxquels on ne résiste pas, des situations dont on n'est pas le maître. Dès le lendemain, la Commune commence la série de ses usurpations. Elle destitue M. Wurtz, doyen de la faculté de médecine, et M. Colmet-d'Aage, doyen de la faculté de droit, pour les remplacer par MM. Naquet et E. Accolas; elle abolit la conscription; elle public un décret qui dispense les locataires de payer leur loyer, décret ainsi conçu :

« Art. 1er. Remise générale est faite aux locataires des termes d'octobre 1870, janvier et avril 1871.

« Art. 2. Toutes les sommes payées par les locataires, pendant les neuf mois, seront imputables sur les termes à venir.

« Art. 3. Il est également fait remise des sommes dues pour les locations en garni.

« Art. 4. Tous les baux sont résiliables, à la volonté des locataires, pendant une durée de six mois, à partir du présent décret.

« Art. 5. Tous congés donnés seront sur la demande des locataires, prorogés de trois mois. »

Le but de la Commune en publiant ce décret était de faire supporter à « la propriété sa part de sacrifices, » attendu que toutes les charges de la guerre avaient pesé principalement sur le commerce et l'industrie. On oubliait d'abord que certains industriels, tels que les marchands de vin et de comestibles, pour ne citer que ceux-là, avaient réalisé de grands bénéfices pendant le siége et se trouvaient par là même en mesure de payer leurs loyers ; on oubliait ensuite que les propriétaires, ne touchant pas le revenu de leurs immeubles, n'étaient pas dispensés pour cela de payer leurs impôts. La mesure était inique, mais les membres de la Commune avaient voulu se concilier l'appui des locataires, beaucoup plus nombreux que les propriétaires, et mettre de leur côté la grande majorité de la population. Toutefois le décret du 29 mars n'entraîna point autant d'abus qu'on pouvait légitimement en attendre. Il n'empêcha pas les locataires honnêtes — la grande

majorité — de remplir leurs obligations, sauf à obtenir des propriétaires les délais rendus nécessaires par les circonstances.

Dans la journée du 30 mars, un acte non moins condamnable
est commis par ordre de la Commune Les scellés sont apposés
par ses agents dans les bureaux de cinq compagnies d'assurance,
la *Nationale,* l'*Urbaine,* le *Phénix,* la *Générale,* l'*Union;* les espèces en caisse sont mises en réquisition. C'était une atteinte
bien caractérisée à la propriété privée. C'était assez pour éloigner définitivement du mouvement communal les esprits encore
indécis, suspendus entre Paris et Versailles. Il n'y avait rien à
faire avec des hommes politiques de ce caractère. Engagés dans
une mauvaise voie, ils semblaient condamnés à s'y enfoncer toujours plus. Ils en vinrent, le 31 mars, à recommander la délation comme un devoir civique et à faire de l'espionnage une vertu.
Témoin le document suivant, affiché par ordre de la préfecture de
police, sous forme « d'avis » :

« La plupart des services publics étant désorganisés à la suite des manœuvres de Versailles, les gardes nationaux sont priés d'adresser par
lettres, à la police municipale, tous les renseignements pouvant intéres-
ser la commission de sûreté générale.

« *Le chef de la police municipale.*

« A. Dupont.

« Paris, le 31 mars 1871. »

Cet « avis » qui enrôlait toute la garde nationale dans la police secrète révolta toutes les consciences. Conséquente d'ailleurs
avec elle-même, la Commune s'était emparée du service des
postes dans la crainte de l'existence d'un cabinet noir. Le délégué qu'elle installa rue Jean-Jacques-Rousseau à la place de
M. Rampont trouva le service entièrement désorganisé par le
départ du directeur et du personnel rappelés à Versailles par le
gouvernement. Paris fut de nouveau sans communication avec le
dehors, comme au temps du siége. Cet isolement porta un coup
funeste aux opérations industrielles et commerciales qui avaient
repris leurs cours depuis la capitulation. C'est en vain que le haut
commerce parisien envoya une députation à Versailles pour demander, au nom de ses intérêts, la liberté des correspondances.
La délégation fut éconduite sans avoir rien obtenu. Le gouver-

nement paraissait prendre à tâche de faire expier à la population
parisienne son indifférence au 18 mars. Peu s'en fallait qu'il ne
lui dise : « Vous avez voulu la Commune, eh bien, vous l'avez,
débarrassez-vous-en. » Reproche injuste, qui ne ramenait pas
les sympathies au gouvernement. Ces propos aigrissaient les
adhérents de la Commune et paralysaient les hommes de bonne
volonté. Ce qui donnait à l'isolement auquel Paris était de nouveau condamné un caractère de vexation puérile, c'est qu'on
pouvait aller jeter des correspondances à la poste des localités
voisines et y retirer les lettres venues de province et de l'étranger.
On disait donc : Si le gouvernement redoute la propagande communaliste par voie postale, pourquoi donner aux Parisiens cette
facilite? S'il ne la craint pas, pourquoi ne pas laisser la poste
fonctionner librement?

A peine installée, la Commune s'organise en diverses commissions : commission exécutive, chargée de faire exécuter les
décrets de la Commune et tous les arrêtés des autres commissions ; commission militaire, ayant dans ses attributions la discipline, l'armement, l'habillement et l'équipement de la garde
nationale : elle remplace le ministère de la guerre ; commission
des subsistances, qui veille à l'approvisionnement de Paris ;
commission des finances, chargée d'établir sur de nouvelles bases le budget de la ville de Paris, de recouvrer l'impôt, d'examiner les moyens les plus sûrs et les moins coûteux d'assurer
la réussite d'un emprunt, si le besoin s'en fait sentir ; commission de la justice, chargée de mettre la justice actuelle à la hauteur des institutions démocratiques et sociales ; commission de
sûreté générale : elle doit veiller à la sûreté de la République,
au maintien de la sécurité, au respect de la liberté individuelle
et de la morale publique et exercer une surveillance sur tous les
citoyens ; commission du travail : elle est chargée de la propa-
gation des doctrines socialistes ; elle doit chercher les moyens
d'égaliser le travail et le salaire, de favoriser les industries nationales et parisiennes, de développer le commerce international
d'échange, tout en attirant à Paris les industries étrangères de
façon à faire de cette ville un grand centre de production ; commission des services publics : elle a la surveillance des grands
services, postes, télégraphes, voirie ; elle surveille les compagnies
de chemins de fer ; elle doit organiser les relations avec les ser-

vices de province ; commission des relations extérieures : sa
mission consiste à entretenir avec les communes de France des
relations amicales qui doivent amener la fédération ; elle devra
aussi, dès que les circonstances le permettront, accréditer des
représentants auprès des divers États de l'Europe, surtout auprès de la Prusse, quand on connaîtra l'attitude de cette puissance vis-à-vis de la Commune ; commission de l'enseignement,
enfin, chargée de préparer un projet de décret rendant l'instruction gratuite, obligatoire et laïque.

En tout, dix commissions embrassant tout le système gouvernemental. La Commune ne limite pas son action à Paris ainsi
que l'a promis son doyen d'âge, M. Beslay, dans son discours
d'ouverture ; elle aspire à gouverner la France.

Cette prétention produisit le plus fâcheux effet. Déjà plusieurs
membres de la Commune s'étaient retirés. Une seule séance
avait suffi pour les désenchanter et leur ôter tout espoir d'impri-
mer à la révolution du 18 mars une marche sensée. De ce nombre étaient MM. Adam, Barré, Brelay, de Bouteiller, Chéron,
Marmottan, Méline, Tirard. D'autres avaient refusé de siéger
même une seule fois ; il leur avait suffi de voir les noms de la
majorité de leurs collègues pour refuser de pousser plus loin
l'expérience. MM. Desmarest, E. Ferry, Nast furent ces démissionnaires de la première heure. Le départ de MM. Loiseau-Pinson, A. Leroy et Robinet causa un nouvel affaiblissement au
sein de la Commune. Pourquoi ces démissions successives ? La
Commune mentait à son origine et à son programme. Gouvernement purement municipal à sa naissance, elle était peu à peu
sortie de ses attributions pour se substituer au gouvernement
légal du pays. Cette attitude imprudente devait fatalement provoquer un grave conflit, car des deux gouvernements en présence, l'un était condamné, soit à l'abdication volontaire, soit à la
disparition violente. Les hommes sages s'écartaient ; en minorité dans la Commune, ils ne pouvaient se flatter de l'espoir d'ê-
tre écoutés. Leur sagesse passait pour de la pusillanimité ; la
fraction jacobine leur faisait volontiers de la modération un
crime. Gouvernement formé en apparence sous les auspices de
la liberté, du grand jour, de la discussion, la Commune n'avait
pas voulu que ses séances fussent publiques ; elle fermait ses
portes au peuple, elle redoutait les débats en présence de ses

commettants. Était-ce haine de la publicité ? non sans doute, mais plutôt crainte du ridicule que les journaux pourraient déverser sur la Commune à cause de l'insuffisance notoire d'un grand nombre de ses membres. On délibérait portes closes, en comité secret. Singulière façon de pratiquer le libéralisme. Cette peur de la publicité fut peut-être plus nuisible à la Commune que tel de ses décrets usurpateurs. L'indifférence devient défiance ; la défiance se change en hostilité.

Cependant il faut pourvoir aux siéges devenus vacants ; les électeurs sont convoqués pour le 16 avril.

Que fait Versailles ? M. Picard, ministre de l'intérieur, télégraphie à la province qu'une portion considérable de la population et de la garde nationale de Paris sollicite le concours des départements pour le rétablissement de l'ordre : « Formez et organisez des bataillons de volontaires pour répondre à cet appel et à celui de l'Assemblée nationale. » Les renseignements du ministre n'avaient aucun fondement sérieux. La population parisienne était inquiète, comment ne l'eût-elle pas été ? mais elle ne sollicitait point le concours des départements pour rétablir l'ordre. Elle croyait encore dans les moyens pacifiques. La province partageait sans doute cet espoir, car elle ne répondit nullement à l'appel du ministre. Les volontaires ne se levèrent pas. L'Assemblée n'était pas de celles qui inspirent les dévouements à toute épreuve. Le gouvernement comptait sur un autre concours pour réduire la Commune. Il obtint du gouvernement allemand une dérogation aux préliminaires de paix qui fixaient à 40,000 hommes les troupes de l'armée de Paris. Il put doubler ce chiffre en rappelant en hâte d'Allemagne les soldats que le traité de paix avait rendu libres. Le chef du pouvoir exécutif écrivait aux départements à la date du 1er avril :

« A Paris, la Commune, déjà divisée, essayant de semer partout de fausses nouvelles et pillant les caisses publiques, s'agite impuissante et elle est en horreur aux Parisiens, qui attendent avec impatience le moment d'en être délivrés.

« L'Assemblée nationale, serrée autour du gouvernement, siége paisiblement à Versailles, où achève de s'organiser une des plus belles armées que la France ait possédées.

« Les bons citoyens peuvent donc se rassurer et espérer la fin prochaine d'une crise qui aura été douloureuse, mais courte. Ils peuvent être certains qu'on ne leur laissera rien ignorer, et que, lorsque le gouvernement se taira, c'est qu'il n'aura aucun fait grave ou intéressant à leur faire connaître. »

« A. THIERS. »

Le 2 avril, la guerre civile éclate au pont de Neuilly. Les gardes nationaux gardaient le pont. Un détachement de gendarmes est envoyé pour s'en emparer ; sommés de se retirer, les gardes nationaux invitent les gendarmes à faire cause commune avec eux ; sur leur refus, ils ouvrent le feu, et les troupes régulières se replient jusqu'au rond-point de Courbevoie, où les fédérés essayent, mais en vain, de se frayer un passage. Ramenés au pont de Neuilly par la fusillade, poursuivis un moment après par l'artillerie disposée par le général Vinoy, ils sont repoussés jusqu'au rempart de la porte Maillot au milieu d'une pluie de projectiles qui couvre l'avenue de Neuilly. Une grande stupeur régnait dans Paris, d'où l'on entendait distinctement le bruit du canon. Toutes les appréhensions des bons citoyens s'étaient justifiées : le sang avait coulé. Le médecin en chef de l'armée, M. Pasquier, avait été tué par les fédérés au rond-point de Courbevoie, tandis qu'il s'avançait en parlementaire. Ce lâche assassinat, commis sous les yeux des troupes, dissipa toute hésitation dans le cœur des soldats. Dès lors, plus de ces défections qui avaient rendu possible la révolution du 18 mars. Le même jour, l'aile gauche de l'armée régulière, formée par une brigade de chasseurs sous les ordres du général de Galiffet, surprenait dans Chatou trois gardes nationaux, dont un officier, et les passait par les armes sans jugement[1]. Toutes les portes de Paris furent fermées. La générale fut battue dans tous les quartiers ; le tocsin fut sonné ; on amène des canons sur les remparts du côté de Versailles. Les gardes nationaux sortaient de leurs maisons en armes au bruit du tambour et se rassemblaient sur les places. Le tumulte était indescriptible. La garde nationale veut marcher

---

[1] Le général de Galiffet fit publier à son de caisse la proclamation suivante :

« La guerre a été déclarée par les *bandits* de Paris.

« Hier, avant-hier, aujourd'hui, ils m'ont assassiné mes soldats.

« C'est une guerre sans trêve ni pitié que je déclare à ces assassins. *J'ai dû faire*

contre Versailles. Depuis plusieurs jours déjà les journaux de
la Commune jetaient ce mot d'ordre aux fédérés. *Le Père Duchêne*, très-lu par le peuple, s'écriait : « *Ecrasez l'Assemblée !
Cent mille baïonnettes luiront bientôt autour du théâtre de Versailles !* » Les trois généraux Eudes, Duval et Bergeret se rendent auprès de la commission exécutive de la Commune, et se
font les interprètes du désir du peuple de marcher contre Versailles. Leur plan d'attaque est tout préparé. Ils divisent la
garde nationale en trois colonnes : la première, sortant par la
porte de Vaugirard, s'avancera par Issy, Châtillon, Sèvres et
Meudon ; la seconde, marchera par Courbevoie, Puteaux et les
hauteurs de Buzenval ; la troisième, tournant le Mont-Valérien,
doit déboucher sur Versailles par Rueil et Bougival. Les trois
généraux ne se préoccupent pas de l'artillerie du Mont-Valérien ; ils se croient sûrs de sa neutralité. La Commune et la
commission exécutive écoutèrent l'exposé de ce plan sans
élever aucune objection ; au fond, elles ne le croyaient pas sérieux ; les généraux leur paraissaient dévorés d'un zèle excessif.
On verrait, on attendrait, rien ne pressait encore ; telle était la
pensée intime des membres de la commission exécutive. Il fut
convenu qu'avant de tenter une sortie, une seconde conférence
aurait lieu et que la décision suprême serait prise dans ce conseil. Mais l'impatience des gardes nationaux était extrême ; ils
demandaient à marcher immédiatement. Tous les bataillons sont
réunis avec armes et bagages. « En avant ! » à Versailles ! tel est
le cri universel, et ce torrent humain se précipite aux portes de

un exemple ce matin ; qu'il soit salutaire ; je désire ne pas être réduit de nouveau à
une pareille extrémité.

« N'oubliez pas que le pays, que la loi, que le droit, par conséquent, sont à Versailles et à l'Assemblée nationale, et non pas à la grotesque assemblée de Paris, qui
s'intitule la Commune.

« Le général commandant la brigade,

« GALIFFET. »

« 3 avril 1871. »

A la suite de cette lecture, le crieur ajoutait :

« Le président de la commission municipale de Chatou prévient les habitants, dans
l'intérêt de leur sécurité, que ceux qui donneraient asile aux ennemis de l'Assemblée
se rendraient passibles des lois de la guerre.

« Le président de la commission,

« LAUBEUF. »

Paris, pêle-mêle, au hasard, chaque bataillon se groupant autour du chef préféré, quelques-uns sans vivres, tous croyant marcher à une victoire certaine. Les généraux n'étaient ni moins inexpérimentés, ni moins ignorants que leurs soldats. Plus de 100,000 hommes sortirent follement de Paris pendant la nuit, au désespoir des gens sensés qui provoyaient les suites de cette criminelle aventure. Duval et Eudes avaient pris le commandement des bataillons massés à Vaugirard, vers les portes de Versailles et de Vanves. Bergeret et Gustave Flourens s'étaient mis à la tête des bataillons de l'avenue de Neuilly.

Vers sept heures du matin, les fédérés conduits par Bergeret — celui-ci en calèche — arrivent au pied du Mont-Valérien sans défiance, quand tout à coup une décharge d'artillerie coupe leur colonne en deux. La panique se met dans leurs rangs. Ils courent et se sauvent, criant à la trahison parce que le Mont-Valérien tire sur eux.

Quelques bataillons repassent la Seine et rentrent dans Paris ; le gros de la troupe continue à marcher dans la direction de Nanterre où, enveloppé par les soldats de Versailles, il est fait en partie prisonnier. Flourens, pendant la débandade, s'était réfugié à Rueil dans la maison d'un marchand de vins, au bord de la Seine. Un seul officier de son état-major l'accompagnait. Des gendarmes apparaissent pour fouiller la maison, Flourens saisit son revolver et tire sur eux. On le saisit, on l'entraine hors de la maison. Le capitaine Desmarest lui fend la tête d'un coup de sabre. Ainsi mourut Flourens, digne d'un meilleur sort. Presque en même temps, l'insurrection perdait un autre de ses chefs du côté de Clamart, le général Duval.

Une des colonnes d'attaque de la Commune devait s'avancer par Clamart et Châtillon.

Les troupes de Versailles l'attendaient sur les hauteurs. Au moment où les fédérés vont pénétrer sous bois, ils sont arrêtés par un feu terrible de mitrailleuses. Ils prennent la fuite, fous de terreur et se croyant trahis, comme les autres, tant ils étaient convaincus que rien ne s'opposerait à leur marche sur Versailles.

Ils courent, dans un désordre indicible, pendant que les gendarmes et les mobiles les poursuivent à la baïonnette. Le plateau de Châtillon était également tombé aux mains des troupes de Versailles. Quelques bataillons de fédérés firent une résistance sérieuse. Somme toute, ce fut pour les troupes de la Commune une journée désastreuse. Cinq ou six mille prisonniers furent emmenés à Versailles ; le nombre des morts et des blessés qui jonchaient le terrain était considérable. L'armée insurrectionnelle revint entièrement démoralisée. Les hommes tombaient d'épuisement et de fatigue dans les champs, au bord des chemins. Un très-grand nombre avaient jeté leurs fusils.

Les fuyards étaient rentrés dans Paris en proie à un découragement profond. Cependant les journaux de la Commune publiaient une dépêche ainsi conçue : « Bergeret et Flourens ont fait leur jonction ; ils marchent sur Versailles. Succès certain. »

Le général Duval avait été fait prisonnier à Châtillon avec deux de ses aides-de-camp. Pendant qu'on les emmène à Versailles avec une centaine de fédérés, le cortège rencontre en chemin le général Vinoy. Quand il sait que Duval se trouve au nombre des prisonniers, Vinoy le fait amener en sa présence :

— Quel est, lui dit-il, le sort que vous me réserviez si j'étais tombé entre vos mains ?

— Je vous aurais fait immédiatement fusiller, aurait, dit-on, répondu Duval.

— Eh bien, reprit Vinoy, vous venez de prononcer votre sentence....

Duval ne se fit pas prier. Il ôta sa tunique, se plaça en présence du peloton d'exécution et cria : *En joue, feu ! Vive la République !*

Il tomba foudroyé. Ses deux aides de camp furent fusillés à ses côtés.

Il est d'usage de rejeter ces exécutions sommaires sur la vivacité de la lutte et de les justifier en quelque sorte par la nécessité où l'on est de « faire des exemples » afin de décourager les rebelles. Triste manière d'excuser des actes barbares, que la justice réprouve, que le péril social ne réclame pas, et dont la civilisation rougit. On s'imagine couper le mal dans sa racine, on ne fait que l'aggraver ; on croit inspirer la terreur, on n'excite que la vengeance, on prépare imprudemment l'heure des représailles ; on inspire aux hommes égarés qu'on espère épouvanter une haine encore plus profonde pour la loi qui semble couvrir de telles cruautés et pour la société qui semble les ordonner. La Commune répondra aux exécutions par la loi des otages ; il y aura des deux côtés un redoublement de fureur, et d'innocentes victimes tomberont, qui auraient été épargnées, si une justice trop pressée et indigne de ce beau nom n'était venue exaspérer les passions.

Le grand espoir de la Commune s'était évanoui [1]: les troupes de Versailles n'avaient point levé la crosse en l'air. Dès cet instant, la Commune est vaincue et ses jours sont comptés. Elle a vu ses défenseurs refoulés du plateau de Châtillon, elle a perdu en dehors de l'enceinte de Paris toutes les positions stratégiques de quelque importance ; elle tient encore, à la vérité, les forts du sud, mais dominés par les collines environnantes, à la merci du bombardement, ces forts doivent ou se rendre ou voler en poussière. La déroute du 3 avril a jeté une véritable démoralisation dans les rangs de l'armée insurrectionnelle. Qu'espère désormais la Commune? Le concours des départements? Rien ne l'autorise à compter sur leur aide. Ce n'est pas son agression insensée du 3 avril qui réchauffera ses partisans, s'il en existe. Il est trop évident désormais que force restera à l'armée régulière et au gouvernement légal. La Commune ne peut nourrir aucune illusion à cet égard. Que fera-t-elle? Voici son crime et sa honte devant l'histoire : sûre de succomber, elle voudra envelopper Paris dans sa chute ; elle fera de son passage une tourmente d'autant plus

---

[1] Le soir, la Commune faisait afficher cette pièce curieuse :

« Les conspirateurs royalistes ont ATTAQUÉ.

« Malgré la modération de notre attitude, ils ont ATTAQUE.

« Ne pouvant plus compter sur l'armée française, ils ont ATTAQUE avec les zouaves pontificaux et la police impériale.

« Non contents de couper les correspondances avec la province et de faire de vains efforts pour nous réduire par la famine, ces furieux ont voulu imiter jusqu'au bout les Prussiens et bombarder la capitale.

« Ce matin, les chouans de Charette, les Vendéens de Cathelineau, les Bretons de Trochu, flanqués des gendarmes de Valentin, ont couvert de mitraille et d'obus le village inoffensif de Neuilly et engagé la guerre civile avec nos gardes nationaux.

« Il y a eu des morts et des blessés.

« Élus par la population de Paris, notre devoir est de défendre la grande cité contre ces coupables agresseurs. Avec votre aide, nous la défendrons.

La commission exécutive :

‹ BERGERET, EUDES, DUVAL, LEFRANÇAIS, Félix PYAT, G. TRIDON, E. VAILLANT.

« Paris, le 2 avril 1871. »

violente qu'elle est plus courte. Ces prétendus hommes politiques
du 18 mars goûteront une âpre jouissance à succomber avec
éclat, après avoir fait beaucoup de mal à la société qui ne s'ac-
commode pas de leur joug. On va les voir se débattre et s'exaspérer dans leur impuissance, tenant pour suspects au même titre
les membres du gouvernement et les hommes de bonne volonté
qui s'interposent entre les combattants, et osant dire à ceux-ci :
« Conciliation, c'est trahison. »

Le 4 avril, tous les pouvoirs militaires passent entre les mains
du général Cluseret. Eudes et Bergeret disparaissent de la scène.
La marche sur Versailles avait mis leurs rares talents en évidence.
Cluseret prend le ministère de la guerre. Il avait fait la guerre en
Amérique ; il jouissait d'une certaine réputation, sans qu'on sût
pourquoi ; il s'agitait beaucoup. La Commune crut avoir trouvé
l'homme dont elle avait besoin pour organiser la défense de Paris.
Un des premiers actes du commandant en chef fut de décréter que
tous les hommes valides de dix-sept à trente-cinq ans seraient
incorporés dans les bataillons de guerre de la garde nationale.
Qu'on le voulût ou non, il fallait prendre les armes pour la défense
de la Commune et l'exécution des décrets qu'elle rendait en abondance. C'est ainsi que les gouvernants de l'Hôtel-de-Ville entendaient la liberté des opinions. C'est la première fois que, dans une
guerre civile, on a vu les citoyens obligés de se prononcer et de
s'armer pour l'un des partis en présence. Le général Cluseret fit
un pas de plus ; il invita les gardes nationaux fidèles à dénoncer
les hommes qui n'obéiraient pas à ses ordres [1]. La délation devint
une vertu civique. Le premier effet du décret fut de faire prendre
la fuite à des milliers d'individus. Les portes de la ville étaient
bien gardées ; les fuyards descendaient la nuit dans les fossés des
remparts au moyen de cordes et de poulies. Les autres se cachaient. Dans certains quartiers, les gardes nationaux se livraient
à des perquisitions quotidiennes ; les rues étaient cernées, pen-

[1] Voici le décret et l'arrêté qui le suivit à deux jours de distance :

MINISTÈRE DE LA GUERRE.

« Les compagnies de marche seront immédiatement réorganisées.

« Les officiers, sous-officiers et gardes entreront en solde à partir du 7 avril.

« Les gardes toucheront 1 fr. 50 et les vivres.

« Les sous-officiers, 2 francs.

« Les officiers, 2 fr. 50.

dant que des patrouilles pénétraient dans les maisons, saisissaient les armes qui leur tombaient sous la main, et emmenaient les « réfractaires. » On vit des jeunes gens traqués dans les rues comme des bêtes fauves. Et la Commune avait aboli la conscription ! Malgré le zèle de ses agents, malgré les dénonciations, le citoyen Cluseret n'eut pas le bonheur de retirer de son décret les avantages qu'il en avait attendus. Mais s'il n'amena pas des soldats à la Commune, il lui fit, en revanche, une foule d'ennemis nouveaux. C'est le propre des certaines iniquités de soulever toutes les consciences.

L'irritation causée à la Commune par la défaite du 3 avril et par l'exécution du général Duval se traduisit par un décret non moins odieux que le précédent. C'est le décret dit des otages :

« La Commune de Paris,

« Considérant que le gouvernement de Versailles foule aux pieds les droits de l'humanité comme ceux de la guerre ; qu'il s'est rendu coupable d'horreurs dont ne se sont même pas souillés les envahisseurs du sol français ;

« Considérant que les représentants de la Commune de Paris ont le de-

---

« Quand les compagnies agiront en dehors du service, les officiers toucheront la solde de leur grade dans l'armée.

« Les quatre compagnies de chaque bataillon éliront un chef de bataillon spécial.

« Les élections auront lieu le 6 avril.

« La revue sera passée au Champ-de-Mars par les membres de la Commune, le 7 avril, à deux heures de l'après-midi.

« Bureau d'organisation et de renseignements au ministère de la guerre et à la place.

« *Font partie des bataillons de guerre tous les citoyens de dix-sept à trente-cinq ans non mariés, les gardes mobiles licenciés, les volontaires de l'armée ou civils* (A). Les effets de campement seront complétés dans le plus bref délai.

« Paris, le 4 avril 1871. »

« Par ordre de la Commune :

« *Le délégué au ministère de la guerre,*

« CLUSERET.

(A) « Considérant les patriotiques réclamations d'un grand nombre de gardes nationaux qui tiennent, quoique mariés, à l'honneur de défendre leur indépendance municipale, même au prix de leur vie, le décret du 5 avril est ainsi modifié :

« De dix-sept à dix-neuf ans, le service dans les compagnies de guerre sera volontaire, *et de dix-neuf à quarante obligatoire pour les gardes nationaux, mariés ou non.*

« *J'engage les bons patriotes à faire eux-mêmes la police de leur arrondissement et à forcer les réfractaires à servir.*

« *Le délégué à la guerre,*

« Général CLUSERET. »

voir impérieux de défendre l'honneur et la vie des deux millions d'habitants qui ont remis entre leurs mains le soin de leurs destinées ; qu'il importe de prendre sur l'heure toutes les mesures nécessitées par la situation ;

« Considérant que des hommes politiques et des magistrats de la cité doivent concilier le salut commun avec le respect des libertés publiques,

« DÉCRÈTE :

« Art. 1er. Toute personne prévenue de complicité avec le gouvernement de Versailles sera immédiatement décrétée d'accusation et incarcérée.

« Art. 2. Un jury d'accusation sera instituée dans les vingt-quatre heures pour connaître des crimes qui lui seront déférés.

« Art. 3. Le jury statuera dans les quarante-huit heures.

« Art. 4. Tous accusés retenus par le verdict du jury d'accusation seront *les otages du peuple de Paris*.

« Art. 5. Toute exécution d'un prisonnier de guerre ou d'un partisan du gouvernement régulier de la Commune de Paris sera sur-le-champ suivie de l'exécution d'un nombre triple des otages retenus en vertu de l'article 4, et qui seront désignés par le sort.

« Art. 6. Tout prisonnier de guerre sera traduit devant le jury d'accusation, qui décidera s'il sera immédiatement remis en liberté ou retenu comme otage.

« Hôtel-de-Ville, 5 avril 1871. »

Une proclamation « au peuple de Paris » accompagnait ce sauvage décret qui ramenait brusquement le dix-neuvième siècle aux pratiques des temps barbares. On cherchait à faire accepter ce retour au système des otages en accusant les « bandits » de Versailles d'égorger chaque jour des prisonniers ; en alléguant que les « soldats vendéens » de Charette et de Cathelineau marchaient contre l'armée de Paris au cri de *Vive le Roi !*... On disait que le gouvernement de Versailles s'était mis hors la loi et qu'il était temps pour le peuple de Paris d'user de représailles. La proclamation se terminait par ces mots : « Toujours généreux et juste, même dans sa colère, le peuple abhorre le sang, comme il abhorre la guerre civile ; mais il a le devoir de se protéger contre les attentats sauvages de ses ennemis, et, quoiqu'il lui en coûte, il rendra œil pour œil et dent pour dent. »

Ainsi répondait la Commune aux actes de certains chefs de l'armée régulière. C'est avec une profonde irritation qu'on avait appris la mort tragique de Duval et de Flourens, et les exécutions sommaires ordonnées à Chatou par le général de Galiffet. On aura peut-être quelque peine à le croire : mais le décret des

otages fut proposé par Delescluze comme une mesure relativement modérée comme un adoucissement aux motions féroces
de quelques membres de la Commune. Fous de colère, Pyat,
Rigault et Vallès, demandaient qu'on se saisît immédiatement
d'un certain nombre de citoyens suspects de complicité avec Versailles et qu'on répondît sur l'heure même aux exécutions sommaires par des exécutions sommaires : œil pour œil, dent pour
dent, suivant l'antique loi du talion. Ce ne fut pas sans quelque
peine que Delescluze, moins emporté, fît adopter par ses collègues, le décret sur les otages ; c'est ainsi que ce vote put passer
encore pour une victoire de la modération. Il fut, dit-on, tacite-
ment entendu que le décret ne serait pas appliqué. Toujours est-
il que la formation du jury d'accusation, qui devait être créé
dans les vingt-quatre heures, fut différée. Le jour même où la
Commune, parodiant la Terreur se jetait dans cette voie déplorable, un appel était adressé par elle aux départements. Dans
son isolement, la Commune se croit perdue. Paris se détourne de
plus en plus et l'abandonne. C'en est fait d'elle, si la province ne
lui donne la main et ne se soulève, à son exemple. On écrit donc
aux « départements » :

Vous avez soif de vérité, et, jusqu'à présent, le gouvernement de Versailles ne vous a nourris que de mensonges et de calomnies.

C'est le gouvernement de Versailles qui a commencé la guerre civile en
égorgeant nos avant-postes, trompés par l'apparence pacifique de ses
sicaires ; c'est aussi ce gouvernement de Versailles qui fait assassiner nos
prisonniers, et qui menace Paris des horreurs de la famine et du siége,
sans souci des intérêts et des souffrances d'une population déjà éprouvée
par cinq mois d'investissement. Nous ne parlerons pas de l'interruption
du service des postes, si préjudiciable au commerce, de l'accaparement des
produits de l'octroi, etc., etc.

Ce qui nous préoccupe avant tout, c'est la propagande infâme organisée
dans les départements par le gouvernement de Versailles pour noircir le
mouvement sublime de la population parisienne. On vous trompe, frères,
en vous disant que Paris veut gouverner la France et exercer une dictature qui serait la négation de la souveraineté nationale. On vous trompe,
lorsqu'on vous dit que le vol et l'assassinat s'étalent publiquement dans
Paris. Jamais nos rues n'ont été plus tranquilles. Depuis trois semaines,
pas un vol n'a été commis, pas une tentative d'assassinat ne s'est pro-
duite.

Paris n'aspire qu'à fonder la République et à conquérir ses franchises
communales, heureux de fournir un exemple aux autres communes de
France.

Si la Commune de Paris est sortie du cercle de ses attributions normales, c'est à son grand regret, c'est pour répondre à l'état de guerre provoqué par le gouvernement de Versailles. Paris n'aspire qu'à se renfermer dans son autonomie, plein de respect pour les droits égaux des autres communes de France.

Quant aux membres de la Commune, ils n'ont d'autre ambition que de voir arriver le jour où Paris, délivré des royalistes qui le menacent, pourra procéder à de nouvelles élections.

Encore une fois, frères, ne vous laissez pas prendre aux monstrueuses inventions des royalistes de Versailles. Songez que c'est pour vous autant que pour lui que Paris lutte et combat en ce moment. Que vos efforts se joignent aux nôtres, et nous vaincrons, car nous représentons le droit et la justice, c'est-à-dire le bonheur de tous par tous, la liberté pour tous et pour chacun sous les auspices d'une solidarité volontaire et féconde.

La commission exécutive :

COURNET, DELESCLUZE, FÉLIX PYAT, TRIDON, VAILLANT, VERMOREL.

Paris, le 6 avril 1871.

Cependant, la Commune roule sur la pente fatale : déjà, c'est un crime de parler de conciliation. En dépit de la gravité croissante des malentendus et quoique l'abîme s'élargisse de jour en jour entre Paris et Versailles, les hommes de cœur ne désespèrent pas de suspendre la lutte en faisant entendre aux deux camps le langage de la raison. Se pourrait-il que l'on poursuivît cette guerre fratricide sous les yeux de l'ennemi ? Cette perspective faisait horreur. Des voix s'élèvent de toutes parts en faveur d'une transaction. On dit à la Commune qu'elle doit renoncer à l'espoir de vaincre le gouvernement de Versailles, puisqu'elle est désormais refoulée dans Paris et dans les forts du sud, sans pouvoir se flatter de gagner du terrain, sans pouvoir se faire illusion sur la défaite finale ; et on dit au gouvernement de Versailles qu'il ne peut souhaiter d'enlever Paris de vive force, à cause des immenses malheurs qui en découleraient. Dans cet état de choses, il faut que, des deux parts, on se prête à une transaction. Le commerce et l'industrie de Paris venaient, sous l'empire de ces sentiments, de former une association connue sous le nom d'*Union nationale des chambres syndicales.* Cette association représentant cinquante-six chambres syndicales et plus de sept mille industriels et commerçants avait quelque droit d'élever la voix au nom des grands intérêts dont elle était l'organe, quand ces intérêts étaient en périls. Le temps pressait. Dans une réunion tenue le 4 avril, l'*Union des chambres syndicales* nomme une commission chargée de rechercher les moyens de mettre un terme à la lutte qui désole tous les bons citoyens. Les efforts de la commission demeurent infructueux. Presque en même temps, prend naissance l'*Union républicaine des droits de Paris*, composée d'anciens maires, de représentants du peuple, de républicains connus pour la fermeté de leurs convictions. M. Ranc, membre de la Commune, qui ne partage point l'aveuglement de la plupart de ses collègues, se met en rapport avec les membres de l'*Union républicaine*. Il est convenu qu'il essayera d'amener la Commune sur le terrain de la conciliation. Cette tentative devait échouer complétement. Les ambitieux de l'Hôtel-de-Ville savaient très-bien qu'une transaction les rejetterait dans l'ombre ; ils étaient trop vaniteux pour reconnaître leur incapacité, trop bornés et trop égoïstes pour faire le sacrifice de leurs appétits au bien public. Le mot de transaction les révoltait. Ils répondirent à M. Ranc qu'ils étaient résolus à aller jusqu'au bout, coûte que coûte. Les membres de l'*Union républicaine* prirent alors le parti de s'adresser directement à la population parisienne afin de provoquer un mouvement d'opinion tellement puissant, que la Commune se vît forcée de compter avec lui. Ils firent afficher la declaration que voici :

La guerre civile n'a pu être évitée.

L'obstination de l'Assemblée de Versailles à ne pas reconnaître les droits légitimes de Paris a amené fatalement l'effusion du sang.

Il faut maintenant aviser à ce que la lutte qui jette la consternation dans le cœur de tous les citoyens n'ait point pour résultat la perte de la République et de nos libertés.

A cet effet, il importe qu'un programme nettement déterminé, ralliant dans une pensée commune l'immense majorité des citoyens de Paris, mette fin à la confusion des esprits et à la divergence des efforts.

Les citoyens soussignés, sous la dénomination de LIGUE DE L'UNION RÉPUBLICAINE DES DROITS DE PARIS, ont adopté le programme suivant, qui leur paraît exprimer les vœux de la population parisienne :

Reconnaissance de la République !

Reconnaissance des droits de Paris à se gouverner, à régler par un conseil librement élu et souverain dans la limite de ses attributions, sa police, ses finances, son assistance publique, son enseignement et l'exercice de la liberté de conscience ;

La garde de Paris exclusivement confiée à la garde nationale composée de tous les électeurs valides.

C'est à la defense de ce programme que les membres de la ligue veulent consacrer tous leurs efforts, et ils engagent tous les citoyens à les aider dans cette tâche, en faisant connaître leur adhésion, afin que les membres de la ligue, forts de cette adhésion, puissent exercer une énergique action médiatrice, capable d'amener le rétablissement de la paix et de maintenir la République.

Paris, le 6 avril 1871.

Un autre appel, non moins chaleureux et non moins sage était placardé sur tous les murs de Paris. On s'y adressait tour à tour à la Commune et au gouvernement ; à la Commune on disait :

« Renfermez-vous strictement dans l'édification de nos franchises municipales. Engagez-vous à déposer votre mandat, sitôt qu'une loi équitable et juste, ayant statué sur la reconnaissance de nos droits, nous appellera à des élections libres et discutées. »

On disait à Versailles :

« Reconnaissez franchement ce que veut l'opinion publique : le temps presse ; votez sans délai des institutions vraiment républicaines, au moins en ce qui concerne la ville de Paris qui par ses votes, depuis vingt ans, n'a jamais varié dans ses aspirations. Pas de projets de loi qui sont autant de brandons de discorde, tels que celui sur l'élection des conseillers municipaux où l'on propose :

« Le maire choisi par les conseillers dans les villes jusqu'à 6,000 âmes ;

« Le maire imposé par le pouvoir exécutif dans les villes de plus de 6,000 âmes.

« Pas de défiance, mais de la confiance, et alors, oubliant les noms de réactionnaires, et de [révolutionnaires nous nous tendrons la main ; nous nous souviendrons seulement que nous sommes tous frères d'une même patrie qui est faible aujourd'hui, mais que nous voulons forte bientôt pour des destinées prochaines.

« Vive la France ! vive la République. »

C'était signé « un groupe de citoyens. » Les auteurs de cet appel invitaient leurs concitoyens à se réunir le jour même dans le palais de la Bourse. Là on discuterait librement et l'on avise-

rait aux démarches à tenter dans l'intérêt de la République et
de la paix, soit auprès de la Commune, soit auprès du gouvernement. Rien n'était plus patriotique assurément qu'une tentative de
conciliation. Mais la Commune n'en juge pas ainsi. Ce placard
lui porte ombrage ; ces hommes qui parlent de pacification sont
des ennemis déguisés. La commission exécutive, qui ne s'endort
pas et qui tient à faire savoir qu'elle existe, rédige aussitôt l'avis
suivant :

Citoyens,

La réaction prend tous les masques : aujourd'hui celui de la conciliation ;

La conciliation avec les chouans et les mouchards qui égorgent nos
généraux et frappent nos prisonniers désarmés ;

La conciliation, dans de telles circonstances, c'est la trahison.

Considérant qu'il est du devoir des élus de Paris de ne pas laisser rap-
per par derrière les combattants qui défendent la cité ;

Que nous savons de source certaine que des Vendéens et des gendarmes
déguisés doivent figurer dans ces réunions dites conciliatrices;

La commission exécutive arrête que la réunion annoncée est interdite
et que toute manifestation propre à troubler l'ordre et à exciter la guerre
intestine pendant la bataille sera rigoureusement réprimée par la force.

« Conciliation, c'est trahison. » Paroles impies qui trahissent
l'état d'esprit des membres de la Commune. Ils voient partout
des ennemis, des traîtres; c'est leur terme favori. Tout ce qui
s'agite pour épargner au pays le fléau de la guerre civile leur porte
ombrage, éveille leur soupçons, allume leur fureur. On écarte de
propos délibéré, comme un conseiller perfide, quiconque s'inter-
pose. Gouvernement contre gouvernement ; armée contre armée,
et bataille à outrance ! En vain les francs-maçons organisent-ils
une démonstration solennelle et vont-ils planter leurs bannières
sur les remparts pour arrêter le feu. Leur longue et grave pro-
cession se déroule en vain sur les boulevards. On sent que tout
cela est inutile et théâtral. Une députation de francs-maçons ira
même à Versailles. Que répond le chef du pouvoir exécutif? Il
exige que la Commune désarme et se soumette. Toute autre base
de transaction est chimérique. Mêmes réponses aux délégués envoyés par les grandes villes, profondément émues et bouillon-
nantes. A ces envoyés, comme aux francs-maçons de Paris,
comme aux délégués de tous les corps constitués, M. Thiers ré-

pond qu'on a tort de s'effrayer de prétendues menaces dirigées contre la République [1] ; que la République n'est pas en péril ; que les insurgés seuls la compromettent ; que les franchises communales dont Paris est si jaloux seront examinées par l'Assemblée, saisie à cet effet d'une loi dont le gouvernement a pris l'initiative. Il faut donc, avant tout, selon M. Thiers, que la Commune mette bas les armes. Les gardes nationaux qui rendront leurs fusils auront la vie et la liberté sauves ; le solde de 1 fr. 50 c. par jour leur sera servie jusqu'à la reprise du travail. Mais on ne fera pas grâce aux principaux chefs.

De son côté, la Commune est de moins en moins disposée à transiger. Elle a déclaré dans un document officiel que la lutte ne peut finir que par « l'extermination de l'un des partis » : elle ira jusqu'au bout. Plus elle avance, plus elle cède à un entraînement vertigineux ; il ne dépend plus d'elle de s'arrêter. Dans les forts, et aux avant-postes à Neuilly, à Courbevoie, à Asnières, ses soldats font rage, se battent avec l'énergie du désespoir. Dans l'intérieur de Paris, la Commune s'irrite et s'exaspère d'autant plus qu'elle se voit condamnée au mépris et à l'abandon. Elle ne rêve que « chouans et mouchards. » C'est son cauchemar perpétuel. Avec ces deux mots, elle entretient, elle attise les passions irréfléchies de ses défenseurs. Elle sait pertinemment que les Vendéens de Charette et de Cathelineau ne figurent pas à côté des troupes régulières. N'importe ; elle grise ses soldats avec ces mensonges. Elle soulève dans les masses les appétits du pauvre contre le riche. « Travailleurs, — s'écrie le comité central dans une proclamation, — ne vous y trompez pas : c'est la grande lutte, c'est le parasitisme et le travail, l'exploitation et la production qui sont aux prises. Si vous êtes las de végéter dans l'ignorance et de

---

[1] Le chef du pouvoir exécutif disait du haut de la tribune :

« Nous ne voulons que précipiter une chose : la convalescence et la santé du pays. (Vive approbation.) *A ceux qui disent que nous voulons renverser la République, je leur donne un démenti formel ; ils mentent au pays et veulent le troubler en disant cela.* (Nouvelles marques d'approbation.)

« *Nous avons trouvé la République établie. C'est un fait dont nous ne sommes pas les auteurs, mais je ne la trahirai pas. Je le jure devant Dieu.* La réorganisation du pays sera notre seule préoccupation, et ils mentent cent fois, les misérables qui osent se servir de cet argument pour troubler le pays. (Mouvement.)

« Savez-vous a qui appartiendra le résultat ? Aux plus sages. Travaillez ; tâchez de remporter le véritable prix pour gouverner, le prix de la raison et de la bonne conduite. Quant à moi, je ne puis accepter d'autre responsabilité que celle que je prends ici. »

croupir dans la misère ; si vous voulez que vos enfants soient des hommes ayant le bénéfice de leur travail, et non des sortes d'animaux dressés pour l'atelier ou pour le combat, fécondant de leurs sueurs la fortune d'un exploiteur ou répandant leur sang pour un despote ; si vous ne voulez plus que vos filles, que vous ne pouvez élever et surveiller à votre gré, soient des instruments de plaisir au bras de l'aristocratie d'argent ; si vous ne voulez plus que la débauche et la misère poussent les hommes dans la police et les femmes à la prostitution ; si vous voulez enfin le règne de la justice, travailleurs, soyez intelligents, debout ! et que vos fortes mains jettent sous vos talons l'immonde réaction ! »

Plus de liberté de la presse : quatre journaux, dont le *Journal des Débats* et le *Constitutionnel*, sont supprimés. Plus de liberté individuelle : la Commune ne se contente pas de faire la chasse aux réfractaires : elle arrête les prêtres en masse. Par suite d'une haine niaise contre tout ce qui touche aux églises, on traque les ecclésiastiques comme complices de Versailles et on les emprisonne comme otages [1]. L'archevêque de Paris, M. Darboy, et M. Deguerry, curé de la Madeleine, sont arrêtés. M. Bonjean, le seul membre libéral du sénat impérial, est détenu depuis le 21 mars comme otage. Plus de liberté de conscience : la plupart des églises sont fermées et converties en clubs. On en a emporté les vases et les ustensiles précieux servant à l'exercice du culte. Ces persécutions imbéciles créaient autour du clergé une légende dangereuse ; on croyait détruire son influence et, au contraire, on la fortifiait. C'est ainsi que parfois on va directement contre le but que l'on se propose.

La ligue d'union républicaine des droits de Paris avait, elle aussi, envoyé trois délégués à Versailles afin de présenter au chef du pouvoir exécutif le programme qu'elle avait adopté et dont elle attendait un armistice, en attendant la réconciliation

---

[1] Le citoyen Le Moussu, qui remplissait une fonction quelconque dans le XVIII° arrondissement, publiait l'ordonnance suivante :

« Attendu que les prêtres sont des bandits et que les églises sont des repaires où ils ont assassiné moralement les masses en courbant la France sous la griffes des infâmes Bonaparte, Favre et Trochu,

« Le délégué civil des Carrières, près l'ex-préfecture de police, ordonne que l'église Saint-Pierre-Montmartre sera fermée et décrète l'arrestation des prêtres et des ignorantins.

« *Signé* : LE MOUSSU. »

complète. Que répondit M. Thiers ? Que, chef du pouvoir exécutif du seul gouvernement légal existant en France, il n'avait pas
à discuter les bases d'un traité, mais que cependant il était tout
disposé à faire connaître ses intentions à des républicains sincères. Ces intentions, dont il fut fait un rapport fidèle, se résu-
maient ainsi :

En ce qui touche la reconnaissance de la République,
M. Thiers en garantit l'existence, tant qu'il demeurera à la tête
du pouvoir. Il a reçu un État républicain, il met son honneur à
conserver cet État.

En ce qui touche les franchises municipales de Paris, M. Thiers
expose que Paris jouira de ses franchises dans les conditions où
en jouiront toutes les villes, d'après la loi commune, telle qu'elle
sera élaborée par l'Assemblée des représentants de la France.
Paris aura le droit commun, rien de moins, rien de plus.

En ce qui touche la garde de Paris, exclusivement confiée à la
garde nationale. M. Thiers déclare qu'il sera procédé à une organisation de la garde nationale, mais qu'il ne saurait admettre
le principe de l'exclusion absolue de l'armée.

En ce qui concerne la situation actuelle et les moyens de mettre fin à l'effusion du sang, M. Thiers déclare que, ne reconnaissant point la qualité de belligérants aux personnes engagées
dans la lutte contre l'Assemblée nationale, il ne peut ni ne veut
traiter d'un armistice ; mais il dit que si les gardes nationaux de
Paris ne tirent ni un coup de fusil ni un coup de canon, les troupes de Versailles ne tireront ni un coup de fusil ni un coup de
canon, jusqu'au moment indéterminé où le pouvoir exécutif se
résoudra à une action et commencera la guerre. M. Thiers
ajoute : Quiconque renoncera à la lutte armée, c'est-à-dire quiconque rentrera dans ses foyers en quittant toute attitude hostile, sera à l'abri de toute recherché. M. Thiers excepte seulement
les assassins des généraux Lecomte et Clément Thomas, qui
seront jugés, si on les trouve. Enfin M. Thiers, reconnaissant
l'impossibilité pour une partie de la population, actuellement
privée de travail, de vivre sans la solde allouée, continuera le
service de cette solde pendant quelques semaines.

La commission exécutive de la Commune avait entendu les
délégués qui rapportaient de Versailles les instructions qu'on

vient de lire. Elle ne s'en émut nullement et ne daigna pas même les examiner ; encore moins mettre son programme en face du programme de M. Thiers. Elle se contenta de déclarer dans le *Journal officiel* qu'elle avait écouté, mais à titre officieux seulement, le rapport des délégués de la Ligue et qu'elle n'avait pas besoin d'y répondre. La ligue, disait-elle, a pris librement une initiative à laquelle la commission exécutive, aussi bien que la Commune, sont et veulent demeurer étrangères. On repoussait donc avec une hauteur fort déplacée les propositions dont les délégués étaient porteurs. On voulait la guerre, rien que la guerre. La Commune venait de décréter, pour soutenir le courage de ses soldats, que tout citoyen blessé à l'ennemi pour la défense des droits de Paris recevrait une pension variant entre huit cents et douze cents francs. Elle avait institué une commission des barricades qui commença immédiatement ses travaux sous la présidence du citoyen Napoléon Gaillard, cordonnier de son état, orateur très-écouté de certains clubs pour la violence de son langage.

Des barricades s'élevaient rapidement à l'intérieur de l'enceinte, sur le parcours de la route militaire et en face des portes de sortie. Ce n'étaient plus, comme au 18 mars, d'informes amas de pavés, mais de solides retranchements constituant de véritables redoutes établies avec beaucoup d'art. Faites avec de la terre amoncelée sur une hauteur de 4 mètres et une épaisseur de 6 mètres, ces barricades, construites sur toute la largeur de la voie, étaient revêtues extérieurement de sacs de terre ; elles présentaient généralement trois embrasures, et elles étaient précédées par un fossé de 2 mètres de profondeur et d'une largeur proportionnée au massif. Cette tranchée mettait à découvert les conduites d'eau et de gaz, ainsi que les égouts. Dans la partie de l'égout comprise dans le fossé devait être placée une torpille, et à 50 mètres en avant de la barricade on devait en mettre une autre, de façon à pouvoir faire sauter le terrain, si c'était nécessaire, sur un vaste périmètre [1].

Le sort en est jeté : c'est la guerre qui l'emporte.

[1] *Histoire de la Révolution du 18 mars,* par P. Lanjalley et P. Corriez, p. 253.

———————

PIÈCES JUSTIFICATIVES.

I

DÉCLARATION DE PRINCIPES

de la Commune au peuple français.

« Dans le conflit douloureux et terrible qui impose encore une fois à Paris les horreurs du siége et du bombardement, qui fait couler le sang français, qui fait périr nos frères, nos femmes, nos enfants écrasés sous les obus et la mitraille, il est nécessaire que l'opinion publique ne soit pas divisée, que la conscience nationale ne soit point troublée.

« Il faut que Paris et le pays tout entier sachent quelle est la nature, la raison, le but de la révolution qui s'accomplit. Il faut enfin que la responsabilité des deuils, des souffrances et des malheurs dont nous sommes les victimes retombe sur ceux qui, après avoir trahi la France et livré Paris a l'étranger, poursuivent avec une aveugle et cruelle obstination la ruine de la capitale, afin d'enterrer, dans le désastre de la République et de la liberté, le double témoignege de leur trahison et de leur crime.

« La Commune a le devoir d'affirmer et de déterminer les aspirations et les vœux de la population de Paris; de préciser le caractère du mouvement du 18 mars, incompris, inconnu et calomnié par les hommes politiques qui siégent à Versailles.

« Cette fois encore, Paris travaille et souffre pour la France entière, dont il prépare, par ses combats et ses sacrifices, la régéneration intellectuelle, morale, administrative et économique, la gloire et la prospérité.

« Que demande-t-il ?

« La reconnaissance et la consolidation de la République, seule forme de gouvernement compatible avec les droits du peuple et le développement régulier et libre de la société.

« L'autonomie absolue de la Commune étendue à toutes les localités de la France, et assurant à chacune l'intégralité de ses droits, et tout Français le plein exercice de ses facultés et de ses aptitudes, comme homme, citoyen et travailleur.

« L'autonomie de la Commune n'aura pour limites que le droit d'autonomie égal pour toutes les autres communes adhérentes au contrat, dont l'association doit assurer l'unité française.

« Les droits inhérents à la commune sont :

« Le vote du budget communal, recettes et dépenses ; la fixation et la répartition de l'impôt : la direction des services locaux ; l'organisation de la magistrature, de la police intérieure et de l'enseignement; l'administration des biens appartenant à la Commune ;

« Le choix par l'élection ou le concours, avec la responsabilité, et le droit permanent de contrôle et de révocation des magistrats ou fonctionnaires communaux de tous ordres ;

« La garantie absolue de la liberté individuelle, de la liberté de conscience et de la liberté du travail ;

‹ L'intervention permanente des citoyens dans les affaires communales par le libre manifestation de leurs idées, la libre defense de leurs intérêts : garanties données à ces manifestations par la Commune, seule chargée de surveiller et d'assurer le libre et juste exercice du droit de réunion et de publicité.

‹ L'organisation de la défense urbaine et de la garde nationale, qui élit ses chefs et veille seule au maintien de l'ordre dans la cité.

« Paris ne veut rien de plus à titre de garanties locales, à condition, bien entendu, de retrouver dans l'administration centrale, délégation des communes fédérées, la réalisation et la pratique des mêmes principes.

« Mais, à la faveur de son autonomie et profitant de sa liberté d'action, Paris se réserve d'opérer comme il l'entendra, chez lui, les réformes administratives et économiques que réclame sa population ; de créer des institutions propres à développer et à propager l'instruction, la production, l'échange et le credit ; à universaliser le pouvoir et la propriété, suivant les nécessités du moment, le vœu des intéressés et les données fournies par l'experience.

« Nos ennemis se trompent ou trompent le pays quand ils accusent Paris de vouloir imposer sa volonté ou sa suprématie au reste de la nation, et de prétendre à une dictature qui serait un veritable attentat contre l'indépendance et la souveraineté des autres communes.

« Ils se trompent ou trompent le pays quand ils accusent Paris de poursuivre la destruction de l'unité française constituée par la Révolution, aux acclamations de nos peres, accourus à la fête de la Fédération de tous les points de la vieille France.

« L'unité, telle qu'elle nous a été imposée par l'empire, la monarchie et le parlementarisme, n'est que la centralisation despotique, inintelligente, arbitraire ou onéreuse.

« L'unité politique, telle que la veut Paris, c'est l'association volontaire de toutes les initiatives locales, le concours spontané et libre de toutes les énergies individuelles en vue d'un but commun, le bien-être, la liberté et la sécurité de tous.

‹ La révolution communale, commencée par l'initiative populaire du 18 mars, inaugure une ère nouvelle de politique expérimentale, positive, scientifique.

« C'est la fin vieux monde gouvernemental et clérical, du militarisme, du fonctionnarisme, de l'exploitation, de l'agiotage, des monopoles, des privilèges, auxquels le proletariat doit son servage, la patrie ses malheurs et ses désastres.

‹ Que cette chère et grande patrie, trompée par les mensonges et les calomnies, se rassure donc !

« La lutte engagée entre Paris et Versailles est de celles qui ne peuvent se terminer par des compromis illusoires ; l'issue n'en saurait être douteuse. La victoire, poursuivie avec une indomptable énergie par la garde nationale, restera à l'idée et au droit.

« 'Nous en appelons à la France!

« Avertie que Paris en armes possède autant de calme et de bravoure; qu'il soutient l'ordre avec autant d'énergie que d'enthousiasme ; qu'il se sacrifie avec autant de raison que d'héroïsme ; qu'il ne s'est armé que par dévouement pour la liberté et la gloire de tous, que la France fasse cesser ce sanglant conflit !

« C'est à la France à désarmer Versailles par la manifestation solennelle de son irrésistible volonté.

« Appelée à bénéficier de nos conquêtes, qu'elle se déclare solidaire de nos efforts qu'elle soit notre alliée dans ce combat qui ne peut finir que par l'idée communale ou par la ruine de Paris !

» Quant à nous, citoyens de Paris, nous avons la mission d'accomplir la révolution moderne, la plus large et la plus féconde de toutes celles qui ont illuminé l'histoire.

« Nous avons le devoir de lutter et de vaincre!

« La Commune de Paris.

« Paris, le 10 avril 1871. »

II

COMMUNE DE PARIS.

Aux travailleurs des campagnes.

Frère, on te trompe. Nos intérêts sont les mêmes. Ce que je demande, tu le veux aussi : l'affranchissement que je réclame, c'est le tien Qu'importe si c'est à la ville ou à la campagne que le pain, le vêtement, l'abri, le secours manquent à celui qui produit toute la richesse de ce monde ? Qu'importe que l'oppresseur ait nom : gros propriétaire ou industriel? Chez toi, comme chez nous, la journée est longue est rude et ne rapporte pas même ce qu'il faut aux besoins du corps. A toi comme à moi, la liberté, le loisir, la vie de l'esprit et du cœur manquent. Nous sommes encore et toujours, toi et moi, les vassaux de la misère.

Voilà près d'un siecle, paysan, pauvre journalier, qu'on te répéte que la propriété est le fruit sacré du travail, et tu le crois. Mais ouvre donc les yeux et regarde autour de toi ; regarde toi-même et tu verras que c'est un mensonge. Te voilà vieux; tu as toujours travaillé ; tous tes jours se sont passés la bêche ou la faucille à la main, de l'aube à la nuit, et tu n'es pas riche cependant, et tu n'as pas même un morceau de pain pour ta vieillesse. Tous tes gains ont passé à élever péniblement des enfants que la conscription va te prendre, ou qui, se mariant à leur tour, mèneront la même vie de bête de somme que tu as menée, et finiront comme tu vas finir, misérablement; car, la vigueur de tes membres s'étant épuisée, tu ne trouveras guère plus de travail ; tu chagrineras tes enfants du poids de ta vieillesse et te verras bientôt obligé, le bissac sur le dos et courbant la tête, d'aller mendier de porte en porte l'aumône méprisante et sèche.

Cela n'est pas juste, frère paysan, ne le sens-tu pas? Tu vois donc bien que l'on te trompe; car s'il était vrai que la propriété est le fruit du travail, tu serais propriétaire, toi qui as tant travaillé. Tu posséderais cette petite maison, avec un jardin et un enclos, qui a été le rêve, le but, la passion de toute ta vie, mais qu'il t'a été impossible d'acquérir, — ou que tu n'as acquise peut-être, malheureux, qu'en contractant une dette qui t'épuise, te ronge, et va forcer tes enfants à vendre, aussitôt que tu seras mort, peut-être avant, ce toit qui t'a déjà tant coûté. Non, frère, le travail ne donne pas la propriété. Elle se transmet par hasard ou se gagne par ruse. Les riches sont des oisifs, les travailleurs sont des pauvres, — et restent pauvres. C'est la règle; le reste n'est que l'exception.

Cela n'est pas juste. Et voilà pourquoi Paris, que tu accuses sur la foi de gens intéressés à te tromper, voilà pourquoi Paris s'agite, réclame, se soulève et veut changer les lois qui donnent tout pouvoir aux riches sur les travailleurs. Paris veut que le fils du paysan soit aussi instruit que le fils du riche, et *pour rien*, attendu que la science humaine est le bien commun de tous les hommes, et n'est pas moins utile pour se conduire dans la vie que les yeux pour voir.

Paris veut qu'il n'y ait plus de roi qui reçoive trente millions de l'argent du peuple, et qui engraisse de plus sa famille et ses favoris : Paris veut que, cette grosse dépense n'étant plus à faire, l'impôt diminue grandement. Paris demande qu'il n'y ait plus de fonctions payées 20,000, 30,000, 100,000 francs; donnant à manger à un homme, en une seule année, la fortune de plusieurs familles ; et qu'avec cette économie, on établisse des asiles pour la vieillesse des travailleurs.

Paris demande que tout homme qui n'est pas propriétaire ne paye pas un sou d'impôt; que celui qui ne possède qu'une maison et son jardin ne paye rien encore ; que les petites fortunes soit imposées légèrement, et que tout le poids de l'impôt tombe sur les richards.

Paris demande que ce soient les députés, les sénateurs et les bonapartistes, auteurs de la guerre, qui payent les cinq milliards de la Prusse, et qu'on vende pour cela leurs propriétés, avec ce qu'on appelle les biens de la couronne, dont il n'est plus besoin en France.

Paris demande que la justice ne coûte plus rien à ceux qui en ont besoin, et que ce soit le peuple lui-même qui choisisse les juges parmi les honnêtes gens du canton.

Paris veut enfin, — écoute bien ceci, travailleur des campagnes, pauvre journalier, petit propriétaire que ronge l'usure, bordier, métayer, fermier, vous tous qui semez, récoltez, suez, pour que le plus clair de vos produits aille à quelqu'un qui ne fait rien; — ce que Paris veut, en fin de compte, c'est la terre au paysan, l'outil à l'ouvrier, le travail pour tous.

La guerre que fait Paris en ce moment, c'est la guerre à l'usure, au mensonge et à la paresse. On vous dit : « Les Parisiens, les socialistes sont des partageux. » Eh! bonnes gens, ne voyez-vous pas qui vous dit cela ? Ne sont-ils pas des partageux ceux qui, ne faisant rien, vivent grassement du travail des autres ? N'avez-vous jamais entendu les voleurs, pour donner le change, crier : « Au voleur ! » et détaler tandis qu'on arrête le volé ?

Oui, les fruits de la terre à ceux qui la cultivent. A chacun le sien, le travail pour tous.

Plus de très-riches ni de très-pauvres.

. Plus de travail sans repos, ni de repos sans travail.

Cela se peut; car il vaudrait mieux ne croire à rien que de croire que la justice ne soit pas possible.

Il ne faut pour cela que de bonnes lois, qui se feront quand les travailleurs cesseront de vouloir être dupés par les oisifs.

Et dans ce temps là, croyez-le bien, frères cultivateurs, les foires et les marchés seront meilleurs pour qui produit le blé et la viande, et plus abondants pour tous, qu'ils ne le furent jamais sous aucun empereur ou roi. Car alors, le travailleur sera fort et bien nourri, et le travail sera libre des gros impôts, des patentes et des redevances, que la Révolution n'a pas toutes emportées, comme il paraît bien.

Donc, habitants des campagnes, vous le voyez, la cause de Paris est la vôtre, et c'est pour vous qu'il travaille, en même temps que pour l'ouvrier. Ces généraux, qui l'attaquent en ce moment, ce sont les généraux qui ont trahi la France. Ces députés, que vous avez nommés sans les connaître, veulent nous ramener Henri V. Si Paris tombe, le joug de misère restera sur votre cou et passera sur celui de vos enfants. Aidez-le donc à triompher, et, quoi qu'il arrive, rappelez-vous bien ces paroles — car il y aura des révolutions dans le monde jusqu'à ce qu'elles soient accomplies : — LA TERRE AU PAYSAN, L'OUTIL A L'OUVRIER, LE TRAVAIL POUR TOUS.

Les travailleurs de Paris.

III

ADRESSE DE LA MUNICIPALITÉ LYONNAISE

A L'ASSEMBLÉE NATIONALE ET A LA COMMUNE DE PARIS.

Citoyens,

Délégués du conseil municipal de Lyon, nous n'avons pu voir, sans une profonde douleur, se prolonger la lutte sanglante entre Paris et l'Assemblée de Versailles.

Nous sommes accourus sur le champ de bataille pour tenter un effort suprême de conciliation entre les belligérants.

Où est l'ennemi? Pour nous, il n'y a parmi les combattants que des Français. Nous intervenons entre eux au nom d'un principe sacré : la fraternité. Nous trouvons en présence deux pouvoirs rivaux qui se disputent les destinées de la France : d'un côté, l'Assemblée nationale dans laquelle nous respectons le principe du suffrage universel; de l'autre, la Commune, qui personnifie un droit incontestable, celui qu'ont les villes de s'administrer elles-mêmes. Nous venons leur rappeler, à tous deux, une chose plus sainte encore, le devoir d'épargner la France et la République.

A l'Assemblée nationale, nous dirons : « Voici déjà trop longtemps que vous dirigez contre Paris des attaques meurtrières, que vous lui faites une guerre sans trêve. Le sang coule à flots. Après le siége des Prussiens, dont vous avez pris la place, le blocus des Français contre les Français!...

« Qu'espérez-vous ? Votre dessein est-il d'enlever Paris d'assaut? vous n'y entrerez, dans tous les cas, que sur des monceaux de cadavres et de ruines fumantes, poursuivis par les malédictions des veuves et des orphelins. Vous ne trouveriez devant vous qu'un spectre de ville. Et le lendemain d'une telle victoire, quelle serait votre autorité morale dans le pays? Ouvrez les yeux, il en est temps encore, reconnaissez qu'une ville qui se défend avec cet héroïsme contre toute une armée française est animée par quelque chose de plus sérieux qu'une vaine passion et une aveugle turbulence. Elle protége un droit, elle proclame une vérité.

« Ne vous retranchez pas derrière une analogie qui n'est que spécieuse. Dans la guerre civile qui a désolé la grande République américaine, le Sud combattait pour le maintien de l'esclavage ; Paris, au contraire, s'est soulevé au nom de la liberté. Si vous voulez emprunter des leçons à l'histoire, souvenez-vous plutôt des hommes d'état de la Prusse qui, au lendemain des désastres d'Iéna, donnèrent à leur pays meurtri et humilié les mâles consolations de la liberté qui relève et régénère les peuples. »

A la Commune, nous dirons : Prenez y-garde ; en sortant du cercle de vos attributions, vous vous aliénez les esprits sincères et justes. Rentrez dans la limite des revendications municipales. Sur ce terrain, vous avez pour vous le droit et la raison. N'employez pas, pour défendre la liberté, des armes qu'elle désavoue. Plus de suppressions de journaux! Ce ne sont pas les critiques, ce sont vos propres fautes que vous devez redouter. Plus d'arrestations arbitraires! Plus d'enrôlements forcés! Contraindre à la guerre civile, c'est violenter la conscience. Songez, du reste, aux dangers imminents et terribles que la prolongation d'une lutte fratricide fait courir à la République. Assez de sang répandu! Vous avez le droit de sacrifier votre vie et votre mémoire; vous n'avez pas le droit d'exposer la démocratie à une défaite irréparable. »

Notre mission, on le voit, est toute pacifique. Aux uns et aux autres nous crions : « Trêve! déposez les armes; faites taire la voix du canon et écoutez celle de la justice. »

Paris réclame ses franchises municipales : le droit de nommer ses maires, d'organiser sa garde nationale, de pourvoir lui-même à son administration intérieure. Qui peut lui donner tort? Sont-ce les hommes aujourd'hui au pouvoir, qui n'ont cessé de revendiquer pendant vingt ans le gouvernement du pays par le pays?

Que l'Assemblée nationale veuille bien y réfléchir. Sa résistance se briserait tôt ou tard contre la volonté des citoyens appuyée sur le droit; car la cause de Paris est celle de toutes les villes de France. Leurs revendications légitimes, étouffées aujourd'hui, éclateraient demain plus irrésistibles. Quand une idée a pris racine dans l'esprit d'un peuple, on ne l'en arrache point à coups de fusil.

C'est donc au nom de l'ordre, comme au nom de la liberté, que nous adjurons les deux partis belligérants de songer à la responsabilité de leurs actes. Derrière le voile de sang et de fumée qui couvre le terrain de la lutte, ne perdons point de vue deux choses sinistres : la République déchirée de nos propres mains et les Prussiens qui nous observent, la mèche allumée sur leurs canons.

BARODET, CRESTIN, FERROUILLAT, OUTHIER, VALLIER,
Conseillers municipaux de Lyon, délégués.

G. FLOURENS.

Degorce-Cadot, édit. Paris.   Rouge et Cᵉ, imp.

LIVRE NEUVIÈME.

LA COMMUNE.

DU 11 AVRIL A LA FIN DE MAI.)

Le maréchal de Mac-Mahon à la tête de l'armée de Versailles. — Trois corps vont opérer contre Paris. — Positions qu'ils occupent. — Commencement des opérations. — Proclamation mensongère de la Commune. — La France se lève-t-elle? Décrets contre la colonne Vendôme et la chapelle expiatoire; la guerre aux pierres. Haines puériles contre les monuments. — Le *Soir*, la *Cloche*, l'*Opinion nationale*, le *Bien public* sont supprimés. — Arrestation de Chaudey par ordre de Raoul Rigault. — Destitution et emprisonnement de Cluseret. — Nomination de Rossel; sa candeur, son ambition, son erreur. — La situation s'aggrave. Tiraillements dans la Commune. — L'indiscipline. — Création du comité de salut public. — Prise du fort d'Issy. — Arrestation de Rossel; son évasion. — Delescluze est nommé délégué à la guerre. — Proclamation du gouvernement de Versailles aux Parisiens. Opérations militaires. — La maison de Thiers est rasée. — Proclamation de Delescluze. La colonne Vendôme est renversée. — Rigueurs contre la presse; suppression du *Siècle*. — Entrée de l'armée de Versailles; la bataille, les incendies, les massacres, les exécutions. Les morts de la Commune. — Derniers efforts de l'insurrection. — Fin de la Commune.

Une dépêche de Versailles, 11 avril, annonce à la France que le maréchal de Mac-Mahon est appelé à commander l'armée et que les généraux de Cissey et Ladmirault sont placés sous ses ordres. Le maréchal de Mac-Mahon était depuis peu revenu d'Allemagne où il était resté depuis la fatale journée de Sedan. Secondé ou plutôt dirigé par M. Thiers, dont l'activité était de tous les instants, il reconstituait l'armée avec les prisonniers qu'un privilége spécial ramenait prématurément de la captivité. L'armée de Versailles fut composée de trois corps : le 1er, sous les ordres du général Ladmirault, forme la gauche; la division Maud'huy occupe Courbevoie et le pont de Neuilly; la division Montaudon garde Rueil et Nanterre; la division Grenier est à

Villeneuve-l'Étang. Le 2ᵉ corps, commandé par le général de Cissey, formant la droite, s'établit à Châtillon, Plessis-Piquet et dans les village semés en arrière de la Bièvre. Le 3ᵉ corps, aux ordres du général du .Barail, est entièrement composé de cavalerie et doit couvrir la colonne de droite. Les remparts de Paris offrent un saillant plus abordable que les autres, c'est le Point-du-Jour, que protége le fort d'Issy. Il faut donc s'emparer de ce fort avant de commencer les travaux d'approche vers l'enceinte.

Le 12 avril, le corps de Cissey commence les travaux de tranchée et place de nouvelles batteries sur le plateau de Châtillon. Ladmirault s'empare du village de Colombes. La redoute de Gennevilliers est enlevée ; les troupes s'avancent jusqu'aux abords du château de Bécon dont il importe de s'emparer pour établir des batteries destinées à contre-battre celles des gardes nationaux, à Asnières et à Clichy. Quelques jours après (17 avril) le 36ᵉ de marche enlève le château de Bécon ; les troupes mettent le parc en état de défense, des batteries sont établies et l'insurrection se voit refoulée sur la rive droite. Du côté de Neuilly, l'artillerie de l'armée de Versailles engage un duel incessant avec les batteries des fédérés de la porte Maillot. Les maisons de Neuilly sont criblées d'obus et leurs malheureux habitants, pris entre deux feux, n'ont plus d'autre refuge que leurs caves où ils vont passer les jours et les nuits dans des angoisses mortelles, en attendant qu'un armistice, qui sera tardif, vienne leur permettre de se réfugier dans Paris. Sur la droite, le corps de Cissey s'avance graduellement vers le fort d'Issy en établissant des parallèles entre Clamart et Châtillon. Les forts de Vanves et d'Issy sont couverts de projectiles. Ils répondent vigoureusement à cette attaque furieuse. Mais les fédérés perdent visiblement du terrain. De toutes parts se dressent de nouvelles batteries. L'armée de Versailles se renforce chaque jour par l'envoi de nouvelles troupes; les travaux de retranchement destinés à isoler les forts attaqués sont poursuivis avec une prodigieuse activité. Les fédérés se battent avec une rare énergie ; on excite leur courage par de mensongers bulletins de victoire ; mais leurs pertes quotidiennes ne se réparent pas. La confiance baisse, et les proclamations pompeuses de la Commune ne font pas lever de nouveaux défenseurs pour prendre la place de ceux qui tombent. C'est vainement qu'on promet aux fédérés que toute la France se lève pour accourir à leur secours. Le découragement perce dans ces promesses inutiles : « Courage, disait une affiche, nous touchons au terme de nos souffrances. Il ne se peut pas que Paris s'abaisse au point de supporter qu'un Bonaparte le reprenne d'assaut ! Il ne se peut pas qu'on rentre ici régner sur des ruines et des cadavres ! Il ne se peut pas qu'on subisse le joug des traîtres qui restèrent des mois entiers sans tirer sur les Prussiens et qui ne restent pas une heure sans nous mitrailler. Des femmes, des enfants, des vieillards, des innocents sont tombés sous leurs coups ; ce n'est plus seulement Paris qui est frémissant de rage et d'indignation, mais la France ; la France tout entière, s'agite écœurée, furieuse, cette belle France qu'ils ont ruinée et livrée et dont ils voudraient se partager les restes, comme des oiseaux de proie abattus dans un champ de carnage !... Les gens de Versailles, citoyens, vous disent découragés et fatigués ; ils mentent et le savent bien. Est-ce quand tout le monde vient à vous ; est-ce quand de tous les coins de Paris on se range sous votre drapeau ; est-ce quand tous les soldats de la ligne, vos frères, vos amis, se retournent et tirent sur les gendarmes et les sergents de ville qui les poussent à vous assassiner ; est-ce quand la désertion se met dans les rangs de nos ennemis ; quand le désordre, l'insurrection règnent parmi eux et que la peur les terrifie, que vous pouvez être découragés et désespérer de la victoire ? Est-ce quand la France tout entière se lève et vous tend la main ; est-ce quand on a su souffrir si héroïquement pendant huit mois, qu'on se fatiguerait de n'avoir plus que quelques jours à souffrir, surtout quand la liberté est au bout de la lutte ! »

La France ne se levait pas pour prendre en main la défense de la Commune de Paris ; elle procédait en ce moment même, dans une tranquillité parfaite, à ses élections municipales. A Lyon seulement quelques désordres éclataient, aussitôt apaisés. Les soldats de la ligne ne tiraient pas sur les gendarmes et les sergents de ville, mais ils poussaient rapidement et méthodiquement leurs travaux d'approche ; dans Paris enfin, il n'était pas vrai que la Commune vit de nouveaux adhérents se ranger sous ses drapeaux ; bien au contraire. Les violences dont elle se rendait coupable lui aliénaient les hommes qui auraient pu, dans le principe, se décider plutôt pour elle que pour le gouvernement légal.

Le *Journal officiel* publiait, le 12 avril, un décret ainsi conçu :

« Considérant que la colonne impériale de la place Vendôme est un monument de barbarie, un symbole de force brute et de fausse gloire, une affirmation du matérialisme, une négation du droit international, une insulte permanente des vainqueurs aux vaincus, un attentat perpétuel à l'un des trois grands principes de la République française, la fraternité, ordonne que la colonne de la place Vendôme soit démolie. » Quelques jours après, autre décret : la chapelle dite expiatoire de Louis XVI sera détruite, « considérant que l'immeuble connu sous le nom de chapelle expiatoire de Louis XVI est une insulte permanente à la première Révolution et une protestation perpétuelle de la réaction contre la justice du peuple. » Si cette guerre aux monuments avait pu assurer la victoire de la Commune, on aurait compris ces décrets. La colonne Vendôme n'était point sans doute un chef-d'œuvre, mais on en peut dire autant d'une foule de monuments historiques. La renverser, sous prétexte qu'elle rappelait la mémoire de Napoléon Ier, c'était peut-être le fait de grands politiques, mais il aurait fallu du même coup effacer de l'histoire le souvenir du premier Empire. Peut-être aussi la Commune choisissait-elle mal son moment. Les Prussiens entouraient Paris, la France venait de subir des désastres mémorables, et c'est à cette heure qu'on abattait un monument qui célébrait moins la gloire de Napoléon Ier que les victoires des armées françaises! Le patriotisme n'exigeait point ce sacrifice. On évoquait la « fraternité » des peuples et le respect du « droit international, » et la France était en train de subir l'écrasant fardeau de l'occupation étrangère, et l'ennemi campait à ses portes, qui lui avait arraché deux de ses provinces! Enfin, quoi de plus puéril et de plus étroit que cette haine qui s'adresse à des blocs de pierre à cause de l'idée qu'ils représentent? Les vicissitudes politiques se succèdent sans relâche à travers l'histoire. Faudra-t-il que tous les monuments tombent l'un après l'autre suivant la fortune des partis? Commencez-donc par supprimer l'histoire, ou renoncez à ces vengeances mesquines qui créent autour d'un nom que vous détestez — et que vous détestez avec raison — un prestige que peut-être il avait à jamais perdu.

Sur ces entrefaites, la liberté de la presse et la liberté individuelle recevaient de nouvelles atteintes. Les journaux le *Soir*, la *Cloche*, l'*Opinion nationale* et le *Bien public* sont suppri-

més, « attendu, dit l'arrêté, qu'il est impossible de tolérer dans
Paris assiégé des journaux qui prêchent ouvertement la guerre
civile, donnent des renseignements militaires à l'ennemi et pro-
pagent la calomnie contre les défenseurs de la République. »
Gustave Chaudey, républicain éprouvé, publiciste de talent et
l'un des rédacteurs du *Siècle*, est arrêté dans les bureaux de ce
journal, par ordre du préfet de police de la Commune, Raoul
Rigault. Chaudey avait été, pendant le siége, l'un des adjoints
du maire de Paris ; il se trouvait dans l'intérieur de l'Hôtel-
de-Ville pendant que les émeutiers du 22 janvier tentaient leur
coup de main inutile. On se souvient que les mobiles avaient fait
feu sur les insurgés et que plusieurs de ces hommes conduits
par Raoul Rigault en personne étaient tombés sur la place.
Raoul Rigault, depuis ce jour, ne cessa d'accuser Chaudey, faussement d'ailleurs, d'avoir commandé le feu. La vérité, c'est que
l'ancien adjoint du maire de Paris avait été fort surpris d'entendre éclater la fusillade. Mais quand une idée avait pénétré
une fois dans l'étroite cervelle de Raoul Rigault, elle n'en sortait
plus. Devenu, selon son rêve, préfet de police de la Commune,
et se trouvant en position d'assouvir sa haine, Rigault commença
par faire dénoncer Chaudey dans le *Père Duchêne*, rédigé par
Vermesch. Chaudey ne se cachait point, il signait tous les jours
des articles dans le *Siècle ;* il poussa l'imprudence ou la générosité jusqu'à croire que la dénonciation sauvage du *Père Duchêne* n'était pour son auteur qu'un jeu d'enfant et qu'il n'y avait
pour lui aucun danger à se montrer et à écrire comme de coutume. Il se trompait : Raoul Rigault était de ceux qui ne par-
donnent pas. Le 14 avril, vers quatre heures du soir, Chaudey
était arrêté et conduit à Mazas.

Cependant, la situation empirant toujours, de graves dissen-
timents naissaient au sein de la Commune et se trahissaient au
dehors. Il y avait une lutte sourde entre la Commune et le
comité central qui, malgré sa retraite plus apparente que réelle,
revenait très-souvent en scène par des proclamations à la garde
nationale. Il y avait, en outre, des déchirements continuels entre
les membres de la Commune. Les comptes rendus des séances
en font foi ; les orateurs se menaçaient. On n'était d'accord ni
sur la marche politique à suivre, ni sur les opérations militaires ;
on se tenait en suspicion. La confusion régnait dans les ré-

gions officielles. Dans la séance du 21 avril, un membre propose l'arrestation de Félix Pyat, qui a blâmé dans son journal les rigueurs contre la presse, qu'il a conseillées et approuvées au sein de la Commune. Pyat donne sa démission, puis la retire sur les instances, dit-il, des femmes de son quartier. La Commune a des agents qui soulèvent les clameurs publiques. L'un d'eux, Pilotell, photographe, chargé d'arrêter Chaudey, s'est emparé de l'argent qui se trouvait chez ce dernier. Un autre, sous prétexte de rechercher des armes, a pris 200,000 francs à la compagnie parisienne du gaz. L'indignation publique oblige la Commune à restituer cette somme. Enfin, symptôme plus grave encore, le général Cluseret, commandant en chef des forces de la Commune, était publiquement accusé de mollesse, d'impéritie et même de trahison.

Le 30 avril, la Commune rend le décret suivant :

« La Commune de Paris,

« Considérant qu'en acceptant les fonctions de délégué à la guerre, le citoyen Cluseret en subissait la pleine et entière responsabilité;

« Que cette responsabilité s'applique aussi bien à l'insuffisance qu'à la trahison, dont nous ne l'accusons pas ;

« Qu'il résulte évidemment des faits qui se sont écoulés que le citoyen Cluseret a été au-dessous d'une tâche qu'il avait acceptée ;

« Qu'en outre sa situation dans l'affaire Rossel n'est pas clairement établie ;

« Qu'il importe, à ces points de vue, dans un intérêt public, que cette détention soit maintenue ;

« Arrête :

« Le citoyen Cluseret sera maintenu en état d'arrestation jusqu'à la fin des événements militaires actuels.

« Il sera détenu à Sainte-Pélagie.

« *Signé* : ARNOLD, VAILLANT, TRINQUET, DUPONT (Clovis). »

Cluseret est remplacé au commandement militaire par un jeune homme, jusqu'alors inconnu et qu'attendait une mort tragique, Nathaniel Rossel, ex-capitaine du génie à Metz pendant la guerre contre l'Allemagne. Pendant le siège de Metz, Rossel avait été du nombre de ces vaillants officiers qui, voyant le sombre dénoûment préparé par le maréchal Bazaine, avaient formé un complot pour s'emparer du commandant en chef et nommer à sa place un autre général. Enfermé dans la citadelle, il s'était sauvé au moment de la capitulation, avait, sous un déguisement, franchi les lignes ennemies et il était venu à Tours offrir

ses services au gouvernement de la Défense nationale. Chargé
d'inspecter les places fortes du nord de la France, il devint, au
retour de cette mission, directeur du génie au camp de Nevers.
C'est là qu'il apprit la révolution du 18 mars. Il accourut à
Paris, après avoir donné sa démission au ministre de la guerre.
« Instruit par une dépêche de Versailles,—écrivait-il au ministre,
—qu'il y a deux partis en lutte dans le pays, je me range sans hésitation du côté de celui qui n'a pas signé la paix, et qui ne compte
pas dans ses rangs de généraux coupables de capitulation.» Rossel
était évidemment sincère en écrivant ces mots : ils peignent sa
candeur, qui était grande, et le trouble de ses pensées, qui était
profond. Rossel, nature foncièrement honnête, mais capable
des plus tristes emportements, était doué d'une intelligence
très-grande, mais mal équilibrée. Il aimait son pays et croyait
le servir en s'enrôlant sous le drapeau de la Commune. Il
connaissait peu les hommes, ayant toujours vécu parmi les livres ;
il connaissait mal surtout ceux dont il allait devenir le compagnon et le collaborateur. Son désenchantement plus tard fut
amer, si l'on en croit les pages qu'il écrivit peu de temps avant
sa mort. Toutes ses illusions alors étaient tombées ; il le confesse
avec la sincérité qui ne l'a jamais quitté. Parce que les membres
de la Commune prononçaient certains mots révolutionnaires et
copiaient les institutions d'une autre époque, Rossel avait posi-
tivement cru que ces hommes continuaient la grande Révolution
française. Ces pygmées sans idées lui avaient semblé de loin de la
même taille que les géants de la fin du siècle dernier. C'est en
cela que sa candeur fut infinie. A cette candeur s'ajoutait un immense besoin de mouvement. Rossel avait conscience de ses ca-
pacités et il nourrissait de vastes ambitions. Il se jeta dans la Commune parce que la Commune lui parut l'aurore d'un monde
nouveau, meilleur que ce monde officiel et en faveur dont il avait
vu à Metz le déplorable affaissement au milieu des circonstances les
plus critiques [1]. Il crut, peut-être de bonne foi, on le dirait en li-

---

[1] C'est ce qui semble résulter d'une lettre adressée à l'éditeur du *Times* sous prétexte de rectifier une erreur commise par ce journal :

« Il court dans les journaux une certaine calomnie qui ne m'aurait nullement inquiété
si votre honorable feuille n'en avait endossé la responsabilité.

« On assure que j'ai demandé un grade à M. Thiers, qui me l'aurait refusé : il n'y
a rien eu d'analogue. Dès la capitulation de Paris, tout lien était brisé entre l'armée

sant sa lettre au ministre de la guerre, que les hommes du 18 mars étaient de taille à recommencer la guerre avec la Prusse et à chasser l'étranger du sol national. Ils ne savait pas encore ccombien ces hommes s'étaient faits humbles et petits devant les Prussiens.

Arrivé à Paris, il est d'abord revêtu du grade de chef de légion, puis on le voit président d'une cour martiale qui prononce des condamnations à mort. Dur comme un puritain, impitoyable comme un fanatique, il ensanglante son nom — l'expression est de lui — dans ces fonctions subalternes. Les membres de la Commune, voyant ce jeune homme austère et instruit à leur dévotion, résolurent de s'en faire un instrument. Ils le nommèrent délégué à la guerre en remplacement de Cluseret. Rossel accepta sans hésiter. Il écrit, le 30 avril, à la commission exécutive :

« Citoyens,

« J'ai l'honneur de vous accuser réception de l'ordre par lequel vous me chargez, à tire provisoire, des fonctions de délégué à la guerre.

« J'accepte ces difficiles fonctions, mais j'ai besoin de votre concours le plus entier, le plus absolu, pour ne pas succomber sous le poids des circonstances.

« Salut et fraternité.

« Le colonel du génie,

« ROSSEL.

« 30 avril 1871. »

Le péril, pour la Commune, allait grandissant, au moment où le nouveau délégué à la guerre acceptait ces fonctions. Les troupes de Versailles avaient pris le cimetière, les carrières et le parc d'Issy. Le commandant du fort, qui était alors Mégy, avait précipitamment évacué cette position, s'estimant perdu, s'il y restait. Il est vrai que les fédérés n'avaient pas tardé à revenir dans le fort, attendu que les troupes régulières n'avaient pas essayé de l'enlever. Mais une attaque de vive force était immi-

---

française et moi, et je ne restai à mon poste que pour achever de régler l'importante comptabilité des travaux que j'avais exécutés.

« On dit qu'un dépit de jeune homme m'a jeté dans les rangs de la Révolution. Il n'y a point chez moi de dépit, mais une colère mûrement et longuement réfléchie contre l'ancien ordre social et contre l'ancienne France qui vient de succomber lâchement.

« ROSSEL,

« Délégué à la guerre. »

nente [1]. L'armée de Versailles enlevait, dans la nuit du 1 au
2 mai, la gare de Clamart et le château d'Issy. Le *Journal officiel* de la Commune publiait néanmoins des dépèches où l'on lisait aux pauvres dupes de la garde nationale : « *Feu ennemi
éteint. Versaillais repoussés. Gare de Clamart trois fois attaquée, ils sont repoussés vigoureusement.* »

Il fallut peu de temps à Rossel pour s'apercevoir que la Commune était une sorte de tour de Babel où l'on ne s'entendait guère ;
les socialistes, formant la minorité, étaient en lutte ouverte avec
les jacobins, ce groupe violent de pasticheurs de la Révolution dont Félix Pyat et Delescluze étaient les chefs influents. On
s'agitait beaucoup et on prononçait des discours très-pompeux ;
mais, en somme, on n'avançait pas. La Commune perdait du terrain, et si quelques milliers de fédérés se battaient courageusement, cela n'empêchait ni les jalousies entre les officiers supé-

---

1 Dans la soirée du 30, un parlementaire avait été envoyé au fort d'Issy, porteur
de cette sommation du major de tranchée :

SOMMATION

« Au nom et par ordre de M. le maréchal commandant en chef l'armée, nous, major
de tranchée, sommons le commandant des insurgés réunis en ce moment au fort
d'Issy d'avoir à se rendre, lui et tout le personnel enfermé dans ledit fort.

« Un *délai d'un quart d'heure* est accordé pour répondre à la présente sommation.

« Si le commandant des forces insurgées déclare, par écrit, en son nom et au nom
de la garnison tout entière du fort d'Issy, qu'il se soumet, lui et les siens, à la présente sommation, sans autre condition que d'obtenir la vie sauve et la liberté, moins
l'autorisation de résider dans Paris, cette faveur sera accordée.

« Faute par lui de ne pas répondre dans le délai indiqué plus haut, toute la garnison sera passée par les armes.

« Tranchées devant le fort d'Issy.

« *Le colonel d'état-major de tranchée,*

« R. LEPERCHE.

« 30 avril 1871. »

Le lendemain, le général Eudes remit au parlementaire cette réponse du successeur
de Cluseret :

Au citoyen Leperche, major des tranchées devant le fort d'Issy.

« Paris, 1er mai 1871.

« Mon cher camarade,

« La prochaine fois que vous vous permettrez de nous envoyer une sommation aussi
insolente que votre lettre autographe d'hier, je ferai fusiller votre parlementaire, conformément aux usages de la guerre.

« Votre dévoué camarade,

« ROSSEL,

« *Délégué de la Commune de Paris.*

1. 94

rieurs, ni les désertions, ni des tiraillements innombrables entre les divers représentants de l'autorité communale. Rossel a dévoilé cette plaie profonde peu de temps avant sa mort. Il y avait, dit-il, un peu partout des chefs particuliers qui n'acceptaient pas ou n'exécutaient pas les ordres. Chaque arrondissement avait son comité, nul, hargneux, jaloux; l'artillerie était séquestrée par un comité analogue, relevant aussi de la fédération, et qui était une rare collection d'incapables. Chaque monument, chaque caserne, chaque poste avait son commandant militaire, et ce commandant militaire avait son état-major et souvent sa garde en permanence; tous ces produits de la Révolution n'avaient d'autre titre et d'autre règle que leur bon plaisir, le droit du premier occupant et la prétention de rester en place sans rien faire.

La garde nationale, quand on y regardait de près, offrait un spectacle analogue. Les anciens cadres n'étaient plus obéis, à cause des ordres de réélection; les nouveaux cadres étaient contestés ou n'étaient pas encore élus : les bataillons saisissaient ce prétexte pour ne pas marcher. Un officier n'était pas plus tôt élu que les protestations contre son élection, les dénonciations contre son caractère et ses opinions arrivaient en masse au ministère de la guerre.

Rossel souffrait de ce désordre. Il prenait son rôle au sérieux et se croyait appelé à reformer ce monde d'intrigues où on se jalousait, où le comité central, désintéressé et en dehors de la scène en apparence, travaillait dans l'ombre à se substituer à la Commune et à s'emparer de la force armée. Comment débrouiller ce chaos, comment se faire obéir et restaurer la discipline? Ces choses ne vont point ordinairement avec la défaite, avec la menace toujours plus évidente d'un effondrement prochain. Comme les jacobins étaient sans cesse à chercher des motifs de plagiat dans le passé, on eut l'idée de ressusciter le *comité de salut public* et d'appliquer à l'année 1871 une institution qui, en d'autres temps et avec d'autres hommes, avait donné de prodigieux résultats. Plus pratiques et plus sensés que leurs collègues, les socialistes s'élevèrent avec force contre cette passion des emprunts au passé. Cet amour des grands mots les irritait, autant qu'il enivrait les membres de la majorité. On vota donc pour savoir si l'on instituerait oui ou non le comité de salut public. Il y eut, sur soixante-deux votants, trente-quatre voix pour et vingt-huit contre [1]. Puis il fallut choisir les membres du comité. Trente-sept votants seulement; vingt-cinq membres de la Commune s'étaient abstenus. Les membres du comité de salut public furent les citoyens : A. Arnaud, Ch. Gérardin, Léo Meillet, Félix Pyat, Ranvier. La Commune ne retira de ce comité burlesque aucune force nouvelle; ce retour vers le passé fut pour beaucoup d'esprits timides un sujet d'épouvante. C'est vers le même temps que Rossel chargeait le citoyen Gaillard de couvrir Paris de barricades.

Cependant l'argent commençait à manquer. Dans l'espace de trois semaines — du 20 mars au 1er mai — la Commune avait dépensé plus de vingt-cinq millions. Quoiqu'on fît argent de tout, quoiqu'on eût fait main basse sur toutes les caisses des administrations et des établissements communaux, on n'avait plus d'argent pour payer la solde de la garde nationale. Les discussions allaient s'envenimant. Rossel, très-absolu, passait déjà pour un « petit Bonaparte; » la Commune et le comité de salut public se plaignaient de ne recevoir pas de rapports de lui sur les événements militaires. Que se passait-il donc aux avant-postes? L'armée régulière s'apprêtait à frapper le grand coup. Le 8 mai, le *Journal officiel* de la Commune reproduit un document qui a paru dans l'*Officiel* de Versailles. C'est une sorte d'adresse ou d'avertissement aux « Parisiens, » ou mieux encore un *ultimatum*; le voici :

LE GOUVERNEMENT DE LA RÉPUBLIQUE FRANÇAISE AUX PARISIENS.

La France, librement consultée par le suffrage universel, a élu un gouvernement qui est le seul légal, le seul qui puisse commander l'obéissance, si le suffrage universel n'est pas un vain mot.

Ce gouvernement vous a donné les mêmes droits que ceux dont jouissent Lyon, Marseille, Toulouse, Bordeaux, et, à moins de mentir au prin-

[1] On lut bientôt sur les murs ce décret.

« Paris, le 1er mai.

« La Commune

« Décrète :

« Art. 1er. Un comité de salut public sera immédiatement organisé.

« Art. 2. Il sera composé de cinq membres, nommés par la Commune, au scrutin individuel.

« Art. 3. Les pouvoirs les plus étendus sur toutes les délégations et commissions sont donnés à ce comité, qui ne sera responsable qu'à la Commune. »

cipe de l'égalité, vous ne pouvez demander plus de droits que n'en ont toutes les autres villes du territoire.

En présence de ce gouvernement, la Commune, c'est-à-dire la minorité qui vous opprime et qui ose se couvrir de l'infâme drapeau rouge, a la prétention d'imposer à la France ses volontés. Par ses œuvres, vous pouvez juger du régime qu'elle vous destine. Elle viole les propriétés et emprisonne les citoyens pour en faire des otages, transforme en déserts vos rues et vos places publiques, où s'étalait le commerce du monde, suspend le travail dans Paris, le paralyse dans toute la France, arrête la prospérité qui était prête à renaître, retarde l'évacuation du territoire par les Allemands et vous expose à une nouvelle attaque de leur part, qu'ils se déclarent prêts à exécuter sans merci, si nous ne venons pas nous-mêmes comprimer l'insurrection.

Nous avons écouté toutes les délégations qui nous ont été envoyées, et pas une ne nous a offert une condition qui ne fût l'abaissement de la souveraineté nationale devant la révolte, le sacrifice de toutes les libertés et de tous les intérêts. Nous avons répété à ces délégations que nous laisserions la vie sauve à ceux qui déposeraient les armes, que nous continuerions le subside aux ouvriers nécessiteux. Nous l'avons promis, nous le promettons encore; mais il faut que cette insurrection cesse, car elle ne peut se prolonger sans que la France y périsse.

Le gouvernement qui vous parle aurait désiré que vous pussiez vous affranchir vous-mêmes des quelques tyrans qui se jouent de votre liberté et de votre vie. Puisque vous ne le pouvez pas, il faut bien qu'il s'en charge, et c'est pour cela qu'il a réuni une armée sous vos murs, armée qui vient, au prix de son sang, non pas vous conquérir, mais vous délivrer.

Jusqu'ici il s'est borné à l'attaque des ouvrages extérieurs. Le moment est venu où, pour abréger votre supplice, il doit attaquer l'enceinte elle-même. Il ne bombardera pas Paris, comme les gens de la Commune et du comité de salut public ne manqueront pas de vous le dire. Un bombardement menace toute la ville, la rend inhabitable, et a pour but d'intimider les citoyens et de les contraindre à une capitulation. Le gouvernement ne tirera le canon que pour forcer une de vos portes, et s'efforcera de limiter au point attaqué les ravages de cette guerre dont il n'est pas l'auteur.

Il sait, il aurait compris de lui-même, si vous ne le lui aviez fait dire de toutes parts, qu'aussitôt que les soldats auront franchi l'enceinte, vous vous rallierez au drapeau national pour contribuer avec notre vaillante armée à détruire une sanguinaire et cruelle tyrannie.

Il dépend de vous de prévenir les désastres qui sont inséparables d'un assaut. Vous êtes cent fois plus nombreux que les sectaires de la Commune. Réunissez-vous, ouvrez-nous les portes qu'ils ferment à la loi, à l'ordre, à votre prospérité, à celle de la France. Les portes ouvertes, le canon cessera de se faire entendre; le calme, l'ordre, l'abondance rentreront dans vos murs; les Allemands évacueront votre territoire, et les traces de vos maux disparaîtront rapidement.

Mais si vous n'agissez pas, le gouvernement sera obligé de prendre pour vous délivrer les moyens les plus prompts et les plus sûrs. Il vous le doit à vous, mais il le doit surtout à la France, parce que les maux qui pèsent sur vous pèsent sur elle, parce que le chômage qui vous ruine s'est étendu à elle et la ruine également, parce qu'elle a le droit de se sauver, si vous ne savez pas vous sauver vous-mêmes.

Parisiens, pensez-y mûrement : dans très-peu de jours nous serons dans Paris. La France veut en finir avec la guerre civile. Elle le veut, elle le doit, elle le peut. Elle marche pour vous délivrer. Vous pouvez contribuer à vous sauver vous-mêmes, en rendant l'assaut inutile, et en reprenant votre place dès aujourd'hui au milieu de vos concitoyens et de vos frères.

Cet avertissement menaçant jeta le comité de salut public dans un accès de fureur. Il rendit immédiatement un décret :

Considérant, que dans ce document, le sieur Thiers déclare que son armée ne bombarde pas Paris, tandis que chaque jour des femmes et des enfants sont victimes des projectiles fratricides de Versailles;

Qu'il y est fait un appel a la trahison pour pénétrer dans la place, sentant l'impossibilité absolue de vaincre par les armes l'héroïque population de Paris ;

Le comité de salut public arrête :

Art. 1er. Les biens meubles des propriétés de Thiers seront saisis par les soins de l'administration des domaines;

Art. 2. La maison de Thiers, située place Georges, sera rasée.

Le décret fut placardé sur la maison de M. Thiers. Trois jours après, l'hôtel de la « place Georges » était démoli, rasé. La Commune put contempler ces ruines avec orgueil [1]. Il est vrai que

---

[1] Le citoyen Fontaine, directeur des domaines, chargé de l'exécution du décret, avait pris l'arrêté suivant, que publiait le *Journal officiel* :

« En réponse aux larmes et aux menaces de Thiers, le bombardeur, et aux lois édictées par l'Assemblée rurale, sa complice,

« Arrête :

« Art 1er Tout le linge provenant de la maison Thiers sera mis à la disposition des ambulances.

« Art. 2. Les objets d'art et livres précieux seront envoyés aux bibliothèques et musées nationaux.

« Art. 3. Le mobilier sera vendu aux enchères, après exposition publique au Garde-meubles.

« Art. 4. Le produit de cette vente restera uniquement affecté aux pensions et indemnités qui devront être fournies aux veuves et orphelins des victimes de la guerre infâme que nous fait l'ex-propriétaire de l'hôtel Georges.

« Art. 5. Même destination sera donnée à l'argent que rapporteront les matériaux de démolition.

« Art. 6. Sur le terrain de l'hôtel du parricide sera établi un square public.

« *Le directeur général des domaines,*

« J. FONTAINE.

« Paris, le 25 floréal an 79.»

cet acte d'inutile vandalisme ne mit pas ses affaires en meilleur état.

Le 9 mai, dans l'après-midi, l'affiche suivante était apposée sur les murs de Paris :

« Midi et demi.

« Le drapeau tricolore flotte sur le fort d'Issy, abandonné hier soir par la garnison.

« *Le délégué à la guerre,*

« Rossel. »

Rossel disait vrai. La Commune exaspérée eut beau démentir la nouvelle et dire : « Il est faux que le drapeau tricolore flotte sur le fort d'Issy. Les Versaillais ne l'occupent et ne l'occuperont pas. La Commune vient de prendre les mesures énergiques que comporte la situation. » Il était vrai que les troupes régulières étaient entrées dans le fort d'Issy. Les derniers détachements de fédérés avaient évacué à l'aube cet amas de débris que les obus labouraient toujours avec furie. Rossel, dont tous les actes étaient entravés par le comité central, avait porté cette mauvaise nouvelle à la connaissance du public, non sans une âpre jouissance. Cet échec n'était-il pas, à ses yeux, la preuve que le comité central ne comptait dans son sein que des brouillons et des incapables? A la séance de la Commune, les jacobins accusent Rossel de trahison ; seul, Delescluze ose prendre sa défense, et rejeter sur le comité de salut public la responsabilité de l'échec qu'on vient d'essuyer. En conséquence, les membres du comité seront invités à se démettre de leurs fonctions. Quant à Rossel, il sera mis immédiatement en état d'arrestation. Félix Pyat surtout se montrait fort animé contre le délégué à la guerre et contre la minorité socialiste qu'il accusait de lâcheté. A la suite d'une

___

Félix Pyat avait déjà demandé la destruction de l'hôtel de M. Thiers; voici en quels termes :

« Au nom de Paris, au nom de la France, au nom de l'humanité, que son nom parricide soit trois fois maudit ! le jour de sa naissance, maudit ! le jour de sa mort, fêté ! Que sa maison tombe à l'heure même où tombera cette colonne qu'il a célébrée et dépassée en crimes! Qu'il n'en reste qu'une pierre avec cette inscription vengeresse : Là fut la maison d'un Français qui a brûlé Paris. »

discussion orageuse, la séance est suspendue pour quelques minutes. Les révolutionnaires de 1848 quittent la salle des séances et, comme ils ne paraissent pas à l'heure fixée pour la reprise de la délibération, les membres de la minorité se mettent à leur recherche. On les trouve réunis dans une salle isolée et délibérant à l'exclusion de la minorité. D'où réclamations et protestations. Enfin, la discussion est reprise en commun, et Pyat insiste de nouveau, avec l'aigreur qui le distingue, sur la nécessité de l'arrestation de Rossel. Un membre se lève alors, le citoyen Malon, qui apostrophe Pyat d'une voix indignée : « Vous êtes le mauvais génie de la Révolution. Taisez-vous! Ne continuez pas à répandre vos soupçons venimeux et à attiser la discorde. C'est votre influence qui perd la Commune, il faut qu'elle soit enfin anéantie [1]. »

Rossel se retire et demande « une cellule à Mazas. » La Commune décide en séance secrète qu'il sera mis en état d'arrestation et renvoyé devant une cour martiale [2], elle nomme à sa place le citoyen Delescluze. Rossel fut arrêté et enfermé dans l'une des salles de l'Hôtel-de-Ville sous la garde d'un membre de la Commune, nommé Gérardin. Le gardien et le prisonnier prirent la fuite ensemble. Le grotesque marchait de front avec le tragique.

Delescluze remplace Rossel au ministère de la guerre. Sera-t-il plus habile que lui? Les membres de la Commune le pensent, parce que Delescluze n'est pas un militaire, un de ces soldats dont on n'attend plus rien après Cluseret et Rossel. Durant les dix jours que Rossel a gardé le commandement ou a été censé l'exercer, la situation militaire a empiré. Le fort d'Issy, quoi qu'en ait dit la Commune, est aux mains des troupes régulières ; le fort de Vanves est très-menacé. Une batterie formidable de 80 pièces, élevée sur la hauteur de Montretout, balaye le rempart du Point-du-Jour avec furie et rend toute défense impossible dans le rayon de son tir. Les travaux d'approche sont très-avancés et l'heure de l'attaque va sonner. La situation politique est-elle meilleure ? Les tentatives de conciliation ont échoué : mauvais vouloir à Paris, mauvais vouloir à Versailles. La Commune s'est rendue aussi ridicule qu'odieuse en faisant raser la maison de M. Thiers ;

---

[1] *Histoire de la Révolution du 18 mars*, par P. Lanjalley et P. Corriez, p. 415.

[2] Voir aux *Pièces justificatives* la lettre de démission de Rossel.

le comité central jalouse et paralyse le comité de salut public ; la majorité violente la minorité : elle a menacé de l'emprisonner, et ces discussions intestines ne sont un mystère pour personne. Aucun espoir, aucune chance de salut. On roule vers un dénoûment terrible.

Quel est l'homme qui accepte le commandement suprême au bord du précipice ? Charles Delescluze, républicain austère, une intelligence distinguée, une conscience d'honnête homme. Delescluze a plus de soixante ans ; les luttes d'une existence orageuse et toujours déçue ont aigri son âme. Dans l'intimité, Delescluze est le plus doux des hommes ; homme public, chef de parti, il va jusqu'à l'emportement. Depuis 1832, époque où il s'est jeté dans les luttes politiques, sa vie a été une tourmente perpétuelle ; il a trempé dans les complots et il a connu les douleurs de l'exil. Commissaire de la République dans le département du Nord en 1848, déporté sous l'Empire à Cayenne, il était rentré en France après l'amnistie, pour combattre le gouvernement du 2 décembre, et il lui avait porté des coups terribles dans le journal le *Réveil*. Pendant le siége de Paris, adversaire déclaré des hommes de l'Hôtel-de-Ville, il les accusait de mollesse et d'impéritie ; il sortit irrité de ce long et douloureux blocus, qui laissa tant de cœurs ulcérés. Député de Paris à l'Assemblée de Bordeaux, il donne sa démission avec éclat pour ne point signer la paix qui arrache deux provinces à la France. Avant de se retirer, il a déposé une demande de mise en accusation du gouvernement parisien de la Défense nationale. Il est à Paris, le 18 mars, quand la révolution éclate. Que se passa-t-il alors dans cette âme orageuse ? Salua-t-il la révolution du 18 mars comme l'avénement de la république de ses rêves ? Était-il convaincu que la France avait besoin, pour reprendre ses traditions de la fin du siècle dernier, de passer par une sorte de cataclysme social ? C'est l'explication de sa conduite ; il crut sans doute à la naissance d'un monde nouveau ; comme à Rossel, la révolution du 18 mars lui semble l'aurore d'une société plus parfaite, plus libre, plus heureuse que cette vieille société dont les institutions soulevaient ses colères. Delescluze ne nourrissait plus sans doute cette illusion au moment où il se laissa nommer délégué à la guerre par la Commune ; mais lui, le toujours déçu et l'éternel vaincu, il ne veut, il ne peut plus attendre. Il tentera un effort désespéré, et s'il est vaincu, cette fois encore, il reste à son désespoir le refuge de la mort. Un fanatisme farouche entraîne cet homme au cœur aimant et doux, mais au cerveau étroit et dur. Il est, lui aussi, l'une des victimes de la grande piperie des mots ; il a le courage inébranlable des vieux conventionnels ; il ira jusqu'au bout, non sans avoir démasqué ses compagnons de lutte, qu'il appelle « des fous et des gredins, » et montant, quand tout espoir sera perdu, sur une barricade, il se fera tuer, ne voulant pas survivre aux horreurs dont il a été le témoin et ne voulant pas de la mort des cours martiales.

Delescluze notifie son avénement par la proclamation suivante :

\ LA GARDE NATIONALE.

Citoyens,

La Commune m'a délégué au ministère de la guerre ; elle a pensé que son représentant dans l'administration militaire devait appartenir à l'élément civil. Si je ne consultais que mes forces, j'aurais décliné cette fonction périlleuse, mais j'ai compté sur votre patriotisme pour m'en rendre l'accomplissement plus facile.

La situation est grave, vous le savez ; l'horrible guerre que vous font les féodaux conjurés avec les débris des régimes monarchiques vous a déjà coûté bien du sang généreux, et cependant, tout en déplorant ces pertes douloureuses, quand j'envisage le sublime avenir qui s'ouvrira pour nos enfants, et lors même qu'il ne nous serait pas donné de récolter ce que nous avons semé, je saluerais encore avec enthousiasme la révolution du 18 mars, qui a ouvert à la France et à l'Europe des perspectives que nul de nous n'osait espérer il y a trois mois. Donc, à vos rangs, citoyens, et tenez ferme devant l'ennemi.

Nos remparts sont solides comme vos bras, comme vos cœurs ; vous n'ignorez pas d'ailleurs que vous combattez pour votre liberté et pour l'égalité sociale, cette promesse qui vous a si-longtemps échappé ; que si vos poitrines sont exposées aux balles et aux obus des Versaillais, le prix qui vous est assuré, c'est l'affranchissement de la France et du monde, la sécurité de votre foyer et la vie de vos femmes et de vos enfants.

Vous vaincrez donc ; le monde qui vous contemple et applaudit à vos magnanimes efforts s'apprête à célébrer votre triomphe, qui sera le salut pour tous les peuples.

Vive la République universelle !

Vive la Commune !

Le délégué civil à la guerre,

DELESCLUZE.

Paris, 10 mai 1871.

Les événements se précipitent; l'heure de la chute approche. Le délire de la Commune va commencer. Une ombre de liberté restait encore à la presse : c'était trop pour les prétendus républicains de l'Hôtel-de-Ville. Le 12 mai, au moment même où l'on procédait au déménagement de la maison de M. Thiers, le délégué à la sûreté générale supprime d'un trait de plume le *Moniteur universel,* l'*Observateur,* l'*Univers,* le *Spectateur,* l'*Étoile* et l'*Anonyme.* Trois jours après, c'est le tour du *Siècle,* de la *Discussion,* du *National,* du *Journal de Paris* et du *Corsaire.* Le *Siècle* avait protesté contre un arrêté du comité de salut public qui obligeait tout citoyen à se munir d'une carte d'identité et qui donnait à tout garde national le droit d'arrêter un passant pour s'assurer qu'il était porteur de sa carte. Ce fut son arrêt de mort [1].

Le décret rendu contre la colonne Vendôme n'était pas encore exécuté. La solennité de la démolition fut annoncée pour le 16 mai. Une foule immense se porta sur les boulevards et aux abords de la place où quelques membres de la Commune, ceints de l'écharpe rouge, étaient venus se ranger. Une épaisse couche de fumier couvrait la rue de la Paix dans le sens où le cabestan devait entraîner la colonne préalablement sciée à la base. A un signal donné, les câbles se tendent, un craquement se fait entendre; ce n'est que le cabestan qui se brise. Pendant qu'on va chercher un autre appareil, des ouvriers armés de pioches et de pinces entament plus profondément le fût de la colonne. Le nouveau cabestan commence à fonctionner vers cinq heures. On voit le monument céder, s'incliner, et tout à coup se précipiter vers le sol où il tombe en faisant tout trembler à la ronde et en soulevant un nuage de poussière. Mille cris de joie retentissent; les musiques jouent la *Marseillaise;* des orateurs escaladent le piédestal, où flotte le drapeau rouge, et parlent à la foule qui ne

---

[1] Le 18 mai, nouvelle hécatombe ; le comité de salut public arrête :

« Art. 1er. Les journaux la *Commune,* l'*Écho de Paris,* l'*Indépendance française,* l'*Avenir national,* la *Patrie,* le *Pirate,* le *Républicain,* la *Revue des Deux-Mondes,* l'*Eco de Ultramar* et la *Justice* sont et demeurent supprimés.

« Art. 2. Aucun nouveau journal ou écrit périodique politique ne pourra paraître avant la fin de la guerre.

. . . .

« Art. 4. Les attaques contre la République et la Commune seront déférées à la cour martiale. »

les écoute pas. Telle fut la solennité offerte à Paris par la Commune, tandis que les Prussiens occupaient les forts qui entourent la ville [1]. Les citoyens Miot, membre de la Commune, et Ranvier, membre du comité central, se rendirent à l'Hôtel-de-Ville après la cérémonie. Une foule enthousiaste couvrait la place. Là Miot dit au peuple : « Jusqu'ici notre colère ne s'est exercée que sur des choses matérielles, mais le jour approche où les représailles seront terribles et atteindront cette réaction infâme qui nous mine et cherche à nous écraser. » Ranvier dit à son tour : « La colonne Vendôme, la maison de M. Thiers, la chapelle expiatoire, ne sont que des exécutions matérielles. Mais le tour des traîtres et des royalistes viendra inévitablement, si la Commune y est forcée. »

Ces discours forcenés n'étaient pas, malheureusement, une vaine bravade. Miot et Ranvier parlaient très-sérieusement. La Commune acculée, poussée au bord de l'abîme, sentait qu'elle allait mourir, mais elle entendait faire payer à Versailles sa victoire. On était arrivé dans un de ces moments tragiques où la vie humaine ne compte plus. Ces gens qui traitaient volontiers les Versaillais de brigands et d'assassins approuvaient l'assassinat d'un jeune garçon soupçonné d'être un espion de l'armée régulière et que le général La Cécilia venait de fusiller sans forme de procès, sur l'ordre du citoyen Johannard, membre de la Commune. Ce Johannard fait part de ce crime à ses collègues dans la séance du 19 mai ; il était allé aux avant-postes, à la façon des anciens commissaires que la Convention envoyait aux armees. « Je

---

[1] Le maréchal de Mac-Mahon porta ce fait à la connaissance de l'armee par l'ordre du jour suivant :

« Soldats !

« La colonne Vendôme vient de tomber.

« L'étranger l'avait respectée. La Commune de Paris l'a renversée. Des hommes qui se disent Français ont osé détruire, sous les yeux des Allemands qui nous observent, ce témoin des victoires de vos pères contre l'Europe coalisée.

« Espéraient-ils, les auteurs indignes de cet attentat à la gloire nationale, effacer la mémoire des vertus militaires dont ce monument était le glorieux symbole ?

« Soldats ! si les souvenirs que la colonne vous rappelait ne sont plus gravés sur l'airain, ils resteront du moins vivants dans nos cœurs, et, nous inspirant d'eux, nous saurons donner à la France un témoignage de bravoure, de dévouement et de patriotisme.

« Le maréchal DE MAC-MAHON,

duc de Magenta. »

ne serais peut-être pas venu, dit-il à ses collègues, sans un fait très-important dont je crois de mon devoir de vous rendre compte. On avait mis la main sur un garçon qui passait pour un espion. Toutes les preuves étaient contre lui, et il a fini par avouer lui-même qu'il avait reçu de l'argent et qu'il avait fait passer des lettres aux Versaillais. J'ai déclaré qu'il fallait le fusiller sur-le-champ. Le général La Cécilia et les officiers d'état-major étant du même avis, il a été fusillé à midi. » On se contente de demander à l'homme qui parle ainsi s'il a fait dresser procès-verbal de l'exécution, et sur sa réponse affirmative, Johannard retourne aux avant-postes, assurant qu'en pareil cas « il agira toujours de même. » L'avant-veille, le citoyen Urbain, après avoir donné lecture d'un rapport mensonger sur le viol et le massacre d'une ambulancière de la Commune, avait proposé de décréter « que dix individus désignés par le jury d'accusation seraient fusillés en punition des assassinats journellement commis par les Versaillais. Cinq des otages seraient exécutés dans l'intérieur de Paris, en présence de la garde nationale; les cinq autres le seraient aux avants-postes. » Sur quoi, le citoyen Amouroux avait émis l'avis d'immoler sur-le-champ un certain nombre d'otages, des prêtres surtout, et le citoyen Raoul Rigault propose que le jury d'accusation « puisse provisoirement, pour les accusés de crimes ou délits politiques, prononcer des peines, exécutoires dans les vingt-quatre heures, aussitôt après avoir statué sur la culpabilité des accusés. » Le jury d'accusation fut convoqué pour le lendemain, 18 mai. Telle était la politique, digne des Peaux-Rouges, que la majorité de la Commune adoptait. Quant à la minorité, elle s'était retirée, laissant ces fous et ces coquins à leurs fureurs sanguinaires.

Dans le public, à la vérité, on ne soupçonnait pas toute la perversité de ces hommes, jeunes et instruits pour la plupart : on les savait affectés de la manie des grands mots, capables de menaces; mais oseraient-ils exécuter ces menaces? Ces littérateurs, Pyat, Delescluze, J. Vallès n'enflaient-ils pas la voix pour s'étourdir eux-mêmes et pour intimider les autres? Certains indices donnaient à penser cependant. Le membre de la Commune délégué aux travaux publics invite, le 16 mai, tous les dépositaires de pétrole ou autres huiles minérales à en faire la déclaration, dans les quarante-huit heures, dans les bureaux de l'éclairage situés place de l'Hôtel-de-Ville, 9. Le même jour, une note parue au

Journal officiel, annonce que la délégation scientifique de la Commune « forme quatre équipes de fuséens pour le maniement des fusées de guerre et qu'il ne sera admis dans ces équipes que d'anciens artilleurs ou artificiers ayant en pyrotechnie des connaissances suffisantes. » Enfin le comité de salut public fait appel « à tous les travailleurs terrassiers, charpentiers, maçons, mécaniciens, » ouvriers qui seront embrigadés et mis à la disposition de la guerre et du comité du salut public. Preuve évidente que la résistance se prépare et qu'elle sera terrible. Le *Cri du Peuple*, journal de Jules Vallès, disait vers le même temps : « On a pris toutes les mesures pour qu'il n'entre dans Paris aucun soldat ennemi. Les forts peuvent être pris l'un après l'autre. Les remparts peuvent tomber. Aucun soldat n'entrera dans Paris. *Si M. Thiers est chimiste, il nous comprendra.* » Sinistre commentaire de l'arrêté qui met en réquisition le petrole et les autres huiles miné - rales.

Les troupes régulières avaient occupé le fort de Vanves dans la nuit du 20 au 21 mai. Elles touchaient presque le rempart : de larges brèches déchiraient les portes d'Auteuil, de Passy et du Point-du-Jour. On s'apprêtait à donner l'assaut, lorsque le 21, dans l'après-midi, au plus fort du bombardement, un homme parait sur le rempart et agite un drapeau blanc. L'officier de service à la tranchée s'avance, non sans quelque défiance, vers cet inconnu qui appelle les troupes. Est-ce un ami qui leur apporte d'utiles renseignements ou un traître qui les attire dans un guet-apens? C'était un piqueur au service municipal de Paris, nommé Ducatel. Il annonce à l'officier que les bastions voisins, battus par un feu incessant, ont été abandonnés par les fédérés, qu'il s'en est assuré par lui-même et que les troupes peuvent entrer sans donner l'assaut. On mit immédiatement à profit ces indications précieuses. L'armée entra et prit possession, sans résistance, de la porte de Saint Cloud et des deux bastions voisins. Le général Douay accourt, presse la marche de ses troupes et se rend maître, sans coup férir, de l'espace compris entre les fortifications et le viaduc du Point-du-Jour; il s'empare ensuite de la porte d'Auteuil. Dans le même temps, Ducatel conduit la colonne de tête jusqu'au Trocadéro, qui est enlevé sans résistance sérieuse. Poussant plus avant encore, Ducatel est pris par les fédérés, qui l'entrainent à l'École-Militaire. Un conseil de guerre immédiatement

convoqué le condamne à mort comme traître et espion ; il allait
être exécuté, lorsque l'arrivée inopinée des troupes mit les fédérés en fuite et lui sauva la vie.

A une heure du matin, la moitié des troupes était dans Paris.
Chose singulière, dans Paris on ignore un événement de cette
importance. Les boulevards ont présenté, dans la soirée, leur
animation habituelle ; on y a vu, comme de coutume, devant les
cafés, un grand nombre d'officiers très-fiers de leurs galons et
peu soucieux de ce qui se passe aux avant-postes. A la Commune,
on a été averti ; mais Delescluze feint de ne pas croire à l'entrée
des troupes. Il rédige bravement, vers onze heures, une sorte
d'ordre du jour pour démentir cette fausse nouvelle : « Il n'y a
eu, dit-il, qu'une panique. La porte d'Auteuil n'a pas été forcée,
et si quelques Versaillais se sont présentés, ils ont été repoussés. » Toutefois, dans certains quartiers, des bruits de pas précipités, un tumulte inusité, annoncent un événement extraordinaire. De forts détachements de fédérés rentrent précipitamment
dans le centre de la ville ; des cris, des plaintes, des imprécations contre le comité de salut public décèlent une défaite. Un
peu plus avant dans la nuit, les cloches se mettent en branle ; le
tocsin, lugubre, s'étend sur la ville endormie. On bat le rappel
dans les rues ; on entend de toutes parts un bruit confus. Paris
acquiert la certitude que l'armée régulière a pénétré dans ses
murs, et un sentiment de joie remplit tous les cœurs. On voit
approcher comme une délivrance la fin de l'humiliante oppression sous laquelle on a vécu plus de deux mois. Mais à quel prix
cette victoire sera-t-elle remportée ? C'est une question qu'on se
pose en frémissant. Un grand nombre de fédérés ont profité du
trouble causé par l'entrée des troupes pour abandonner leurs
armes et se retirer dans leurs foyers. Ceux qui restent autour
de leurs chefs, exaltés par le péril, n'en seront que plus redoutables.

Les membres de la Commune apprirent avec stupeur ce qui
s'était passé dans la nuit ; ils ne croyaient pas le péril si rap-
proché ; ils virent nettement le sort qui les attendait. Des barricades importantes à Auteuil, à Passy, à Neuilly, formant après
les remparts une seconde ligne de défense, avaient été abandonnées ; il n'y avait plus de commandement supérieur, aucune direction ferme. Que faire ? Dans la réunion tenue, le matin même,

à l'Hôtel-de-Ville, réunion qui fut la dernière, on reconnut que la situation était désespérée. Félix Pyat proposa de « traiter. » Le danger le ramenait à la modération ; mais il était bien tard. Sa proposition n'eut pas même l'honneur d'une discussion. On se borna à décider que les membres de la Commune se retireraient dans leurs arrondissements respectifs, et que là, ils organiseraient la résistance. Aucun concert, aucune entente. Chacun pour soi. Tout est abandonné à l'inspiration et à l'énergie individuelles, et aussi aux grandes lâchetés des heures critiques. Après avoir pris cette dernière résolution, la Commune se dispersa.

Déjà des barricades coupaient les rues, obstruaient les carrefours, s'élevaient sur tous les points de Paris avec une célérité prodigieuse. Les femmes, les enfants, entassent les pavés au bruit de la fusillade qui se rapproche, presque sous les balles. Le son lugubre des cloches, le roulement des tambours, le crépitement des mitrailleuses, le cri : aux armes, le murmure confus des bataillons qui passent, les sonneries du clairon, le choc des pavés qu'on remue, tout ce tumulte étrange, étourdissant, porte au cerveau, et de ces hommes, de ces femmes, de ces enfants, fait autant de bêtes féroces ou de fous sublimes, non moins prêts à se sacrifier qu'à immoler leurs semblables. Le comité de salut public et le comité central achèvent d'égarer ces malheureux par leurs proclamations : « Aux armes ! Que Paris se hérisse de barricades ! et que derrière ces remparts improvisés, il jette encore à ses ennemis son cri de guerre, cri d'orgueil, cri de défi, mais aussi, cri de victoire ; car Paris avec ses barricades est inexpugnable. Que les rues soient toutes dépavées ; d'abord, parce que les projectiles ennemis, tombant sur la terre, sont moins dangereux, ensuite parce que ces pavés, nouveaux moyens de défense, devront être accumulés de distance en distance sur les balcons des étages supérieurs des maisons. Que le Paris révolutionnaire, le Paris des grands jours, fasse son devoir ; la Commune et le comité de salut public feront le leur. »

Quelques heures après, le comité de salut public plus concis, parce que le danger grandit, jette ce nouvel appel :

« Que tous les bons citoyens se lèvent !
« Aux barricades ! l'ennemi est dans nos murs !

« Pas d'hésitation !

« En avant pour la République, pour la Commune et pour la liberté !

« Aux armes !

« *Le Comité de salut public,*

« ANT. ARNAUD, BILLIORAY, EUDES,

E. GAMBON, RANVIER.

« Paris, le 3 prairial an LXXIX. »

Puis, se souvenant de la défection des troupes au 18 mars, et plaçant dans leur insubordination son dernier espoir, le comité s'adresse aux soldats de l'armée de Versailles : « Comme nous, leur dit-il, vous êtes prolétaires ; comme nous, vous avez intérêt à ne plus laisser aux monarchistes conjurés le droit de boire votre sang, comme ils boivent vos sueurs. Ce que vous avez fait au 18 mars, vous le ferez encore, et le peuple n'aura pas la douleur de combattre des hommes qu'il regarde comme des frères et qu'il voudrait voir s'asseoir avec lui au banquet civique de la liberté et de l'égalité. Venez à nous, frères, venez à nous ; nos bras vous sont ouverts [1] ! »

---

[1] Le *Salut public* disait en d'autres termes, dans son numéro du 23 mai, qui fut le dernier :

« Citoyens,

« La trahison a ouvert les portes à l'ennemi ; il est dans Paris ; il nous bombarde ; il tue nos femmes et nos enfants.

« Citoyens, l'heure suprême de la grande lutte a sonné. Demain, ce soir, le prolétariat sera retombé sous le joug ou affranchi pour l'éternité. Si Thiers est vainqueur, si l'Assemblée triomphe, vous savez la vie qui vous attend : le travail sans résultat, la misère sans trêve. Plus d'avenir ! plus d'espoir ! Vos enfants, que vous avez rêvés libres, resteront esclaves ; les prêtres vont reprendre leur jeunesse ; vos filles, que vous aviez vues belles et chastes, vont rouler flétries dans les bras de ces bandits.

« *Aux armes ! aux armes !*

« Pas de pitié. — FUSILLEZ CEUX QUI POURRAIENT LEUR TENDRE LA MAIN ! Si vous étiez défaits, il ne vous épargneraient point. Malheur à ceux qu'on dénoncera comme les soldats du droit ; malheur à ceux qui auront de la poudre aux doigts ou de la fumée sur le visage.

« Feu ! feu !

« Pressez-vous autour du drapeau rouge sur les barricades, autour du comité de salut public. — Il ne vous abandonnera pas.

« Nous ne vous abandonnerons pas non plus. Nous nous battrons avec vous jusqu'à la dernière cartouche, derrière le dernier pavé.

« *Vive la République ! Vive la Commune ! Vive le comité de salut public !*

« *Le directeur politique,*

« Gustave MAROTEAU. »

Les troupes restaient fidèles au devoir : ce n'est pas lorsque la lutte est engagée que le soldat hésite et abandonne son drapeau. Dans le feu de l'action, il voit tomber ses camarades et ne délibère plus ; il obéit à ses chefs. Les troupes avançaient, gagnaient rapidement du terrain, suivant pied à pied l'insurrection qui recule, lui enlevant une à une les positions les plus importantes et lui faisant des prisonniers par milliers. Sur la rive gauche, en dehors de l'enceinte, le général du Barail, avec sa cavalerie, prend les forts de Bicêtre, de Montrouge et d'Ivry ; dans l'intérieur de l'enceinte, sur la même rive, le général de Cissey occupe Vaugirard et, par une marche sûre et méthodique, refoule les insurgés au delà des quais. Le général Vinoy, suivant les bords de la Seine, s'avance vers la place de la Bastille, hérissée de barricades. Le corps du général Douay marche parallèlement en suivant la ligne des boulevards, sa droite appuyée à la place de la Bastille et sa gauche au Cirque-Napoléon, tandis que le général Clinchant, approchant par les boulevards extérieurs, enlève les Batignolles, la place Clichy et s'arrête au pied de la butte Montmartre, que les troupes du général Ladmirault sont en train de contourner. Cette importante position est prise dans la journée du 23, après un sanglant combat, et sur le soir, on peut voir le drapeau tricolore flotter sur la hauteur. Les insurgés sont acculés dans leurs derniers refuges, ils occupent encore Belleville, les Buttes-Chaumont et le cimetière du Père-Lachaise. Ils ont réuni aux Buttes-Chaumont l'artillerie qui leur reste, et ils bombardent la ville, frénétiquement, au hasard. Parvenues au pied de ces hauteurs, le 26 mai, et avant de livrer un dernier combat, les troupes prirent une nuit de repos. La bataille recommença bientôt avec un acharnement croissant. Belleville et les Buttes-Chaumont tombèrent au pouvoir des troupes régulières ; les fédérés perdirent toute leur artillerie, ils leur restait peu de munitions ; ils s'enfermèrent dans le cimetière du Père-Lachaise au nombre de quelques milliers, fous de rage, et comme arrachés à l'humanité par la furie et l'horreur du combat. Noircis de poudre, éclaboussés de sang, plus semblables à des bêtes féroces qu'à des hommes, on les vit s'embusquer derrière les tombeaux et attendre dans ces retranchements lugubres l'inévitable mort qui marchait derrière eux. Les mitrailleuses, le canon, l'arme blanche, finirent par en avoir raison. Le 28, vers

quatre heures de l'après-midi, tout était terminé , et le maréchal
de Mac-Mahon publiait la proclamation suivante :

« Habitants de Paris,

« L'armée de la France est venue vous sauver. — Paris est délivré. —
Nos soldats ont enlevé, à quatre heures, les dernières positions occupées
par les insurgés.

« Aujourd'hui, la lutte est terminée ; l'ordre, le travail et la sécurité
vont renaître.

« Le maréchal de France, commandant en chef,

« DE MAC-MAHON, duc de Magenta.

« Au quartier général, le 28 mai 1871. »

L'insurrection était vaincue : le sang avait coulé à torrents et
Paris présentait l'aspect d'un immense charnier. Dans toutes les
rues, des barricades renversées, des débris d'armes et de meubles, des lambeaux de vêtements, des flaques de sang, des cadavres. Les grandes lignes étaient sillonnées par des colonnes de
fédérés qu'on emmenait prisonniers et qui marchaient entre une
double haie de soldats, sales, déguenillés ; parmi eux des femmes,
des vieillards et parfois des enfants, le père emportant sur ses
épaules ces petits êtres souriants qui n'avaient plus de foyer. Dans
une prison, il y a du moins un morceau de pain.

Cependant la guerre civile avait laissé dans Paris d'autres
empreintes : les menaces de Jules Vallès avaient reçu leur exécution ; l'insurrection voyant approcher son écrasement, avait
appelé à son secours le pétrole et l'incendie. Depuis huit jours,
des quartiers de la ville, les plus beaux monuments étaient
livrés aux flammes. Des bandes d'incendiaires s'étaient distribué
la sinistre besogne ; elles arrosaient de pétrole les boiseries et
les parquets des monuments , et lorsque l'insurrection était refoulée d'un quartier « les fuséens » mettaient le feu aux monuments, et parfois, comme dans la rue Royale, à des quartiers
entiers. L'incendie commença par le ministère des finances, dans
la soirée du 23 mai : on crut tout d'abord que le feu avait été com-
muniqué par les obus pendant le combat d'artillerie qui s'était engagé entre le Trocadéro et la terrasse du jardin des Tuileries.
Mais bientôt il ne fut plus possible de douter que des mains
criminelles allumaient le feu, car on vit s'enflammer tour à

tour, comme par l'effet d'un mot d'ordre, le palais de la Légion-d'Honneur, la Cour des Comptes, tout un côté de la rue Royale, la bibliothèque du Louvre et le Palais-Royal. Lorsque le bruit se fut répandu en ville que ces monuments étaient la proie des flammes, lorsqu'on eut aperçu les tragiques lueurs qui rougissaient le ciel, un cri d'horreur et de vengeance s'éléva contre les misérables auteurs de ces forfaits. Bientôt le bruit se répandit que toute la ville était menacée d'être réduite en cendres ; on se racontait certains épisodes lugubres de l'incendie de la rue Royale : des familles avaient été ensevelies sous les décombres. Alors la terreur parla plus haut que l'humanité ; il y eut un véritable déchaînement de fureur ; on vit d'un œil sec les exécutions sommaires qui ensanglantaient les jardins publics ; on dénonça sans pitié quiconque passait pour suspect de favoriser l'insurrection ; la hideuse délation se mit à l'œuvre ; les haines particulières trouvèrent à s'assouvir sous le voile spécieux de l'intérêt public. Ainsi, tandis que les insurgés montraient la nature humaine dans ce qu'elle a de plus horrible et de plus sauvage, d'autres la montraient dans ce qu'elle a de plus lâche et de plus bas.

Les incendies, en se succédant, ne contribuaient pas peu à porter à leur comble l'exaspération des troupes et la terreur générale. L'Hôtel-de-Ville brûla le 24 mai. Ainsi la maison du peuple, le palais de la municipalité, le monument qui symbolisait les franchises communales, la parure et l'honneur de Paris, était livré aux flammes comme les Tuileries. Le 23 mai, M. Bonvalet, ancien maire du 3ᵉ arrondissement, avait pénétré dans l'Hôtel-de-Ville. L'immense palais avait été abandonné par les insurgés. A travers les grandes salles désertes, jonchées de paperasses, de tentures, M. Bonvalet aperçut deux hommes qui versaient du pétrole contenu dans un arrosoir. Il s'enfuit, épouvanté, frissonnant d'horreur. Une heure après, l'Hôtel-de-Ville sautait et d'énormes tourbillons de flammes s'échappaient du monument dont la cité se montrait si justement fière. Les Tuileries étaient en feu. On dit qu'un jour Félix Piat s'était écrié : Que ferons-nous des Tuileries ? » Voici ce qu'on en lit, selon ce qu'en a déposé un neveu de l'infortuné Clément Thomas, spectateur de ces scènes hideuses. Les Tuileries étaient occupées le 23 mai par Bergeret. Le grotesque général fait venir son personnel; le temps presse, les troupes approchent. Il ordonne à l'un de ses officiers de faire évacuer le matériel ; à un autre de faire les préparatifs d'incendie et de mettre le feu au palais. Cet officier, nommé Benot, s'écrie : « Je m'en charge. » Aussitôt, au moyen de balais, les murs, les boiseries, les tentures, les parquets sont imbibés de pétrole : un baril de poudre est roulé au rez-de-chaussée du pavillon de l'Horloge, et de grandes quantités de munitions sont placées dans la salle des Maréchaux. Quand ces préparatifs furent terminés, Benot se retira au Louvre, où Bergeret et sa suite s'étaient installés. Il était environ minuit, et l'on venait de souper. Benot proposa d'aller jouir du coup d'œil sur la terrasse du Louvre ; à ce moment, une explosion formidable secoue le sol. Les fédérés répandus dans les postes couraient effarés. Bergeret les rassura, leur disant : « Ce n'est rien : ce sont les Tuileries qui sautent. » Puis il écrivit au comité du salut public ces mots « : Les derniers vestiges de la royauté viennent de disparaître. Je désire qu'il en soit de même de tous les monuments de Paris. » Le grenier d'abondance, les docks de la Villette, une partie de la rue de Rivoli et de la place de la Bastille devaient subir le même sort que les Tuileries et l'Hôtel-de-Ville. La vue de ces incendies avait porté au comble la terreur de la population. Le bruit courait que des bandes de pétroleurs parcouraient les rues jetant dans les caves des mèches enflammées. L'autorité militaire ordonna de boucher les soupiraux des caves.

Est-ce la Commune qui avait ordonné ces incendies ? On ne retrouve nulle part la preuve qu'une décision collective ait été prise par elle à cet égard. Tout porte à croire que dans ces derniers jours de la résistance, il n'y eut plus aucun concert, aucune direction parmi les combattants. Mais si nous ne possédons pas de documents qui engagent la responsabilité collective des membres du comité de salut public ou du comité central, il n'en est pas moins juste de se souvenir que les huiles minérales et le pétrole avaient été réquisitionés publiquement, sans protestation d'aucune sorte, alors que les membres de la Commune délibéraient encore à l'Hôtel-de-Ville. C'est dans le journal d'un membre de la Commune, de Vallès, qu'on avait écrit cette phrase significative : « Si M. Thiers est chimiste, il nous comprendra. » Écoutons le témoignage de Rossel (Œuvres posthumes) : « Le 23 mai, dit-il, l'incendie de l'Hôtel-de-Ville accusa les intentions des révolutionnaires. Entre neuf et dix heures du matin, les flammes jaillirent de la tourelle, qui fut pendant plusieurs heures la cheminée d'appel de l'incendie ; puis d'autres foyers éclatèrent à l'ouest du premier, et l'on sut que la préfecture de police et les Tuileries brûlaient sous la protection des fédérés. La majorité de la Commune peut être justement accusée de ces crimes. Félix Pyat et les blanquistes en sont les instigateurs. Le 23, Félix Pyat commençait son journal par un article dont le titre était : « Que ferons-nous des Tuileries? » Les vainqueurs étaient déjà dans Paris, et ce misérable se préoccupait plus de se venger de la défaite que d'arracher le succès aux ennemis de la révolution. » Si le témoignage de Rossel paraissait suspect à cause de ses démêlés avec la majorité de la Commune, il resterait, pour arriver à une conviction inébranlable, les ordres d'incendie signés de leurs auteurs. En voici quelques-uns :

« Le citoyen Millière, à la tête de 150 fuséens, incendiera les maisons suspectes et les monuments publics de la rive gauche.

« Le citoyen Dereure, avec 100 fuséens, est chargé du 1er et du 2e arrondissement.

« Le citoyen Billioray, avec 100 hommes, est chargé des 9e, 10e et 20e arrondissements.

« Le citoyen Vésinier, avec 50 hommes, est chargé spécialement des boulevards, de la Madeleine à la Bastille.

« Ces citoyens devront s'entendre avec les chefs de barricades pour assurer l'exécution de ces ordres.

« DELESCLUZE, RÉGÈRE, RANVIER, JOHANNARD, VÉSINIER,
BRUNEL, DOMBROWSKI.

« Paris, 3 prairial an LXXIX. »

« Faites de suite flamber Finances et venez nous retrouver, 4 prairial an LXXIX, Th. Ferré. — Incendiez le quartier de la Bourse ; ne craignez pas. Le lieutenant-colonel, commandant l'Hôtel-de-Ville ; Parent [1]. »

---

[1] Vermesch, le rédacteur en chef du *Père Duchêne*, a eu l'audace de publier les vers que voici, dans une pièce intitulée : *les Incendiaires*.

Paris est mort ! et sa conscience abîmée
A tout jamais s'évanouit dans la fumée !...
Eh bien ! quand l'incendie horrible triomphait,
Une voix dans mon cœur criait : *Ils ont bien fait !*

D'autres crimes déshonoraient la Commune, tandis que le feu dévorait les monuments de Paris. Nous voulons parler de l'exécution des otages. On trouve les noms de Delescluze et de Billioray au bas de cet ordre sauvage : « Paris, 2 prairial an LXXIX. Le citoyen Raoul Rigault est chargé, avec le citoyen Régère, de l'exécution du décret de la Commune de Paris relatif au décret des otages. » Muni de cet ordre, le policier Rigault se précipita vers la prison où était écroué Gustave Chaudey. Le prisonnier avait été transféré, le 19 mai, de Mazas à Sainte-Pélagie. Le 23, dans la soirée, Rigault entre brusquement dans sa cellule : « Eh bien ! lui dit-il , c'est pour aujourd'hui... maintenant... tout de suite ! — Vous savez bien, dit le prisonnier, que je n'ai fait que mon devoir. Vous venez me tuer sans mandat, sans jugement. Ce n'est pas une exécution, c'est un assassinat. » Raoul Rigault lui coupe la parole par des injures. Chaudey est entraîné au greffe ; et un peloton de fédérés est requis pour l'exécution. — Rigault, dit encore Chaudey, j'ai une femme et un enfant, vous le savez bien ! » — Rigault ne répondit pas. On conduit l'infortuné dans un chemin de ronde ; deux hommes, Berthier et Gentil ouvraient la marche, portant une lanterne à la main. Là, Chaudey rappela à son bourreau qu'il était époux et père. Rigault répondit, impatienté : — « Qu'est-ce que cela me fait ? Quand les Versaillais me tiendront, ils ne me feront pas grâce. » Une lanterne avait été accrochée au mur de ronde. Chaudey va se placer sous la lanterne. Les fédérés apprêtent leurs armes. Rigault, l'épée à la main, commande le feu. Mais les coups portent trop haut : la malheureuse victime n'a reçu qu'une blessure au bras. Le greffier Clément la renverse de deux coups de feu. Chaudey tombe en criant : « Vive la République ! » Alors le brigadier Gentil se précipitant sur lui le pistolet au poing : « Je vais t'en f..... de la république ! » Chaudey respirait encore ; un détenu, Préau de Vedel vient à son tour et décharge son pistolet dans la tête de l'honnête homme, qui saluait en mourant la république au nom de laquelle on l'assassinait. Trois gendarmes, otages comme Chaudey, avaient été amenés avec lui pour subir le même sort. Épouvantés par cet horrible spectacle, ils cherchèrent à s'échapper par le chemin de ronde ; on les poursuivit comme des bêtes fauves, on les ramena ; deux furent assassinés, le troisième put se sauver, mais pas pour

longtemps. Rigault, Gentil et Préau de Vedel s'étaient élancés
à sa poursuite, ivres de sang. Le malheureux fut pris, jeté contre
un mur et fusillé par un peloton de fédérés commandé par
Rigault. Les cadavres furent fouillés, dépouillés, et Rigault s'en
alla à la prison de la Santé, annonçant de sa voix rauque qu'il
voulait y continuer sa besogne.

L'archevêque de Paris, le premier président Bonjean, l'abbé
Deguerry et d'autres religieux étaient enfermés dans la prison de
la Roquette; plusieurs démarches avaient été tentées pour rendre
à l'archevêque sa liberté; toutes avaient échoué. Les membres
de la Commune, amis de Blanqui, auraient ouvert à M. Darboy
les portes de la prison, si de son côté M. Thiers avait consenti à
mettre en liberté Blanqui. Mais M. Thiers refusa l'échange; de
son côté, l'archevêque avait, en outre, et de son propre mouvement, écrit une lettre à M. Thiers, pour le supplier de se montrer clément envers Paris. L'abbé Lagarde, grand-vicaire de
M. Darboy, fut chargé de porter cette lettre à Versailles et d'en
rapporter de la bouche de M. Thiers des promesses propres à calmer les fureurs de la lutte. Malheureusement, cette négociation
n'aboutit pas plus que les autres, et quant à l'abbé Lagarde, qui
avait pris l'engagement de revenir dans sa prison, il ne reparut
pas. Il ne restait à l'archevêque aucun espoir de délivrance. Le
24 mai, un officier commandant un détachement de garde nationale se présente au dépôt de la Roquette et réclama six détenus,
six victimes. Les prisonniers, successivement appelés, sortent de
leurs cellules l'un après l'autre. Ce sont : le premier président
Bonjean; le P. Clerc, de la compagnie de Jésus; le P. Ducou-
dray, jésuite; l'abbé Allard; l'abbé Deguerry, curé de la Madeleine, et l'archevêque de Paris. On leur ordonne de descendre
au rez-de-chaussée, où un détachement de fédérés aux ordres du
commandant Pigerre les attend au bas de l'escalier. Le cortége
se met en marche entre de hautes murailles, précédé par des gar-
diens portant des falots; des nuages de fumée montant des incendies allumés dans Paris traversent le ciel, éclaire de vives lueurs.
L'abbé Allard marche en tête, derrière lui viennent MM. Bonjean et Darboy, l'archevêque appuyé au bras de son compagnon,
dont le calme ne se démentit pas un instant. Après avoir marché
quelques instants, on arrive dans le chemin de ronde, les prisonniers sont adossés contre le mur et les fédérés apprêtent leurs

armes. Au signal donné, la fusillade éclate ; mais le feu ayant été irrégulier, quelques otages restaient debout après cette première décharge. Les fédérés tirent une seconde fois avec plus d'ensemble. Seul, dit-on, l'archevêque fut encore aperçu debout, appuyé contre le mur. Alors, le commandant Pigerre, s'approchant, tire à bout portant sur le prélat qui s'affaisse et rend le dernier soupir.

Les dominicains d'Arcueil subirent le même sort en même temps, à l'autre extrémité de Paris. Le chef de bataillon du 101e régiment, du nom de Serizier, s'était présenté le 19 mai, accompagné d'un membre de la Commune, à l'école Albert le Grand, dirigée par les dominicains, et avait emmené dans une casemate du fort de Bicêtre les professeurs et les domestiques de l'établissement. Lorsqu'il fallut évacuer le fort pour échapper aux troupes de Versailles, le 25 mai, un officier courut dire aux prisonniers : « Vous êtes libres ; seulement nous ne pouvons vous laisser entre les mains des Versaillais : il faut nous suivre aux Gobelins ; ensuite vous irez dans Paris, où bon vous semblera. » Les prisonniers se levèrent et on se mit en route pour les Gobe_lins ; mais, contrairement à la promesse qui leur avait été faite par l'officier, on refusa de leur donner leur liberté. On les fit venir dans la cour extérieure de la mairie, puis on les conduisit à la prison disciplinaire du secteur, située sur l'avenue d'Italie. Ils étaient depuis peu de temps dans cette maison, lorsqu'un homme en chemise rouge ouvrit la porte et dit : « Soutanes, levez-vous, on va vous conduire aux barricades. » Mais aux barricades les balles pleuvaient ; les pères durent battre en retraite : les dominicains furent ramenés dans la prison de l'avenue d'Italie. Vers cinq heures, le commandant Serizier les fait sortir l'un après l'autre dans la rue ; des fédérés postés sur l'avenue attendaient les malheureux. Le premier qui franchit le seuil, se voyant couché en joue presque à bout portant, lève les bras au ciel et s'écrie : Est-ce possible ! « et il tombe foudroyé. Ils étaient douze dans la prison, ils furent tous massacrés.

Une scène encore plus tragique se passait le lendemain rue Haxo. A la suite des événements du 18 mars, la Commune avait mis en état d'arrestation trente-cinq gendarmes, qui furent écroués à Mazas, où se trouvaient déjà renfermés comme otages dix gardes de Paris, dix prêtres ou religieux et deux civils. Dans la journée du 26 mai, alors que les progrès des troupes versaillaises avaient porté l'exaspération de la Commune à son comble, un peloton de fédérés conduits par un officier se présentait à Mazas avec un ordre signé Th. Ferré, *enjoignant de remettre cinquante otages et autant d'autres que le peloton pourrait en conduire.* Le directeur de la prison ne fit aucune difficulté de livrer les victimes réclamées; elles furent amenées au guichet du greffe, où on les compta. On n'est pas d'accord sur le chiffre; on croit cependant qu'il sortit environ cinquante prisonniers. Conduits entre deux rangs de fédérés, ils arrivèrent rue Haxo, où était établi maintenant le quartier général de la Commune. Une cantinière, coiffée d'un képi, et dont les cheveux étaient ramassés dans un filet blanc, ouvrait la marche, à cheval, avec un officier d'ordonnance à ses côtés; puis, venaient des clairons et des tambour jouant une marche *guerrière* et immédiatement suivis d'un détachement de gardes nationaux. Derrière ceux-ci, marchaient les prisonniers deux à deux, les gendarmes en tête, après les gendarmes les prêtres. Une foule immense accompagnait le cortége en insultant les victimes. Une grille fermait l'enclos de la rue Haxo où l'on avait l'intention de s'arrêter. Les otages la franchirent, non sans subir des brutalités ignobles. Toutefois l'officier commandant le détachement semblait hésiter à ordonner le feu, malgré les mugissements de la foule qui demandait la mort de ces pauvres gens avec les symptômes de la plus incroyable fureur. La cantinière s'avance, dit-on, en criant : « Pas de pitié pour les Versaillais ; ce sont des assassins ! Pas de calotins ! Pas de gendarmes ! » Cette furie tenait à la main un pistolet; elle fait feu sur les otages et donne le signal; d'autres coups de feu partent, isolés d'abord, puis plus serrés. La fusillade ne dure pas moins d'un quart d'heure ; la foule, à la vue des victimes qui se tordaient dans des mares de sang, poussait des cris de joie et acclamait les meurtriers. On releva plus tard quarante-sept cadavres.

On éprouve quelque curiosité à connaître le sort des membres de la Commune pendant cette lutte tragique. Ils surent, pour la plupart, se dérober à la mort qu'affrontaient les malheureux égarés par leurs déclamations. Un seul tomba sur une barricade : c'est Delescluze, le délégué à la guerre, l'âme de la résistance désespérée des journées de mai. Il se sentait trop coupable pour sauver sa vie, et il était assez brave pour offrir sa poi-

trine à une balle. Quand il vit que tout était perdu, il écrivit à sa
sœur ce billet suprême :

« Ma bonne sœur,

« Je ne veux ni ne peux servir de jouet et de victime à la réaction victorieuse.

« Pardonne-moi de partir avant toi qui m'as sacrifié ta vie.

« Mais je ne me sens plus le courage de subir une nouvelle défaite après tant d'autres.

« Je t'embrasse mille fois comme je t'aime. Ton souvenir sera
le dernier qui visitera ma pensée avant d'aller au repos.

« Je te bénis, ma bien-aimée sœur, toi qui as été ma seule
famille depuis la mort de notre pauvre mère.

« Adieu, adieu, je t'embrasse encore.

« Ton frère, qui t'aimera jusqu'au dernier moment.

« A. DELESCLUZE. »

Chassé, le 22, du ministère de la guerre par l'approche des
troupes, il s'était retiré à l'Hôtel-de-Ville, qu'il fallut abandonner
aussi. On le vit un moment à la mairie du Xe arrondissement,
couverte par les barricades, qui allaient être emportées par les
troupes régulières. Son dernier refuge fut la mairie du XIe arrondissement. Il était là, dans la grande salle de cette mairie, où les
soldats de la Commune s'entassaient, jurant, criant à la trahison,
apprêtant leurs armes pour le dernier combat, au milieu des blessés dont le sang coulait sur les parquets, entre les barils de poudre et les tonneaux de pétrole. La fusillade approchait toujours.
Lorsqu'on vint apporter la nouvelle que les otages avaient été
exécutés, Delescluze, assis devant une table, releva, dit-on,
la tête et s'écria d'une voix étouffée : « Quelle guerre ! » Puis,
brusquement : « Nous aussi, nous saurons mourir ! » Le jeudi
25, il sortit de la mairie, vêtu de noir, ceint de l'écharpe rouge
que portaient les membres de la Commune. Accompagné de Jour-
des, le délégué aux finances, il descendit sans armes vers la barricade du Château-d'Eau. Des officiers fédérés, qui fuyaient en re-
montant le boulevard Voltaire, voulurent l'entraîner avec eux ; il
refusa de revenir sur ses pas : sa résolution était irrévocablement

prise. Il monta sur la barricade abandonnée, entre les maisons en feu. Un instant après, il tombait foudroyé ; son corps, retrouvé sous les décombres, fut transporté à l'église Sainte-Élisabeth, rue du Temple. Varlin, membre de la Commune, emmené à Montmartre, fut exécuté dans le jardin de la rue des Rosiers, où avaient péri les généraux Lecomte et Clément Thomas. Vermorel, blessé, languit près de deux mois dans un hôpital de Versailles, demandant tous les jours qu'on « le laissât aller en paix. » Il voulait mourir. Raoul Rigault ne survécut pas longtemps à l'assassinat de Chaudey. Il avait passé la rive gauche pour donner des ordres aux fédérés du Vᵉ arrondissement, et il se rendait dans un hôtel de la rue Gay-Lussac, où il avait loué une chambre sous un nom supposé, lorsqu'il fut aperçu par des soldats qui débouchaient par la rue des Feuillantines. Raoul Rigault portait l'uniforme de chef d'escadron d'état-major. Des coups de feu furent tirés sur lui sans l'atteindre. Il se jeta dans l'hôtel ; les soldats, accourant sur ses pas, commencèrent par s'emparer du propriétaire de la maison, le prenant, à cause de sa longue barbe, pour l'homme qu'ils poursuivaient. On fouilla la maison, et Rigault, découvert, fut conduit au Luxembourg. En route, l'escorte rencontre un colonel d'état-major qui s'informe du nom du prisonnier. Rigault répond par le cri : « A bas les assassins ! Vive la Commune ! » Sans aller plus loin, on passe le procureur de la Commune par les armes, et son cadavre est abandonné sur la chaussée. Une autre exécution eut lieu dans le même quartier, sur les marches du Panthéon : celle de Millière, député à l'Assemblée nationale. Millière n'avait pas figuré parmi les membres de la Commune ; lorsqu'on le saisit, le quartier qu'il habitait était entièrement pacifié et le maréchal Mac-Mahon avait défendu les exécutions sommaires. L'officier qui prit Millière le fit néanmoins conduire, sans jugement, sur la seule connaissance de son nom, devant le Panthéon, où il fut fusillé. Une foule furieuse accusait, dit-on, Millière d'avoir commis d'abominables violences deux jours auparavant. Fallait-il donc croire ce peuple affolé sur parole ? La conscience se révolte devant un tel mépris des lois de la justice et de l'humanité.

Les autres membres de la Commune avaient fui ou se cachaient. Pyat, le grand excitateur des passions sauvages, Pyat, « l'homme qui pousse et l'homme qui fuit, » ainsi que le définissait Vermorel, s'était éclipsé dès le commencement de la bataille. Dès le 20 mai, on perd sa trace ; il écoute, sans doute, du fond de sa retraite, le pétillement de la fusillade, le craquement des monuments en, feu et.le cri des blessés ; mais ce conseiller de la lutte à outrance reste prudemment dans sa cachette, n'attendant qu'une occasion pour aller cacher sa honte à l'étranger. Paschal Grousset, le fier délégué aux relations extérieures, revêt des habits de femme, s'affuble d'un chignon et fume paisiblement des cigarettes jusqu'au jour où la police découvre le membre de la Commune sous le vêtement d'une femme du demi-monde [1]. Le féroce Ferré et Rossel, tardif repentant, allaient être découverts et passer devant un conseil de guerre sans pitié. Cependant, des milliers de fédérés, égarés par la misère et l'ignorance, étaient entassés dans les caves de l'Orangerie, à Versailles et au camp de Satory. Paris présentait l'aspect sinistre d'une ville déchirée par les balles, incendiée, ensanglantée. Les hommes du 18 mars s'étaient soulevés contre le gouvernement régulier au nom des libertés communales ; ils laissaient en ruines derrière eux le temple sacré entre tous de la vie municipale, le palais du peuple, l'Hôtel-de-Ville.

La Commune avait duré plus de deux mois : du 18 mars au 28 mai. Aucune insurrection n'a eu dans l'histoire une durée si longue : c'est que jamais des insurgés n'ont rencontré de circonstances plus favorables, ni disposé de moyens de résistance plus puissants. Les circonstances, on se les rappelle : une grande ville de deux millions d'âmes blessée dans ses sentiments les plus intimes par la fatale issue d'un siége de quatre mois et demi ; la garde nationale irritée et en armes, un nombre incalculable de canons laissés aux mains des habitants par suite d'une incroyable négli-

---

[1] Il fut arrêté par M. Duret, commissaire de police, chez mademoiselle Accard, qui lui avait donné asile, au n° 39 de la rue Condorcet. Il était déguisé en femme, avec robe noire, corset et chignon. Ses papiers étaient cachés sur le baldaquin du lit ; les agents de la police en emportèrent une liasse.

M. Paschal Grousset fut conduit en voiture à la mairie de la rue Drouot pour être mis à la disposition de M. le général de Laveaucoupet. Là il changea son déguisement contre des vêtements d'homme, puis il fut dirigé sur Versailles dans une voiture fermée, accompagné par deux agents. Au moment où il passait devant le Grand-Hôtel, — il était environ cinq heures, — M. Paschal Grousset fut reconnu par la foule, qui s'ameuta autour de la voiture, en poussant des cris de mort. Le général Pradier, qui passait à ce moment sur le boulevard accompagné d'un aide de camp, s'enquit des causes de l'émotion populaire ; puis il donna l'ordre à un peloton de soldats d'escorter la voiture, afin de soustraire le prisonnier à la justice sommaire de la foule. Grâce à cette escorte, la voiture put être dégagée et poursuivre sa course. (Clarelie, *Histoire de la Révolution* 1870-1871.)

gence, un comité central exploitant habilement les rancunes des
uns et la lassitude des autres, et formant ses bataillons en secret;
une multitude d'ouvriers, d'artisans, d'employés, déshabitués du
travail, trop heureux de toucher une solde qui faisait vivre leurs
familles, d'autant plus faciles à égarer qu'ils avaient éprouvé de
vives souffrances ; à côté d'eux, et leur soufflant la révolte, des
orateurs de clubs, des hommes politiques de 1848, des socialistes
entichés de théories vaines reposant sur des souffrances trop réelles,
et enfin une poignée de malfaiteurs et d'aventuriers toujours à la
recherche du désordre. Au sortir de grandes crises comme celle
qu'avait traversée la population parisienne, les nerfs sont ébranlés ;
les masses déshéritées du côté de l'instruction s'abandonnent facilement à leurs ressentiments. D'injustes reproches adressés à
Paris par les députés élus le 8 février accrurent imprudemment
cette sourde colère. Ces hommes, se faisant l'écho de préjugés ridicules contre la grande cité, ne négligèrent aucun moyen, ne
laissèrent passer aucune occasion d'indisposer Paris. Ils votèrent
avec une coupable précipitation des lois sur les échéances et les
loyers dont le résultat immédiat devait être de frapper une foule
de boutiquiers et de négociants. On put justement les représenter comme des ennemis de la République : on put dire qu'ils
conspiraient sa ruine ; c'est en répétant que la République est
menacée, que les fauteurs de troubles entraîneront à la révolte
une foule de citoyens sincères. Sur ces entrefaites, l'armée prussienne entre dans Paris pour en occuper une partie en attendant
la conclusion de la paix par l'Assemblée de Bordeaux ; la foule
se précipite sur des canons laissés, par une inconcevable négligence, sur la place Wagram : elle s'y attelle et les traîne sur la colline Montmartre. Comment reprendre ces canons à la garde nationale, qui les considère comme siens ? Le général Vinoy dirige sur
Montmartre une attaque intempestive et on ne peut plus mal com-
binée ; la troupe, en contact avec la population, lève la crosse en
l'air. L'insurrection est accomplie, avant même qu'on ait eu le
temps d'y songer, avant aucun concert de la part des meneurs du
comité central. En quelques heures, les bataillons de la garde
nationale se sont successivement emparé des principaux points
stratégiques de Paris, étonné et indifférent. Dans la nuit suivante, le gouvernement s'est transporté à Versailles ; il laisse
l'insurrection maîtresse de la ville, il est vrai, et en ce sens la

détermination prise offre une extrême gravité ; mais le gouvernement ne peut compter ni sur les troupes régulières qui lui restent, ni sur la garde nationale « de l'ordre, » qui ne s'est pas émue ; en se réfugiant à Versailles, il se flatte de sauver les soldats de la contagion et d'écraser promptement l'insurrection en commençant par l'empêcher de s'étendre en province, en l'enfermant dans les murs de Paris. L'assassinat de Lecomte et Clément Thomas vint en aide au plan gouvernemental : la province se sentit peu disposée, en effet, à suivre une révolution dont le drame de la rue des Rosiers ensanglantait le berceau.

Les hommes devenus inopinément les maîtres de Paris se donnaient comme les défenseurs des libertés municipales. Le citoyen Beslay publia leur programme dans le discours d'installation de la Commune. D'après le citoyen Beslay, le nouveau gouvernement parisien n'avait pas d'autre ambition que de gouverner Paris. La Commune manifesta bientôt d'autres prétentions : elle voulut diriger la France ; elle se posa en gouvernement en présence du gouvernement légal dont le siége était à Versailles. Cette attitude nouvelle était donc une véritable déclaration de guerre, car, ces deux gouvernements ne pouvant coexister, l'un des deux devait disparaître. C'est pourquoi, le 3 avril, la Commune prend l'offensive ; ses troupes sont battues, refoulées. Les hommes de la Commune avaient espéré que les soldats de l'armée régulière feraient défection comme au 18 mars. Elle paya cher son erreur ; mais cette première défaite, loin de la disposer aux transactions, la jette dans une irritation profonde : elle persiste plus que jamais à régenter la France ; elle rédige des adresses aux grandes villes pour les inviter à un soulèvement général ; elle ose dire aux hommes de cœur qui cherchent patriotiquement une solution pacifique à ce déplorable conflit : *Conciliation*, c'est *trahison !* Les hommes de la Commune s'abandonnent dès lors à toutes les violences ; et c'est vainement que la minorité socialiste, animée de sages intentions, veut arrêter l'aveugle colère des Vallès, des Rigault, des Pyat, des Delescluze, gens haineux, politiques peu pratiques, qui s'imaginent sauver la situation avec les mots, les formules, les institutions d'un autre âge. Ces plagiaires sans idées croient faire revivre à volonté la grande époque de la Révolution, quand ils en donnent au monde le repoussant carnaval. Aucune liberté n'est par eux respectée : ni liberté individuelle, ni liberté de conscience, ni liberté de presse : l'odieux décret des otages est suivi de l'inutile décret contre les monuments. Le comité de salut public se substitue à la Commune, les délégués à la guerre se succèdent, tour à tour accusés de faiblesse et de trahison. La Commune, c'est une justice à lui rendre, ne délibère pas en corps que les monuments publics seront livrés aux flammes ; mais le pétrole et les huiles minérales sont réquisitionnés par ses ordres, et cette mesure est comme un encouragement aux criminels. Enfin, lorsque les troupes de Versailles auront pénétré dans Paris, lorsque les gardes nationaux toujours égarés se feront tuer derrière les barricades, les membres de la Commune, infatigables prédicateurs de guerre civile, se cacheront pour la plupart dans quelque retraite obscure, couronnant leur œuvre impie par une insigne lâcheté. Telle fut cette orgie de deux mois sous les yeux de l'étranger. Ne jetons pas seulement la pierre aux pervers qui tinrent Paris sous leur domination durant cet espace de temps ; le peuple crédule et ignorant qui écouta leur voix était capable de résister à cet entraînement fatal, en dépit de l'amertume dont son cœur était plein au lendemain de la capitulation de Paris. Il n'aurait point fallu l'irriter par des défiances injustes ; il aurait fallu reconnaître que Paris avait fait noblement son devoir ; il aurait fallu se garder des récriminations mesquines, des reproches outrageants, des calomnies perfides ; malheureusement, l'Assemblée nationale ne se montra pas animée de ces sentiments de justice ; elle provoqua gratuitement la défiance et l'irritation, et ainsi elle donna à quelques hommes haineux un redoutable empire sur des esprits crédules.

Le même esprit d'équité oblige l'historien de ces tristes jours à déplorer, à flétrir les exécutions sommaires qui suivirent l'entrée des troupes dans Paris. L'acharnement du combat, le voisinage des incendies, les péripéties enivrantes d'une bataille si longue transportent l'homme hors de l'humanité et le changent malgré lui en une bête féroce ; mais les hommes appelés à faire respecter la loi sont tenus à plus de sang-froid que ceux qui la violent, et les excès des rebelles ne justifient pas les excès que l'on commet au nom du gouvernement. Détournons nos regards de ce tableau plein d'horreur, et souhaitons à la France, à notre patrie bien-aimée, de ne plus voir de spectacle pareil dans le cours de ses destinées [1].

Le parti républicain répudie toute solidarité avec les hommes de la Commune. Ceux qui l'ont accusé de nourrir une certaine indulgence pour ces coupables sont victimes de leur ignorance ou poussés par la mauvaise foi. La République ne compte pas d'ennemis plus dangereux que les insensés qui commettent des crimes à son ombre : elle ne les connaît pas, elle les condamne résolûment. Les hommes qui font autorité dans le parti républicain ont porté sur la Commune des jugements sévères, pendant qu'elle existait encore ; ils n'ont point attendu son échec définitif et sa disparition pour se prononcer sur son compte. L'auteur de l'*Histoire des huit journées de Mai*, M. Lissagaray, rapporte quelques-uns de ces jugements, qu'il n'approuve nullement d'ailleurs : « Les bombes et la mitraille pleuvaient sur Paris, dit-il, les premiers prisonniers parisiens défilaient couverts de crachats, meurtris de coups sous les fenêtres de l'Assemblée, et M. Louis Blanc, le premier élu de Paris, ne voyait qu'un coupable : Paris. Répondant à une délégation du conseil municipal de Toulouse, qui lui demandait son opinion sur ces événements, il dit que « cette insurrection devait être condamnée par tout véritable républicain. » Martin-Bernard, le compagnon du pur Barbès, disait que si Barbès vivait encore, il condamnerait « lui aussi, cette fatale insurrection. » Cette opinion est celle de tous les hommes sensés, de tous ceux qui aiment leur pays. Mazzini la partageait, lorsqu'il écrivait, peu de temps avant sa mort, dans un journal de Rome : « Cette insurrection, qui a soudainement éclaté, sans plan préconçu, mêlée à un élément socialiste purement négatif, abandonnée même par tous les républicains français de quelque renommée, et défendue avec passion et sans aucun esprit fraternel de concession par des hommes qui auraient dû, mais qui n'ont pas osé se battre contre l'étranger, devait inévitablement aboutir à une explosion de matérialisme et finir par accepter un principe d'action qui, s'il avait jamais force de loi, rejetterait la France dans les ténèbres du moyen âge et lui enlèverait pour des siècles à venir tout espoir de résurrection. ».

[1] Voir aux *Pièces justificatives* une note du *Journal officiel*, sur les pertes artistiques de Paris, et la circulaire adressée par le ministre des affaires étrangères aux agents diplomatiques de la France à l'étranger.

Quelques tentatives de soulèvement avaient répondu en province au mouvement insurrectionnel de Paris, notamment à Lyon, à Marseille et à Toulouse. Les véritables républicains furent les premiers à réduire au silence des hommes qui s'étaient complétement mépris sur la portée de la révolution du 18 mars, et l'ordre fut promptement apaisé. Ce qui, d'ailleurs, contribua beaucoup au maintien du calme, ce fut l'assurance donnée aux délégués des conseils municipaux par le chef du pouvoir exécutif que la République ne courait aucun danger, que le gouvernement la ferait respecter des partis menaçants au sein de l'Assemblée. L'attitude du parti républicain fut donc très-nette pendant les douloureux événements dont Paris était le théâtre.

Les encouragements, les excitations que recevaient les énergumènes de la Commune leur venaient d'un autre côté. Il est constant que le parti bonapartiste ne vit pas avec déplaisir une insurrection qui, mettant la République en péril, ouvrait le champ à ses espérances de restauration. Il s'en est défendu, plus tard, comme il se défendit, il y a plus de vingt ans, d'avoir participé à l'insurrection de Juin : ces plaidoyers trop intéressés ne suppriment pas, fort heureusement, les témoignages contemporains. Tandis que Napoléon III méditait sur ses folies dans son exil de Chislehurst, des feuilles bonapartistes s'imprimaient à Londres et prenaient ouvertement parti pour Paris, c'est-à-dire pour la Commune, contre l'Assemblée et M. Thiers.

La *Situation*, parlant des insurgés, s'exprimait en ces termes :

« Non, non, non, *les malhonnêtes gens ne sont point dans les rangs de ces héroïques affolés.* Ils sont dans *les antichambres des ministres* et dans les cafés de Versailles, où *pullule la lie* de tout ce que Paris complait d'individualités interlopes. Ces individualités *osent* tout haut souhaiter la victoire de M. Thiers, ne se cachant pas, du reste, pour prédire qu'elle sera de près suivie du retour du gouvernement qui leur permit à tort de grouiller dans ses bas-fonds.

« L'unique regret que nous éprouvions, *c'est de ne pouvoir tremper notre doigt dans ce sang généreux*, pour tracer au front de MM. Thiers, J. Favre, Picard et J. Simon, le signe que Dieu mit au front de Caïn quand il l'écarta de sa face.

« Pauvre Paris ! pauvre Paris ! que tes femmes et tes enfants s'agenouillent dans tes flammes : les bourreaux ont condamné leurs maris et leurs pères. Que tes vierges se revêtent en deuil : *car Cayenne prépare son four mortel à leurs amants !* Pauvre Paris ! pauvre Paris !

« Et il y aura au monde des hommes qui oseront dire qu'après ce massacre *injuste* et *criminel*, Thiers, J. Favre, Picard et J. Simon représentent les honnêtes gens !

« Non, cela n'est pas vrai. Non, non, non, non. »

Dans le numéro du 3 mai, la *Situation* disait avec une rare impudence : « Un jour viendra où l'*Empire* sera forcé d'établir que, grâce à nous, aucune solidarité ne peut désormais être établie entre *sa cause* et celle des *hommes de Versailles*. » Et une autre fois, cherchant à recruter des adhérents à l'Empire dans les rangs des insurgés : « Non, nous ne sommes pas pour la Commune ; mais dans cette lutte, *nous sommes de cœur avec Paris*. Ils se battent en héros, ces malheureux ouvriers des faubourgs que le *Quatre-Septembre* a dépouillés de leurs droits, de leur pain, de leurs espérances.... A l'heure où nous écrivons ces lignes, il est encore acquis que l'*armée n'a reçu de l'Empire aucun encouragement pour combattre Paris.* »

Enfin, le même journal applaudissait à la destruction de la maison de M. Thiers et proposait de placer sur ses ruines une inscription commémorative qui se serait terminée par ces mots :

« Que son nom soit en exécration pour tous les hommes de cœur, que les enfants et les femmes maudissent la mémoire de l'ambitieux dont le nom est désormais inséparable du souvenir des malheurs de son pays. »

M. Thiers avait, en effet, le grand tort de s'être opposé énergiquement à la déclaration de guerre du gouvernement impérial ; et quant à l'Assemblée, comment aurait-elle trouvé grâce devant le parti bonapartiste, elle qui avait solennellement proclamé la déchéance de la dynastie impériale dans sa séance du 1ᵉʳ mars ?

On n'avance donc pas une assertion hasardée lorsqu'on affirme que le parti bonapartiste comptait des agents, sinon au sein de la Commune, — bien que l'odieux Vermesch, rédacteur du *Père Duchêne*[1], ait été soupçonné, — au moins dans les rangs de l'armée insurrectionnelle. Les débats devant les conseils de guerre ont prouvé dans la suite que plusieurs des prévenus avaient appartenu à la police impériale. Quant au rôle qu'ils ont pu jouer dans les sinistres événements des derniers jours de mai, voici ce qu'a déposé l'ami-

---

[1] Voir plus loin une note sur le *Père Duchêne* et diverses publications faites à étranger par des membres ou des partisans de la Commune.

ral Saisset en présence de la commission d'enquête instituée par l'Assemblée nationale, à l'effet d'instruire le procès de l'insurrection du 18 mars. « Maintenant, dit l'amiral Saisset, permettez-moi de vous dire ma conviction basée sur des faits, relativement à tout cela. Ce que je vais vous dire, je le tiens de francs-tireurs, d'hommes de sac et de corde qui s'y sont trouvés mêlés, et je vous jure sur la mémoire de mon fils [1] que je n'y ajouterai pas un mot :

« Que voyons-nous ? Nous voyons d'un côté la colonne Vendôme jetée par terre, les Tuileries brûlées, d'un autre côté, l'Hôtel-de-Ville, le Ministère des Finances, la Caisse des dépôts et consignations, le Conseil d'Etat et la Cour des Comptes incendiés et l'incendie du Palais de Justice entraînant la destruction du casier judiciaire et des actes de l'état civil. Je suis convaincu que c'est l'argent prussien qui a fait jeter la colonne Vendôme par terre, que c'est l'argent bonapartiste qui a fait brûler l'Hôtel-de-Ville, le Ministère des Finances, la Caisse des dépôts et consignations, et que c'est l'Internationale qui a fait brûler le Palais de Justice et le casier judiciaire [2]. »

PIÈCES JUSTIFICATIVES

I

LES MEMBRES DE LA COMMUNE A L'ÉTRANGER.

Les membres de la Commune, réfugiés en Angleterre, en Belgique et en Suisse, ont souvent pris la parole pour se justifier ou pour se vanter ; ils ont prononcé des discours, publié des brochures. Jamais un remords chez eux : ils sont fiers de ce qu'ils ont fait ou laissé faire. Pas un mot de regret sur les libertés confisquées durant leur triste passage à l'Hôtel-de-Ville, ni sur le massacre des otages, ni sur les incendies, ni sur l'effroyable péril où ils ont mis la République qu'ils prétendaient défendre. Des cris de rage pour leur défaite ; des menaces absurdes et ignobles ; des insultes aux républicains sensés qui les condamnent de toute la force de leurs convictions, qui les repoussent avec indignation. On ne lira pas sans un intérêt mêlé de dégoût quelques-uns des factums de ces tristes personnages.

---

[1] Le fils de l'amiral fut tué au fort d'Issy, pendant le siège prussien.
[2] *Enquête parlementaire sur l'insurrection du 18 mars,* t. II, p. 315.

Au moment du procès des rédacteurs du *Père Duchêne* devant le 3ᵉ conseil de guerre, Vermersch, accusé de complicité dans le meurtre de Chaudey, adressa de Londres le factum suivant à ses juges ; il éclaire peut-être un ou deux points obscurs de cette histoire :

LE PÈRE DUCHÊNE

A MM. les juges du 3ᵉ conseil de guerre de Versailles.

« Messieurs,

« Je viens d'apprendre par la voie des journaux que l'affaire du journal le *Père Duchêne* allait être portée aujourd'hui devant votre tribunal.

« Or, des trois journalistes qui ont collaboré à cette feuille, un seul a été arrêté : les deux autres sont libres.

« Il est possible, probable même, que le commissaire du gouvernement cherchera à faire retomber sur Humbert, détenu, la responsabilité de ce que nous avons écrit à nous trois dans les 68 numéros du journal et à le rendre solidaire des articles dont Vuillaume et moi sommes les auteurs.

« C'est le rôle ordinaire du commissaire du gouvernement : il ne faut donc point s'étonner.

« Le manque de signatures au bas des articles fournira certainement de grandes ressources à l'accusation de ce côté.

« Mais vous, Messieurs, qui êtes des juges, qui devez faire à chacun la part de culpabilité qui lui revient et essayer de prononcer sans passion, peut-être les renseignements qui vont suivre sur la façon dont se faisait le *Père Duchêne* et le rôle que chacun de nous y a joué ne seront-ils pas inutiles à éclairer votre religion.

« Le *Père Duchêne* fut fondé, dans les premiers jours de mars, par Vuillaume, Humbert et moi.

« C'est moi qui eus l'idée du petit format in-8°, de la vignette, du prix et de la périodicité tels qu'ils furent adoptés, et qui voulus qu'on reprît la forme littéraire employée primitivement par Hébert : cette langue grossière, émaillée de jurons anciens et d'un peu d'argot moderne, devait, à mon sens, produire l'effet d'un coup de pistolet dans un lustre ; on nous remarquerait d'abord à cause du scandale de notre style, et il ne nous resterait plus qu'à justifier la curiosité publique par la suite de nos idées et la logique de nos déductions.

« D'un consentement tacite, je fus reconnu rédacteur en chef : il n'y eut point de déclaration à ce sujet, mais de fait je jouai ce rôle pendant tout le temps que le *Père Duchêne* exista, faisant presque quotidiennement l'article de tête et distribuant leur tâche à mes collaborateurs.

« Il n'y avait du reste à cela rien d'étonnant :

« Pour le premier numéro, nous étions convenus de prendre : Vuillaume telle partie de la partie politique ; Humbert telle autre ; moi « La Grande Colère. »

« Le soir venu, quand nous nous réunîmes pour lire ensemble toute la copie du journal avant de la livrer à l'imprimeur, mes collaborateurs comprirent que moi seul avais le *la* du style que nous avions choisi, et me prièrent de transposer leurs articles dans le ton convenu.

« Il n'y eut du reste rien que de naturel à ce désarroi du premier moment qu'éprouvèrent Vuillaume et Humbert : ce sans-gêne de l'allure ne s'attrape point sans une certaine difficulté, et on n'arrive à cette bonhomie qu'il nous fallait que par deux chemins : la naïveté de Joinville et le scepticisme de Lafontaine.

« Je dois ajouter que Vuillaume entra dans la peau du *Père Duchêne* au bout de quelques jours, mais que Humbert ne comprit jamais rien à ce que nous avions voulu faire.

« Je n'ai point à me défendre ici, Messieurs, d'avoir fait ce journal tel que je l'ai fait ; j'en suis fier, au contraire, car je suis certain, après tout, que seul, dans cette révolution du 18 mars, j'ai eu la certitude révolutionnaire.

« Un gouvernement de capitulards, de faussaires et d'escrocs venait d'être balayé de Paris à la suite de la tentative qu'il avait faite de provoquer la guerre civile. Un éclair de bon sens illumina l'esprit de la bourgeoisie, et, au début, au soir de ce grand jour, toutes les anciennes haines disparurent dans un immense accord des classes moyennes et du peuple.

« Les chefs du mouvement oublièrent alors que toute révolution doit avoir sa sanction, et attendirent... quoi ? on ne sait, alors qu'une marche rapide sur Versailles assurait à jamais la victoire, peut-être sans qu'une goutte de sang fût versée.

« Le *Père Duchêne* avait cette conviction quand il poussait sur l'Assemblée les forces révolutionnaires.

« On l'accuse d'avoir provoqué à la guerre civile.

« Deux mots sont ici nécessaires :

« Après la victoire d'un parti politique quel qu'il soit, qu'il ait combattu pour l'ambition d'un homme ou pour la liberté d'un peuple, toute la législation antérieure est supprimée et la nation en est, pour me servir d'un mot de Proudhon, « à l'origine d'elle-même, à la force. » Plus tard viendra l'histoire qui jugera et prononcera un verdict d'acquittement ou édictera une note d'infamie.

« Voilà où nous en étions.

« Il n'y avait point là de provocation à la guerre civile. Il y avait deux partis en présence : un groupe de tyranneaux, d'une part ; de l'autre, la démocratie. Il y aurait eu guerre civile, si dans Paris la bourgeoisie et le peuple en étaient venus aux mains, ou si Paris était entré en lutte avec une partie de la France. Mais quand une fraction de la nation déclare qu'elle s'opposera même par les armes au despotisme d'une armée prétorienne, au service de quelques usurpateurs, elle ne fait qu'affirmer son droit de résistance à l'oppression, et le combat, — s'il y en a un, — ne saurait être qualifié de guerre civile.

« Il fallait vaincre, et à l'origine rien n'était plus facile. Les douze mille hommes de l'Assemblée, cernés par les deux cent mille baïonnettes parisiennes, n'eussent même point tenté de collision et se fussent rendus à merci.

« Ce saut de Paris sur Versailles manqué, ce rapide coup de main n'étant pas possible, et la bataille étant engagée, que faire ?

« Se soumettre ? Perdre le bénéfice d'une victoire pacifique ? Renoncer au triomphe de la cause communaliste dont nous avions, les premiers en France, levé l'étendard ?

« Était-ce possible ? Et le peuple y eût-il consenti ?

« Il fallait donc combattre, — et vaincre !

« Mais les conditions n'étaient plus les mêmes.

« L'armée de Versailles s'était considérablement accrue, et nos troupes, décimées ou fatiguées, mal contenues par une discipline trop lâche, mal servies par une intendance trop improvisée, étaient sérieusement diminuées.

« Une seule ressource nous restait :

« L'appel aux moyens révolutionnaires.

« Les moyens révolutionnaires devaient remédier à la situation économique et à la situation militaire.

« Il nous fallait de l'argent, il nous fallait des soldats.

« Le *Père Duchêne* prit donc l'initiative des mesures qui pourraient amener de l'argent dans nos caisses vides. Il demanda, en revendiquant pour eux la liberté de conscience et leur droit absolu d'exercer leur métier, la suppression du traitement des prêtres, puis la diminution des gros appointements ; la capitation sur les citoyens qui désertaient la cité au moment du péril ; la confiscation des biens des ennemis de Paris, etc.

« Il demanda la poursuite des réfractaires ; l'emploi de la force contre les délinquants qui étant des lâches devaient être des traîtres, ce que l'affaire des brassards tricolores a trop prouvé ; la dictature du délégué à la guerre ; l'extension des pouvoirs du délégué à la police ; la fermeture de tous les ateliers et le casernement, compliqué du système de l'enrégimentation, de tous les hommes valides ; enfin, la loi sur les otages, et plus tard son application.

« Nous étions en guerre : nous devions prendre les mesures qu'on prend en temps de guerre.

« Nous voulions le triomphe de la Révolution : nous devions user des moyens révolutionnaires.

Le *Père Duchêne* était simplement logique : et dans sa polémique il n'entra jamais de ressentiments dictés par la haine ni de compromissions inspirées par l'amour. De même qu'il demandait l'exécution des otages, il réclama aussi la mort pour la minorité de la Commune, pour les chefs de légion et le comité central qui divisaient les forces révolutionnaires, et où il comptait cependant de nombreux amis.

« J'avais à vous faire, Messieurs, ce rapide exposé de la pensée qui présida à ce qu'on est convenu d'appeler « les cruelles excitations du *Père Duchêne* » ; j'avais à vous le faire afin que vous comprissiez bien que le développement de ce journal a été conçu par un seul cerveau, et que l'unique coupable, puisqu'il vous plaît de vous servir de cette qualification, n'est autre que le signataire de cette lettre.

« C'est moi qui ai demandé toutes les mesures que j'ai énumérées plus haut ;

« C'est moi qui ai demandé la confiscation ;

« C'est moi qui ai demandé l'exécution des otages ;

« C'est moi qui ai demandé la dictature militaire ;

« C'est moi qui ai demandé la formation des bataillons de francs-tireurs et ce que j'ai appelé « le braconnage de la guerre. »

« C'est moi qui ai demandé tous les moyens extrêmes sans lesquels on ne pouvait vaincre !

« Toute la politique du *Père Duchêne* était contenue dans le premier article, qui était intitulé ou « la Grande Joie, » ou « la Grande Colère, » ou « les Bons Avis, etc., etc. »

« Or, sur 68 numéros du journal, j'ai fait au moins 55 de ces premiers articles ; les autres sont de Vuillaume ; Humbert en a fait un seul, celui du numéro 4, je crois, sur la décapitalisation de Paris, encore l'ai-je repris en sous-œuvre, châtré et métamorphosé complétement.

« Humbert n'a jamais fait dans le *Père Duchêne* que des entrefilets dont je lui indiquais chaque jour le sujet et l'esprit, et ne saurait être rendu responsable des articles que je lui ai fait faire sous mon inspiration, pas plus qu'un secrétaire des lettres qu'il a écrites sous une dictée.

« Voilà, Messieurs, ce que j'avais à dire, — s'il m'est permis de me faire entendre de vous, — à titre de renseignements dans ce procès. C'est ainsi, exactement, que les choses se sont passées, et croyez bien que, si les réponses de Humbert coïncident avec cette déclaration, elles ne lui seront pas soufflées par un vil désir de décliner une part de cette responsabilité, que pour moi j'accepte tout entière : il ne fera que rendre à la vérité le consciencieux hommage qui lui est dû.

« Eug. WERMERSCH. »

Poëte à ses heures, Wermersch est encore l'auteur des vers suivants :

Ce que plus tard diront avec leurs bouches vertes
    Les cadavres ensanglantés,
Le mot d'ordre sorti des fosses entr'ouvertes,
    Le sombre appel des transportés,
Non, ô triomphateurs d'abattoir, non, infâmes,
    Non, vous ne vous en doutez pas !
Un jour viendra bientôt où les enfants, les femmes,
    Les mains frêles, les petits bras,
S'armeront de nouveau, sans peur des fusillades,
    Et, sans respect pour vos canons,
Les faibles, sans pâlir, iront aux barricades,
    Les petits seront nos clairons ;
Sur un front de bataille, épouvantable et large,
    L'émeute se relèvera·
Et, sortant des pavés pour nous sonner la charge,
    Le spectre de Mai parlera...

Il ne s'agira plus alors, gueux hypocrites,
    De fusiller obscurément
Quelques mouchards abjects, quelques obscurs jésuites,
    Canonisés subitement ;
Il ne s'agira plus de brûler trois bicoques
    Pour défendre tout un quartier ;
Plus d'hésitations louches ! plus d'équivoques,
    Bourgeois, tu mourras tout entier !
La conciliation, lâche, tu l'as tuée !
    Tes cris ne te sauveront pas !
Tu vomiras ton âme au crime habituée
    En invoquant Thiers et Judas !
Nous t'apportions la paix, et tu voulus la guerre,
    Eh bien ! nous l'aimons mieux ainsi !
Cette insurrection, ce sera la dernière ;
    Nous fonderons notre ordre aussi !

> Non, rien ne restera de ces coquins célèbres,
>   Leur monde s'évanouira,
> Et toi, dont l'œil nous suit à travers nos ténèbres,
>   Nous t'évoquerons, ô Marat!
> Toi seul avais raison : pour que le peuple touche
>   A ce port qui s'enfuit toujours,
> Il nous faut au grand jour la justice farouche,
>   Sans haines comme sans amours,
> Dont l'effrayante voix, plus haut que la tempête,
>   Parle dans sa sincérité,
> Et dont la main tranquille au ciel lève la tête
>   De Prudhomme décapité!

Une brochure ayant pour titre : *la Revanche de la France et de la Commune, par un représentant du peuple de Paris*, réhabilite la Commune et injurie l'armée :

« L'armée française n'est plus qu'un troupeau de barbares se vengeant sur ses frères de sa chute devant l'étranger. »

Passant ensuite à l'examen des actes de la Commune, l'auteur fait un long panégyrique de cette administration, et déclare qu'elle a décrété « la liberté absolue de la presse, et que, si elle suspendit quelques journaux, cela tint à l'état de guerre.

« Elle abolit le secret et les prisons cellulaires.

« Elle supprima la police et la préfecture.

« Si, dans la lutte, des maisons particulières et des édifices furent incendiés, ce fut pour sa défense.

« La démolition de la maison de M. Thiers, de la colonne et des Tuileries, triple protestation contre le despotisme royal, bourgeois et militaire.

« Les otages furent fusillés, mais « c'étaient des représailles. »

D'après cet écrivain, le véritable auteur de tous les crimes, de toutes les infamies commises par les autoritaires féroces qui terrorisaient Paris, ce fut Versailles, toujours Versailles.

Dans cet écrit, la Prusse et l'esprit allemand sont ménagés avec une habileté qui n'échappera à personne. « Que l'Allemagne ait renversé Bonaparte et dispersé son armée de prétoriens pour sauver son unité, son territoire menacés, c'était son droit et ce fut sa gloire. »

On avait vu, au congrès de Lausanne, les mêmes opinions se produire sous la forme de discours.

Madame André Léo montait à la tribune pour parler de la guerre sociale et flétrir les fusillades, les charretées de cadavres, les horreurs commises par les Versaillais. « On a caché tout cela, beaucoup accusé, beaucoup crié pour empêcher d'entendre... On a flétri du nom de voleurs les volés, du nom d'assassins les assassinés, du nom de bourreaux les victimes. » Et au milieu d'applaudissements mêlés de protestations, madame André Léo défendait la Commune et attaquait Versailles, M. Pouyer-Quertier et M. Thiers. La loi des otages ne fut exécutée qu'après la chute de la Commune. « Les incendies ont été surfaits, plusieurs allumés pour les nécessités de la défense... ou par les obus de Versailles ; qui sait? peut-être par les Versaillais eux-mêmes. » Madame André Léo l'insinuait dans une phrase vraiment détestable et qu'un très-petit nombre de gens osaient applaudir. Et tous cela d'une petite voix tranquille, sans colère, sans horreur, comme de sang-froid.

Un tumulte effroyable avait alors commencé, les auditeurs des tribunes protestaient à haute voix, des altercations très-vives éclataient de toutes parts. L'ordre se rétablit à grand'peine. M. Eytel demandait un peu de tolérance, et madame Léo recommençait avec la même violence de paroles et la même tranquillité de débit. Elle déclarait que la Terreur de 1871 est cent fois pire que celle de 1793. Elle s'allongeait avec tant de complaisance, que M. Eytel la rappelait à la question, mais son discours était écrit et elle voulait tout lire. Elle demandait qu'on protestât contre les actes de Versailles, et se faisait enfin retirer la parole.

Le lendemain, madame Paule Minck succédait à madame André Léo.

« Hier, disait-elle, à cette tribune on est venu vous parler des douleurs de Paris, on n'a pas voulu écouter. (Protestations.) Mais c'est parce vous n'étiez pas là, que vous n'avez pas vu toutes ces horreurs, que vous ignorez les fusillades par tas, les malheureux pompiers mitraillés pendant deux heures, par six cents (Marques d'incrédulité), les femmes tuées, les enfants sans asile; c'est parce que vous ignorez tout cela que nous le dirons devant vous, et, puisque vous êtes le Congrès de la paix, vous devez vous élever... (Murmures. — Non! non!) Ah! écoutez, citoyens, ne faites pas le silence autour des souffrances.

« Je viens au nom des mères, des veuves, déposer une proposition tendant à déclarer que le congrès s'élève énergiquement, au nom de l'humanité, contre les assassinats commis par le gouvernement de Versailles. »

A ce moment, la voix de l'orateur paraissait étranglée par l'émotion. « Ah! faites cela, citoyens, faites cela, et, je vous l'avoue, je ne rougirai plus d'être Française, car il y aura encore des hommes de cœur dans mon pays! » (Tonnerre d'applaudissements. Madame Minck descend de la tribune au milieu des vivats!)

La commission du congrès, tout en s'élevant contre les exécutions en masse, crut devoir prendre une mesure plus générale et blâmer les crimes d'où qu'ils émanent. En conséquence, elle présenta la proposition en ces termes :

« Le congrès, fidèle à ses principes, flétrit énergiquement, au nom de l'humanité, de la justice et de la liberté, les assassinats et les massacres dont Paris a été le théâtre, sous quelque drapeau qu'ils aient été commis. » (Bravos enthousiastes.)

Madame Minck ne se dissimule pas que ses propositions seront repoussées, néanmoins elle les maintient complètement. Elle comprend que ceux qui rentrent en France se préparent des paratonnerres ; mais pour elle et ses amis, n'ayant plus rien à craindre, ils désirent tout risquer. (Rires.)

« Vous craignez, ajoute l'orateur, de flétrir plus particulièrement les meurtres commis par les Versaillais, sous prétexte que la Commune a commis des excès, mais cependant il faut bien que vous le reconnaissiez : « les massacres de Paris ont été « si grands qu'ils ont fait oublier les autres. »

A l'énoncé de cette singulière théorie, qui tendrait à rechercher non plus la qualité des crimes mais seulement leur proportionnalité, l'assemblée se soulève avec indignation, et madame Minck quitte la tribune d'une façon moins triomphante que précédemment.

Une madame Delosme vient lire un manuscrit, *la Fête des mères de famille du globe terrestre,* et en vers. Puis M. Napoléon Gaillard lui succède.

Mais à peine Napoléon Gaillard, porteur d'une cocarde rouge, s'est-il saisi de la tribune, que les cris : « A bas la cocarde rouge! à bas! » se font entendre [1].

II

LES PERTES DE L'ART.

(Extrait du *Journal officiel.*)

Il ne faut ni se dissimuler ni s'exagérer ses pertes.

Paris a perdu la plupart de ses palais.

Les Tuileries, le Palais-Royal, l'Hôtel de-Ville, le palais du quai d'Orsay, ne sont plus que des ruines. Il faudrait des millions pour leur rendre la splendeur qu'ils avaient encore il y a trois semaines. Rien que pour réparer les murailles, poser une toiture, relever ou remplacer quelques statues, la ville devra s'imposer des sacrifices énormes. Il sera sage de le faire pour ne pas laisser aux rues leur aspect désolé. Cette grande ville, si riante et si riche, qui attirait les gens du monde, les artistes, les hommes d'étude, et qui avait conquis l'utile royauté de la mode, ne peut rester longtemps ensevelie sous les décombres.

Elle doit, à tout prix, relever les façades de ses monuments; pour l'intérieur, c'est une perte presque irréparable. On ne fait pas en un jour des chefs-d'œuvre accumulés par les siècles.

Quand même on trouverait, malgré les charges qui nous accablent, assez de ressources pour refaire les escaliers, peupler les appartements de tableaux et de statues, suspendre des lustres aux plafonds, étaler des tapis sous les pieds, jeter sur les murailles de riches tentures des Gobelins et de Beauvais, on ne referait pas la grandeur historique qui s'attachait à ces appartements et à ces galeries.

L'histoire perd ses témoins. Nous ne connaîtrons plus nos rois que par les livres. Leur maison, que nous pouvions visiter, qui racontait les détails de leur vie, a tout à coup disparu. Il ne nous reste de l'œuvre de Philibert Delorme que ces murailles crevassées et noircies derrière lesquelles se sont abrités, après les rois de France, les assemblées révolutionnaires et l'Empire.

L'architecture est l'art français par excellence. Nous avons des maîtres presque partout; en architecture nous n'avons que des rivaux, et c'est à peine si nous en avons pour l'architecture religieuse. On s'était donné bien du mal pour cacher et alourdir le palais de Philibert Delorme; on avait amplifié, sans trop de succès, notre Hôtel-de-Ville. On les retrouvait pour-

---

[1] J. Claretie, *Histoire de la Révolution* 1870-1871, vol. II.

tant et on les admirait, sous ces ornements maladroits. Ils sont perdus. Si quelque jour la France redevient assez riche pour se donner le luxe qui sied à un grand peuple, elle les remplacera; mais elle ne pourra pas les refaire.

Ce malheur, qui est déplorable, pouvait être beaucoup plus grand. Les incendiaires avaient projeté une destruction complète; ils travaillaient scientifiquement. Ils avaient choisi pour instrument le pétrole; ils avaient étudié avec soin ce Paris qu'ils voulaient anéantir; la bande avait ses ordres, son système, son plan régulier. Non-seulement on accumulait les matières incendiaires, mais on coupait les conduites d'eau, on emportait les pompes, les tuyaux, les échelles. Quand on apprit que les Tuileries brûlaient, ce ne fut partout qu'un cri d'effroi, à cause du Louvre. Les flammes vinrent bien près, puisqu'elles brûlèrent cette belle bibliothèque qui séparait l'ancien ministère d'État et la caserne des zouaves de la garde. Grâce à Dieu, elles s'arrêtèrent au seuil du Musée des antiques.

Nos beaux marbres, nos grandes toiles sont préservés. Nous n'avons rien perdu, absolument rien. Si l'on excepte un coin du plafond de la galerie d'Apollon, tous les dommages du Louvre sont extérieurs, et ils sont médiocres. Une femme sculptée par Sarrazin est à moitié détruite; la façade de la galerie de l'Infante a perdu une partie de son entablement; c'est presque tout, avec quelques traces d'obus et des traces plus nombreuses de balles. On avait tant à redouter, qu'on se prend à se sentir reconnaissant envers la Providence de ne nous avoir pas frappés plus durement.

Le musée de Cluny, rempli de trésors jusqu'à regorger, étalera encore ses faïences, ses cristaux, ses armures, ses bijoux, ses meubles, toutes ces splendides reliques qu'on ne se lasse pas d'admirer et d'étudier. Le Luxembourg nous rend intactes les toiles de l'école française contemporaine. Le musée de Sèvres, transporté dans Paris quand il était menacé par les Prussiens, a miraculeusement échappé aux communeux. Nous avons perdu les Gobelins avec les magnifiques tapisseries qu'ils contenaient; mais les tapisseries de la Couronne nous restent.

A part la bibliothèque du Louvre et celle du Palais-Royal, d'une importance bien moindre, toutes nos bibliothèques sont sauvées. Nous avons tremblé longtemps pour l'Arsenal, très-voisin du Grenier d'abondance, dont l'incendie a duré trois jours. Le feu et la fumée ont passé sur ces livres inestimables et sur ce riche amas de manuscrits sans les atteindre. Sainte-Geneviève, la bibliothèque de la Sorbonne, la belle collection de M. Cousin, léguée par lui à l'État, celle de l'École normale, dont le fonds principal est un héritage de Georges Cuvier, celle du Sénat, devenue publique, celle de l'École de médecine, celle du Corps législatif, n'ont pas souffert. Le grand dépôt national de la rue Richelieu, si dangereusement situé et entouré de maisons de tous les côtés, quoique menacé à plusieurs reprises, est sorti sain et sauf de cette terrible crise. C'est ainsi que nous conservons un trésor que ni le *Bristish Museum*, ni la bibliothèque du Vatican, ni aucune-collection connue ne peuvent égaler. Les manuscrits les plus précieux étaient en dépôt dans les caves de l'École des beaux-arts, dont on s'occupe en ce moment de les tirer.

Nous avons eu le même bonheur pour les archives. Elles sont sauvées; l'histoire de France est sauvée! L'hôtel Soubise, où tous ces manuscrits sont réunis dans un ordre admirable, n'est séparé du Mont-de-Piété que par une rue. Les commissaires de la Commune venaient au Mont-de-Piété tous les jours : il y avait là des millions qui les attiraient ; ils comprenaient moins la valeur des autres trésors entassés si près de là. Il n'aurait pas fallu beaucoup.de pétrole pour les détruire. On les a oubliés.

On a oublié aussi l'Imprimerie nationale, ou plutôt on a pris ce grand monument de l'art typographique pour une manufacture comme toutes les autres. Le temps aussi a manqué aux iconoclastes. Nos soldats marchaient vite ; leurs chefs savaient ce que chaque minute de retard coûtait à la civilisation.

Enfin, l'art religieux n'a presque rien perdu. La Sainte-Chapelle, la merveille des merveilles, a tous ses vitraux intacts. Elle est restée debout entre l'incendie du Palais et celui de la Préfecture de police. Saint-Étienne-du Mont, Saint-Germain-des-Prés, Saint-Séverin, Saint-Eustache nous restent. Saint-Eustache poutant a souffert. Les vitraux de Philippe de Champagne sont perdus, malheur irréparable. A Notre-Dame tout était prêt pour l'incendie.

Les deux ambons à l'extrémité du bas-chœur sont brûlés. Les barbares n'ont pas incendié la séculaire forêt qui domine les voûtes ; ils n'ont pas fait pleuvoir sur la Cité et l'Hôtel-Dieu cette immense quantité de plomb qui couronne le majestueux édifice. Paris, malgré les Tuileries et l'Hôtel-de-ville, malgré le Palais-Royal et le palais du quai d'Orsay, malgré les Gobelins, Paris est encore Paris. Il peut, comme la France, ressusciter et grandir, à force de sagesse.

En publiant les détails qui se rattachent à l'incendie des Tuileries, on n'a point relaté les mutilations causées aux sculptures du jardin par les balles et les obus.

L'un des deux groupes de Coysevox qui ornent la grille principale, un cheval ailé en marbre blanc portant en croupe une Renommée, a été assez maltraité. L'aile extérieure et la queue du Pégase ont été emportées.

Des quatre fleuves placés à droite et à gauche du grand bassin, trois ont été préservés. Le Tibre seul a reçu plusieurs meurtrissures. Le personnage principal a eu le pied et le bras droit cassés. Un éclat d'obus a écorné un des angles du piédestal.

Ce groupe, un des plus beaux du jardin, est signé *Van Clève,* 1707.

Près de l'entrée du jardin reservé, une statue de femme tenant à la main une couronne d'immortelles a eu la tête enlevée, le bras gauche entièrement brisé et le bras droit à demi emporté.

Plus loin, dans une des allées qui conduisent au perron de la rue de Rivoli, le Thémistocle de Lemaire a perdu la poignée de son épée.

III

CIRCULAIRE DE M. JULES FAVRE AUX AGENTS DIPLOMATIQUES DE LA RÉPUBLIQUE.

Versailles, le 6 juin 1871.

Monsieur, la formidable insurrection que la vaillance de notre armée vient de vaincre a tenu le monde entier dans de telles anxiétés, elle l'a épouvanté par de si effroyables forfaits, qu'il me semble nécessaire de dominer l'horreur qu'elle inspire pour essoyer de démêler les causes qui l'ont rendue possible. Il importe que vous soyez éclairé sur ce point, afin de pouvoir rectifier des opinions erronées, mettre les esprits en garde contre de fâcheuses exagérations et provoquer partout le concours moral des hommes sensés, honnêtes, courageux, qui veulent résolûment restaurer le principe de l'autorité en lui donnant pour base le respect des lois, la modération et la liberté.

Quand on a été témoin des catastrophes que nous avons traversées, la première impulsion porte à douter de tout, hors de la force qui, apparaissant comme le remède suprême, semble par cela être le seul principe vrai. Mais la fumée du combat n'est pas encore dissipée que chacun, interrogeant sa conscience, y trouve le guide supérieur qu'on n'abandonne jamais en vain et auquel tous nous sommes ramenés quand nous l'avons sacrifié à la violence de nos passions.

Cette fois. la leçon est tout ensemble si éclatante et si terrible, qu'il faudrait une singulière dureté de cœur pour se refuser à en admettre l'évidence. La France, comme on le répète trop légèrement, n'a pas reculé vers la barbarie, elle n'est pas davantage en proie à une sorte d'hallucination furieuse; elle a été, par une série de fautes volontaires, jetée en dehors du juste et du vrai. Elle subit aujourd'hui la plus logique et la plus cruelle des expiations.

Qui peut nier, en effet, que l'acte du Deux Décembre et le système qui en a été la consécration n'aient introduit dans le sein de la nation un élément actif de dépravation et d'abaissement? En ce qui concerne plus particulièrement la ville de Paris, il n'est pas un esprit sérieux qui n'ait compris et prédit les inévitables malheurs que préparait la violation audacieuse de toutes les règles économiques et morales, conséquence inévitable des travaux nécessaires à l'existence de l'Empire. On peut se reporter à de récentes discussions, et l'on verra avec quelle précision étaient dénoncés les périls que contestaient intrépidement les trop dociles approbateurs de ces criminelles folies. Paris était condamné, par le régime que lui avait fait le gouvernement impérial, à subir une crise redoutable ; elle aurait éclaté en pleine paix; la guerre lui a donné les caractères d'une horrible convulsion.

. . . .

Il n'en pouvait être autrement : en accumulant dans l'enceinte de la capitale une population flottante de près de trois cent mille travailleurs, en y multipliant toutes les excitations des jouissances faciles et toutes les souffrances de la misère, l'Empire avait organisé un vaste foyer de corruption et de désordre, où la moindre étincelle pouvait allumer un incendie. Il avait créé un atelier national alimenté par une spéculation fiévreuse et qu'il était impossible de licencier sans catastrophe.

Quand il commit le crime de déclarer la guerre, il appela sur Paris la foudre qui devait l'écraser cinq semaines après. Nos armées étaient détruites, et la grande cité restait seule en face des huit cent mille Allemands qui inondèrent notre territoire. Le devoir de la résistance animait toutes les âmes. Pour le remplir à Paris, il fallut armer sans distinction tous les bras ; l'ennemi était aux portes, et, sans cette témérité nécessaire, il les aurait franchies dès son premier choc.

Il fallut aussi nourrir tous ceux qui manquaient de travail, et le nombre en dépassa six cent mille. C'est dans ces conditions périlleuses que commença le siége. Nul ne le croyait possible.

On annonçait que la sédition livrerait la ville au bout de quelques semaines. La ville a tenu quatre mois et demi, malgré les privations, malgré les rigueurs d'une saison cruelle, malgré le bombardement, et la famine seule l'a obligée à traiter. Mais nul ne saurait dire la violence des perversions morales et physiques auxquelles cette malheureuse population fut en proie. Les exigences du vainqueur y mirent le comble. A l'humiliation de la défaite vint se joindre la douleur des sacrifices qu'il fallut subir.

Le découragement et la colère se partagèrent les âmes. Nul ne voulut accepter son malheur et beaucoup cherchèrent leur consolation dans l'injustice et la violence. Le déchaînement de la presse et des clubs fut poussé jusqu'aux dernières limites de l'extravagance. La garde nationale se désagrégea. Un grand nombre de ses membres, chefs et soldats, quittèrent Paris.

Coupé en deux par la réunion de l'Assemblée à Bordeaux, le gouvernement restait sans force. Il en aurait acquis par sa translation à Versailles, si les agitateurs n'avaient choisi ce moment pour allumer l'insurrection.

. . . .

La plume tombera plusieurs fois de la main quand il faudra qu'elle retrace les hideuses et sanglantes scènes de cette lamentable tragédie, depuis l'assassinat des généraux Lecomte et Clément Thomas jusqu'aux incendies préparés pour embraser tout Paris, jusqu'à l'abominable et lâche massacre des saintes victimes fusillées dans leurs prisons.

Toutefois, l'indignation et le dégoût ne peuvent arrêter les hommes politiques dans l'accomplissement du devoir d'investigation que leur imposent de si extraordinaires forfaits.

Les détester et les punir n'est point assez. Il faut en rechercher le germe et l'extirper.

Plus le mal est grand, plus il est essentiel de s'en rendre compte et de lui opposer la coalition de tous les gens de bien.

Je viens d'expliquer sommairement comment l'état général de la ville de Paris constituait, par lui-même, une prédisposition au désordre, et comment il s'était aggravé dans les proportions les plus menaçantes par l'anarchie du siége.

Un petit groupe de sectaires politiques avait, dès le 4 septembre, heureusement en vain, tenté de profiter de la confusion pour s'emparer du pouvoir; depuis, ils n'avaient cessé de conspirer.

Représentant la dictature violente, la haine de toute supériorité, la convoitise et la vengeance, ils furent dans la presse, dans les réunions, dans la garde nationale, des artisans audacieux de calomnie, de provocation et de révolte. Vaincus le 31 octobre, ils se servirent de l'impunité pour se glorifier de leurs crimes et en reprendre l'exécution le 22 janvier. Leur mot d'ordre fut la Commune de Paris et, plus tard, après le traité des préliminaires, la fédération de la garde nationale.

Avec une rare habileté, ils préparèrent une organisation anonyme et occulte qui bientôt se répandit sur la cité tout entière. C'est par elle que, le 18 mars, ils saisirent le mouvement qui, d'abord, semblait n'avoir aucune portée politique. Les élections dérisoires auxquelles ils procédèrent ne furent pour eux qu'un masque ; maîtres de la force armée, détenteurs de ressources immenses en munitions, en artillerie, en mousqueterie, ils ne songèrent plus qu'à régner par la terreur et à soulever la province.

Sur plusieurs points du territoire éclatèrent des insurrections qui, un instant, encouragèrent leurs coupables espérances. Grâce à Dieu, elles furent réprimées ; néanmoins, dans plusieurs départements, les factieux n'attendaient que le succès de Paris, mais Paris demeura le seul champion de la révolte. Pour entraîner sa malheureuse population, les criminels qui siégeaient à l'Hôtel-de-Ville ne reculèrent devant aucun attentat ; ils firent appel au mensonge, à la proscription, à la mort ; ils enrôlèrent les scélérats tirés par eux des prisons, les déserteurs et les étrangers. Tout ce que l'Europe renferme d'impur fut convoqué. Paris devint le rendez-vous des perversités du monde entier. L'Assemblée nationale fut vouée aux insultes et à la vengeance.

C'est ainsi qu'on parvint à égarer un grand nombre de citoyens, et que la cité se trouva sous le joug d'une poignée de fanatiques et de malfaiteurs. Je n'ai point à détailler leurs crimes. Je voulais seulement montrer par quel concours de circonstances fatales leur règne honteux a été possible. Ils se sont emparés d'une population déshabituée du travail, irritée par le malheur, convaincue que son gouvernement la trahissait : ils l'ont dominée par la terreur et la fourberie. Ils l'ont associée à leurs passions et à leurs forfaits ; et, quant à eux, enivrés de leur éphémère pouvoir, vivant dans le vertige, s'abandonnant sans frein à la satisfaction de leurs basses convoitises, ils ont réalisé leurs rêves monstrueux et se sont abîmés comme des héros de théâtre dans la plus épouvantable catastrophe qu'il ait été donné à l'imagination d'un scélérat de concevoir.

Voilà, Monsieur, comment je comprends ces événements qui confondent et révoltent, et qui paraissent inexplicables quand on ne les étudie pas attentivement. Mais j'omettrais un des éléments essentiels de cette lugubre histoire si je ne rappelais qu'à côté des jacobins parodistes qui ont eu la prétention d'établir un système politique, il faut placer les chefs d'une société, maintenant tristement célèbre, qu'on appelle l'*Internationale*, et dont l'action a peut-être été plus puissante que celle de leurs complices, parce qu'elle s'est appuyée sur le nombre, la discipline et le cosmopolitisme.

L'Association internationale des travailleurs est certainement l'une des plus dangereuses dont les gouvernements aient à se préoccuper.

. . . .

On pouvait croire tout d'abord cette conception uniquement inspirée par un sentiment de solidarité et de paix.

Les documents officiels démentent complétement cette supposition. L'Internationale est une société de guerre et de haine. Elle a pour base l'athéisme et le communisme, pour but la destruction du capital et l'anéantissement de ceux qui le possèdent, pour moyen la force brutale du grand nombre qui écrasera tout ce qui essayera de résister.

Tel est le programme qu'avec une cynique audace les chefs ont proposé à leurs adeptes.

Quant à leurs règles de conduite, ils les ont trop de fois énoncées pour qu'il soit nécessaire de démontrer longuement qu'elles sont la négation de tous les principes sur lesquels repose la civilisation. . . . .

L'Europe est en face d'une œuvre de destruction systématique dirigée contre chacune des nations qui la composent et contre les principes mêmes sur lesquels reposent toutes les civilisations.

Après avoir vu les coryphées de l'Internationale au pouvoir, elle n'aura plus à se demander ce que valent leurs déclarations pacifiques. Le dernier mot de leur système ne peut être que l'effroyable despotisme d'un petit nombre de chefs s'imposant à une multitude courbée sous le joug du communisme, subissant toutes les servitudes, jusqu'à la plus odieuse, celle de la conscience, n'ayant plus ni foyer ni champ, ni épargne ni prière, réduite à un immense atelier, conduite par la terreur, et contrainte administrativement à chasser de son cœur Dieu et la famille.

C'est là une situation grave. Elle ne permet pas aux gouvernements l'indifférence et l'inertie. Ils seraient coupables, après les enseignements qui viennent de se produire, d'assister impassibles à la ruine de toutes les règles qui maintiennent la moralité et la prospérité des peuples.

. . . .

Les questions sur lesquelles je provoque vos investigations touchent à des problèmes difficiles et qui depuis longtemps ont agité le monde. Leur solution complète dans l'ordre de la justice supposerait la perfection humaine qui est un rêve, mais dont une nation peut plus ou moins se rapprocher.

Le devoir des hommes de cœur consiste à ne jamais désespérer ni de leur temps, ni de leur pays, et à travailler, sans se laisser décourager par les déceptions, à faire prévaloir les idées de justice.

Si ce devoir est le nôtre, comme je n'en doute pas, si c'est seulement par son accomplissement sincère et désintéressé que nous pouvons réparer les maux de notre malheureuse patrie, n'est-il pas urgent de rechercher les causes qui ont permis aux erreurs professées par la société internationale un si rapide et si funeste empire sur les âmes ?

Ces causes sont nombreuses et diverses, et ce n'est pas par les châtiments et la compression seulement qu'on les fera disparaître. Introduire dans les lois les sévérités que réclament les nécessités sociales, et appliquer ces lois sans faiblesse, c'est une nouveauté à laquelle il faut que la France se résigne. C'est pour elle une affaire de salut. Mais elle serait imprudente et coupable si, en même temps, elle ne travaillait pas énergiquement à relever la moralité publique par une saine et forte éducation, par un régime économique libéral, par un amour éclairé de la justice, par la simplicité, la modération, la liberté. Sa tâche est immense; elle n'est pas au-dessus de ses forces; si elle en comprend la grandeur, au lieu de se perdre dans des intrigues personnelles, qu'elle s'inspire du sentiment de sa propre vitalité. Qu'elle entreprenne de réagir par elle-même contre l'adversité. Qu'elle consente enfin à vivre pour elle-même et par elle-même, en prenant toujours pour guides la justice, le droit et la liberté, et, quelque redoutables que soient ses épreuves, elle les surmontera. Elle reprendra son rang dans le monde non pour menacer, mais pour modérer et pour protéger.

Elle redeviendra l'allié des faibles, elle essayera d'élever la voix contre la violence, et son autorité sera d'autant plus grande pour la combattre, qu'elle aura davantage souffert de ses excès...

Jules FAVRE.

TABLE DES MATIÈRES

(Page 195, *au lieu de :* LIVRE QUATRIÈME, *lisez :* LIVRE CINQUIÈME.)

LIVRE PREMIER.

SIÉGE DE PARIS.

DU MILIEU DE DÉCEMBRE A LA BATAILLE DE MONTRETOUT-BUZENVAL (19 JANVIER).

LIVRE QUATRIÈME.

CAPITULATION DE PARIS.

LIVRE CINQUIÈME.

PAIX DE BORDEAUX.

LIVRE HUITIÈME.

LA COMMUNE.

(DU 18 MARS AU 10 AVRIL.)

LIVRE NEUVIÈME.

LA COMMUNE.

(DU 11 AVRIL A LA FIN DE MAI.)

FIN DE LA TABLE DU TOME SECOND

CLICHY. — Impr. PAUL DUPONT, 12, rue du Bac-d'Asnières.

www.ingramcontent.com/pod-product-compliance
Lightning Source LLC
Chambersburg PA
CBHW072004270326
41928CB00009B/1536